国家自然科学基金项目"转型期西安市新城市贫困时
空分异与效益评价研究"(41171142)
陕西省软科学研究计划项目"新城市贫困人群居住地　资助出版
迁移的路径、意愿及对策研究"(2015KRM147)
陕西师范大学优秀著作出版基金

Urban Poverty in Space:
Patterns, Correlation and Perceptions

空间视角下的城市贫困：
格局、耦合与感知

薛东前　马蓓蓓 等／著

科学出版社
北　京

图书在版编目（CIP）数据

空间视角下的城市贫困：格局、耦合与感知 / 薛东前等著 . —北京：科学出版社，2017.6

ISBN 978-7-03-053331-9

Ⅰ.①空… Ⅱ.①薛… Ⅲ.①城市-贫困问题-研究-西安 Ⅳ.①D632.1

中国版本图书馆 CIP 数据核字（2017）第 130596 号

责任编辑：杨婵娟 李嘉佳 / 责任校对：张小霞
责任印制：张欣秀 / 封面设计：无极书装
编辑部电话：010-64035853
E-mail：houjunlin@mail.sciencep.com

科 学 出 版 社 出版
北京东黄城根北街 16 号
邮政编码：100717
http://www.sciencep.com

北京建宏印刷有限公司 印刷
科学出版社发行 各地新华书店经销
*

2017 年 6 月第 一 版 开本：720×1000 B5
2019 年 1 月第二次印刷 印张：19 1/2 插页：4
字数：320 000

定价：98.00元
（如有印装质量问题，我社负责调换）

序 言

20世纪70年代中期,西方国家从工业化社会向后工业化社会过渡的过程中,普遍出现了一个以城市失业人员为主体的贫困群体,并且呈现出区域性和阶层性等特点,该群体与以老年人、残疾人等为主体的传统城市贫困群体共同构成了现代城市的贫困主体。20世纪90年代以来,随着经济和社会改革的深入,我国的城市贫困既区别于改革开放前低水平的、相对均衡的普遍城市贫困,也区别于改革开放初期以"三无人员"为主体的传统城市贫困,是一种在社会急速发展和城市化快速推进的背景下出现的,且以有劳动能力和劳动意愿的城市贫困人口占绝大多数的"转型期贫困"。民政部统计显示,当前我国的城市贫困在地域上主要集中在中西部欠发达地区、老工业基地和资源枯竭型城市。

薛东前、马蓓蓓等撰写的《空间视角下的城市贫困:格局、耦合与感知》一书,敏锐地捕捉到了我国西部超大型城市、老工业基地西安市在社会经济转型和城市化快速推进时期出现的城市贫困问题,并运用地理学的空间视角予以解读和分析。相较于西方发达国家和东部发达地区,西安市的城市贫困具有连续性强、规模大、类型多样的特点,而且是在区域发展水平较低、财富积累不足的背景下产生的"未富而新贫",因此在认识和治理上,存在着更大的困难和挑战,也更需要学界和政府的持续关注和深入研究。

该书的主要特色可归纳为以下三点:第一,长时间序列的跟踪研究,资料翔实,研究深入,对西安市1990年以来的城市贫困状况与发展进行了精准的描摹。该书综合了普查资料,民生、环境、经济和城市建设等统计资料和规划资料,开展了多次问卷调查和访谈调查等形式的实地调研,获得了3000余份调研问卷,得到大量有价值的数据,并对西安市城市贫困的空间格局、人口属性及与其他要素的时空耦合关系进行了系统的刻画。第二,立足于宏观和微观两个视角,在城市社会学和行为地理学相关理论的指导下,甄选了不同贫困主体和贫困程度的典型区,对贫困群体的日常行为、时间管理、客观生活质量和主观生活感知进行了生动的再现。第三,研究方法多元,综合使用了GIS(地理信息系统）空间分析、计量模型分析等定量分析方法，以及语义分析等质性研究方法，在表达方式上图文并茂，直观性强，强烈地突显了地理学的空间视角和表达特色。

该书弥补了现有城市贫困研究对长时间序列的系统研究较少、对时空分异及演化规律关注不足的缺陷，提供了探索城市贫困问题的新视角，丰富了城市地理学和城市社会学的理论和实证研究。在实践上，有助于从较长的时间序列上，科学认识我国转型期的城市贫困问题，为优化城市空间结构与社会结构提供科学依据。

基于此，我十分高兴地将该书推荐给读者，希望对城市贫困及其空间格局研究，特别是西部大城市城市社会研究产生积极作用。

中国科学院南京地理与湖泊研究所研究员　姚士谋

2017年1月于南京

前　言

20 世纪 90 年代以来，在社会经济迅速发展和城镇化快速推进的背景下，伴随着劳动就业制度、住房制度、社会保障制度等一系列改革，我国在计划经济体制下长期形成的旧的城市利益格局被打破，基于收入不平等的城市社会分层和空间隔离现象逐渐显现。欧美发达国家的经验表明，城市贫富阶层的两极分化与空间隔离不仅危害城市的经济发展和社会稳定，也将对城市文化、城市管理、城市环境保护和社区建设等诸多方面产生深远影响。

本书基于地理学的空间视角，利用普查数据、统计资料和调研访谈资料，通过宏观和微观两个切入点，对 1990~2013 年西安市的收入不平等状况、贫困阶层聚居状况、贫困格局与城市功能格局及城市环境的耦合关系、城市贫困阶层的微观行为特征和生活感知等展开系统研究，以探讨 20 余年来快速城市化过程中西安城市贫困的发展特征、问题与区位化规律，为西部地区的城市社会经济转型提供研究基础和决策依据。

本书是国家自然科学基金项目"转型期西安市新城市贫困时空分异与效益评价研究"（41171142）和陕西省软科学研究计划项目"新城市贫困人群居住地迁移的路径、意愿及对策研究"（2015KRM147）的研究成果。全书共分为七章，第一章为空间视角下的城市贫困研究综述；第二章和第三章分别从收入不平等和贫困阶层聚居两个切入点来探讨西安城市贫困的时空格局；第四章和第五章从要素耦合的视角，分别研究了西安市的城市功能格局与城市贫困、城市环境与城市贫困；第六章和第七章则是从行为地理学的研究视角出发，对西安城市贫困典型区内的贫困居民微观行为特征和生活质量感知进行分析。

本书由薛东前、马蓓蓓整体设计、撰写和统稿，范晨辉、罗正文、吕晓芬、赵免、郭瑞斌和黄晶等参与了部分章节的撰写，吕玉倩、李海玲等参与了书稿的整理与校对工作，贾金慧、刘精慧、马中平、万斯斯、顾凯等参与了数据整理工作。本书得到陕西师范大学优秀著作出版基金的资助，在此向他们表示诚挚的谢意。

本书是第一部系统研究西安市贫困空间格局的著作，在写作过程中数据获取难度较大，贫困标准多元，研究方法多样，与其说本书是一项研究成果的汇集，不如说是关于城市贫困空间格局在各领域的探索，以期为城市规划建设、精准扶贫和构建和谐城市助绵薄之力。本书可作为从事城市规划、城市社会等领域的研究者和爱好者的参考书，也可供地理学、社会学等专业的本科生和研究生参考。

由于本研究的工作量较大，研究时间较为紧张，也受研究能力和资料来源等条件的限制，本书尚有缺点和不足，敬请读者不吝赐教。

薛东前　马蓓蓓

2017年1月于西安

目 录

- 序言 / i
- 前言 / iii

- 第一章 绪论 / 1

- 第二章 收入不平等与城市贫困 / 10

  - 第一节 收入不平等与城市贫困研究综述 / 10
  - 第二节 西安市收入不平等对贫困的影响 / 16
  - 第三节 西安市收入不平等与贫困的空间演化关系 / 31
  - 第四节 西安市收入不平等与贫困演化的影响因素 / 50

- 第三章 贫困阶层聚居与城市贫困 / 62

  - 第一节 城市贫困阶层聚居研究综述 / 62
  - 第二节 西安市城市贫困阶层的基本特征 / 66
  - 第三节 西安市城市贫困阶层聚居研究 / 77
  - 第四节 西安城市贫困阶层聚居的形成机制与效应 / 100

- 第四章 城市功能格局与城市贫困 / 105

  - 第一节 城市功能格局与城市贫困研究综述 / 105
  - 第二节 西安市城市贫困格局及演变 / 108

第三节　西安市城市功能格局及演变　　/ 116
　　第四节　西安市城市贫困与城市功能格局的时空耦合　　/ 124

第五章　城市环境与城市贫困　　/ 139

　　第一节　城市环境与城市贫困研究综述　　/ 139
　　第二节　西安市城市环境格局及演变　　/ 142
　　第三节　西安市城市环境与贫困格局的时空耦合　　/ 161

第六章　城市贫困居民的微观行为　　/ 177

　　第一节　城市贫困居民微观行为研究综述　　/ 177
　　第二节　西安市城市贫困典型区甄选　　/ 181
　　第三节　西安城市贫困典型区居民微观行为特征　　/ 189
　　第四节　典型区居民主要行为活动的时空间结构　　/ 212

第七章　城市贫困群体生活质量感知　　/ 240

　　第一节　城市贫困群体生活质量感知研究综述　　/ 240
　　第二节　西安城市贫困现状及典型区贫困人口属性　　/ 243
　　第三节　典型区贫困群体客观生活质量测度　　/ 252
　　第四节　典型区贫困群体主观生活质量感知　　/ 267
　　第五节　贫困群体生活质量感知的形成机制　　/ 281

参考文献　　/ 291

彩图

第一章 绪 论

一、研究背景与意义

城市贫困问题具有高度的综合性,既包含经济意义上的贫穷,也是社会意义上的权利剥夺,同时还存在一定的区域性,也就是地理学所侧重的空间视角(Wu,2004)。20 世纪 90 年代以来,随着经济和社会改革的深入推进,劳动就业制度、住房制度、企业制度、社会保障制度等一系列适应市场经济体制的改革,促使我国在计划经济体制下形成的旧的城市利益格局被打破,新的城市社会关系被重构,一个以下岗、失业、在岗低收入人员和流动人口为主体的新城市贫困阶层迅速形成(刘玉亭等,2003)。该群体逐渐取代了以"三无人员"为主的传统城市贫困人群,成为我国转型期的城市贫困主体(袁媛等,2009)。在实行城市土地有偿使用、住房商品化以后,我国的城市贫困阶层出现了明显的空间集聚态势。各地大量涌现的城中村、厂中村、棚户区、危旧改造区和外来人口集聚区等成为转型期我国城市贫困阶层集聚的典型区域(顾朝林等,2013)。北京市 2016 年棚户区改造和环境整治任务显示,北京市 16 个区共有城中村 335 个;西安市城中村改造办公室数据显示,2016 年西安市共有城中村 257 个;《松江区土地规划纲要(2010~2020)》显示,2015 年上海市仅闵行区就有城中村 61 个。这些城市贫困集聚区普遍存在着基础设施不完备、建筑破败、环境恶劣、治安混乱等一系列问题,成为制约城市和谐健康发展的"灰色区域"(湛丽等,2012)。欧美发达国家的经验表明,社会弱势群体的空间集中,有可能产生更为严重的社会隔离和阶层对立,引发严重的社会问题(孙斌栋和刘学良,2009;Abramson et al.,1995)。因此,城市贫困问题如果不能得到及时有效的妥善治理,城市贫富阶层的两极分化与空间隔离将会进一步加剧,不仅危害城市的经济发展和社会稳定,也将对城市文化、城市管理、城市环境保护和社区建设等诸多方面产生深远影响(Danziger and Gottschalk,

1987；冯健和周一星，2008）。

当前我国的城市贫困在中西部欠发达地区、老工业基地和资源枯竭型城市表现得更为突出（方创琳和刘海燕，2007；Chen，2011）。相较于西方发达国家和东部相对发达地区，我国西部地区的新式贫困具有连续性强、规模大、类型多样等特点，而且易在区域发展水平较低、财富积累不足的背景下产生"未富而新贫"的现象（高云虹，2010；暴向平等，2015）。因此在认识和治理上，也存在着更大的困难和挑战。当前，我国深入推进西部大开发战略的重心已经从基础设施建设转向保障和改善民生（刘卫东，2010）。在这样的背景下，从空间的视角来探讨西部地区城市贫困的产生发展、时空格局、区位化规律，以及贫困群体的行为模式和生活感知，对科学全面认识和治理城市贫困具有十分重要的意义。

二、城市贫困的内涵

1. 西方国家的城市贫困

西方国家的工业化和城市化进程起步较早，经过多年的发展，目前西方国家对城市贫困问题的研究已经比较成熟（Lincoln，2012；Manya et al.，2007）。在城市贫困的界定上，已从收入贫困扩展到能力贫困、权利贫困、底层阶级和社会排斥。在城市贫困的成因上，形成了包括个人主义、贫困文化、结构主义和功能主义的多种理论解释。在新城市贫困的治理上，也形成了系统化的应对策略（Martin，1993；Massey，1990）。

19 世纪，西方学界对城市贫困的早期研究主要从"缺乏"的角度出发，认为城市贫困是指城市居民缺少在社会中生存和生活所必需的资源、物品、金钱、社会地位等（Myers，1988）。《大英百科全书》中对贫困的定义为"个体缺乏在当时社会最基本的财富和物品的存在形态"。此类定义说明贫困是一种缺乏的状态，既有可能是缺乏物质方面的经济资源和实物资源，也有可能是缺乏精神层面的文化资源和社会关系资源。而且这种状态不是固定的，而是随着社会经济发展而变化的（Curley，2005）。后来城市贫困的内涵扩展到"能力"的范畴，如世界银行认为贫困是由于个体不具备某种能力使其未能达到正常生存的水平（Aghion et al.，1999；Alcock，2006）。

20 世纪 70 年代中期，西方国家在从工业化社会向后工业化社会过渡的过程中，普遍出现了一个以在岗低收入者、城市失业人员、移民、无社会保障和特殊家庭等为主体的贫困群体，并且呈现出区域性和阶层性等特点。该群体与以老年人、残疾人等为主体的传统城市贫困有着本质的区别，被称为"新城市贫困"（new urban poverty）。目前新城市贫困问题一直受到西方政府和学者的广泛关注（Alkire and Foster，2008；Bonaiuto et al.，2003）。

在城市贫困的空间性领域，贫困阶层聚居特征和区位化规律是社会学者和地理学者最关注的话题。基于不平等和贫困，社会学者和地理学者提出了城市地域结构模式形成的影响机制。芝加哥学派最早对城市地域结构模式提出范式，贫民窟、有色人种区、犯罪集聚区在城市地域中的分布具有同质性（Yeates and Garner，1980）。之后被发展为经典的城市地域结构模式，主要包括伯吉斯的同心环模式、霍伊特的扇形模式和哈里斯、厄尔曼的多核心模式（Park and Burgess，1925；Hoyt，1939；Harris and Ulman，1945）。后现代发展时期，发达国家的城市聚居区分为高级居住区、中产居住区、近郊城区、租住结合区和衰落城市中心区。贫困群体更多地聚居于衰落城市中心区之内，即"贫民窟"，与外界的沟通和联系几乎被切断，这对于贫困阶层自身脱贫和社会有序发展造成非常大的阻碍（John and Kasarda，1993；Fellman et al.，1992）。发达国家的城市贫困阶层总体上呈现出空间扩张，以及内城贫困问题突出的特点。北美城市研究表明，新城市贫困空间大多在中心区内部、中央商务区（central business district，CBD）外围；英国中等城市贫困和低中收入阶层主要分布在城市外围边缘区；澳大利亚主要城市贫困阶层由市中心向郊区集聚（Mann，1965；World Bank，2000）。

2. 我国的城市贫困

20世纪90年代之前，我国的城市贫困主体为以"三无"人员为代表的传统城市贫困（闫小培，1999；陈果等，2004）。随着城市化的推进和社会经济的发展，我国目前的城市贫困主要为转型期的结构性贫困，城市贫困问题更容易发生在离退休人员、低文化水平者及从事服务业的人群中，并具有一定社会分层特征，阶层性明显，且易以群体形式出现，农民工群体是城市贫困高发群体（周春山，1996；何深静等，2010）。民政部发布的《2013年社会服务发展统计公报》显示，2013年年底我国的城市低保平均标准为每人373元/月，城市低保对象共有2064.2万人，其中城市"三无"人员8.6万人，其余均为下岗、失业、在岗低收入等新城市贫困人口。在空间上，我国的城市贫困群体也出现了阶层聚居和居住隔离的空间特征，某类城市贫困阶层通常按照一定的地缘关系集聚，形成团状、条带状、散点状和片状等不同形式，体现了在生存方式、行为规则、关系网络乃至观念上与城市其他区域的显著异质性（周素红等，2010；余建辉和张文忠，2010）。

三、城市贫困研究的理论基础

（一）经济学的贫困理论

1. 古典经济学的解释

古典经济学认为，在自由市场经济条件下，贫困是个人行为和市场调节相互作用的结果。在自由竞争市场条件下，劳动力的市场价格是由劳动力的供给所决定的，如果劳动力供给大于需求，其市场价格会降低，这样将导致劳动报酬下降，一部分工人因此陷入贫困。这部分劳动人口由于贫困则减少生育，最终人口增长受到限制，劳动力供给又开始下降，劳动力供给下降后，劳动力价格就会自然回升，然后进入新的循环调节（Mann，1965）。也就是说，市场这只无形的手可以通过约束个人行为来规范劳动力供给，从而使得贫困问题得到解决，所以政府和社会没有必要对贫困者提供帮助和救济（王志标，2009）。

2. 凯恩斯主义经济学的解释

随着社会的发展，人们逐渐认识到市场似乎不是万能的，不能自动解决所有问题。英国著名经济学家凯恩斯对此问题进行深入研究，其因卓越贡献被后人称为"资本主义的救世主"（Gans，1972）。他认为一个社会的就业是由有效需求决定的，有效需求是指商品的总供给和总需求达到价格均衡时的需求。当总需求价格大于总供给价格时，社会对商品的需求超过商品的供给，资本家就会扩大生产规模；相反，如果总需求价格小于总供给价格，就会出现供过于求的状况，资本家被迫降价出售商品，如果无法实现其最低利润就会减少工人数量。当大量资本家这样做时，就会出现大量失业人口。市场调节不能减少贫困，在自由资本主义条件下，不足以实现充分就业，因而非自愿性失业将会长期存在，贫困问题也将随之而来。凯恩斯（1983）认为政府干预经济是解决失业和复兴经济的最好办法，首先采取赤字财政政策和膨胀性的货币政策使政府开支扩大，接着降低利息率，从而刺激消费，增加投资，以提高有效需求，实现充分就业，达到减少贫困发生的目标。

（二）马克思主义贫困理论

马克思通过对资本主义产生过程的研究，认为资本主义社会城市贫困产生的根源在于其社会经济制度。在资本主义生产方式下，导致工业社会贫困的根本原因在于生产资料的不平等占有。资产阶级通过占有生产资料来榨取工人阶级的剩余价值，从而导致后者陷入贫困。为了最大限度地追求利润，资本家总是要以最低的价格雇佣工人，在这种生产方式下，尽管工人创造了巨大的财富，但是本身并不能享受这些财富。即使在资本增长、分工扩大和技术进步的情况下，所带来的财富也更多地以利润的形式被资本家拿走，而工人不仅工资不会有大的提高，还随时面临失业的危险。由此可见，工人阶级的贫困不是由于自身愚笨或者不勤劳，也不是由于社会整体财富不足，而是由于资本主义的生产方式和资本主义制度本身。只有通过改变社会制度才能从根本上解决资本主义社会的贫困。

（三）多维贫困理论

阿马蒂亚·森（2002）最早提出多维贫困理论，他认为贫困不仅仅是收入低于贫困线的问题，更是人们享受自由等基本能力限制的问题。多维贫困最中心的思想是贫困不仅指个人的收入贫困，还应该包括与生活息息相关的方面，如教育、住房、医疗、保障、公共设施等一系列其他客观指标。收入低及物质的匮乏只是贫困的一种基本体现，健康水平、受教育、参与社会生活的机会和途径都是贫困的表现指标。因此，贫困是一个多维度的现象。目前多维贫困的主要测度方法有 H-M 指数、HPI 人类贫困指数、CH-M 指数、F-M 指数、W-M 指数，最近发展起来的有 MPI 指数、AF 法等（范晨辉等，2015）。多维贫困指数有以下几点特征：多维贫困某一维度的改善，不影响另一维度的剥夺状况；多维贫困指数的基数为 0；贫困指数随着贫困状况的改善而降低；将维度矩阵复制多次不会改变贫困程度；某一维度的微小变化不会导致贫困指数的剧烈变动；贫困指数可按人口、地区、维度等分解；基本需求的提高不会降低贫困程度；贫困指数是人口规模的非增函数；各维度的值和临界值成比例变化不会影响贫困指数的大小（Chakravarty et al.，2008；Bett et al.，2003）。

（四）社会剥夺理论

20世纪60年代以来，西方社会在新自由主义政策的影响下，城市贫困人口增加，贫困人口在各方面处于不利状况。新政策带动经济和社会发展，而在相对富裕的社会如何定义和度量新城市贫困、如何分配公共资源及评估政策的有效性等问题都需要解决（Richardson and Grand, 2002）。在这样的大背景下，国外学者开始了对社会剥夺概念及指标的研究。社会剥夺是从事贫困问题研究的学者们提出来的，起初是指越南战场的美国士兵生活舒适但心理不满足的状态。英国的汤森最早定义其概念，他认为社会剥夺是指缺乏日常所需的食物、衣物、住房、教育、工作和社会活动等社会上大多数人认为或风俗习惯认为应该享有的东西（Atkinson and Kintrea, 2001）。社会剥夺可分为个体剥夺和地域剥夺，如果个体或地域经历多种类型的剥夺，则为多重剥夺状态。剥夺的指标体系包含剥夺涉及的若干方面及每个方面包含的相互独立的指标，如收入、教育、就业、环境等，指标一般来源于普查数据、地方或行政管理部的调查数据（袁媛和吴缚龙，2010）。

（五）社会排斥理论

法国学者勒纳用来描述经济中的排斥现象时率先提出社会排斥（social exclusion）的概念，现在其内涵已远远超出经济领域，扩展到社会生活的方方面面。社会排斥不仅包括经济上处于贫困状态及物质资源严重匮乏，还包括弱势群体被排挤无法融入主流社会而逐渐被边缘化的过程。由此可见，社会排斥主要是指社会弱势群体由于收入、能力、资源、权利的不足而在劳动力市场、社会服务和社会关系三个方面被主流社会群体所排斥，而日趋成为边缘群体（李斌，2002）。社会排斥程度越大，弱势群体就越不容易摆脱贫困，贫困的持续时间可能就越长，贫困群体在空间上聚集可能性就会越大，而这种贫困群体逐渐被边缘化和空间上的聚集会导致贫困程度的加深，最终形成一种恶性循环（Silver, 1995）。

社会排斥主要强调了公民的参与性、相对性、地域性等，其形式和内容包括经济、政治和社会等多方面的排斥（格伦斯基，2005）。社会排斥的类型也很多样。例如，由社会结构的不合理造成的结构性社会排斥，因个人、群体或组织自身功能欠缺而形成的功能性社会排斥，不能参与生产、交换和消费等的经济排斥，无法表达权利等的政治排斥，失去行为、生活发展、价值观及文化权利、宗教信仰和语言等的文化排斥；自己主观判断的主观社会排斥和确实存在而自己不认为的客观社会排斥，根据制度、政策及法律规定排除部分人享受正常社会权利的显性社会排斥，由偏见、习俗及游戏规则执行的实际不公正的隐性社会排斥，由于外在并非自愿因素造成的边缘化被动社会排斥，受亚文化影响不认同主流社会而主动逃离的主动社会排斥（Howarth and Kenway, 1998）。社会排斥的测量维度也很多，赫尔瓦斯等将其分为收入与金融服务、消费和信贷、就业、教育、健康、住房与地区环境、家庭状况、犯罪、公民参与九大测量维度，每个维度含有若干指标，共46个指标，并每年更新。英国侧重公民参与社会活动的状态，布尔查德等提出包括消费活动、保障、社会活动、政治活动和社会支持五个测量维度的社会排斥；2000年千禧年贫穷和社会排斥调查提出17个测量维度，包括收入、失业、健康、教育、消费、金融与借贷、住房、自我对贫穷的认知与未来的期望、公民参与等。欧盟社会排斥调查报告提出健康、就业、社会保障、教育、住房五大测量维度（Burchardt et al., 1999；代利凤，2006）。

（六）居住隔离理论

隔离（segregation）表示一种分离或分开的状态，在地理学中通常表示由于地理环境的差异形成的空间上的分隔。国外学者对于"隔离"解释相当纷繁，布劳（P. Blau）认为隔离是指一个群体或阶层中与其他群体或阶层没有社会接触成员比例（布劳，1991），罗伊（Roy）认为隔离是都市居民由于种族、宗教、文化背景、生活习俗、职业类型或收入水平等关系，使具有相似特征的人群聚居在一特定地区，没有相似特征的人群间彼此分开，产生隔离作用，这种地域空间上的隔离使他们彼此产生歧视或敌对的态度。在城市社会空间中，居住隔离，即居住分异，是指社会群体职业类型、收入水平及文化水准等存在差异，由此导致不同的社会阶层居住在不同层次社会空间区域中（黄怡，2006；王道勇和郧彦辉，2014）。

居住隔离（residential segregation）是西方城市的一大特点，是在城市化的快速发展过程中，由大量的不同阶层人员的迁移与流动产生的社会问题。恩格斯（1956）在《论住宅问题》中对19世纪曼彻斯特社会居住空间模式的研究开创了现代城市居住隔离研究的先河。他首次科学地描述了在快速工业化发展中农村居民进城务工，因贫困而自发聚居在城市的特定区域，以及因此带来的富人和穷人居住空间隔离的社会问题。其后形成了北美以种族文化为核心的城市居住隔离研究、欧洲因社会福利制度影响形成的城市居住隔离和发展中国家在快速城市化进程中形成的城市居住隔离等居住隔离类型（黄怡，2006）。Massey 等（1996）在研究不同群体的空间分布时，提出居住隔离的空间模型，认为不同群体在空间上的分布可以概括为五个尺度（方面）：第一个尺度是均质性，即特定人群均匀分布在整个城市空间；第二个尺度是集聚性，即特定的人群集聚在一定空间形成聚居区，均匀分布在城市空间；第三个尺度是隔离性，即在特定人群聚居的区域内，周边其他人群较少，形成孤岛分布；第四个尺度是邻近性，与隔离性相对；第五个尺度是中心性，即特定人群集中分布在城市中心。第二次世界大战之后，学者开始关注市场机制作用下的相对聚居现象，最为著名的是拉特可立夫提出的住房过滤现象，新住房的上市使现有住房价值相对贬值，高收入群体因此放弃现有住房而购买新房，收入较低群体抢着使用淘汰下来的降级住房，依此类推，所有住房不断向下过滤，直到市场中的购买力为最弱势者（Wang and Murie，2000）。同时，也有学者对隔离指标进行研究，其中最著名的是相异指数（indices of dissimilarity）和隔离指数（indices of segregation）（Duncan O D and Duncan B，1995）。

（七）贫困空间生产理论

区域社会学、城市社会学理论的重要奠基人，法国 20 世纪现代思想大师列斐伏尔认为城市空间不是与生俱来的，而是被生产出来的（Lefebvre，1991）。同样，贫困空间也不是从来就有的，权力和资本是生产贫困空间的机器。资本有三种空间生产模式：资本第一循环生产了流通空间、交换与消费空间；资本第二循环导致城市建成环境的产生，表现为居住空间、各项基础设施与社会事业的发展；资本第三循环是对社会性花费（如教育、福利等）的投入。资本在追逐利润的同时，对城市和地区发展产生巨大影响，并导致城市内部的空间资源分配不平等，如高档住宅区的聚集和贫富社区的空间隔离等问题。在当代城市发展过程中，空间已经成为推动政府调控、市场经济增长和社会阶层变动的重要因素，任由资本对空间的争夺可能进一步恶化城市贫困的状况，并且影响城市贫困的空间特征。所以政府应在市场作用条件下进行合理城市规划，以对城市空间布局产生积极作用；应该鼓励政府通过福利政策并联合地产开发商进行一些投资计划来改善特定区域的城市贫困。城市贫困主体的空间实践也对城市空间产生影响：有时通过自身行为保持了自己的原有空间；有时也会在积极向上的意愿鼓励下，主动以各种可能方式来企图离开原有空间，进而改善自身的空间处境（Harvey，2006）。

（八）贫困文化理论

美国学者刘易斯通过对贫困家庭和社区的实证研究提出了"贫困文化"理论，认为穷人因为贫困而在社会生活的各个方面具有独特性，并形成一种独特的生活方式，最终形成了共同的行为、态度和价值观，进而形成了一种特有的生活习惯，或者一种共同的文化，并且这种文化在其内部代代相传（周怡，2002）。在这种文化中长大的孩子即使遇到可以脱离贫困的机会，也会因为贫困文化根深蒂固的影响而难以走出贫困。但是目前该理论在多方面遭到质疑。有学者认为，贫困文化过分强调了导致贫困的心理因素和文化因素，并将贫困的症结归结为贫困者自身，没有考虑其他社会因素。而且就算存在所谓的"贫困文化"，也是外界环境的影响所产生的，没有人会自己创造这样一种文化然后代代相传。虽然该理论不能完全解释贫困现象，但其指出了弱势群体不同于社会其他成员的生活状态和思维方式，并从文化根源方面进行了分析，为人们理解和制定反贫困政策提供了方法和途径（方晓玲，2004；曾敏，2006）。

第二章
收入不平等与城市贫困

第一节 收入不平等与城市贫困研究综述

一、中国收入差距的研究进展

(一) 地区间收入差距

收入差距是地域差距的重要方面之一,常常表现为居民生活质量的差距。关于地区间收入差距的研究,早期文献多为描述性的归纳,并非真正的经验分析。后来有研究尝试使用一些衡量收入差距的相对指标进行经验研究,以测度地区差距的程度及连续年份的地区差距变动趋势。万定山(2005)通过构建结构性经济计量模型对20世纪末城市居民收入分布变动进行了研究,发现地区间的收入不平等很明显。李实等(2005)、王小鲁和樊纲(2005)的研究支持了这一观点,虽然在这一时期东西部地区企业职工之间的收入差距没有显著变化,但是两地区间已有的收入差距却相当大。也有学者并不完全认同收入差距过大的观点,Démurger等(2006)扣除通货膨胀的影响,认为中国的收入不平等、不平等变化及地区间的收入差异变化有被夸大的成分。Young(2000)和Wederman(2003)的研究也表明价格差异对名义收入差距有着相当大的影响。

(二) 城乡收入差距

城乡二元经济体制使得中国城乡收入差距长期存在。国内外学界对中国城乡差距的关注由来已久,并产生和积累了大量的研究成果。蔡昉和都阳

（2000）对1952～1997年我国城乡收入不平等进行系统研究，并将其与国际上36个国家进行了比较，得出了城乡收入不平等太严重的结论。王海港（2005）观察中国家庭20世纪80年代末至90年代后期的收入变动，发现农村家庭持续贫困发生比例较高，而农村富裕家庭变动较大，收入不稳定；相反，持续高收入家庭主要集中在城镇。Li等（2014）基于城市偏向理论分析了21世纪以来我国城乡收入差距的程度，认为要素分配助长了收入分配差距的扩大，而城市化则起到了缩小城乡收入差距的作用，同时，教育资源的配置和投资额的大小及政府的转移支付都发挥着重要的影响，金融资源的影响呈减弱趋势。总之，学界对中国收入差距的研究形成了两点共识：第一，中国的城乡收入差距过大，不仅高于发达国家，而且高于绝大部分发展中国家；第二，城乡收入差距是中国整体收入差距的主要表现形式及重要"贡献"来源。

（三）城市内部收入差异

在理论方面，陈宗胜（1994）提出了公有制经济发展中的收入不平等倒"U"形假说，并评估了我国农村、城市和全国的收入不平等，从而对倒"U"形假说进行了验证。此后其又对这一问题进行了更深入的研究，即通过严格的数学逻辑推导出了收入不平等倒"U"形曲线，并通过实证研究测度了天津市城镇居民收入基尼系数，还对其进行了分解，进一步论证其假说。在实证方面，牛飞亮（2002）认为我国城镇居民收入分配差距仍处于合理范围，并未出现明显的两极分化。Wang等（2009）的研究结论也与其类似，虽然收入不平等程度在研究期内逐年增加，但是福利指数却说明，从综合效率与平等两个方面来考虑时，社会福利却在逐年改善。在研究方法上，主要是通过构建多因素回归模型来分析城市居民收入的变化过程。

（四）收入差距的影响因素

收入差距的影响因素多样而广泛，包括了经济发展、经济改革及政策因素等多个方面。众多学者也对此进行了深入广泛的研究。这些研究总体上可以分为两类，第一类是从多要素中探求收入分配的关联因素。例如，陈玉宇等（2004）发现工资收入对整个收入不平等的贡献度最大，而在影响收入分配不平等变化中，地区因素是最重要的，另外人力资本尤其是职业和教育也起到重要作用。Lee（2013）的研究结论则正好相反，他认为工资对收入不平等的贡献较小，贡献较大的是财产性收入，并且变得越来越重要。而且这种情况也存在着地区差异，在西部省份工资收入的作用则要大得多，财产性收入占比较高的省份的收入差距更大。Ning（2010）把收入差距的影响因素分解为人口因素、价格因素、劳动力选择因素和残差。结果表明，价格因素比人口因素更重要，劳动力选择的影响也是显著的。单纯增加教育经费而不改革教育制度，不建立竞争机制对缩小收入差距收效甚微。第二类是对具体因素的相关性进行深入分析。例如，Goh 等（2008）研究了教育收益的增加对低收入群体收入增长的影响。王明华研究了城乡等级制度和制度变迁对居民显性收入差距拉大的影响。而 Shen 和 Yao（2008）则从基层民主出发，认为选举对降低基尼系数有一定的积极作用，基层民主对收入分配差距缩小的积极作用主要来自于更多的有益穷人的投资而非通过收入再分配。Zhang 和 Eriksson（2010）通过对代际影响的研究发现，中国存在很大程度上的机会不平等，父母的收入及职业类型解释了大约三分之二的机会不平等。

二、中国城市贫困的研究进展

（一）城市贫困研究

长期以来，我国的城市贫困问题并未像农村贫困一样得到学界和政策制定者的关注。这很大程度上应归因于过低的城市贫困线的制定，使得统计意义上的城市贫困发生率极低，从而掩盖了城市真实的贫困状况。例如，Chen 和 Wang（2011）用 1 天 1 美元为标准测算的中国城市贫困发生率长期低于 1%。关于中国城市贫困变化的研究开始于 20 世纪 90 年代末期，早期的研究包括 Aaberge 和 Li（2005）关于辽宁和四川的研究、Wong（1995）关于广州和上海的贫困率研究等。近 20 年来研究中国城市贫困问题的文献逐渐丰富起来，经济学、社会学和地理学等都从各自学科的角度开展研究，关于中国城市贫困状况变化的研究也开始出现并完善，但多数研究强调的是城市贫困在时间序列上的变化，而对空间上的变化的研究一直较为薄弱。

21 世纪以来，对中国贫困状况变化的研究不论在广度还是深度上都有了很大的提高，研究方法也更加多元化。林伯强（2003）详细讨论了贫困研究中常用的几个概念和度量指标，在它们之间建立关系，构建分析模型，并进一步提出了贫困减少指数和分解增长效应的方法以分析经济增长与贫困减少的关系。作为贫困识别的另一个重要研究方面，多维贫困的测度也引入了许多新的方法，如层次分析法（analytic hierarchy process，AHP）、模糊集理论、聚类分析和 Rasch 模型等（范晨辉等，2015）。Wang 等（2012）将 DMP（数据管理平台）/OLS（可见红外成像）的夜间卫星图像用于评估地区贫困。

除研究方法外，研究所针对的特定群体得到了普遍扩展。解垩（2012）认为当前自雇者的贫困问题的研究受到了忽视，自雇者贫困率居高不下，地区差异和行业差异是自雇者贫困趋势变化的主要成因；非熟练劳动力、中西部自雇者和服务行业的贫困上升是导致自雇群体总贫困率上升的决定力量。冯晓杭和于冬（2008）关注了城市贫困儿童的生活状态及解决对策，并着重讨论了贫困儿童的心理问题，指出教育对贫困儿童尤为重要。

（二）地理学对城市贫困问题的关注

地理学对城市贫困的关注较晚，转型期新城市贫困问题的突显及地理学研究领域的拓展促使地理学界开始从空间视角关注贫困现象。Wu（2004）提出了"转型贫困"的概念：转型贫困的产生是由于新的市场体系与原有的计划体系存在分割，其出现说明了原有的福利制度不再适应新的政治经济环境。Chen（2011）主要强调了转型贫困与传统城市贫困的区别，认为转型贫困的出现是中国经济结构调整、以单位为基础的国家福利分配制度的变革及城市化进程的必然结果。

对贫困空间特征及模式的研究是地理学的特色，主要研究成果集中在北京、南京和广州等少数城市。城市贫困的空间特征研究主要包括三种类型：第一种讨论比较泛化，研究城市贫困人口的区位化特征和规律（陈涌，2000；苏勤等，2003）。第二种是针对特定城市的研究，并结合城市社会空间的结构和演变分析城市低收入阶层的空间分布特征与形成机制。例如，对北京的研究表明，由于受经济、社会、历史和城市建设等多种因素影响，历史上就是受排斥的异族居住的外城现为拥挤的低收入者居住区；南郊、东南郊一带原为大中型企业集中区，现在集中了大量下岗失业人员；同时，随着低收入流动人口和中产阶级两个新社会成分的产生，其在空间上也呈现出集聚趋势（顾朝林和克斯特洛德，1997；马清裕等，1999）。南京的实证研究发现，贫困群体主要集中在城乡结合部，其中城市贫困群体主要居住于近郊区、老城衰退区和城区边缘；城市贫困人口在邻里层面上的集聚，催生出三种类型贫困邻里，包括退化的工人新村、老城衰退邻里和农民工集聚区（刘玉亭等，2006）。同样是对南京的研究，陈果等（2004）除对城市低收入阶层进行了空间分析外，还探讨了产生的原因和机制，其认为我国的城市贫困空间结构，既不同于国外的贫民窟和边缘化特征，也不同于我国农村贫困人口分布集中，具有明显的分散性特征。这种特征的形成主要是因为我国的城市住房分配制度造成了以单位为基础的社会阶层混合居住的局面。第三种是分类型对贫困群体集聚空间分布特征和规律进行研究，其中流动人口以农民工为主，分布在城乡结合部或城中村，通常按照地缘关系集聚，形成团状、带状和点状等不同形式，在关系网络、生存方式、行为规则乃至观念上与城市其他区域有明显的异质性。随着城市化的发展，许多大城市城乡结合部不断外推，贫困人口聚居区也随之不断向外推移，而且随着城市的更新，户籍贫困人口脱贫的机会也显著增加（吴晓，2003；饶小军和邵晓光，2001）。

"空间剥夺"是地理学对贫困研究的重要关注点。区域剥夺是剥夺在空间上的表现形式，主要是指强势区域或群体基于区域之间的空间关系，借助行政手段和政策空洞掠夺弱势区域和弱势群体的资源、技术、人才、资金、项目、政策、生态等，转嫁污染等非合理及不公平的经济社会活动；这些区域剥夺行为具有强制性、垄断性、层次性、等级性和貌似合理性等基本特征（方创琳和刘海燕，2007）。袁媛和吴缚龙（2010）提出中国城市内部存在贫困与剥夺分离的分布特征，内城为贫困（剥夺）重合区，外城为贫困（剥夺）分离区。内城居住区的户籍贫困人口在教育、住房、设施等方面处于被剥夺状态，外围企业配套区的户籍贫困人口被剥夺状况则没有那么明显，外来人口聚居区的低收入农民工被剥夺现象比较普遍。郭星华的研究显示，中国城市居民普遍存在着强烈的相对剥夺感（郭星华，2001）。宋伟轩等（2013）讨论了内城区户籍贫困空间剥夺式重构，发现内城区贫困空间重构过程中伴随着一定程度的空间剥夺，贫困阶层失去内城优质区位意味着工作机会、医疗服务、子女教育和公共交通等市民权利被部分剥夺与侵占。袁媛和吴缚龙（2010）借鉴国外基于剥夺理论的地域政策和社会空间评价，利用行政和调查数据，在社区和街道层面选取指标，结合地理学、规划学和社会学的多种分析方法，根据中国城市的特征，构建了规划领域的社会空间评价体系。

三、收入不平等与贫困的关系

在贫困问题的研究上，发展中国家和发达国家研究的视角往往不同。发达国家主要从收入分配的角度来研究，而发展中国家一般从经济增长的角度来探讨，这说明两者之间存在着内在的联系（陈玉宇等，2004）。

第一，两者研究的本质是相同的。收入不平等是指收入分配差距，而贫困则是收入低于某个水平的状态，从这个角度上来说，影响收入不平等和贫困的因素，就是收入的影响因素。因此，收入不平等和贫困的研究，就可以转化为对收入决定的研究。而且，贫困中的Watts指数[①]、Sen指数[②]和SPG指标[③]等也表示了收入分配恶化会引起贫困的加剧（王祖祥，2001）。

第二，两者都有相对性的特点。收入不平等和贫困都具有相对性的涵义，都是与一定的参照系相比较的结果，比较的对象包括处于相同社会环境下的其他成员、随经济的发展收入水平的变化及其他社会环境。在不同的国家，由于生产力发展水平和社会经济发展水平的差异，收入不平等和贫困的表现形式、性质和产生的原因也有很大的差异。从这个意义上来说，贫困实质上描绘的是不同社会成员在收入差距和分配上的不均等。

第三，两者的判断标准都具有主观性，都通过一定的主观价值判断加以确定。实际上，两者本身就是一个模糊概念，具有不确定性，都呈现出多元性、不完整性、社会性、相对性和动态性等特点。因而使得判断标准具有主观属性，它随时间和空间及人们思想观念的变化而变化。不同的经济发展阶段、不同的学科和不同的思想体系给出的答案不同。可以说对不平等和贫困问题的认识，是随经济发展、社会进步和文明提高而带来的对基本人权、社会福利和平等的认识而逐步深化的（Myles and Picot，2000）。

第四，两者研究思路相似。由于两者都具有相对性的特征，因此两者的研究思路具有相似性，即都是采用层层深入的方法，对两者在一定范围内的分析、比较和测度（Lee，2013）。

第五，两者成因相似。尽管对贫困形成原因的解释众说纷纭，但相对剥夺

[①] Watts指数：Watts于1968年提出，第一个对分配敏感的贫困指数，其满足一系列贫困测度中的公理化原则。
[②] Sen指数：A. K. Sen于1976年提出，采用公理化方法研究贫困评价指标，主张贫困指数应与一系列伦理上说得通的准则相一致。
[③] SPG指标是一个贫困强度指标，可以反映贫困人口内部存在的收入分配不均等状况。

说、政策界定说、不平等说、价值判断说、发展不足说、权利丧失说、能力缺乏说等基本囊括了所有的解释。而这些原因很多本身就是不平等的成因。例如，不平等说指出，贫困就是一种不平等。不平等与贫困之间存在着内在的因果联系。

第二节　西安市收入不平等对贫困的影响

一、研究区及调查样本

西安市位于陕西省中部的关中盆地，是中国西北地区最大的城市。2015 年辖新城、碑林、莲湖、灞桥、未央、雁塔、阎良、临潼、长安和高陵十个区，以及蓝田、周至、户县（2016 年改为鄠邑区，其行政边界未发生变化）三县，82 个街道办事处，44 个镇，50 个乡。全市土地总面积为 9983km^2，其中市区面积为 1066km^2。截至 2015 年年末，全市总人口达 870.56 万，其中市区户籍人口为 300 万左右。

本章的数据来源为西安市居民收支状况的问卷调查数据。调查范围为全覆盖调查，包括了西安市主城区内所有的 53 个街道办事处（以下简称街道办）（图 2-1）。在每个街道办事处行政区域范围内采用区域抽样的方法，选取至少 2 个地点对问卷进行随机发放，各街道发放份数根据街道总人口数分为 30 份、60 份和 90 份。发放对象为问卷发放所在街道内居住的成年人[①]。最终问卷共发放 3200 份，回收 3178 份，其中有效问卷 2922 份，问卷有效率 91.31%。本次问卷调查的数据量很大，覆盖也很广，可以代表西安市居民的收支状况。本章的研究对象为广义的城市贫困人口，即居住时间在半年以上的西安市常住人口中的贫困人口，包括户籍贫困人口和外来流动人口，前者又包括城市户籍贫困人口和农村户籍贫困人口。

基于西安市行政区划、城市空间演变历史和城市环线道路等的综合考虑，研究组将研究区划分为内城、外城、近郊和远郊 4 个圈层（图 2-2）。由于西安市行政区划的变动不大，故 1990 年、2000 年、2013 年 3 个研究时段的 4 个圈

---

① 不包括在校学生，但包括少量生活在城区范围内仍在从事农业劳动的人口。

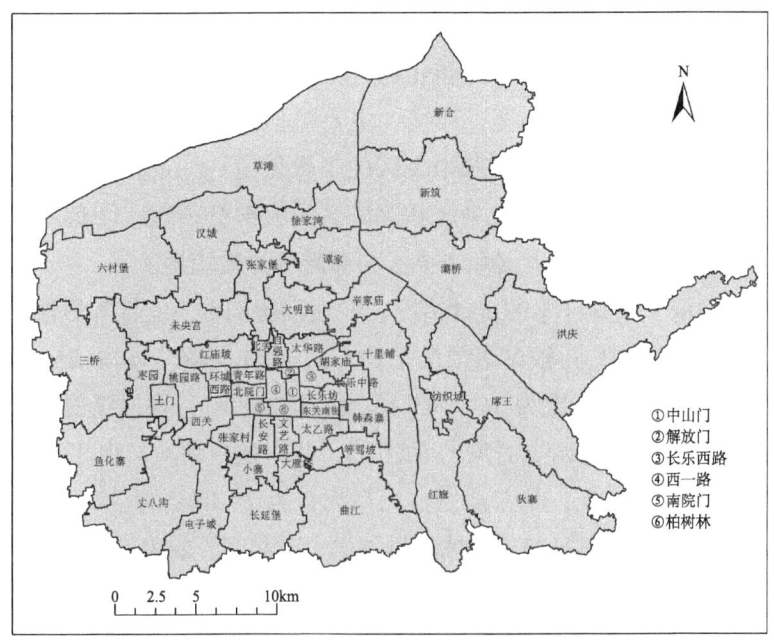

图 2-1　西安市街道办事处划分图

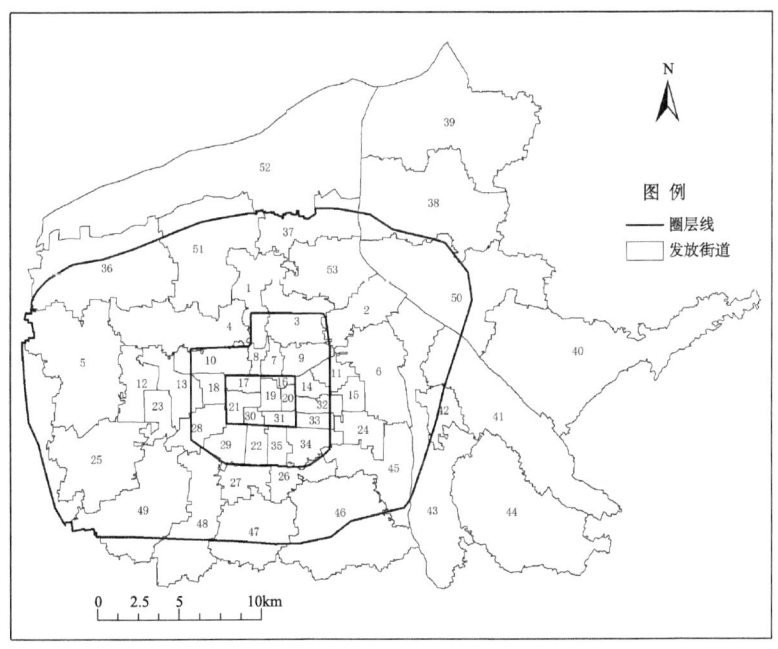

图 2-2　调查问卷发放范围

层划分基本一致：①明城墙以内的区域为内城区，共包括新城区（解放门、西一路、中山门）、莲湖区（青年路和北院门）和碑林区（南院门和柏树林）7个街道；②外城为明城墙以外至二环线，主要包括新城区、碑林区和莲湖区大部分街道及靠近二环线的雁塔和未央区的少数街道；③近郊区为二环线以外至绕城高速，包括灞桥区、未央区和雁塔区的大部分街道；④远郊区为绕城高速以外的灞桥区大部分街道和未央区的草滩等少数街道。

表 2-1 显示了调查样本的统计情况。在性别比例上，女性和男性的占比分别为 42.09% 和 57.91%；被试对象的平均年龄为 41.60 岁，其中 25～36 岁占比最大，达 26.19%，其次为 36～45 岁，占比 22.80%；在户籍属性上，本地人口占据多数，占到总调查对象的 62.15%，非本地户籍人口占 37.85%；在被调查对象的职业分类上，私营业主占比最大，为 28.35%，其次为事业单位职员，占 16.18%，公司职员与离退休人员占比大致相当，农民、工人、下岗、失业、无业及其他所占比例较小，均未超过 10%；三个时间断面的平均年收入分别为 6060.24 元、17 967.48 元和 38 869.44 元。

表 2-1　被试样本主要特征的统计情况

变量名称		均值	变量名称		均值
性别	男	57.91%	职业类型	事业单位职员	16.18%
	女	42.09%		下岗	3.18%
平均年龄		41.60 岁		失业	1.21%
户籍	本地	62.15%		离退休	12.70%
	异地	37.85%		无业	5.84%
职业类型	农民	5.33%		其他	5.29%
	工人	9.61%	收入状况	1990 年收入	6 060.24 元
	私营业主	28.35%		2000 年收入	17 967.48 元
	公司职员	12.31%		2013 年收入	38 869.44 元

二、西安市收入不平等的变化趋势

（一）收入不平等的测度方法

本章选取几种常用的不平等指数来度量西安市城市居民收入的不平等状况，包括广义熵指数（generalized entropy index）、基尼系数（Gini coefficient）和阿特金森指数（Atkinsom index）(Sen, 1976; Wong, 1997; Datt and Ravallion, 1992）。

1. 广义熵指数

由于限制条件严格，广义熵指数能够很好地反映出收入差距的状况，其一般化公式为

$$\text{GE}(a) = \frac{1}{a^2 - a} \left[\frac{1}{n} \sum_{i=1}^{n} \left(\frac{y_i}{\bar{y}} \right)^a - 1 \right] \quad (2\text{-}1)$$

式中，y_i 表示第 i 个居民的收入；$\bar{y}$ 表示西安市人均收入；n 表示居民总数；参数 a 表示给予不同组之间收入差距的权重，为一任意常数。

当 $a=1$ 时，该广义熵指数即具体化为泰尔指数（Theil index），其基本公式为

$$\text{GE}(1) = \frac{1}{n} \sum_{i=1}^{n} \ln \frac{y_i}{\bar{y}} \quad (2\text{-}2)$$

该指标可将总体差异分解成不同空间尺度的区内差异（T_1）和区间差异（T_2），以便于比较它们对区域整体差异的影响。计算公式为

$$\text{GE}(1) = T_1 + T_2 = \sum_{g=1}^{m} P_g T_g + \sum_{g=1}^{m} P_g \ln \frac{P_g}{V_g} \quad (2\text{-}3)$$

式中，T_g 表示第 g 组内的泰尔指数；P_g 表示第 g 组人口占被调查对象的比例；V_g 表示第 g 组收入占总体收入的比例；g 表示分组个数。

当 $a=0$ 时，广义熵指数即具体化为对数偏差均值指数（the mean log deviation index），简称 MLD 指数，也称泰尔零阶指数，其基本公式为

$$\text{GE}(0) = \frac{1}{n} \sum_{i=1}^{n} \ln \frac{\bar{y}}{y^i} \quad (2\text{-}4)$$

2. 基尼系数

基尼系数是意大利统计学家基尼（Gini）在洛伦兹曲线的基础上发展而来的，用来表达社会财富的分配状况。基尼系数的计算方法很多，也很复杂，本章选取张建华提出的一种简化的基尼系数计算方法：

$$G = 1 - \frac{1}{n} \left(2 \sum_{i=1}^{n-1} W_i + 1 \right) \quad (2\text{-}5)$$

式中，G 表示基尼系数；n 表示总人数；W_i 表示累计人口收入和占总收入百分比。

3. 阿特金森指数

阿特金森指数是测度收入不平等的指数中明显带有社会福利偏向的一个指数。阿特金森指数首先计算出等价敏感平均收入 y_e，其定义为如果每个人享受到了等价敏感收入时的社会福利总和，同收入实际分配时具有的社会总福利值，计算如下：

$$y_e = \left[\sum_{i=1}^{n} f(y_i) y_i^{1-\delta}\right]^{\frac{1}{1-\delta}} \quad (2\text{-}6)$$

式中，y_i 表示第 i 人的实际收入；$f(y_i)$ 表示第 i 人占总人口比例的密度函数；δ 表示不平等厌恶参数，该参数反映社会对于不平等的厌恶程度，其取值范围是 $[0, +\infty)$，随着 δ 的增加，收入相对较低的人群将获得更大的权重。在定义了 y_e 后阿特金森指数可以表示为

$$A = 1 - (y_e/\bar{y}) \quad (2\text{-}7)$$

式中，$\bar{y}$ 表示平均收入。从该指数可以看出，社会收入分配越公平，则 y_e 越接近 $\bar{y}$，阿特金森指数值也就越小；对于任何收入分布而言，阿特金森指数的取值范围都为 $[0, 1]$，其中 0 代表社会达到了完全的收入公平分配。

（二）收入不平等的变化情况

经过数据分析可知，1990～2013 年西安市城镇居民平均收入年均增长率达到 9.25%，超过同期全国城市居民平均收入的增长水平。但是本章的重点不在于平均收入状况的增长情况，而在于各收入区间居民的收入变化情况。表 2-2 显示了西安市城市居民人均收入观测值分布区间十等分后各子区间上的人均收入，图 2-3 绘制了各子区间上的年均增长率。可以看出，人均收入越高的子区间，收入的增长率越低。虽然 1990～2013 年西安市城市居民人均收入整体增长了 6.41 倍，但是最高收入的 10% 人口人均收入只增长 3.74 倍，而最低收入的 10% 人口收入却增长了 14 倍，最低收入的 20% 和 30% 人口收入甚至增长了 25.37 倍和 20.85 倍。结果，最低收入分布子区间的人均收入每年增长 12.16%，比最高收入分布子区间的 5.91% 大 1 倍多，这与我们传统印象中和过往以全国范围为基础的研究认为的全国整体贫富差距拉大不一致，这也说

明每个城市的贫困状况可能都有自己的特点，以全国状况推论个别城市有失偏颇。虽然低收入人群的收入增长快于高收入人群，但是西安市的贫富差距依旧巨大，2013年最高收入组的人均收入为最低收入组的15.20倍。

较贫困子区间的收入增长速度快于较富裕的子区间意味着收入不平等的减轻。表2-3表示了根据问卷数据计算的各种收入不平等指数。这些常用的指数也都验证了前面的推论：收入不平等现象在1990～2013年有大幅度的改善。其中1990～2000年改善更加明显，而2000～2013年的改善幅度较小，这与收入差距已经达到一个相对合理的水平使得改善难度增加有关，但收入分配向积极方向的变化值得欣喜。例如，基尼系数从1990年的0.5805降低到2013年的0.3613，显而易见的大幅度降低发生在1990～2000年，基尼系数下降了0.1621。

本章尝试对不平等的缓解这一不同寻常的现象做出解释，1990～2013年中等收入人群的壮大使中等收入组之间的收入差距变小是导致1990～2013年整个时期内收入趋于平等的主要因素。这一期间，体力和脑力劳动的报酬更趋于接近，中等收入群体在城市中的壮大使得组间差距不断缩小，如2013年有超过六成的人口收入在2000～4000元；通过对泰尔指数的分解2013年的组间差距为0.1055，而1990年的组间差距高达0.2704。

表 2-2　西安市十分位数的人均年收入　　　（单位：元）

项目	1990年	2000年	2013年
第一子区间	471.96	2 576.40	6 605.04
第二子区间	681.36	5 296.56	17 286.84
第三子区间	1 148.52	8 302.32	23 951.16
第四子区间	2 167.20	9 133.20	24 000.00
第五子区间	2 400.00	11 337.24	25 245.48
第六子区间	3 928.92	14 817.24	34 944.84
第七子区间	4 971.48	22 325.64	43 984.08
第八子区间	7 615.68	24 000.00	48 000.00
第九子区间	9 487.44	26 379.12	54 285.48
第十子区间	26 820.00	54 312.12	100 377.96
人均收入	6 060.24	17 967.48	38 869.44
收入中位数	2 400.00	12 000.00	30 000.00

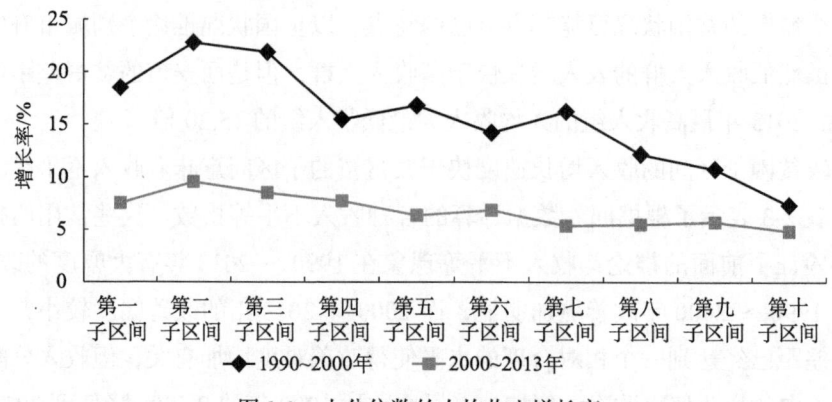

图 2-3 十分位数的人均收入增长率

表 2-3 西安市居民收入的不平等指数（1990～2013 年）

指数	1990 年	2000 年	2013 年
相对差异	0.4427	0.3024	0.1828
基尼系数	0.5805	0.4184	0.3613
阿特金森指数（$\delta=0.5$）	0.2807	0.1519	0.1200
泰尔指数	0.2809	0.1426	0.1325
MLD 指数	0.2879	0.1499	0.1097
区差距	0.1321	0.0824	0.0619

三、西安市贫困线的确定

贫困线研究始于 Rowntree（1901）对伦敦的贫困研究，此后，绝对贫困线一直是计算贫困线的主流方法，并由此发展出预算标准法、马丁法、1 天 1.25 美元、恩格尔系数法等方法，这些方法目前仍然被许多国家和国际组织所采用。伴随着不平等状况的加剧，学者对贫困的理解也不断加深，认识到贫困不仅意味着解决温饱问题，还意味着相对排斥和相对剥夺，相对贫困线也开始越来越多地被使用。针对以往绝大多数研究采用绝对贫困线，而忽略相对贫困这个缺陷，本章将使用扩展线性支出法、马丁法等方法确定贫困线，既考虑绝对贫困，同时又兼顾相对贫困。

（一）贫困线的计算方法

1. 扩展线性支出法

扩展线性支出系统（extend linear expenditure system，ELES）是在线性支

出系统模型的基础上推导出的一种需求函数模型。此函数求出的个人基本消费需求的货币形式即为贫困线。其函数形式可表示为

$$P_i q_i = r_i P_i + \beta_i \left(I - \sum_{j=1}^{n} P_j r_j \right) \quad (2\text{-}8)$$

式中，P_i、P_j 分别表示第 i、j 种商品的价格；q_i 表示对第 i 种商品的需求量，由两部分组成，包括基本需求量和非基本需求量；r_i、r_j 分别表示对第 i、j 种商品的基本需求量；I 表示可支配收入；β_i 表示第 i 种商品在预算约束中所占的比例，其经济学意义是除最基本的需求外，消费者还会用多少可支配收入去购买该种商品，是一种超额的消费，若消费者没有储蓄，则 $\sum_{i=1}^{n} \beta_i = 1$，若消费者有储蓄，则 $\sum_{i=1}^{n} \beta_i < 1$。从而计算出贫困线，用 P_M 表示，$P_M = \sum_{j=1}^{n} P_j r_j$。

对式（2-8）进行变形得

$$P_i q_i = r_i P_i - \beta_i \sum_{j=1}^{n} P_j r_j + \beta_i I + \mu_i \quad (2\text{-}9)$$

令 $\alpha_i = r_i P_i - \beta_i \sum_{j=1}^{n} P_j r_j$，则式（2-9）变形为

$$Y_i = \alpha_i + \beta_i I + \mu_i \quad (2\text{-}10)$$

式中，μ_i 是与收入无关的一个随机变量，为了分析简便，其期望为零。

对每一种具体的消费品，根据可支配收入（I）和消费额（Y_i）的数据，使用最小二乘法估计出参数 $\hat{\alpha}_i$ 和 $\hat{\beta}_i$，然后对式（2-10）两边求和变形得

$$\sum_{i=1}^{n} r_i P_i - \sum_{n=i}^{n} \hat{\alpha}_i / \left(1 - \sum_{i=1}^{n} \hat{\beta}_i \right) = P_M \quad (2\text{-}11)$$

式中，P_M 为扩展线性支出的贫困线，式（2-11）即用于回归的方程。

2. 马丁法

马丁法的核心理念是贫困线由食物支出和非食物支出组成，食物支出即为达到一定热量需要所必需的支出，非食物支出即自愿放弃基本的食物需求而花费的其他必要支出（Martin，1993）。其计算公式是

$$\text{MLS} = \text{FPL} + \text{NFPL} \quad (2\text{-}12)$$

式中，MLS 表示最低生活保障标准；FPL 表示食物线；NFPL 表示非食物线。

在马丁法中，食物线在于满足人最基本的生存需求，根据热量支出法计

算得出。在确定人体最基本热量需求后，再按照不同的食物种类和数量，根据食品价格计算出货币形式。由于西安市整体的经济发展水平较高，且只能保障热量的贫困标准与现代人类的发展理念不符，所以本章采用相对概念对食物贫困线进行测算。本章通过收入比例法确定西安市居民的基本食品支出，即食物贫困线。由于低收入居民往往选择更加经济实惠的食物作为日常所需，所以本章以20%城镇低收入居民每人每年食品消费支出作为西安市的食物贫困线，这一比例大体上也符合国际上通行的确定相对贫困时采用的标准。

在马丁法中，非食物线有高低两条线。低非食物线是在食物线的基础上，利用回归模型，计算得出的人均可支配收入刚好达到食物线的居民的非食物支出。其回归模型为

$$S=a+b\ln(\mu/X)+\varepsilon \qquad (2\text{-}13)$$

式中，S表示食物支出占消费总支出的比例；μ表示居民的人均消费总支出；X表示食物贫困线；ε表示随机误差项；a为截距，表示人均消费支出刚好等于食物贫困线贫困人口的食品支出占总消费支出的比例。

高非食物贫困线则是在食物线的基础上，利用回归模型计算得到的人均食物消费支出刚好达到食物线的居民的非食品支出。其回归模型为

$$\ln\mu=a+bX+\varepsilon \qquad (2\text{-}14)$$

式中，μ表示各收入组人均消费支出；X表示各收入组人均食品支出；ε表示随机误差；a、b为参数。

3. 恩格尔系数法和中位数收入法相结合的方法（E-M）

恩格尔系数法和中位数收入法相结合的方法，主要考虑相对贫困程度。具体方法如下：筛选出恩格尔系数大于0.5的所有居民，即为绝对贫困居民，考虑西安市城市发展水平，很多贫困人口虽然能解决温饱问题，但是经济水平仍然低下，很容易再次陷入绝对贫困状态，所以本章将人均收入低于西安市居民平均收入1/3的人口也视为贫困人口。将筛选出的这两部分人口，根据恩格尔系数法计算出食品支出，即为贫困线。

（二）贫困线的计算结果

表2-4即为贫困线的计算结果，可以看出不同计算方法下，贫困线的计算

结果也各不相同，除 1 天 1.25 美元贫困线外，其他贫困线在 1990～2013 年都有了大幅提升；从表 2-4 中可以看出，2013 年 ELES、马丁法、比例法①、E-M 测算的贫困线为低保线和 1 天 1.25 美元的数倍，这说明固定贫困线已经不能适应中国城市贫困测度的需要，而低保线的划定也偏低，提高低保线标准才能覆盖更多的贫困人口。

表 2-4　西安市城市贫困线计算结果　　　　（单位：元/a）

年份	E-M	ELES	马丁法		比例法	低保线	1 天 1.25 美元
			低贫线	高贫线			
1990	912	1 285	1 089	1 226	1 205	—	1 356
2000	6 720	4 952	2 597	3 371	3 819	2 160	2 076
2013	15 840	12 878	7 709	12 111	15 589	4 320	1 872

注：① 1 天 1.25 美元为世界银行 2008 年公布的贫困标准线，经人民币购买力平价进行调整，1990 年、2000 年、2013 年美元兑换人民币汇率分别为 3.0、4.6 和 4.18，表 2-4 中最后一列为换算成人民币后的贫困标准线；②比例法确定的贫困线为西安市城镇居民人均收入的 60%；③西安市 1998 年在主城六区启动城镇居民最低生活保障机制，所以 1990 年无低保数据

四、西安市贫困状况的变化趋势

（一）贫困指数

1. FGT 指数

衡量贫困的指数种类众多，本章采用贫困研究中使用较多的 FGT 指数来衡量贫困程度。用公式表示如下：

$$P_\alpha = \frac{1}{N} \sum_{i=1}^{q} \left(\frac{z - y_i}{y_i} \right)^\alpha \qquad (2\text{-}15)$$

式中，N 表示总人口数量；q 表示收入低于贫困线的人口数量；z 表示贫困线；y_i 表示第 i 个贫困者的收入。参数 α 具有重要的经济学意义，表示贫困厌恶程度，α 越大，则给予更贫穷的人口以更大的权重。当 $\alpha=0$ 时，P_0 表示贫困发生率（H）；当 $\alpha=1$ 时，P_1 表示贫困人口相对于贫困线的收入缺口的比例，即贫困距（PG），是一个贫困深度指标；当 $\alpha=2$ 时，P_2 表示贫困人口的加权收入缺

---

① 比例法即从贫困居民的收入低于其他多数居民的收入这一相对概念出发，把一定比例的最低收入居民定义为贫困居民，把他们的收入水平定为贫困标准。

口，即平方贫困距（SPG），权重就是贫困距本身，是贫困强度指标。

2. SST 指数

作为贫困度量公理化的倡导者，Sen（1976）构建了综合考虑贫困广度、深度及强度的 Sen 指数。但 Sen 指数并不完美，该指数满足一些基本公理（相关性公理、单调性公理和弱转移性公理），也违背了另一些公理；同时，除了学术研究 Sen 指数几乎未被运用于政策分析。后期 Shorrocks 对其进行了调整，得到 SST 指数，弥补了 Sen 指数不满足强转移性、连续性和复杂不变性公理的不足，具体表述式如下：

$$\text{SST} = \frac{1}{n^2 z} \sum_{i=1}^{q} (z - y_i)(2n - 2i + 1) \quad (2\text{-}16)$$

式中，n 表示个人（或家户）构成的样本总量；q 表示收入低于贫困线的人口（或家户）数量；$z(z>0)$ 表示贫困线；y_i 表示第 i 个贫困人口的收入水平；$z-y_i$（$i=1,2,\cdots,q$）表示贫困人口 i 相对于 z 的收入短缺（Shorrocks，1995）。

根据计算可得出西安市贫困状况变化的总体情况，表 2-5 描述了不同贫困线下 1990～2013 年西安市的 SST 指数变化。虽然在不同贫困线下不同年份间变化的幅度各异，但描绘出同一种趋势。在除 E-M 贫困线和低保线外的所有贫困线下，SST 指数都在 1990～2013 年出现下降，其中 1990～2000 年 SST 指数降低迅速，这说明在这一时期贫困状况的改善是显著的，而在 2000～2013 年 SST 指数又出现了升高，说明在这一时期，贫困状况非但没有改善，反而出现了恶化。

表 2-5　不同贫困线下西安市的 SST 指数（1990～2013 年）

年份	E-M	ELES	马丁法		比例法	低保线	1 天 1.25 美元
			低贫线	高贫线			
1990	0.1187	0.1717	0.1486	0.1602	0.1587	—	0.1837
2000	0.1402	0.0939	0.0516	0.0702	0.0783	0.0453	0.0445
2013	0.1331	0.1169	0.0986	0.1117	0.1321	0.0863	0.0754

不同贫困线下 1990～2013 年西安市的 FGT 指数见表 2-6。不同贫困线下贫困发生率有较大差异，在 E-M 贫困线下 1990～2000 年西安市贫困发生率（贫困率）出现小幅上升，而在 2000～2013 年则有大幅下降；ELES 贫困线和

马丁法的低贫线下西安市在 1990～2013 年的贫困率是一直下降的；而在其他贫困线下西安市的贫困率先大幅下降再小幅上升。由此可以看出，不同的贫困线制定测度方法会对测算结果产生影响，所以贫困线的选择在贫困测算中具有重要地位。从表中也可以看出幅度不大的贫困线提升会引起较大程度的贫困率上升，说明有大量的城市人口生活在贫困线附近，贫困线细微的变化都可能导致贫困率的变化。

表 2-6　不同贫困线下西安市的 FGT 指数（1990～2013 年）

FGT 指数	年份	E-M	ELES	马丁法		比例法	低保线	1 天 1.25 美元
				低贫线	高贫线			
H	1990	0.1921	0.2910	0.2317	0.2889	0.2889	—	0.2927
	2000	0.2047	0.1594	0.0717	0.0752	0.0890	0.0335	0.0347
	2013	0.1275	0.1160	0.0651	0.1147	0.1257	0.0558	0.0448
PG	1990	0.0853	0.1209	0.0965	0.1123	0.1087	—	0.1296
	2000	0.1072	0.0573	0.0291	0.0392	0.0442	0.0248	0.0244
	2013	0.0781	0.0669	0.0535	0.0637	0.0763	0.0465	0.0404
SPG	1990	0.0467	0.0670	0.0509	0.0618	0.0598	—	0.0728
	2000	0.0492	0.0387	0.0218	0.0271	0.0303	0.0198	0.0194
	2013	0.0749	0.0557	0.0481	0.0543	0.0607	0.0427	0.0376

尽管不同贫困线下贫困状况各异，但其描述了一个共同的趋势：1990～2013 年贫困率大幅降低。结合西安市城镇人口在这一时期的变化，贫困人口规模的减小幅度也值得欣喜。1990～2013 年贫困人口减少数量超过 20 万人，在马丁法低贫线下表现得最为明显，贫困人口的规模由 1990 年的 61.40 万人减少到 2013 年的 29.16 万人。

在贫困深度和贫困强度方面，七种贫困线计算方法中有六种结果显示贫困深度在 1990～2000 年显著降低，但在 2000～2013 年贫困深度又有了一定程度的加强，且贫困深度加强的程度要大于贫困率变化的程度，这表明贫困人口在这一阶段生活状况的恶化。更应引起注意的是，2013 年的贫困强度接近甚至超过 1990 年的贫困强度，这表明，贫困发生率的降低并不一定意味着贫困强度的降低，所以政策制定者不能只关注贫困发生率，而且要关注贫困的深度和强度，重视贫困群体整体生活水平的提高。

（二）SST 指数分解

为克服 SST 表达式直观性差与不能分解的缺陷，Osberg 和 Xu（2000）推导出 SST 指数的简化形式为

$$SST=HI(1+G) \quad (2\text{-}17)$$

式中，SST 表示贫困指数；H 表示贫困发生率；I 表示平均贫困差距率；G 表示贫困差距率的基尼系数。

基于可分乘积结构提出 SST 指数的分解式为

$$\ln SST=\ln H+\ln I+\ln(1+G) \quad (2\text{-}18)$$

提取变化率，式（2-18）还可以表达为

$$\Delta \ln SST=\Delta \ln H+\Delta \ln I+\Delta \ln(1+G) \quad (2\text{-}19)$$

从而，将对数 SST 贫困指数变动分解为 3 个层面：贫困发生率变动、贫困差距率变动及"1+贫困差距率基尼系数之和"的变动。这一改进使得 SST 指数更具政策分析价值（Osberg and Xu，2000）。

一般来说，综合贫困状况包括贫困人口数、贫困人口内部收入差距及扶贫资金量 3 个维度。分解 SST 指数可以帮助判断具体贫困形态对贫困状况的影响程度。图 2-4 给出了 1990～2013 年不同贫困标准计算得到的 $\Delta \ln SST$ 指数分解结果。图 2-4 中，横轴代表年份，纵轴代表 $\Delta \ln SST$ 及其分解结果，柱形长度代表 $\Delta \ln SST$ 或其分解结果的数值大小。以纵轴 0 刻度为界，其上为正值，其下为负值，表达的含义相反。例如，位于 0 坐标轴以上的 $\Delta \ln SST$ 柱形图意味贫困程度有所上升，反之则相反；0 坐标轴以下的 $\Delta \ln I$ 柱形图代表贫困深

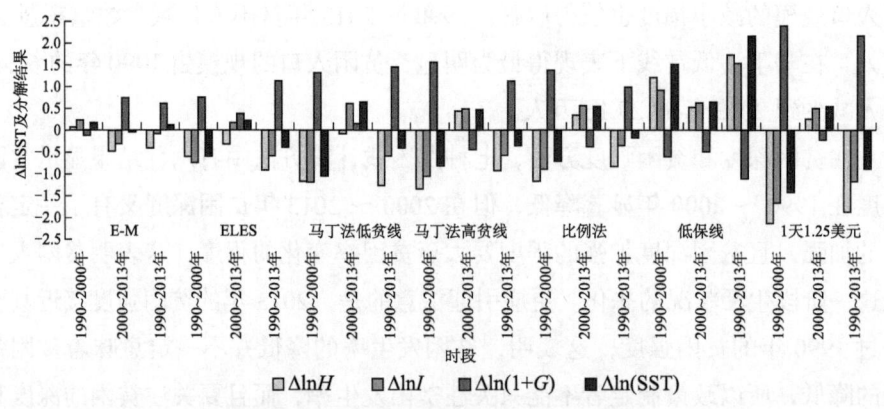

图 2-4　SST 指数分解（1990～2013 年）

构造数据的检验结果均通过 5% 假设检验

度的变化向下拉动 $\Delta \ln SST$，不利于减贫；反之则相反。另外，柱形长度越长，该因素的变动（或影响）程度越大。

观察贫困状况（SST 指数）的变动，可以发现：①不同贫困线下 SST 指数的年际变动大致趋势相同，除 E-M 贫困线和低保线外，其他贫困线下，1990～2013 年 SST 指数的年际变化为负，但分年份来看两个时段的变化却不尽相同，其中 1990～2000 年的变化为负且幅度较大；2000～2013 年的变化为正，变化幅度较小。② 1990～2000 年随着贫困线的提高，SST 指数的变化幅度降低，反映人均收入与收入分布在低收入一端的集中程度较高；但 2000～2013 年的结果则相反，显现出人均收入与收入分布在高收入一端的集中程度较高。

细致考察 SST 指数分解因子的变动状况；首先看 $\Delta \ln(1+G)$ 的变动对 SST 指数的影响，仍旧以 0 坐标轴为分界，其上柱形代表农村贫困人口内部收入差距拉大，不利于贫困减少，反之则相反。年际变动基本为正，收入差距会恶化贫困状况[①]。然后来看 H 指数对 SST 指数的影响，H 指数为减少 SST 指数的最大来源，在几乎所有的贫困线下（低保线和 1 天 1.25 美元除外），1990～2013 年 $\Delta \ln H$ 均为负，且柱形较长，表明贫困人数的减少是改善贫困状况的最主要动力，1990～2013 年 H 指数的减少主要贡献来自于 1990～2000 年，2000～2013 年 H 指数的变化较不明显。其次是 I 指数，$\Delta \ln I$ 对贫困状况的影响也较大，在大部分贫困线下 1990～2013 年 $\Delta \ln I$ 为负，但 2000～2013 年 $\Delta \ln I$ 则为正，表明 2000～2013 年 I 指数对贫困状况的改善起到的为负面作用。此外发现 $\Delta \ln I$ 的正负变动趋势受贫困线变动的影响较小，具有稳健性，这与沈扬扬的结论较为一致。

五、收入不平等变化对贫困变化的影响

为了考察经济增长与收入再分配对贫困变化的影响，借助 Datt 等的方法，可以把贫困变化的原因分解为经济增长因素和收入再分配因素。首先定义两个基本的函数

洛伦兹曲线：
$$L=L(P;\gamma) \tag{2-20}$$

---

① 一项单独研究表明，贫困人口内部不平等状况确有恶化趋势。

贫困指标：

$$P = P(\eta/z; \gamma) \quad (2\text{-}21)$$

式中，P 表示人口比例；η 表示人均收入；γ 表示可估计的洛伦兹曲线的参数；z 表示贫困线。

设定任意两个时期 s 和 $s+n$，经济增长因素是假定洛伦兹曲线不变的条件下人均收入从 η_s 到 η_{s+n} 的增长对贫困变动的影响；收入再分配因素定义为收入 η_s 不变的条件下洛伦兹曲线从 L_s 到 L_{s+n} 的变化导致的贫困变化。其他未予解释的部分归入残差。其公式表述为

$$P_{s+n} - P_s = G + D + \varepsilon \quad (2\text{-}22)$$

式中，经济增长 G 和再分配 D 两个因素可计算如下：$G = P(\eta_{s+n}/z; \gamma_s) - P(\eta_s/z; \gamma_{s+n})$；$D = P(\eta_s/z; \gamma_{s+n}) - P(\eta_s/z; \gamma_s)$；$\varepsilon$ 表示残差。

由于 PG、SPG 与 H 的分解结果类似，为方便起见，只报告了贫困率的分解结果（表 2-7）。再分配因素对贫困总变化的巨大贡献是显而易见的。例如，观察使用马丁法制定的高贫线的分解结果会发现，如果 1990～2013 年贫困人口和样本均值的收入增幅相同，那么西安市的城市贫困率将增加 3.02%，对于致力于减贫的中国来说，贫困率的增加无疑意味着减贫工作的巨大失败。而实际上，在此期间贫困率大幅度下降了 17.32%，再分配因素贡献了其中的绝大部分。

表 2-7　西安市贫困率的分解

项目	时段	经济增长因素	再分配因素	残差	贫困总变化
ELES	1990～2000 年	0.0743	-0.1213	-0.0819	-0.1289
	2000～2013 年	0.0747	-0.0185	-0.0579	-0.0017
	1990～2013 年	0.1092	-0.1448	-0.0950	-0.1306
马丁法高贫线	1990～2000 年	-0.0563	-0.2092	0.0656	-0.1999
	2000～2013 年	0.0765	0.0168	-0.0566	0.0367
	1990～2013 年	0.0302	-0.1711	-0.0323	-0.1732
1 天 1.25 美元	1990～2000 年	-0.1165	-0.2610	0.1195	-0.2580
	2000～2013 年	0.0214	-0.0158	0.0045	0.0101
	1990～2013 年	-0.2875	-0.2410	0.2806	-0.2479
比例法	1990～2000 年	0.0009	-0.1929	-0.4075	-0.2137
	2000～2013 年	0.1580	0.0270	-0.1455	0.0395
	1990～2013 年	0.2146	-0.1107	-0.2781	-0.1742

与根据表 2-3 反映的收入不平等状况改善相一致，表 2-7 也表明这段时期

收入分配差距在趋于缓和,且其对贫困的影响相当显著。例如,在根据 ELES 制定的贫困线下,如果 1990～2013 年的平均收入不变,那么收入分配状况的好转将使贫困率减少 14.48%。针对较为狭义的贫困定义(1 天 1.25 美元贫困线),贫困变化中的经济增长因素和再分配因素贡献基本相当,这是因为使用了过低的贫困线。

从贡献程度(绝对值)来看,收入再分配因素也高于经济增长因素的贡献。这意味着对于贫困人口而言,收入再分配的有利影响大大超过了经济增长的不利影响。这并不是说否定经济增长对贫困人口生活改善的影响,而是由于使用了非固定贫困线,在经济增长的同时,贫困线也有了大幅的提高。例如,如果采用较固定的低贫线(1 天 1.25 美元贫困线),1990～2013 年经济增长对贫困人口生活的改善将体现出来,在这段时期即使分配结构未得到改善,贫困率也将减少,且贫困变化中的经济增长因素和再分配因素贡献基本相当。

在不同阶段增长和分配对贫困变化的影响也不同,1990～2000 年再分配因素对贫困变化的影响远远大于增长因素对贫困变化的影响,而在 2000～2013 年主导因素则变为增长因素;1990～2000 年再分配因素的减贫作用巨大,而 2000～2013 年的减贫作用则比较微弱,在马丁法高贫线和比例法贫困线下更是呈现收入状况的恶化,在不同贫困线下增长因素的变化巨大,这也佐证了贫困线的选取对贫困测度结果的巨大影响。

从表 2-7 中可以看出,贫困分解的残差仍然很大,这说明除了经济增长因素和收入再分配因素以外,还有其他因素也对贫困变化产生着重要的影响。残差可能是人口特征因素(如教育水平、人口规模、年龄结构、职业等)的影响,也反映了此种分解方法的缺陷,一些更为合理的分解方法(如 Shapley 分解方法)也被引入来解决残差的影响。显然,在目前的方法下还不能对此给出一个满意的解释,这也是有待日后进一步的研究。

第三节　西安市收入不平等与贫困的空间演化关系

目前对于收入不平等与贫困的关系研究,大部分成果集中于经济学领域,重点关注了收入不平等在时间序列上对贫困的影响,而收入不平等如何在空间上与贫困相互作用的研究尚是一个盲区，故本章除考量不平等变化及贫困变化在时间序列上的关系外，还将其变化的空间关系放在同样重要的位置来研究，以期探究两者在空间上相互作用的机理及过程。

一、西安市收入不平等的空间演化

（一）绝对收入的空间变化

20世纪90年代以来，西安市经济快速发展，居民平均收入有了大幅提高。西安市的人均年收入由1990年的5952元增长到2013年的37 656元，高于全国城镇居民人均可支配收入（29 547元）。2013年，人均收入低于西安市平均水平的街道个数为29个，占总数的54.72%。人均年收入排名前10的街道人均年收入均超过42 000元，而排名最后的10个街道人均年收入均不足30 000元，人均年收入最高的长安南路街道达到55 404元，是排名最低的解放门街道的2.25倍。

根据问卷数据，本节将各街道的平均收入按照最佳自然断裂法分为高收入区、较高收入区、较低收入区和低收入区[①]。从图2-5看出，1990～2013年西安市的收入分布状况发生了显著变化。1990年，收入状况相似的街道分布较分散，总的趋势是城市南部收入高于北部，城市东部收入高于西部。2000年，高收入街道较少且分散，但较高收入街道、较低收入街道和低收入街道呈现出集中分布特征，较高收入街道分布于城市东南部，城市北部的大部分街道属于低收入区，城市东部的分布比较杂乱。2013年，高收入街道继续缩减为3个，较高收入街道和较低收入街道占据了城市的绝大部分区域，较高收入区域从市中心向外辐射，城市南部基本为高收入或较高收入区域；城市西部大部分街道及城市东部边缘为较低收入区域，而低收入街道依然集中于城市北部。

（二）相对收入的度量

本节重点考量的并非居民的绝对收入及其变化，而是居民的相对收入及其变化的空间规律。因为相对收入状况的变化更能体现出一个研究对象相对于整体收入水平的变化情况。因为只是对西安市单一城市的研究，所以使用相对收入的变化也可以避免通货膨胀带来的购买力误差。

---

① 由于个别样本收入极高，对结果造成一定影响，但为保证样本的数量及真实性本章保留了部分极高收入样本。

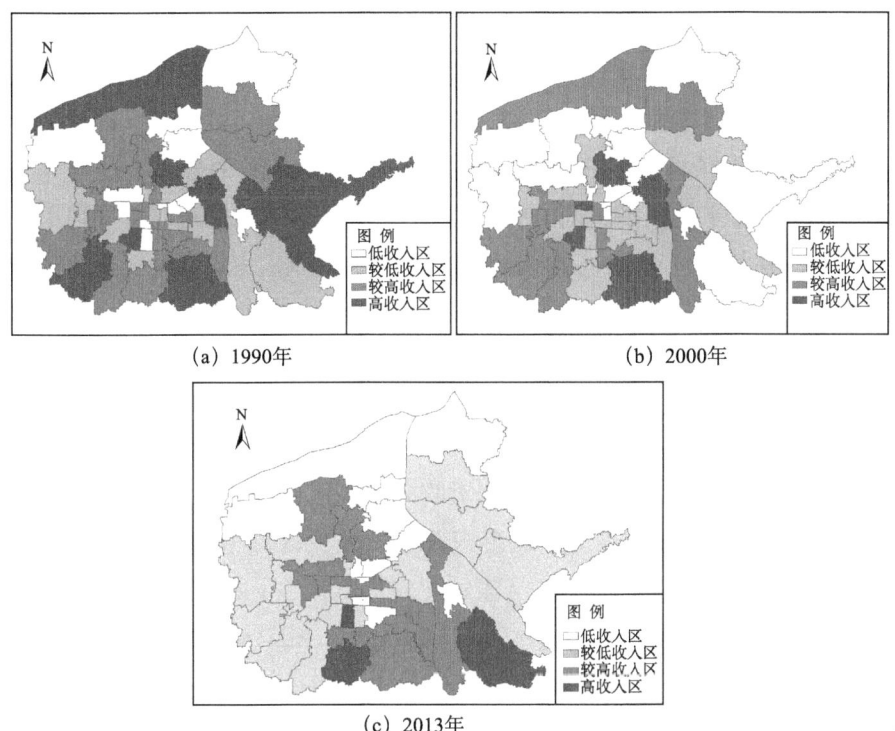

图 2-5　1990 年、2000 年、2013 年西安市绝对收入的空间格局演变示意图

根据比较对象分类，可以将相对收入分为横向相对收入和纵向相对收入。横向相对收入是指个体将自己的绝对收入与身边参照组的收入水平相比较所得到的相对地位或相对贫困感，纵向相对收入是指个体将自己的绝对收入与自身过去的收入水平相对比所产生的前后相对差距。在已有研究中，横向相对收入视角的研究占压倒性的多数。本章既考虑纵向相对收入又考虑横向相对收入。

有学者曾利用参照组内收入排序来衡量研究个体的横向相对收入水平，但在计量分析中同时引入收入水平和收入排序可能导致在计量分析中较强的共线性问题。Stark 和 Taylor（1991）提出了一个评价个人或家庭相对性贫困的指标，以在微观程度上评价个人或家庭的相对收入，计算公式为

$$\text{RD} = \int_{y^i}^{y^h} g[1-F(x)]\,\mathrm{d}x \tag{2-23}$$

式中，RD 表示个人或家庭的相对收入指标；y^h 表示参照组收入最高的值；y^i 表示该个人或家庭的实际收入；$F(x)$ 表示收入的累计分布。为了简单起见，可以设 $g[1-F(x)] = [1-F(x)]$。与收入排序法相比，这一指标的优越性在于

考虑了个体与他人的收入差距的大小。Stark 的这种方法也有一个缺点，它没有反映相对收入指标 Y_t/Y_t^* 的齐次线性特点。当绝对收入 Y_t 和参照组收入水平 Y_t^* 同时扩大或缩小相同倍数，原则上应该不影响相对收入的大小，因此不同年份的值并无比较价值，因此本章按照 Knight 等（2009）的分类方法分为 5 个等级，即远低于平均水平、低于平均水平、高于平均水平、远高于平均水平和平均水平。在某个时间段内，如果某个居民的相对收入由较低等级升到较高等级，则认定为相对收入增加，如果由较高等级降至较低等级，则认定为相对收入减少，收入等级无变动则认定为相对收入变化不明显。

（三）相对收入变化的空间模式

根据相对收入增加区位熵①、相对收入减少区位熵和变化不明显区位熵，将西安市各街道分为四类，分别为相对收入减少区域 [$LQ_d > 1$, $LQ_i \leqslant 1$, $LQ_s \leqslant 1$（d 表示相对收入增加；i 表示相对收入减少；S 表示变化不明显）]，变化不明显区域（$LQ_s > 1$, $LQ_i \leqslant 1$, $LQ_d \leqslant 1$），相对收入增加区域（$LQ_i > 1$, $LQ_d \leqslant 1$, $LQ_s \leqslant 1$）和混合区域（$LQ_i > 1$, $LQ_d > 1$, $LQ_s \leqslant 1$ 或 $LQ_i > 1$, $LQ_s > 1$, $LQ_d \leqslant 1$ 或 $LQ_d > 1$, $LQ_s > 1$, $LQ_i \leqslant 1$）（图 2-6）。

类型 I：相对收入减少区域（$LQ_d > 1$, $LQ_i \leqslant 1$, $LQ_s \leqslant 1$），该类区域相对收入减少的居民占支配地位，多分布于城市的西部和西北部及内城区（城墙内）。这类地区为城市的非重点发展区域或限制发展区域，经济发展速度较慢，居民收入的增长不及其他区域，所以出现相对收入的减少。这样的区域可以归结为两小类，一类是内城和遗址保护区内的街道，如长乐坊街道、汉城街道。这类地域由于开发受到限制，制约了其经济的发展，居民的收入增长受到限制。另一类是城中村及城市边缘城市化进程缓慢的地域，以鱼化寨街道为例，该街道分布有近 20 个城中村，部分城中村已经连成一片，人口相当密集，拆迁困难较大。由于房屋质量差，租金较低，这里也成了外来人口的聚集地。外来低收入群体的迁入使得该街道的人均收入相对减少，而且据实地调查，在鱼化寨街道内居住着数量庞大的外来贫困人口。

---

① 相对收入增加区位熵计算公式为 $LQ = \left(Q_i / \sum_{i=1}^{n} Q_i\right) / \left(P_i \sum_{i=1}^{n} P_i\right)$，式中，$LQ$ 表示相对收入增加区位熵；Q_i 表示第 i 街道收入相对增加人口数；P_i 表示街道人口总数；n 表示街道数。相对收入减少区位熵和变化不明显区位熵类此。

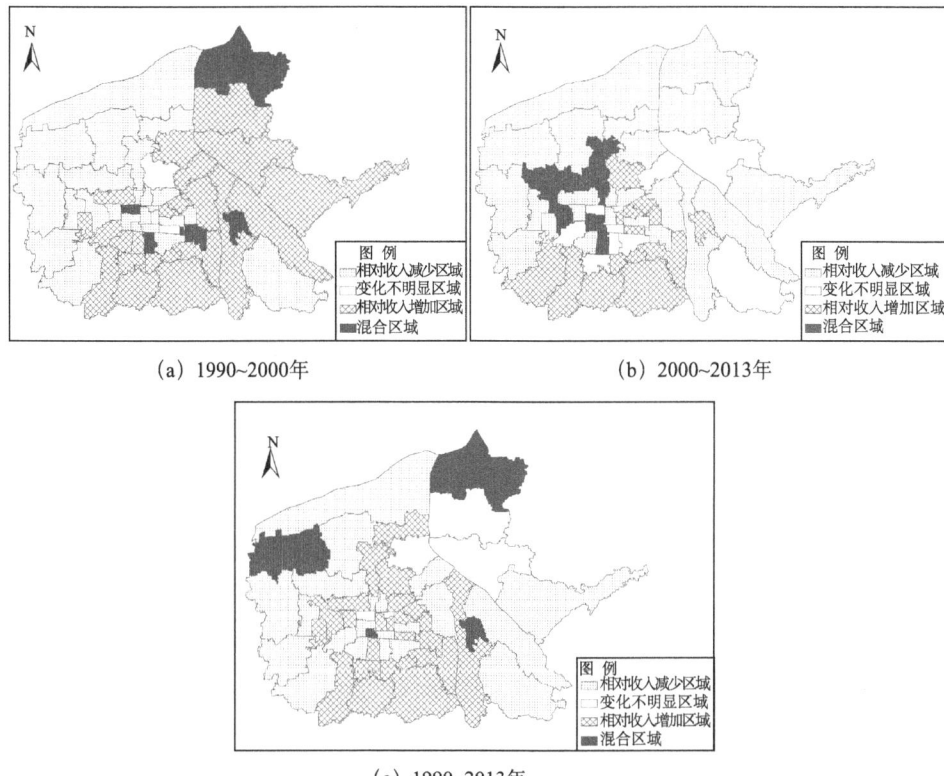

图 2-6 1990～2013 年西安市相对收入变化的空间演变示意图

类型Ⅱ：变化不明显区域（$LQ_s > 1$，$LQ_i \leqslant 1$，$LQ_d \leqslant 1$），该类区域的相对收入水平变化不大，说明其收入水平的增长速度与城市增长的平均水平大体相当。这类区域少且分布分散，1990～2013 年变化不明显区域包括解放门、青年路、新筑、灞桥和谭家 5 个街道。以谭家街道为例，虽然谭家街道在 3 个时间断面的人均收入都较低，但由于考量的是相对收入的变化，持续的低水平收入使得其相对位置并未发生大的变动。

类型Ⅲ：相对收入增加区域（$LQ_i > 1$，$LQ_d \leqslant 1$，$LQ_s \leqslant 1$），该类区域的收入增长速度快于城市增长的平均水平。该类区域集中分布于城市南部及内城区周围，城南区域包括了曲江新区和高新技术开发区等城市快速发展区域，而且距市中心较近，受开发限制较小，经济非常活跃，再加上近年来的旧城改造、富裕人口的迁入及本地居民获得大量土地红利，使得这类区域的居民收入大都有了大幅度的提升。但在不同阶段，分布也有较大差异，1990～2000 年这类区域主要分布于城市南部和东部，2000～2013年伴随着城市东部的相对收入减少，这类区域的分布被压缩到了城南区域。以大明宫街道为例，大明宫国家遗址公园的修建，大量的资金注入及商业开发，原住民获得高额的拆迁补偿，周边高质量住宅地产的开发，高收入群体进驻都使得大明宫街道居民的平均收入水平增长高于整个城市的平均水平。

类型Ⅳ：混合区域（$LQ_i > 1$，$LQ_d > 1$，$LQ_s \leq 1$）或（$LQ_i > 1$，$LQ_s > 1$，$LQ_d \leq 1$）或（$LQ_d > 1$，$LQ_s > 1$，$LQ_i \leq 1$），这类区域里并没有哪种相对收入变化占据多数，而是多种收入变化的居民并存。这类区域分布较少也比较分散。例如，纺织城街道，相对收入减少及变化不明显的区位熵都大于1，纺织城街道有相当数量的低收入人口，这类人群主要是退休及下岗职工，这部分居民的收入相对稳定，收入增长的速度不及经济发展的整体速度，使得其相对收入下降。虽然纺织城街道的人均收入一直处于低水平，但纺织城的综合改造已经初见成效，使得部分人群的收入增长可以与整个城市的经济同步增长。

在划定相对收入变化的空间时由于采用的是相对收入的概念，所以增加和减少只是一个相对的概念。例如，相对收入减少区域并不是说这一地区出现了收入的减少，恰恰相反，收入的大幅上升是普遍的。虽然因为城市发展历程、历史遗留等复杂原因，个别街道存在部分特例，但不影响整体结果。城市基本上体现了重点发展地区相对收入增长，发展缓慢的城市边缘地区和内城区相对收入减少的特征。城市的快速发展地区多为相对收入增加区域；而在城市外围发展缓慢的地区多为相对收入减少区域，内城区的部分街道也属于这一类区域；变化不明显区域及混合区域零星分散分布。

（四）收入不平等变化的空间模式

为考量各街道内部的不平等变化状况，本节选取基尼系数作为标准比较街道内部的不平等变化趋势。图2-7为西安市收入不平等状况的空间变化（1990～2013年），据此将西安市分为不平等加剧区域、不平等减弱区域和变化不明显区域。不平等加剧区域为基尼系数升高超过10%的区域，不平等减弱区域为基尼系数降低超过10%的区域，变化不明显区域为基尼系数变化在10%以内的区域。

通过以上分析可知，1990～2013年西安市的不平等状况有了明显改善，反映到各个街道上，虽然有部分街道不平等状况出现恶化或变化不太显著，但

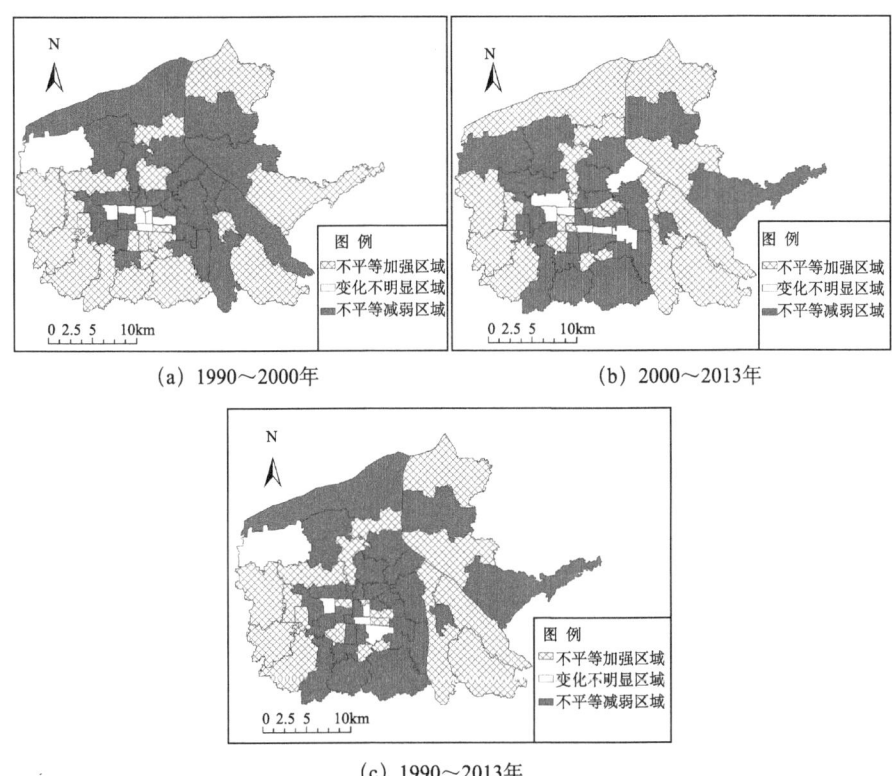

图 2-7　1990～2013 年西安市收入不平等状况的空间变化示意图

不平等状况得到明显改善的街道还是占据多数，1990～2000 年、2000～2013 年和 1990～2013 年不平等状况得到改善的街道分别达到 25 个、26 个和 29 个，相应的不平等状况明显加剧的街道只有 20 个、20 个和 19 个。

收入不平等状况得到改善的街道与未得到改善的街道在空间分布上有着明显的差异，不论是 1990～2000 年、2000～2013 年还是 1990～2013 年，年收入不平等变化状况相似的街道都呈集中分布。1990～2013 年收入不平等状况未得到改善的街道主要分布于城市的东西两侧，变化不明显的街道主要分布于城市核心区，其他地区不平等状况得到了较明显的改善。收入不平等状况改善的街道相较于收入不平等未改善的街道和变化不明显的街道经济发展更快、人均收入也更高。与相对收入变化的分布（图 2-6）对比可以看出，区域相对收入的增加与收入不平等状况的改善具有趋同性，相对收入增加区域更多地与不平等状况改善区域相重合。分时间段来看，1990～2000 年不平等变化呈现出明显的城市东北部不平等状况改善，城市西南部不平等状况加剧的状况；2000～2013 年城市南北部收入不平等得到改善，而城市的东西两侧不平等状况出现恶化。

据以上相对收入和基尼系数变化的分布，可总结出西安市的收入与不平等演化的空间结构模式（图 2-8）。可以看出西安市收入与不平等演化的空间结构模式呈"R"形，是以城墙区①为中心的变形"同心圆"状与"扇形"复合的空间结构。内城区和城市边缘地带相对收入减少，不平等状况加剧；城墙区外围和城市的重点发展地区相对收入增加，不平等状况改善，并随城市发展向南扩展。

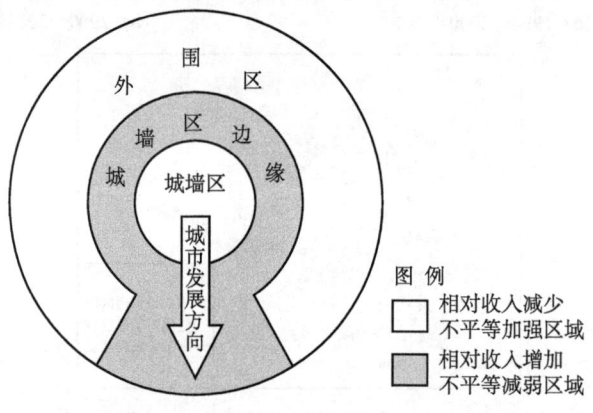

图 2-8　西安市收入与不平等演化的空间结构模式

二、西安城市贫困演化的空间模式

（一）城市贫困状况的变化

本节选取在 E-M 贫困线下研究贫困变化的空间模式。表 2-8 显示了西安市 1990 年、2000 年、2013 年各街道的贫困发生率，图 2-9 将其做可视化处理。1990 年绝大部分街道的贫困发生率在 10%～20%，贫困发生率低于 10% 的街道较少，且零星分散于城市内部，只有太华路、文艺路、青年路、长乐坊、辛家庙和汉城六个街道，贫困发生率高的区域主要分布于城墙内及城市的东北部边缘；2000 年由于整体贫困发生率的上升，低贫困发生率的街道被进一步压缩，只有红旗、长安路、小寨三个街道的贫困发生率小于 10%，贫困发生率较低的街道分布于南部的城市中轴线两侧，高贫困发生率的街道出现扩散，贫困

---

① 城墙区包含 7 个街道：中山门、解放门、西一路、南院门、柏树林、青年路和北院门。

发生率在 10%～20% 的街道占据多数，且几乎所有的城市区域都有分布，城市北部的贫困发生率比南部整体上略高；2013 年贫困发生率整体上出现较大幅度的下降，高贫困发生率区域得到大幅缩减，只有新合街道和解放门街道的贫困发生率超过了 30%，贫困发生率介于 10%～20% 的街道再次占据多数，低贫困发生率的街道主要分布于城市核心区外围南部。

表 2-8　西安市各街道贫困率（1990～2013 年）

街道	2013 年	2000 年	1990 年	街道	2013 年	2000 年	1990 年
小寨	0.0897	0.0897	0.1538	红旗	0.1071	0.0357	0.1071
草滩	0.2963	0.3704	0.3148	纺织城	0.1698	0.3396	0.1887
长延堡	0.1098	0.1707	0.1951	太华路	0.1053	0.1404	0.0351
大雁塔	0.0968	0.3226	0.1129	北关	0.1053	0.2632	0.2105
自强路	0.1154	0.1923	0.2692	六村堡	0.1897	0.3621	0.1552
长乐坊	0.0962	0.2308	0.0577	大明宫	0.1132	0.3585	0.1321
席王	0.2800	0.2600	0.1800	辛家庙	0.1379	0.3103	0.0690
狄寨	0.1356	0.1695	0.2542	桃园路	0.1084	0.2169	0.2289
三桥	0.2045	0.2841	0.1136	土门	0.0508	0.1864	0.1695
红庙坡	0.1724	0.2989	0.1954	西关	0.0877	0.2105	0.1754
青年路	0.2222	0.2593	0.0566	鱼化寨	0.0714	0.1310	0.1786
枣园	0.0943	0.2264	0.3208	丈八沟	0.1667	0.1667	0.1282
未央宫	0.1400	0.2400	0.1200	电子城	0.1566	0.2048	0.2048
汉城	0.0741	0.2963	0.0926	解放门	0.3571	0.2857	0.3571
张家堡	0.1220	0.3780	0.1707	西一路	0.0690	0.2414	0.2414
徐家湾	0.2273	0.5455	0.4545	中山门	0.0345	0.4138	0.1379
环城西路	0.1071	0.3214	0.1071	北院门	0.1364	0.1818	0.1136
十里铺	0.2143	0.2857	0.2500	张家村	0.0941	0.2235	0.1529
韩森寨	0.0741	0.1852	0.1481	文艺路	0.0732	0.1951	0.0488
新合	0.3103	0.4483	0.4483	柏树林	0.2500	0.3571	0.1786
新筑	0.0667	0.2333	0.3333	太乙路	0.2143	0.2976	0.1786
长安路	0.1017	0.0678	0.1186	南院门	0.1304	0.1739	0.2174
曲江	0.1111	0.2381	0.1587	长乐中路	0.1053	0.2632	0.1930
等驾坡	0.1034	0.2069	0.1034	长乐西路	0.0508	0.2712	0.3390
灞桥	0.1379	0.1724	0.3793	胡家庙	0.0179	0.3929	0.1964
谭家	0.1964	0.1964	0.3571	东关南	0.0253	0.2405	0.1392
洪庆	0.2281	0.3509	0.3509				

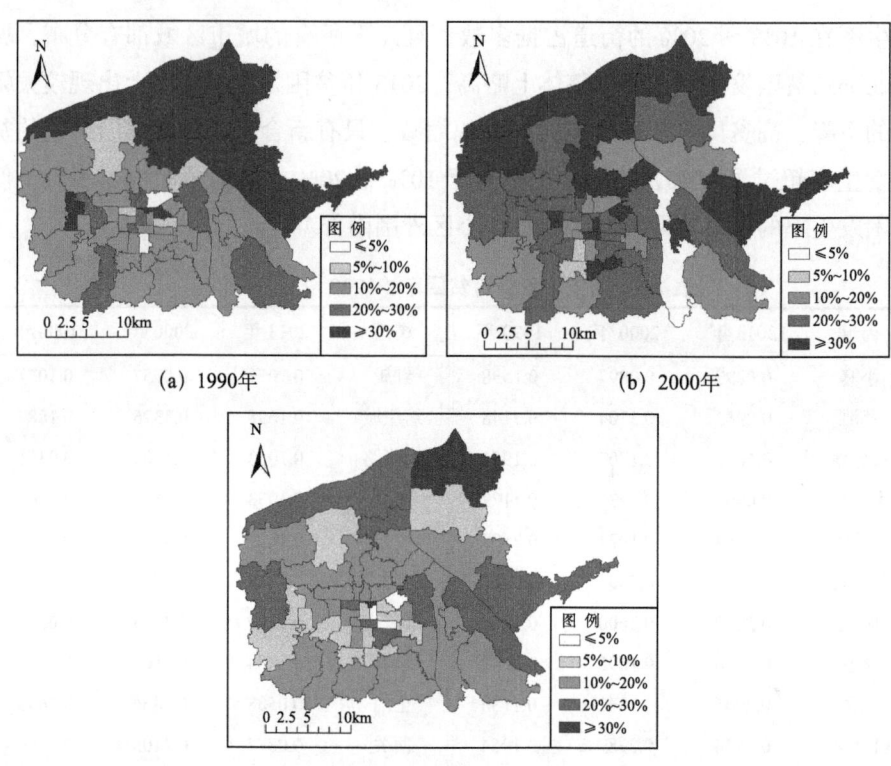

图 2-9　1990～2013 年西安市贫困率的空间分布示意图

（二）转移矩阵的构建原理及估算形式

转型时期，中国经济保持常态化高速增长态势。随着城市化进程的推进，城市内部收入流动呈现出明显的阶段性特征。同时，城市社会也逐渐分化，阶层化特征越发明显。因此，在经济与社会双转型的制度变迁过程中，城市贫困状况变化也相对复杂，仅仅使用静态指标很难反映城市贫困演化的深刻内涵。相比而言，动态指标更能准确地反映贫困的变动特征。因此本节使用转移矩阵对城市贫困的演化特征加以考察。Atkinson 和 Kintrea（2001）概括了反映状态转移的双随机矩阵，计算形式为

$$P(x, y) = p_{ij}(x, y) \in R_+^{m \times n} \quad (2\text{-}24)$$

式中，$p_{ij}(x, y)$ 表示考察对象从第 t 期第 i 类状态转移到 $t+1$ 期的第 j 类状态的概率，取值在 [0，1]；x 和 y 分别表示 t 和 $t+1$ 的状态分布；$R_+^{m \times n}$ 表示状态由优到差的矩阵；m 表示状态由优到差排序的等级数。在有限样本的假设下，

其经验估计式为

$$p'_{ij}(x,y) = \frac{(1/n)\sum_{t=1}^{n} I\left(\zeta_{i-1} \leqslant x_t < \zeta_i \,\&\, \zeta_{j-1} \leqslant y_t < \zeta_j\right)}{(1/n)\sum_{t=1}^{n} I\left(\zeta_{i-1} \leqslant x_t < \zeta_i\right)} \tag{2-25}$$

式中，$p'_{ij}(x,y)$ 表示考察对象从状态分布向量 x 中的第 i 类状态，转移到状态分布向量 y 中的第 j 类状态的条件概率；n 表示 3 个时间段；ζ 表示在某一区间某种状态的概率值。其中，当括号中条件满足时，$I(\cdot)$ 取值为 1，其他情况取值为 0（王朝明和姚毅，2010）。

（三）脱贫空间和返贫空间分析

表 2-9 显示了 1990～2013 年西安市整体的脱贫概率和返贫概率。1990～2013 年西安市的减贫效果显著，脱贫概率是返贫概率的 7.97 倍，其中，1990～2000 年和 2000～2013 年两个阶段脱贫及返贫概率基本相当。

表 2-9　西安市的脱贫概率和返贫概率（1990～2013 年）

时段	脱贫概率	返贫概率
1990～2000 年	0.6254	0.0889
2000～2013 年	0.6640	0.0820
1990～2013 年	0.7492	0.0940

对于本章重点考察的贫困演化的空间特征，图 2-10 绘制了西安市脱贫概率的空间分布情况。1990～2013 年西安市城市南部和内城区的脱贫概率显著高于城市东部、西部、北部的外围区域，且以长安路为界，城市内部的东部的脱贫概率高于西部。城市内部的东半部分由于集中了西安市的两个增长极（大明宫街道和曲江街道），区域的快速发展为贫困人口带来可观的红利，使得该区域的脱贫概率高于其他区域。分阶段来看，1990～2000 年城市边缘区与城市核心区的脱贫概率较高，而核心区外围的脱贫概率较低。此外，城市东北方向的脱贫概率明显高于其他地区；而在 2000～2013 年城市的东部、南部和内城区脱贫概率较高，尤其是南部文教区，脱贫概率最高，西部和北部的城市边缘区脱贫概率较低。

在返贫概率方面（图 2-11），1990～2013 年各街道的返贫概率大都远低于脱贫概率，这也支持了在此期间西安市贫困率大幅下降的事实。从空间分布来看，城市西部的外围地区返贫概率最高，城墙区和"纺织城"周边区域返贫概率也较高；南部文教区和城市外围东北部的低城市化率地区返贫概率较低。东郊"纺织城"和西郊的"电工城"是西安市的两个老工业区，在转型时期，大量的员工下岗或失业，成为返贫的"主力军"，两个老工业区也成为高返贫概率分布的中心。分阶段来看，1990～2000年返贫概率分布的地区差异显著，城市的西部和西北部返贫概率较高，而城市的东部和南部返贫概率较低。由于这一时期东部、西部、南部的城墙外围区域是干部居住区，城市核心区边缘的返贫概率都极低。2000～2013年贫困率的分布比较杂乱，但是也可以看出南部文教区和西南部"电子城"的返贫概率要低于其他地区，这些地区的人口学历普遍较高，也暗合了这一时期城市的发展方向。

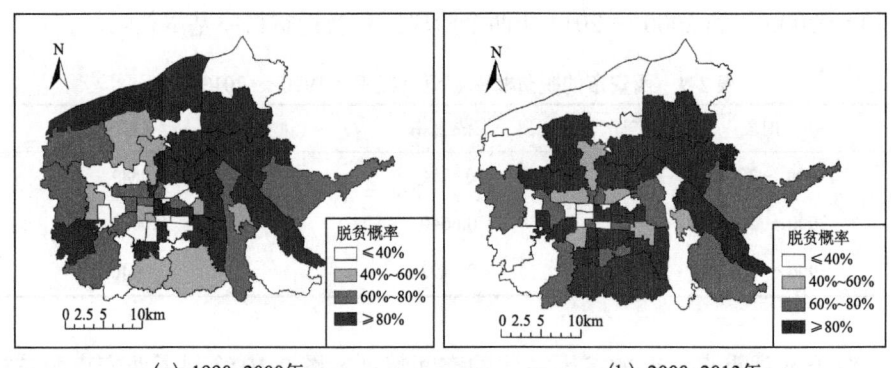

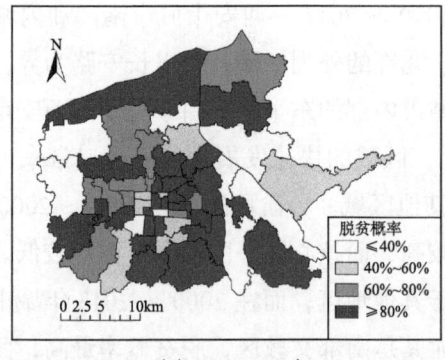

图2-10　1990～2013年西安市脱贫概率的空间分布示意图

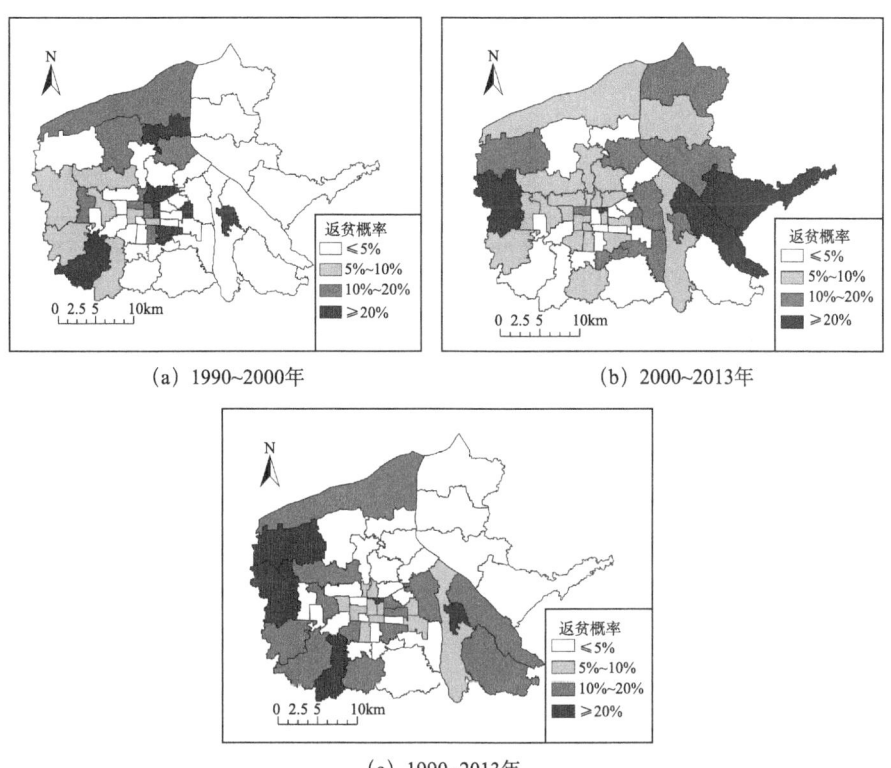

图 2-11　1990～2013 年西安市返贫概率的空间分布示意图

（四）脱贫和返贫的空间模式

1990～2013 年，西安市几乎所有街道都处于绝对脱贫状态，即脱贫概率大于返贫概率，因此研究绝对脱贫意义不大。本节采用"相对"概念，根据脱贫区位熵①（LQ_t）和返贫区位熵（LQ_f）的关系，将西安市分为脱贫空间和返贫空间，并通过叠合后形成四种新地域：高脱贫概率、高返贫概率地域（$LQ_t > 1$，$LQ_f > 1$），低脱贫概率、低返贫概率地域（$LQ_t \leqslant 1$，$LQ_f \leqslant 1$），高脱贫概率、低返贫概率地域（$LQ_t > 1$，$LQ_f \leqslant 1$），低脱贫概率、高返贫概率地域（$LQ_t \leqslant 1$，$LQ_f > 1$）（图 2-12）。

---

① 脱贫（返贫）区位熵的计算公式为 $LQ = \left(Q_i \Big/ \sum_{i=1}^{n} Q_i \right) \Big/ \left(P_i \Big/ \sum_{i=1}^{n} P_i \right)$，式中 LQ 表示脱贫（返贫）区位熵；$Q_i$ 表示第 i 街道脱贫（返贫）人口数；P_i 表示街道人口总数；n 表示街道数。

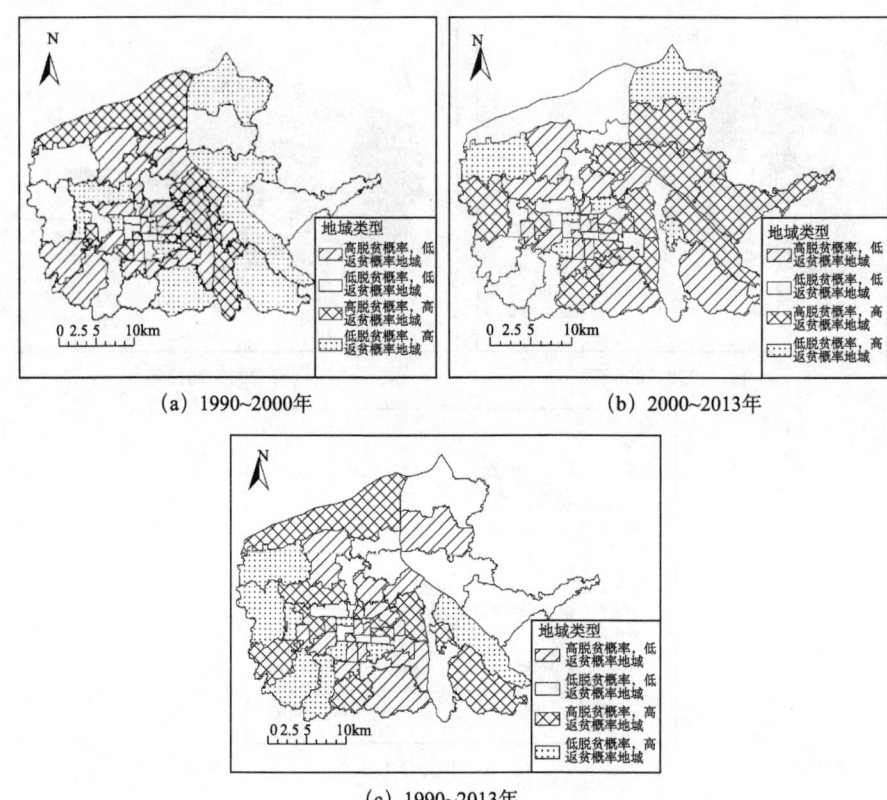

图 2-12 1990～2013 年西安市脱贫和返贫空间分布模式

类型Ⅰ：高脱贫概率、高返贫概率地域（$LQ_t > 1$，$LQ_f > 1$），这类区域为高脱贫概率区同高返贫概率区的重合，体现了脱贫与返贫的共存，主要分布于内城区与外城区的过渡地带，这类区域的城市化进程最为激烈，集中了大量的被拆迁人口和外来流动人口，因此这类区域的收入变化比较剧烈，收入状态在贫困与非贫困之间的转换比较频繁。例如，城墙外围的自强路街道，由于陇海铁路穿过，一定程度上迟滞了该街道的发展。虽然紧邻城市核心区，但该街道的主体建筑长期以平房为主，建设密度和人口密度都较大，拆迁成本较高，而且该街道长期以来即为外省籍人口聚居区，外来人口众多，大多从事小型商业和手工业等低端产业，很多人口收入在贫困线边缘，所以这些人口更容易返贫；但是紧邻的大明宫街道的迅速崛起带来的红利也惠及很多该街道的贫困人群，由此也出现了较高的脱贫概率。

类型Ⅱ：高脱贫概率、低返贫概率地域（$LQ_t > 1$，$LQ_f \leq 1$），这类区域是贫困状况变化的理想地区，与城市重点发展方向重合，多分布于内城区和城市南部，覆盖了西安市两个发展重点及其周边，分别是大明宫街道和曲江街道。这两个街道在1990～2013年，尤其是在2000～2013年由于旅游产业的开发，周边地区城市更新质量很高，成为西安市的高级住宅区，吸引高收入者入住填充，区域内原住居民也因此获得丰厚的土地红利，促成了脱贫和抑制返贫的结合。

类型Ⅲ：低脱贫概率、高返贫概率地域（$LQ_t \leq 1$，$LQ_f > 1$），该类区域体现了脱贫与返贫的分离。这类区域较少，多分布于西部的城市边缘地区，该类地区的特征是发展比较缓慢。例如，六村堡街道，整体位于汉长安城遗址保护区内，长期以来实行的是禁止开发的政策，这极大地影响了六村堡街道的发展，使得其在脱贫和抑制返贫能力上落后于其他区域，促使其成为低脱贫概率、高返贫概率地域。

类型Ⅳ：低脱贫概率、低返贫概率地域（$LQ_t \leq 1$，$LQ_f \leq 1$），该类区域脱贫和返贫状况皆不突出，多分布于城市核心区外围和城市东部。该类型地区又可以分为两种类型：一类是城市内部非重点发展地区，此类区域的特点是发展速度比较平缓，收入变化和人口流动相对较小，使得这部分区域脱贫概率和返贫概率皆低于平均水平；另一类是城市边缘，城市化进程并未完全启动。

由于在划定脱贫空间和返贫空间时采用的是区位熵的比较，高和低只是相对于平均状况的概念。例如，某街道属于低脱贫概率、高返贫概率地域，并不是说该街道出现了贫困状况的恶化，恰恰相反，西安市的绝大部分区域贫困率都有了大幅度的下降。而且，虽然由于城市发展历程和历史遗留等复杂原因，个别街道存在部分特例，但是不影响整体空间结果。城市贫困演化基本上体现了重点发展地区相对脱贫、发展缓慢的边缘地区相对返贫的特征。城市的重点发展地区多为高脱贫概率、低返贫概率区域，在其外围形成脱贫与返贫的混合区；而在城市外围发展缓慢的地区多为低脱贫概率、高返贫概率地区，城市边缘发展较好的地区则脱贫和返贫都相对不显著。

根据以上4种地域类型分布，可总结出西安市城市贫困演化的空间结构模式（图2-13）。可以看出西安市的城市贫困演化的空间结构模式呈现出以内城区为中心的变形"同心圆"状与"扇形"状复合的空间结构。内城返贫区与混合区交错,并随城市发展向南扩展;东西两翼则呈圈层结构包围在内城周围。

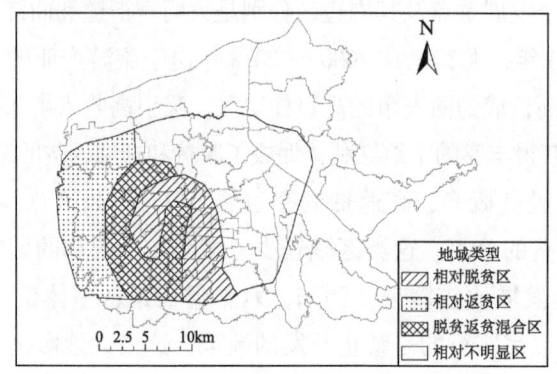

图 2-13　西安市城市贫困演化的空间结构模式

三、收入不平等及贫困演化的空间耦合研究

"耦合"是一个物理学概念,指两个或两个以上系统或运动形式通过相互作用而彼此影响的现象。耦合理论由三个重要的概念构成,包括耦合模式、耦合过程、耦合功能。耦合模式可以从耦合的空间形态、耦合的空间关系和耦合的空间内容这 3 个方面进行表述。其中耦合的空间形态反映的是耦合空间的邻接关系;耦合的空间关系反映的是耦合空间的邻近和区位关系,主要用于宏观空间尺度上的评价;耦合的空间内容反映的是耦合空间双方的空间功能类型关系,主要用于评价微观场地空间尺度上的耦合问题。

本节对收入不平等空间与贫困空间耦合形态的研究,主要是通过 ArcGIS 对城市收入不平等演化的空间图层(包括相对收入的空间演化和基尼系数的空间演化)与城市贫困演化空间的图层进行叠加,分析城市不平等变化空间与贫困演化之间的耦合关系。

(一)相对收入变化与贫困演化的耦合

图 2-14 为西安市相对收入变化与贫困演化的耦合。从图中可以看出,相对收入增加区域更多地与低返贫概率区域(高脱贫概率、低返贫概率地域;低脱贫概率、低返贫概率地域)重合。在 1990～2013 年的耦合中,18 个相对收

入增加街道中有15个与低返贫概率地域重合。这种现象在其他年份中也非常明显,1990～2000年和2000～2013年耦合的结果,相对收入增加地域与低返贫概率地域重合率分别达到76.92%和58.33%。

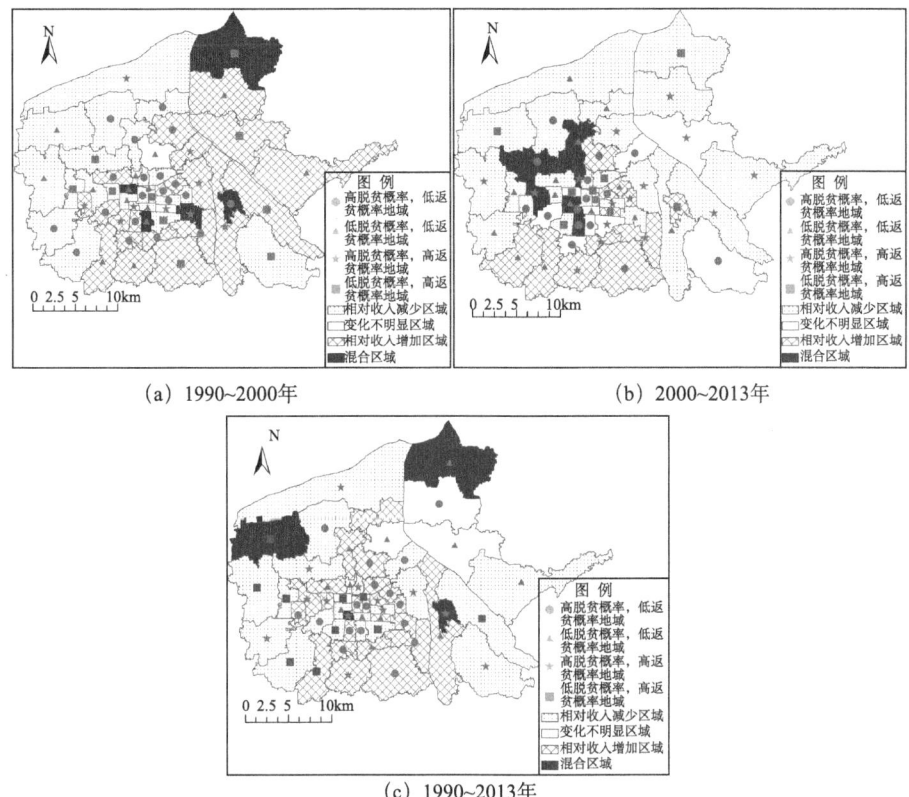

图 2-14　1990～2013年西安市相对收入变化与贫困演化的耦合示意图

根据相对收入变化与返贫概率的耦合(图2-15)可以看出,相较于其他区域,相对收入增加区域的返贫概率更低。以1990～2013年为例,相对收入增加区域的平均返贫概率只有3.90%,这不仅低于9.40%的全市平均水平,更远低于相对收入减少区域的10.03%。从分阶段的结果来看,其他年份的结果与此大致相同。1990～2000年和2000～2013年相对收入增加区域的返贫概率分别为4.82%和6.96%,而同期整体的返贫概率分别为8.89%和8.20%。2000～2013年的相对收入增加区域的返贫概率较高,这是因为各类型区域的返贫概率更接近,相对收入减少区域、变化不明显区域和混合区域的返贫概率分别为9.98%、6.48%和8.05%。相对收入变化不明显区域返贫概率的低水平,说明收入的平稳发展与贫困的温和变动紧密相关。

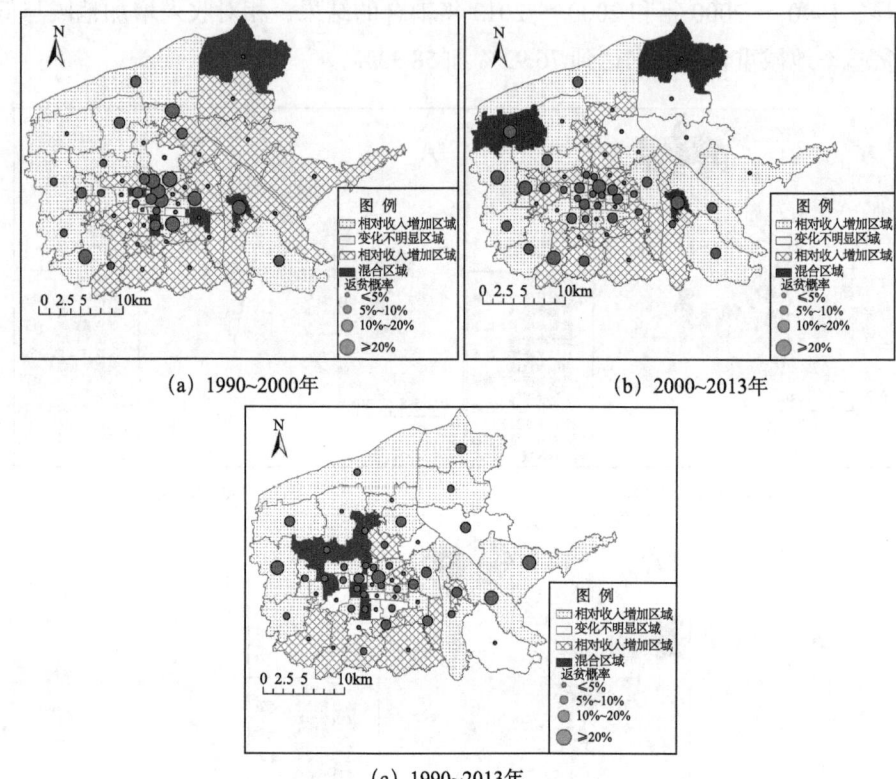

图 2-15　1990～2013 年西安市相对收入变化与返贫概率的耦合示意图

（二）收入不平等变化与贫困演化的耦合

西安市收入不平等变化与贫困演化的空间相关性同样明显，不平等改善区域更多地与高脱贫概率区域（高脱贫概率、低返贫概率；高脱贫概率、高返贫概率）重合（图2-16）。在1990～2013年的耦合中，29个收入不平等得到改善的街道有17个为高脱贫概率区域，在其他时间段中，1990～2000年和2000～2013年和重合率分别为65.38%和60.00%。相对于抑制返贫，收入不平等状况的改善与促进脱贫的联系则要弱一些。

通过收入不平等变化与脱贫概率的耦合（图2-17）可以看出，相对于其他区域，收入不平等减弱区域的脱贫概率更高，以1990～2013年为例，收入不平等减弱区域的平均脱贫概率高达86.71%，这不仅高于74.92%的全市平均水平，更远高于收入不平等加强区域的57.54%，变化不明显区域的脱贫概率为56.56%。其他年份的结果与此大致相同。1990～2000年和2000～2013年不平等加强区域的脱贫概率分别达到77.13%和84.67%，同期整体脱贫概率分别为62.54%和66.40%，而收入不平等加强区域与变化不明显区域只有46.26%、62.14%和47.45%、46.60%。变化不明显区域有与收入不平等加强区域类似的低脱贫概率。

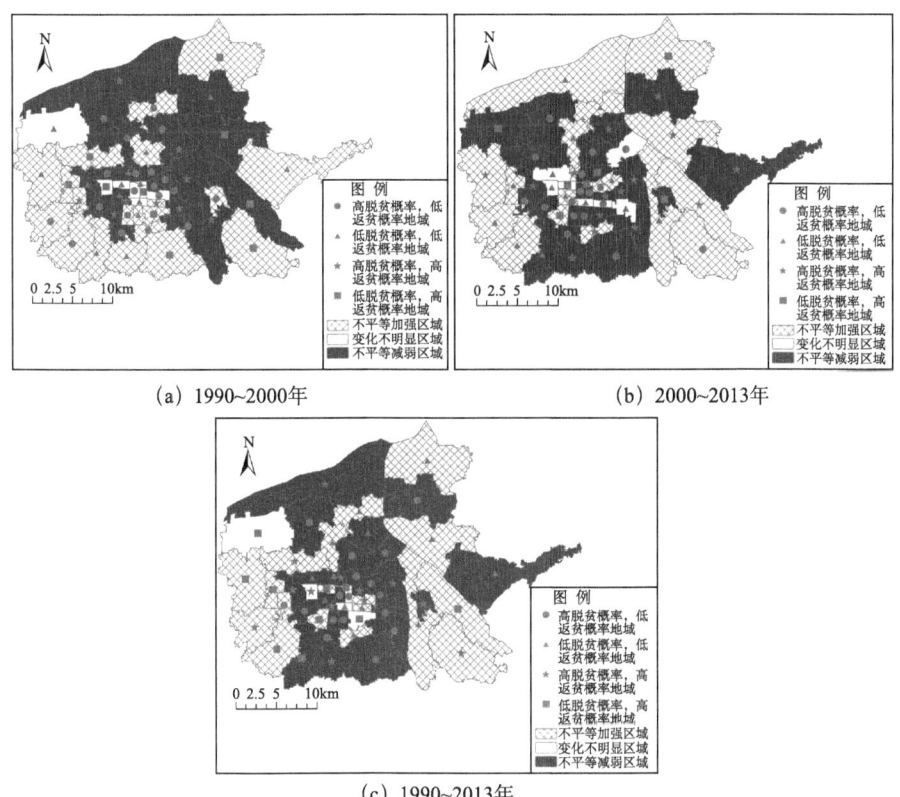

图2-16　1990～2013年西安市收入不平等变化与贫困演化的耦合示意图

当然，不论是相对收入的增长还是收入不平等的改善都会对脱贫与抑制返贫产生积极影响，只不过收入分配的改善对于促进脱贫、相对收入的增加对于抑制返贫的作用更加明显。还有一点值得注意，温和发展地带由于收入增加也比较平稳，其在脱贫概率和返贫概率上都显示出低水平。这也启示政策制定者，经济发展中要保持相对稳定，经济增长与收入分配改善同步进行。

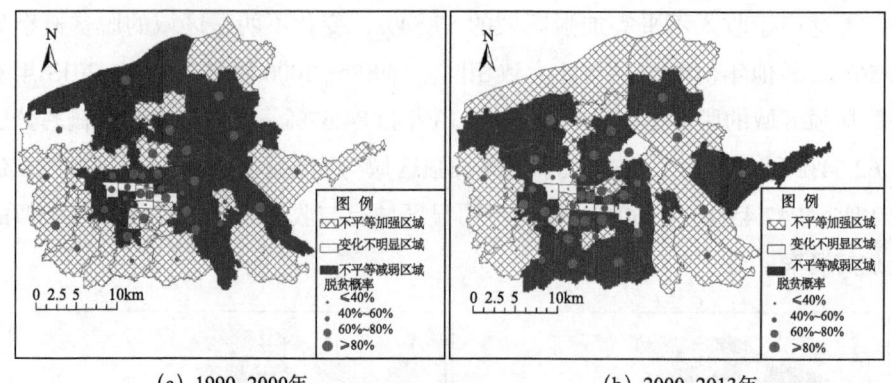

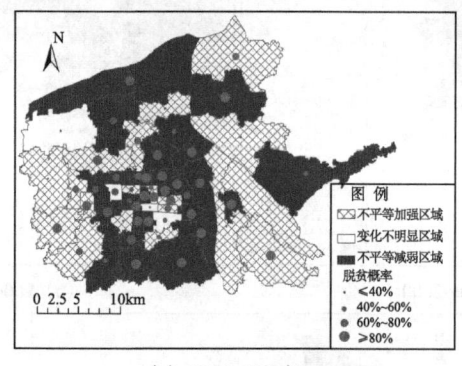

图 2-17　1990～2013 年西安市收入不平等变化与脱贫概率的耦合示意图

第四节　西安市收入不平等与贫困演化的影响因素

一、收入不平等的影响因素分析

（一）基于回归方程的收入分配差距分解

本节基于回归方程对 1990～2013 年西安市城市居民的收入分配差距进行分解。国内外对收入不平等影响因素的研究比较完善，收入分解的方法也较多，如 Oaxaca 分解、Shorrocks 分解和 Shapely 分解等。Oaxaca（1973）分解方法只关注不同组之间收入分配的不同，不能解释各种因素对收入差距的贡献；Dinardo 等（1996）创立的分解方法不需要太多的结构化假设，有助于分析特定因素对收入差距的影响，但影响因素在分解时的排序会影响分解结果，所以能够分解的影响因素数量有限，分解结果所提供的参考也比较有限。Shorrocks（1995）采用的分解方法可以把度量收入差距的指标分解为不同组别之间和组内的差距，但特定因素对收入差距的贡献大小同样依赖于该因素在分解时的排序。

万广华（2004）遵循 Shapely 自然分解的原则和 Before-After 原理发展了一个更一般的框架，适合于不同形式的回归方程和收入差距度量指标，其不受测度收入差距指标的限制，可以控制所有能控制的变量，对回归方程没有限制，本节将采用这种方法对收入分配差距进行分解。该方法可以量化收入决定函数中各特征因素对总收入差距的贡献率，并能通过排序说明哪些是重要的影响因素。基于回归方程的收入来源分解涉及两个步骤：第一是合理建立收入回归模型，第二是利用 Fei-Ranis 分解公式计算出各因素的影响程度。

第一步，选择合适的指标。特征因素大多为定性变量，需要通过虚拟变量的形式引入回归方程。由于泰尔指数的计算过程中涉及取对数，虚拟变量不能为 0，因此本节采用基尼系数的分解方法。由于基尼系数的计算使用的是收入的原始观测值，回归模型的解释变量也须是收入的原始观测值，因此采用如下多元线性回归模型：

$$y = \alpha + \sum \beta_i x_i + \varepsilon \tag{2-26}$$

式中，α 表示常数；$\beta_i x_i$ 表示第 i 项个人特征产生的收入流；ε 表示残差。当然，解释变量不可能囊括所有的特征因素，且有些因素也无法合理度量，只能选取重要的可度量的因素引入方程。

第二步，按照 Fei-Ranis 分解公式将基尼系数同时应用于回归方程两边，得到

$$G(y) = \sum \phi_i R_i G(x_i) + \Delta = \phi_1 R_1 G(x_1) + \phi_2 R_2 G(x_2) + \cdots + \phi_k R_k G(x_k) + \Delta \tag{2-27}$$

式中，$G(y)$ 表示基尼系数；$G(x_i)$ 表示特征基尼系数，反映第 i 种特征的分布程度，与反映收入分配差距的基尼系数不同；R_i 表示特征-收入相关系数，表征第 i 种特征与收入之间的相关关系，计算公式为

$$R(y, x_i) = \frac{\text{cov}[x_i, r(y)]}{\text{cov}[x_i, r(x_i)]} \tag{2-28}$$

式中，y 表示收入水平；ϕ_i 表示特征收益权数，反映第 i 种特征所产生的收入流占总收入的比例，计算方法为 $\phi_i = \beta_i \bar{x}_i / \bar{y}$。$\Delta$ 为加权等级误差项，表示未被解释的基尼系数，为总基尼系数 $G(y)$ 与由特征因素解释了的基尼系数 $G(\hat{y})$ 的差值。收入函数中包含的解释变量为西安市抽样调查数据中获得的人口特征变量，其中连续变量包括年龄、受教育程度和距市中心距离；虚拟变量包括性别、户籍、在职与否、职业类型。性别虚拟变量表示为 0= 女性，1= 男性；户籍虚拟变量表示为 0= 流动人口，1= 户籍人口；在职与否虚拟变量表示为 0= 不在职，1= 在职；职业类型虚拟变量名为各职业类型名称。

（二）收入分配差距影响因素分析

构建西安市城市居民收入回归方程过程中，由于距市中心距离这一自变量没有通过 t 检验，删除该变量后，得到年回归结果，见表 2-10。从结果看，1990 年 F 值为 117.45，R^2 为 0.349；2000 年 F 值为 249.23，R^2 为 0.325；2013 年 F 值为 728.82，R^2 为 0.256。对于大量数据回归，这个结果还是比较理想的，并且模型中除了年龄和年龄的平方存在共线性外，其余变量间不存在多重共线性。其他条件相同情况下，居民年龄和收入呈倒"U"形关系，收入先随年龄的增长而增加，一定年限后开始下降，但倒"U"形右边的高度要高于左边。男性收入高于女性，1990 年、2000 年和 2013 年女性的人均收入只有男性的 56.35%、79.97% 和 72.37%。居民收入随受教育程度增加而增长。例如，2000 年和 2013 年，教育水平每上升一个层次收入平均增长 25.15% 和 27.50%。在职人口的收入远高于非在职人口，如 2011 年在职人口的收入比非在职人口高出 40.30%。在职业类型方面，商业、公司职员和事业单位职员收入高于平均水平，而农业、下岗、失业和无业在平均收入以下。户籍对人口的影响在 1990~2013 年变动明显，1990 年和 2000 年户籍人口平均收入高于非户籍人口，而 2013 年非户籍人口收入更高。

表 2-10　西安市城市居民收入回归方程回归结果（1990~2013 年）

项目	1990 年	2000 年	2013 年
常数项	-222.69***	1578.26***	-1903.39***
性别	438.72***	815.46***	913.29***
年龄	8.19***	8.45***	15.61***
年龄的平方	-3.78***	-8.09***	-8.77***

续表

项目	1990 年	2000 年	2013 年
户籍	106.61***	28.10***	−177.97***
受教育程度	307.47***	892.21***	660.56***
在职与否	174.44***	98.35***	2256.19***
职业类型	170.24***	178.26***	405.52***
方程的总体评价	修正 R^2 为 0.349 F 值为 117.45 P 值为 0.000	修正 R^2 为 0.325 F 值为 249.23 P 值为 0.000	修正 R^2 为 0.256 F 值为 728.82 P 值为 0.000
样本量	1095	1696	2874

*** 表示 0.1% 的显著性水平

基尼系数分解（表 2-11）结果显示：性别、年龄、户籍、受教育程度、在职与否和职业类型这 6 项特征因素对收入差距有一定贡献。1990 年前三位影响因素的排名：受教育程度、职业类型和性别，而 2000 年受教育程度对收入差距的贡献更加凸显，在职与否的影响程度也大大增加，其和性别和职业类型对被解释基尼系数的贡献相近，都在 10% 左右。2013 年各因素的影响因素趋于平均，在职与否的贡献率最大，其次是受教育程度、职业类型和性别。

表 2-11 基尼系数的分解（1990～2013 年）

项目		ϕ_i	$R(\bar{y}, x_i)$	$G(x_i)$	CO_i	对基尼系数贡献率/%	对被解释基尼系数贡献率/%
1990 年	性别	0.2697	0.1878	0.3868	0.0196	3.38	12.71
	年龄	0.4369	0.0307	0.1628	0.0022	0.38	1.43
	户籍	0.1721	0.1034	0.1886	0.0034	0.59	2.20
	受教育程度	0.7367	0.3548	0.2912	0.0761	13.11	49.35
	在职与否	0.0865	0.0984	0.6885	0.0059	1.02	3.83
	职业类型	0.2672	0.3314	0.5310	0.0470	8.10	30.48
	人口特征合计				0.1542	26.58	100.00
	残差				0.4263	73.42	
	合计				0.5805	100.00	
2000 年	性别	0.2049	0.1969	0.3515	0.0142	3.39	10.76
	年龄	0.1380	0.0350	0.2005	0.0010	0.24	0.76
	户籍	0.0065	0.0991	0.2577	0.0002	0.05	0.15
	受教育程度	0.7525	0.4218	0.2893	0.0918	21.94	69.55

续表

项目		ϕ_i	$R(\bar{y}, x_i)$	$G(x_i)$	CO_i	对基尼系数贡献率/%	对被解释基尼系数贡献率/%
2000年	在职与否	0.2062	0.1771	0.3706	0.0135	3.23	10.23
	职业类型	0.0723	0.1833	0.8523	0.0113	2.70	8.56
	人口特征合计				0.1320	31.55	100.00
	残差				0.2864	68.45	
	合计				0.4184	100.00	
2013年	性别	0.1687	0.2467	0.3533	0.0147	4.07	11.11
	年龄	0.2075	0.1594	0.2018	0.0067	1.85	5.06
	户籍	−0.0353	−0.0189	0.2841	0.0002	0.06	0.15
	受教育程度	0.5895	0.3437	0.1790	0.0363	10.05	27.44
	在职与否	0.5181	0.6015	0.1561	0.0486	13.45	36.73
	职业类型	0.1418	0.3900	0.4674	0.0258	7.14	19.50
	人口特征合计				0.1323	36.62	100.00
	残差				0.2290	63.38	
	合计				0.3613	100.00	

注：R表示特征-收入相关系数；CO_i表示特征收益权数

1. 受教育程度

受教育程度对收入差距的贡献最为明显，2000年受教育程度对被解释基尼系数的贡献率最高，达到69.55%，1990年其贡献率也占到将近五成，2013年贡献率有所降低，但也达到27.44%。2000年和2013年，教育程度每上升一个层次，收入平均增长25.15%和27.50%。

2. 在职与否与职业类型

在职与否对收入差距的贡献增长剧烈，1990年在职与否对被解释基尼系数的贡献率只有3.83%，而到了2000年其贡献率达到10.23%，到2013年更是在人口特征中攀升到第一位，达到36.73%。以2013年为例（表2-12），非在职人口的人均收入只有在职人口的71.40%。由此看来，是否有工作将很大程度上影响居民的收入情况。所以，增加就业岗位是缩小居民收入差距的重要手段。

职业类型对收入差距的贡献也占有相当重要的比例。1990年、2000年和2013年职业类型对被解释基尼系数的贡献率分别为30.48%、8.56%和19.50%。

个体的收入最高，其次是事业单位职员和公司职员；农业、下岗、失业和无业更亲贫困，收入最低的失业人员平均收入不到平均水平的一半。

表 2-12　职业特征对收入的影响（2013 年）

项目	农民	工人	个体	公司职员	事业单位职员	下岗	失业	离退休	无业
2013 年收入	-0.15*	0.08	0.02	0.17	0.38**	-0.15**	-0.20	-0.15**	-0.23**

*和**分别表示 5% 与 1% 的显著性水平

3. 性别

性别对收入分配差距的贡献相当稳定，1990 年、2000 年和 2013 年对被解释基尼系数的贡献率都在 10% 左右。性别收入差距问题在 20 年间并未得到很大程度的改变。1990 年、2000 年和 2011 年女性的人均收入分别只有男性的 56.35%、79.97% 和 72.37%。

二、贫困的影响因素分析

前面剖析了 1990～2013 年西安城市贫困和收入分配的变化。为分析人口特征对贫困发生产生的影响，本节根据调查数据用 SPSS 数据分析软件对居民的特征与贫困进行了相关性分析，结果见表 2-13。从表 2-13 中可以看出，非贫困与户籍、年龄及距市中心的距离①相关性较差，而与性别和在职与否存在较强的相关性，并与受教育程度存在强烈的正相关。

表 2-13　贫困的影响因素（1990～2013 年）

项目	距市中心距离	性别	年龄	户籍	受教育程度	在职	不在职
1990 年非贫困	0.13	-0.23*	0.00	0.01	0.71**	0.49**	-0.57**
2000 年非贫困	-0.13	-0.20**	-0.08	0.03	0.48**	0.55**	-0.61**
2013 年非贫困	-0.04	-0.21**	-0.10	0.03	0.30**	0.65**	-0.62**

*和**分别表示 5% 与 1% 的显著性水平

1. 性别

问卷数据显示，女性的贫困发生率远高于男性。1990 年、2000 年和 2013 年女性的贫困发生率分别为 26.15%、12.46% 和 11.48%，分别高出男性 6.43、

---

① 由于钟楼为西安市极为明显的市中心地标建筑，所以距市中心的距离即为距钟楼的距离。

4.00 和 4.48 个百分点。

2. 受教育程度

受教育程度对贫困的影响最为明显，1990 年小学及以下、初中、高中和大学及以上的非贫困发生率分别为 62.20%、72.18%、82.78% 和 94.35%，2000 年和 2013 年分教育程度的贫困发生率基本类似，小学及以下的贫困发生率极高，达到 20% 左右，初中文化的贫困发生率在 10% 左右，受教育程度每升高一个档次，贫困率降低约 3%。

3. 在职与否

在职与否对贫困的影响也非常显著。分析显示，西安市非在职人口的贫困率为在职人口的 3.78 倍。从职业特征细分来看，以 2013 年为例，农民、下岗、失业和无业更亲贫困，而个体、公司职员和事业单位职员与非贫困呈现正相关（表 2-14）。

表 2-14　职业特征对贫困的影响

项目	农民	工人	个体	公司职员	事业单位职员	下岗	失业	离退休	无业
2013 年非贫困	-0.28**	0.17	0.32**	0.27**	0.40**	-0.27**	-0.33**	0.15**	-0.80**

* 和 ** 分别表示 5% 与 1% 的显著性水平

三、收入不平等与贫困的演化影响因素

收入不平等与贫困的演化是多因素联合作用的结果，既然单一点上的不平等与贫困状况受到该因素的影响，那么其也会影响微观层面收入不平等和贫困的跨期变动（即收入不平等与贫困的演化）。

（一）经济发展与转型

1. 经济发展

20 世纪 90 年代以来，我国的经济改革进一步深化，原有的计划经济体制向市场经济体制转变。此过程中，西安市经济快速增长，国内生产总值（gross domestic product，GDP）由 1990 年的 10.34 亿元增长到了 2013 年的 4884.10 亿元，年均增长率超过 18%，人均 GDP 也增长了 16.50%。经济

的快速发展带动了居民收入的增长，人均收入从 1990 年的 1921 元增长到了 2013 年的 33 100 元。几乎所有的文献都证明经济增长是减贫的主要动力之一，其主要途径就是贫困居民收入的增加。虽然有数据显示改革开放以后中国的不平等状况是总体恶化的，但西安市的收入差距并未随全国趋势而扩大，这也使得西安市因收入增加而取得的贫困状况的改善成果并未被收入差距扩大所蚕食。

2. 第三产业的发展

改革开放以来，西安市的经济发展模式朝多样化方向发展，第三产业的发展尤其是旅游业的发展改变着经济和收入格局。旅游资源的市场化开发，以及由此带动的商业、房地产业的快速发展使得拥有优质旅游资源的区域成为西安市经济快速发展区及高收入区（如曲江新区、浐灞生态区），贫困人口或收入增加脱离贫困或被"排挤"出现有居住区。

3. 失业与下岗

原来的国有企业在经济转型中由于不适应市场竞争，尤其是非垄断企业，企业被推向市场，其在与民营企业的竞争中处于明显劣势地位。效益的低下使得大量的企业破产，即使留下来的企业经过股份制改造后也难以焕发生机，仅存的少数国有企业也因为效益低下，生产萎缩，由此带来的是大量的下岗、失业人员，又由于计划经济体制下的就业分配及落后的生产方式使得员工接受教育培训的积极性不高，大部分员工受教育程度低，技能单一，在下岗失业后再就业能力较差，成为贫困人口，且脱贫能力不足。

4. 收入分配结构的变化

在经历了经济的快速增长之后，西安市的经济增长渐趋稳定，收入分配制度也逐渐稳定，收入结构开始从"金字塔形"向"橄榄形"过渡，中等收入群体的大量增加使得基尼系数有了比较显著的降低。培育和扩大中等收入阶层，有利于缩小贫富差距，理由有三：第一，国际经验表明，中等收入阶层比例较高的社会，其收入差距往往较小，发达国家的中等收入阶层大都占总人口的 50% 以上，其基尼系数一般处于 0.3～0.4；第二，中等收入阶层占据较高比例，政府才可以进行更宽范围、更大力度的财政转移支付；第三，中等收入阶层的扩大有利于减少贫困的代际转移和返贫。

（二）城市更新

1. 城市发展方向

城市的发展方向对收入和贫困的空间变动有着支配性的影响。西安市在第一次城市总体规划中形成了以中心为商贸居住区，南郊为文教区，北郊为大遗址保护区、仓储区，东部为纺织城，西郊为电工城的空间格局。虽然在以后的城市空间扩展中城市功能越来越多元，但西安市功能分区的总体结构并未发生太大改变，城市向南扩展的幅度更大，质量也更高（赵荣，1998）。在城市向南发展的大背景下，还有一些其他的重点发展地域，如新市政府所在片区、大明宫国家遗址公园片区等，这些区域大多以点状向外扩散的方式促进附近区域经济的发展，而且越靠近中心，优势资源越丰富，发展机会也越多。

2. 城中村改造

在中国，城中村改造是城市更新的重要形式和手段。西安市大规模的城中村改造始于 2002 年，首批 14 个城中村成为改革试点，2003 年城中村改造全面铺开，共有 187 个城中村展开改造建设。城中村村民的收入状况因各自的实际状况不同而有所差别，大多数村民的收入状况较好，收入主要来源有出租屋房租、村集体分红、外出务工和个体经营等，其中出租房屋是最主要的途径。城中村中村民占比较小，大量居住的是流动人口，流动人口的数量相当于本村人口的数倍，并且构成复杂。城中村改造为绝大部分村民带来了可观的拆迁补偿费，但也失去了主要的经济来源，对于数量更多的居住于城中村内的外来人员来说，可供选择的居住地点减少，而选择质量较好的房子带来的则是生活成本的增加。城中村改造可能在短期内提高村民的收入水平等，但长远来看，由于缺乏其他技能，这部分人的收入必将下降，回迁社区可能成为新的贫困区，而外来人口的逃离可能对该区域的减贫起到作用，但在大尺度上来说，城中村改造对外来的贫困人口弊大于利（陈柳钦，2010）。

3. 城市的限制发展地带

在城市更新中，并非所有的地域都可以进行较大力度的改造和城市扩展，还有很多地区是限制开发区域，甚至禁止开发区域。尤其是对于西安这个"十三朝古都"来说，大量的历史遗存使得在城市更新中文物和遗址的保护要受到特殊的照顾。西安市城墙内原则上不进行大拆大建，使得其更新较慢，而对于一些遗址保护区，如汉城遗址保护区，一直执行的是禁止开发的政策（李传斌，2002）。所以这些地区居住的多为本地原住居民，人口结构变化较小，使得收入不平等的变化和贫困的变化都较小。

（三）制度与政策

1. 教育制度

实证研究表明，教育与收入和贫困有着密切的联系，教育是收入提高的主要影响因素之一（周海旺，2001）。家庭条件越好的子女享有的教育资源越好，而家庭条件一般的子女由于家庭支出的限制，在教育支出上的投入不足，导致其在日后的收入提高上处于劣势地位。而随着时间的推移，居民的教育程度得到普遍提高，但教育资源分配不均的问题并未得到根本解决，优质教育资源过于集中在少数地区。贫困人口在受教育权益上处于的劣势地位使得其脱贫（尤其是相对贫困）难度增加，而且容易产生代际传递。

2. 单位制向社区制的过渡

单位制是新中国成立后中国基本的社会结构。改革开放以前，单位是一个集政治、经济、社会等多种功能于一身的综合性组织，履行着社会资源配置、社会动员及社会整合的功能。社会成员在单位中获取生活必需的经济资源、福利保障及个人的身份和社会地位，呈现出一种平均主义的特征（Wang and Murie，2000）。改革开放以后，随着单位制的消解，社区制取而代之，成为社会整合和社会管理的另一种制度选择。社区成为主要生活场域，社会生活形态和社会整合方式发生了显著变化。单位组成主体的工作生活也有了根本性的变革，主要变化分为两个方面：一方面，单位组织的分化直接导致了单位成员的群体差异，掌握优势资源的单位成员，可以得到平均分配时无法获取的高回报；另一方面，"单位人"在向社会人转变的过程中，工作生活更多地与社会和市场接触，而不是依赖单位。这使得适应能力强的人收入得到大幅增长，成为较高收入群体，而不适应的人群则收入减少，甚至沦为贫困人口。

3. 社会理念

改革开放以来，我国的社会理念也在发生着翻天覆地的变化，新的社会理念也在潜移默化地影响着收入与贫困的变动。这些社会理念包括社会歧视、自我价值实现等。

社会歧视包括性别歧视、户籍歧视和年龄歧视等。歧视造成的后果是受歧视人口在工作机会、收入待遇和社会福利方面的不平等。女性、外来人口和老年人更多地成为被歧视的对象，这些人口相对其他人也更容易陷入贫困。

随着社会的进步，更多的人开始有实现自我价值的需要，收入不仅成为维持生计的需要，也成为自我价值的体现。这种自我价值实现理念在高收入者和中产阶层中体现得更为明显。这就使得高收入群体与低收入群体的收入差距越来越大。此外，越来越多的高收入者开始关注低收入群体，进行公益慈善事业，也成为社会再分配的一种形式。

4. 低收入者的被动集聚

2007 年中国开始全面推行经济适用房和廉租房制度，其面向对象为城市中低收入家庭。这些保障性住房社区集中了大量的低收入人口，成为另类的"贫民区"。以廉租房渭北新城为例，在实际调查中发现，社区内的大部分居民为低保户，其全部收入即为政府每月发放的 260 元补贴，这些收入连最基本的生存都困难，使得这类地区成为重点贫困区，而且低收入人群的高度集中使得低收入群体的社会关系更容易集中在低收入人群内部，也更容易遭到社会的排斥，使得这类社区成为"孤岛"（周素红等，2010）。所以保障房制度的实行虽然解决了部分低收入家庭的住房问题，但也带来了相当多的其他城市问题。

5. 分配机制与减贫措施

随着不平等状况的加剧，国家在注重经济发展的同时，开始重视社会公平。主要体现在分配制度上，即为着力提高低收入者收入水平，扩大中等收入者比例，有效调节过高收入，取缔非法收入，努力缓解地区之间和部分社会成员收入分配差距扩大的趋势。目前的减贫措施主要包括三个方面：一是提供机会，即通过刺激经济增长使市场更好地为穷人服务，提高穷人对经济的参与程度，特别是通过增加穷人资产的价值，如土地和教育资源等，来增加穷人的发展机会；二是授权，指努力提高穷人做出将影响他们生活的决策的能力，以及消除性别、民族和社会地位方面的歧视；三是保障，努力降低穷人受到疾病、经济危机、失业和暴力打击的危险，同时，一旦他们遭到这方面的打击，可以帮助他们克服困难。

（四）人口迁移

人口迁移对收入差距影响的程度和趋势目前并没有一致的结论，学界称之为"迁移谜题"。大多数国内学者更倾向于认为人口迁移能够有效地促进经济增长的收敛，从而促进收入差距的缩小；但是也有部分学者不认同这样的观点，他们认为单就劳动力投入要素来说，中国人口迁移将导致收入差距的扩大而不是缩小（周春山，1996；朱钰和邵东霞，2012）。

西安市常住人口中非户籍人口比例变化较大，2000年后的非户籍人口比例为5%～10%，总数为50万～60万人，流动人口已成为城市人口增长不可忽视的力量。西安市人口迁移表现为净迁入，2000年后西安市户籍人口迁移规模巨大，年均人口净迁移规模达到7.3万人[①]。在后续调研中发现，外来人口的收入呈现出明显的两极分化，外来非农户籍人口的收入水平高于西安市整体的收入水平和西安市本地户籍的非农人口，而外地的农业户籍人口则低于其他户籍分类的人群。明显的高收入与低收入人口的增加在统计上会促使收入差距的扩大，大量的"农民工"群体的迁入也会对减贫工作产生不小的压力。但由于没有进行系统定量的分析，人口迁移到底对西安市收入差距及贫困变化的影响有多大有待进一步研究。

---

① 但有迁入放缓的趋势，近两年甚至出现了人口净迁出的现象。

第三章
贫困阶层聚居与城市贫困

第一节　城市贫困阶层聚居研究综述

一、国外城市贫困阶层聚居研究综述

随着工业化和城市化进程的推进，城市贫困问题变得越来越突出。国外对城市贫困问题的研究较早，理论研究也比较丰富。城市贫困阶层在空间上的聚居更是对城市社会经济的发展产生重大影响，已成为经济学、人口学、城市社会学、城市地理学等学科共同关注的热点问题。目前，城市贫困阶层聚居研究已成为一个相对独立的专门领域。由于不同国家和地区社会经济结构不同，贫困阶层聚居的形式也不一样，国外学者通常用 slum（贫民窟）、ghetto（隔坨）、poverty communities（贫困社区）、poverty neighborhoods（high/extreme-poverty）（贫困邻里）、poverty areas（贫困区）等表示贫困阶层在地理空间上的集中（Atkinson，1970）。

在城市贫困阶层聚居的形成机制研究方面，Carter 等（1998）认为由于社会文化背景的差异，美国贫困集中现象的出现很多时候是伴随种族隔离而产生的，那些绝对贫困区（即贫困发生率大于 40% 的地区）几乎都是黑人和其他种族群体聚居区域，黑人贫困群体与其他社会群体之间的地理隔离加剧了他们之间的社会隔离，使不同社会群体之间的联系不断减少，贫困群体逐渐被社会主流群体抛弃和排斥，这更加剧了贫困群体的空间集聚。Massey 等（1994）认为贫困的黑人在地理空间上的集中并不是非贫困黑人从黑人贫困聚集区迁出或是贫困黑人的迁入造成的，而是城市住房政策所引起的居住隔离导致的，因为这种公共政策实际上是把黑人等其他种族人群隔离在城市的中心城区，而鼓励白

人迁往居住环境更好的城市郊区，导致贫困的集中。部分学者认为城市贫困阶层聚居的产生不仅是种族隔离和公共住房政策所导致，城市社会经济结构的变化和贫困人口的变化也对其影响深远。Frey 和 Fielding（1995）发现，随着经济结构的变化，社会问题和社会矛盾日益凸显，城市中失业人员不断增多，种族之间逐渐分化，城市人口出现新的变化，贫困人口开始在地理空间上集聚，形成贫困阶层聚居区。Strait（2006）在分析了 1990～2000 年洛杉矶和加利福尼亚的贫困人口变化后，认为随着城市化进程的进一步推进，城市内部的不断重构和城市内部人口的迁移改变了城市贫困人口的组成，对城市贫困人口在空间上的集中产生重大的影响。同时，城市工业和就业的郊区化使内城区的贫困发生率不断上升，加剧了城市贫困的集中。

在城市贫困阶层聚居的测度方面，Wilson（1987）在他的著作《真正的弱势群体》中指出，生活在贫困集聚区的贫困人口数量正以惊人的速度增加，且这些贫困人口承受着极大的负担和压力，他首次界定贫困发生率为 30% 或以上的社区为贫困集聚区，集中研究这些区域的贫困发展趋势、贫困影响和贫困人口的特征。John 和 Kasarda（1993）在 Wilson 的基础上进一步发展，把贫困发生率大于 40% 的社区界定为绝对贫困地区（extreme poverty areas）。隔离指数（isolation index）或暴露指数（exposure index）也是美国城市贫困人口聚居研究中的一种常用测量方法，Lieberson、Massey、Holloway、Abramson 和 Strait 等学者分别使用这两个指数进行相关的研究。Lincoln（2012）在 Massey 居住隔离模型的基础上进一步分解和扩展，利用新的隔离模型发现种族之间的隔离和收入的巨大差异产生的隔离对贫困的地理空间集聚有着重要影响，但在不同种族居住的社区，他们的贫困集中又会有不同的集聚程度。

在城市贫困阶层聚居的影响和治理对策方面，大多学者认为贫困集中致使贫困聚居区居民与其他居民产生社会隔离，缺乏与外界其他人的联系，而这种"社会封闭"的后果是贫困人口不能寻找较好的工作机会，也难以获得社会帮助。低微的经济收入也使得他们的家庭关系不稳定，不能获得较好的教育资源和医疗条件，暴力犯罪、吸毒、未成年人怀孕和单亲家庭的概率不断增加（Atkinson and Kintrea，2001）。Curley（2005）从公共住房政策的角度探讨城市贫困理论及公共住房政策对城市贫困的影响，认为应该综合考虑各方面的社会因素，调整公共住房政策，减轻黑人的贫困发生率和贫困集聚度。何静和李京生（2009）通过对美国城市贫困人口聚居的原因、贫困人口聚居的测度和贫困人口聚居的社会影响等方面进行分析。孙斌栋和刘学良（2009）从社会学、地理学和规划学角度评述了欧美城市贫困集中现象、国外城市阶层聚居区的概念界定、贫困阶层聚居区的空间分布，分析了城市贫困阶层聚居区的形成机制和城市贫困集中产生的影响，回顾了国外城市聚居的治理措施。

关于西方城市贫困阶层聚居问题的研究较早，不管是对贫困阶层的界定、贫困阶层聚居区的研究及贫困阶层的形成机制和治理贫困的理论都比较丰富，但这些研究很大部分是针对美国黑人或其他种族与白人种族之间的收入差距和居住隔离等所产生的贫困问题进行分析，而欧洲国家由于其社会经济实力较强，它们所表现的贫困问题也不同于我国，所以在研究我国城市贫困问题时，这些理论并不能完全适用。

二、国内城市贫困阶层聚居研究综述

随着经济改革的深化、社会结构的变迁和城市化进程的加快，我国城市贫困出现新的特征，城市中具有相似社会经济地位的人群在特定区域聚居，居住分异进一步强化，城市贫困阶层聚居现象开始出现。现有的研究中，大多学者认为户籍贫困人口、失地农民和流动贫困人口是城市贫困阶层的主要组成部分，在城市的快速发展过程中贫困群体被固定在既有居住地域和新贫困空间上，加剧了城市居住空间的分异。

1. 城市贫困研究

孙景舒和齐一璇（2005）对我国城市贫困规模、贫困程度和变动趋势进行了分析，深入解析了城市贫困产生的原因并提出反贫困建议。顾朝林和克斯特洛德（1997）从我国社会经济实际情况出发，通过确定城市贫困标准，对北京城市贫困规模、贫困程度和变动趋势进行了分析。张常桦（2012）从城市社会空间结构出发，具体分析了西安市贫困阶层的空间分布。

2. 城市低收入人群和低收入邻里研究

何深静等（2010b）研究低收入邻里及其居民的贫困集聚度时发现，转型期我国城市贫困人口的空间分布表现在邻里或社区层面上的集中，并在邻里层次上出现三种低收入集中类型：老城衰退邻里、退化的工人新村和农民工集聚区，其中老城衰退邻里的贫困集聚度最高，同时下岗、失业人员的贫困集聚度也是较高。在贫困决定因素方面，制度保障和市场薪酬对城市贫困的发生具有显著影响。张妮娅（2011）以武汉市为例，深入分析了武汉市低收入人群的构成特征、居住空间分布特征、生活方式及行为空间特征，将武汉市低收入人群的居住空间划分为旧城退化的混合住区、城中村住区、廉租房和经济适用房住区。谌丽等（2012）利用居民调查问卷，研究了北京市低收入人群的特征、空间分布、动态变化和聚居类型。

3. 流动人口和流动人口聚居区研究

罗仁朝和王德（2008）具体分析了上海市不同城市区位流动人口不同聚居形态，从居住满意度与社会融合度两个方面比较不同聚居类型社会融合特征。郭永昌等（2006）分析了流动人口的居住形态、结构和居住空间变动机理，构建了流动人口在城市居住的滞留模式。吴晓（2002）认为城乡二元结构、农村剩余劳动力的转移、进城农民工的就业方向、劳动力流入地的住宅租赁市场和社会结构及传统的乡土观念是流动人口聚居区形成的因素，并在此基础上分析了流动人口聚居区的现状特征和存在问题，最后提出了改造和整合对策。高春燕（2007）则通过五个城市流动人口聚居社区的调查资料，对城市流动人口聚居社区的管理和服务进行了考察。

4. 城市贫困阶层聚居的测度研究

袁媛和许学强（2008）在研究广州市城市贫困时，采用因子分析法对贫困街道进行聚类，划分出"外围工人相对集中的贫困区、邻近核心就业不理想的贫困区和内城核心住房设施匮乏的贫困区"三种贫困聚居区，并分析了这种贫困空间的分异机制。何深静等（2010a）通过区位熵分析了南京市不同城市群体的贫困发生率和贫困集聚度，李倩等（2012）采用隔离指数分析法和聚类分析法对不同收入家庭的居住隔离空间分布进行研究，并分别分析了富裕人群聚居区和贫困人口聚居区的空间分布、居住区内的人群特征和居住特征。冯健和周一星（2008）通过信息熵、绝对分异指数、相对分异指数和隔离指数等指标，分析了转型期北京不同社会群体的空间分异。

5. 城市贫困阶层聚居区的研究

袁媛（2011a）以广州市为例系统地分析了中国城市贫困阶层聚居区的变迁、分类和特征，发现广州城市贫困阶层聚居与国外贫困阶层理论并不吻合，经历了"外围和中心区位—中心区位—中心和外围区位"的变迁，形成了"集中—分散—再集中"的空间分布演变过程。单菁菁（2011）系统分析了我国城市居住空间及贫困阶层聚居的形成动因和社会影响，并提出了应对策略。张高攀（2006）以北京市为例，分析了城市贫困阶层聚居的现状、类型、空间分布、形态模式及发展趋势。

总体来讲，国内对城市贫困阶层聚居的研究尚处于起步阶段，且主要集中于从社会学、经济学和人口学角度对城市低收入人群或流动人口进行研究。地理学者对城市贫困阶层聚居的研究则主要是利用人口普查数据、短期居民收入调查数据及典型社区的调查数据分析其社会经济和空间分布特征，也有部分学者从城市规划和城市社会学角度研究城市贫困阶层聚居的形成机制。但现有的研究较为分散，尚未形成体系，缺乏长期、完整的对城市贫困阶层聚居的形成原因、社会经济特征、空间分布、贫困聚居集聚度、贫困聚居发展趋势及贫困聚居对贫困居民和社会的影响等系统性研究，仅有的一些文献也是针对南京、广州、北京、上海等大城市的研究，对西安城市贫困阶层聚居问题的研究尚未发现。

根据国外的研究发展趋势，以及国内现有相关研究的不足，结合当前西安城市贫困的实际情况，本章利用西安市居民收支状况的调查数据，通过问卷调查和面对面访谈等形式系统研究西安城市贫困阶层的现状特征、城市贫困阶层聚居的空间分布、贫困聚居集聚度、贫困聚居发展趋势及贫困聚居对贫困居民和社会的影响。

第二节　西安市城市贫困阶层的基本特征

一、城市贫困阶层的概念与界定

（一）城市贫困阶层的概念

贫困是一个极其复杂的概念，包括经济、社会、文化、心理、权力等多方面的缺失，它是一种物质缺乏、精神贫瘠和权力被剥夺的状态。国外学者通常依据社会分层理论将城市社会中最底层的那部分人群称为城市贫困阶层。本章把低于城市贫困线的人口所组成的群体称为城市贫困阶层。

（二）低保线的概念与标准

低保线，即城市居民最低生活保障标准，是国家为救济社会成员中收入难以维持其基本生活需求的人口而制定的一种社会救济标准。《城市居民最低生活保障条例》规定："城市居民最低生活保障标准，是按照当地维持城市居民基本生活所必需的衣、食、住费用，并适当考虑水、电、燃煤（燃气）费用及未成年人的义务教育费用确定。"制定城市居民最低生活保障标准的依据主要包括：①维持居民的最低生活需求所需物品的种类和数量；②生活必需品所需要的费用；③市场综合物价指数，尤其是生活必需品的价格指数；④居民的平均实际收入和消费水平；⑤经济发展状况和财政收入状况；⑥其他社会保障标准。

西安市自1998年开始实行居民最低生活保障制度，开展低保试点工作。民政部门以恩格尔系数法为主，依据西安市社会经济发展状况测算并制定了城市贫困标准，即城市最低生活保障线。1998～2009年，西安市低保标准持续上升，年均增长率大约为10%。自2009年起，西安市的低保线调整期限由两年缩短为一年。

截至2013年年底，全国城镇常住人口为73 111万，享受城市低保待遇的贫困居民达到2048.7万人，城镇绝对贫困人口约占城镇总人口的2.8%。从表3-1中可以看出，实施城市居民最低生活保障制度以来，西安城市低保线相对较低，低保人口比例小，低保福利覆盖的人口范围相当有限。

表3-1　西安城市低保线和低保人口数（1998～2013年）

年份	城市低保线/（元/月）	城市低保人口数/万人	低保人口占比/%
1998	105	0.156	0.04
2000	156	1.1	0.24
2005	200	15.78	3.09
2010	360	14.67	2.51
2012	410	13.83	2.26
2013	480	10.90	1.76

（三）城市贫困阶层的界定

本章使用的数据主要为问卷调查数据和深入访谈数据，即西安市居民收支状况问卷调查数据和西安市典型社区居民生活状况访谈数据（2013年）。除通过第二章所述的调查方法获取的调研数据外，选取4个社区各发放150份问卷，了解典型社区居民的生活状况，并做深入访谈，问卷共计600份，回收有效问卷555份，有效率为92.5%。

对城市贫困阶层的界定，主要是通过贫困线来甄选。目前，国内外对贫困线测量的方法主要有恩格尔系数法、马丁法、市场菜篮子法、国际贫困线标准等。本章通过实地调研和访谈，结合西安城市社会经济的发展状况，采用恩格尔系数法和中位数收入法相结合的方法，确定西安的城市贫困线。具体方法如下：首先，把问卷中恩格尔系数大于0.5的所有居民确定为绝对贫困人口，人均收入低于西安市居民平均收入1/3的人口确定为相对贫困人口。其次，筛选出这两部分人口，按照恩格尔系数计算出食品支出，即为贫困线。最后，计算出西安城市贫困线如下，1990年贫困线为人均低于76元/月，2000年贫困线为人均低于560元/月，2013年贫困线为人均低于1320元/月。把低于相应年份城市贫困线的人口组成的群体称为城市贫困阶层。

二、城市贫困阶层的规模与构成

（一）贫困阶层的规模

1990～2013年，西安城市贫困人口数呈现先增加后减少的变化趋势（表3-2）。1990年，西安市贫困发生率为18.43%，贫困阶层人口数达52.4万之多。进入21世纪后，随着国有企业和集体企业改革的进一步深化，城市中开始出现大量下岗失业人员，城市贫困状况不断恶化，2000年的城市贫困发生率上升至24.33%，贫困阶层的人口数也相应增长到近83万人。2013年，虽然城市贫困线提高到1320元/（人·月），但城市居民的收入也在不断提高，贫困发生率持续下降，贫困阶层的人口数也相应减少。对比可知，西安城市最低生活保障线偏低，使用城市最低生活保障线计算的绝对贫困人口一定程度上掩盖了西安城市的真实贫困状况。

表 3-2　西安城市贫困发生率和贫困人口数（1990～2013 年）

年份	贫困线/［元/（人·月）］	贫困发生率/%	贫困人口数/人
1990	76	18.43	524 758
2000	560	24.33	827 868
2013	1320	13.33	597 641

（二）贫困阶层的构成

通过问卷数据分析发现，西安市的贫困阶层主要由外来流动人口、在业低收入人员、下岗和失业人员及城市"三无"人员构成。

1. 外来流动人口

外来流动人口主要包括进城农民工和周边地区刚毕业的高校毕业生，他们占贫困阶层人口总数的 35.3%。随着户籍制度的松动和市场经济体制的改革，大量周边地区和邻近省份的农民涌入西安寻找工作机会，但由于文化水平较低，缺乏工作技能，从事的也大多是工资水平较低的建筑业和服务业，这部分人口占外来流动贫困人口总数的 79%。近年来，大量大专院校毕业生滞留城市寻求更好的发展机会，但由于缺乏必要的工作技能，难以在短期内找到合适的工作，容易陷入贫困状况，这部分人口占外来流动贫困人口总数的 15%。

2. 在业低收入人员

这部分人口占贫困阶层人口总数的 44%，是所有贫困阶层构成人员中占比最大的一部分，同时，相比其他贫困人口而言，他们也是最容易被忽视的一部分。在业低收入人员主要从事的是批发零售业和公共服务业等工作门槛和工资水平比较低的职业，还有部分人员从事建筑业。

3. 下岗和失业人员

受经济体制改革的影响，转型期西安城市中出现了大量的下岗职工和失业人员。由于年龄偏大，文化水平低，工作技能单一或低下，再就业或自主创业的可能性较小，难以适应快速发展的社会经济状况，逐渐沦为城市的新贫困阶层，这部分人口占贫困阶层人口总数的 33%。

4. 城市"三无"人员

城市"三无"人员是指城市中无生活来源、无劳动能力、无法定赡养人的人员，是我国传统城市的主体，占西安市贫困阶层人口总数的23%。他们或者是丧失了劳动能力，或者是年龄大却没有生活来源。难以通过就业培训等手段使这部分人员获得经济收入，政府只能通过财政手段实行帮扶，其成为长期以来政府实施脱贫减贫的重点人群。

三、城市贫困阶层的结构特征

为了更好地了解贫困阶层的结构特征，将西安城市居民收入调查的总体样本与贫困阶层样本的属性特征进行了对比（表3-3）。

表 3-3　总体样本和贫困阶层样本属性特征比较　　　　（单位：%）

属性		总体样本	贫困阶层
年龄	25岁以下	14.07	21.75
	26~35岁	26.16	11.18
	36~45岁	22.74	17.22
	46~55岁	18.04	19.94
	56~65岁	12.09	17.52
	65岁以上	6.9	12.39
受教育程度	小学及以下	10.1	23.26
	初中	28.87	33.84
	高中	31.17	22.66
	大学及以上	29.85	20.24
职业结构	在职　农业	7.44	28.17
	制造建筑业	13.33	9.15
	企事业单位	22.56	15.49
	批发零售业	28.65	19.72
	商务服务业	17.15	8.45
	公共服务业	10.87	19.01
	非在职　下岗职工	11.36	14.29
	失业者	4.49	8.47
	离退休人员	45.69	17.46
	无业	20.72	39.68
	其他	17.73	20.11
房屋来源	自购住房	26.37（均价为3474元）	13.29（均价为2155元）
	租赁住房	42.67（均价为879元）	43.2（均价为687元）
	单位住房	18.53	18.13
	其他	12.43	25.38

（一）贫困阶层的年龄结构特征

随着年龄的增长，人们从事的职业也随之发生变化，这一定限度上影响了人们获取收入的能力。从图 3-1 可以看出，25 岁以下的贫困发生率居高不下。26～35 岁贫困发生率最低，此后，随着年龄的增加，居民的贫困发生率不断增加，到 65 岁以后，贫困发生率达到最大值。

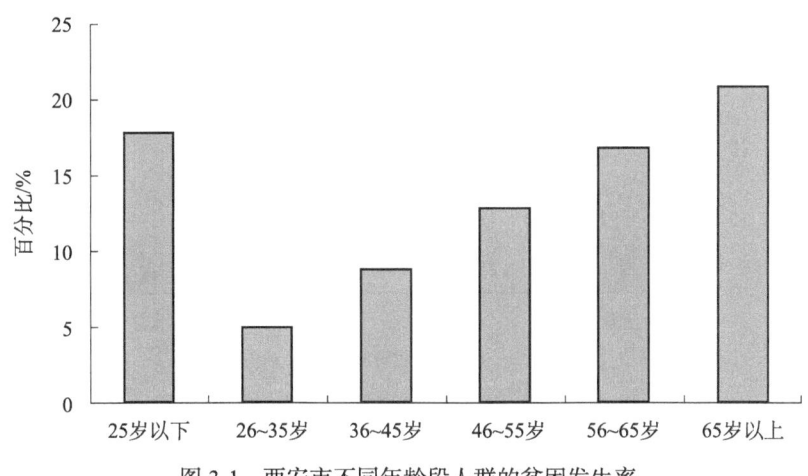

图 3-1　西安市不同年龄段人群的贫困发生率

（二）受教育程度特征

已有研究证明，受教育程度与贫困发生率呈负相关关系，西安城市居民的贫困状况也符合这一特征，从图 3-2 可以看出，受教育程度越高，贫困发生率越低。小学及以下文化水平的居民贫困发生率最高，达到 26.55%，他们由于学历低，主要从事的是简单的体力劳动，工资水平低，且这部分人群工作不稳定，失业率高。同时，在国有企业和集体企业改革中，下岗失业的人群也以小学学历的居民居多。

（三）职业结构特征

从职业结构特征看，从事农业活动的人口最容易陷入贫困，占贫困人口的比例接近 30%。他们主要是城中村和城市远郊从事农业的人口，其中尤以灞桥和未央两区的贫困农民居多，其中还包括周边以季节性短工出现的农民。其次，是从事批发零售业和公共服务业的人口，比例接近 20%。从事公共服务业的大多是年龄较大的城市下岗职工，他们缺乏必要的工作技能，学习能力较差，只能从事清洁卫生等简单的体力劳动，工资普遍较低；从事批发零售业的居民由于本小利微，加上具有一定的风险，所以也较容易陷入贫困。商务服务业和企事业单位员工的贫困发生率最低，他们一般具有较高的学历或是掌握了一定的工作技能，大多从事的是脑力劳动，获取收入的手段和能力比其他类人员更强，尤其是从事商务服务业人员，他们中的很多人具有较强的人力资源优势和雄厚的资金实力，陷入贫困的可能性大大减小。

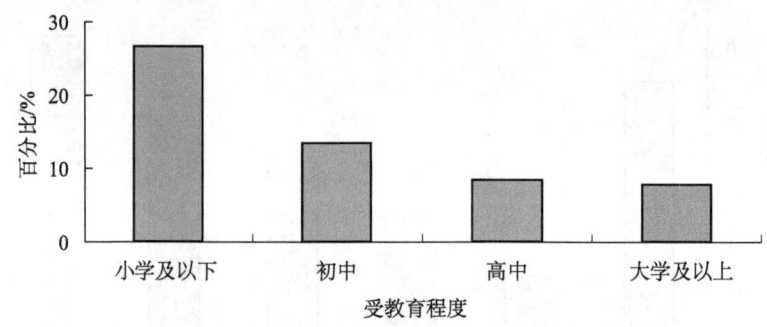

图 3-2　西安市不同受教育群体的贫困发生率

（四）房屋来源特征

房屋是居民生活的重要组成部分，不同的房屋来源影响了居民的贫困发生率。从图 3-3 可以看出，租赁住房的居民最容易陷入贫困。这部分居民由于在城市中没有固定住房，高额的房租成为他们生活的重要开支。从调查数据分析得出，租住房屋的平均租金达 687 元/月，这对平均工资收入不高的西安居民来说，高昂的租金成为他们贫困生活的重要支出。自购住房的居民由于不用支付房屋租金，且一半以上的购房时间在 2006 年以前，这些所购的商品房均价不到 2200 元/m^2，所以贫困发生率最低。其他房屋来源主要是城中村农民自建房、祖辈留下来的遗产房、寄住亲戚朋友的房子和工地搭建的简易房等，这些居民由于房屋来源不稳或是房屋基本设施缺乏、居住环境差，也比较容易陷入贫困。

（五）贫困感知特征

数据分析表明，西安城市贫困居民的生活期望值较低，近 30% 的贫困居民的生活期望值低于贫困线,但客观测度的贫困与人们主观感知的贫困之间存在不匹配现象。城市下岗或失业贫困居民的贫困感知度明显高于进城农工的贫困感知度。

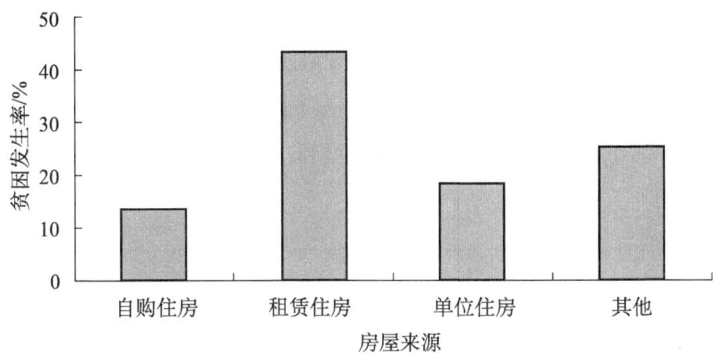

图 3-3　西安市房屋来源不同群体的贫困发生率

在调查中发现,在下岗或失业前,多数城市贫困居民在国有企业或集体企业上班,收入相对稳定,社会经济地位也较高。但下岗或失业后,他们几乎没有收入来源,生活质量迅速下降,对比下岗或失业前后巨大的生活反差,许多城市贫困居民对自己目前的社会经济地位更为不满,生活剥夺感十分强烈。相比之下,虽然外来贫困人口的现实收入更低,生活处境也更为艰难,但他们却对目前的城市生活较为满意。因为他们现在的收入与农村种地的收入相比,提高了很多,而且他们大多数人的抚养负担较小,每个月的收入大多为自己和配偶一起使用,不用抚养小孩,很多甚至不用赡养父母,因此他们的生活压力明显小于那些年龄比他们小的贫困者。

综合上述分析可得,25 岁以下和 65 岁以上人群也比较容易成为贫困阶层;较低受教育程度是人们陷入贫困的重要因素,学历越高,成为贫困阶层的可能性越小;从事农业的人群是所有职业中最容易成为贫困阶层的人群,从事公共服务业的人群也有很大可能陷入贫困状况,而无业人群由于没有收入来源更是贫困阶层的重要组成部分;房屋来源不稳定的人群随时面临着贫困的危险。城市下岗或失业贫困居民的贫困感知度明显高于进城农工的贫困感知度。

四、城市贫困阶层的时空演化

从整体来说,1990 年西安市各街道的贫困发生率都较高,有 23 个街道的贫困发生率超过 18.43%。其中新合街道和徐家湾街道的贫困发生率超过 40%，处于极度贫困状态，集聚了大量贫困人口。贫困阶层的规模很大，近 53 万人属于城市贫困人口，贫困阶层的分布范围较广，贫困发生率小于 10% 的街道只有 6 个。从图 3-4 可以看出，贫困阶层主要分布在城市三环线外的北部和东部边缘地区，这些区域由于尚未纳入城市发展范围，用地属性为农业用地，居民的收入较低。同时，从枣园街道自西向东至十里铺街道一带的贫困发生率也较高。城市的西部和南部贫困程度相对较轻，贫困人口分布也相对较少。

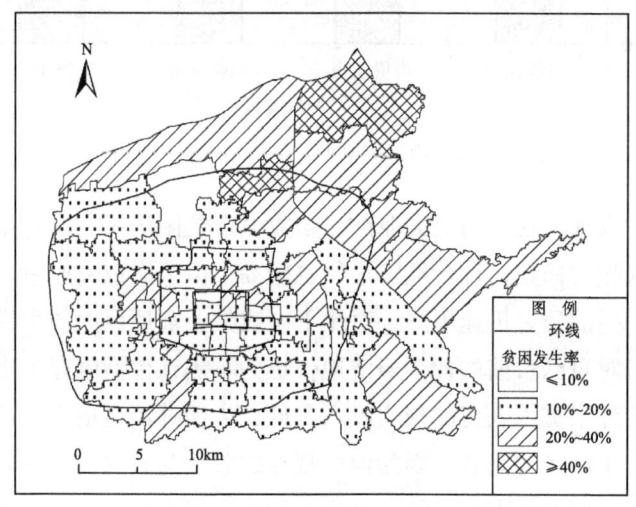

图 3-4　1990 年西安各街道城市贫困发生率

2000 年，西安市各街道的贫困状况进一步恶化，贫困发生率达到 24.33%，有 25 个街道贫困发生率较高，其中新合街道和徐家湾街道的贫困发生率仍超过 40%，属于极度贫困街道。同时，城市中心的中山门街道也在快速的城市发展中成为极度贫困街道。整个城市中近 83 万人属于贫困人口。贫困发生率小于 10% 的街道只有 3 个。从图 3-5 可以看出，贫困阶层的分布与 1990 年相比有了明显的变化。贫困阶层不只集聚在城市的北部和东部边缘地区，北部二环至三环线附近的街道受城市经济重心转移的影响也开始沦为贫困街道。同时，城市西部地区的下岗失业人员不断聚集，贫困发生率也开始上升。城市东部地区的贫困人口规模相对减小。

从图 3-6 可以看出，至 2013 年，西安贫困状况有了很大程度的缓解，整

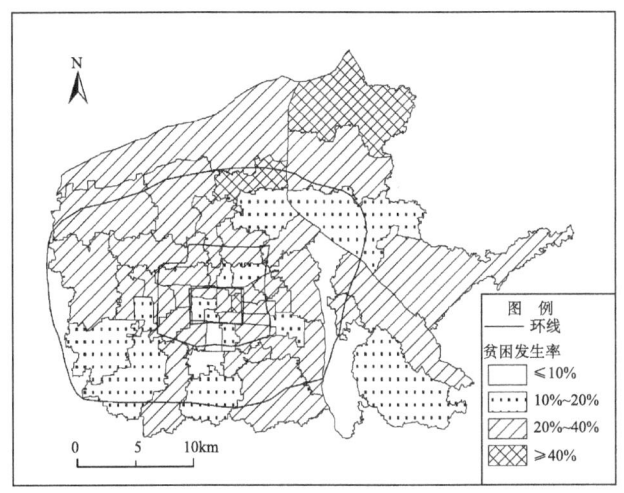

图 3-5 2000 年西安各街道城市贫困发生率

体城市贫困发生率只有 13.33%，虽然贫困街道仍有 22 个，但贫困人口数量下降较大，贫困阶层的规模在不断缩小。贫困发生率大于 40% 的极度贫困街道已不存在。从空间分布来看，贫困阶层的分布范围并未相应减小，城市北部的草滩、新合和徐家湾等街道及西北部六村堡、未央宫和三桥等街道成为贫困"高发区"。城市东部和东南部地区的贫困发生率也有所上升，贫困阶层的分布范围更广。但相对前面两个年份，城市中心地区的贫困发生率开始下降，贫困阶层的规模也在不断减小。城市南部地区的贫困人口数量也在缩减。

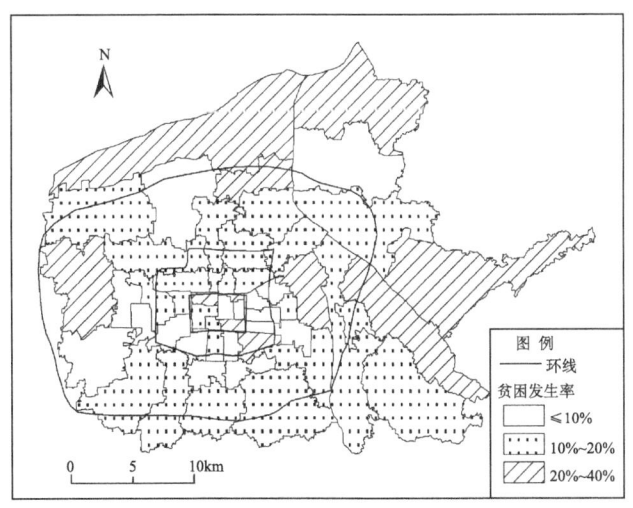

图 3-6 2013 年西安各街道城市贫困发生率

从三个年份的贫困阶层分布演化可以得出：①城市北部边缘地区始终是贫困"高发区"；②城市北部三环线附近的城市贫困阶层的空间分布变化较大；③城市南部贫困发生率一直较低，贫困人口的规模较小。

五、各街道居民"固贫化"分析

所谓"固贫化"是指城市贫困群体随着时间的变化，相对稳定地处于贫困状态，难以实现向上流动，使贫困成为这一群体的固定特征的现象（袁媛，2011b）。

从各街道居民始终保持贫困状态的概率上看，有些街道1990~2013年始终保持着较高的贫困发生率（表3-4），即出现明显的"固贫化"现象，这容易导致这些街道形成贫困阶层聚居区，如徐家湾街道、新合街道和柏树林街道，1990~2013年"固贫化"的概率超过30%，这些地区的贫困居民由于长期处于贫困状态，始终聚集着大量贫困人口，致使街道的脱贫难度大，同时，从整体上看，1990~2013年，"固贫化"概率超过（或等于）10%的街道有14个，这些街道存在着较高的贫困发生率。

表 3-4　各街道居民从 1990~2013 年始终保持贫困状态的概率　（单位：%）

街道名称	保持贫困状态的概率	街道名称	保持贫困状态的概率
徐家湾街道	38.46	洪庆街道	15
新合街道	33.33	红庙坡街道	13.79
柏树林街道	31.25	灞桥街道	12.5
六村堡街道	26.67	大雁塔街道	12.5
谭家街道	25	席王街道	11.76
解放门街道	20	北院门街道	11.11
青年路街道	17.39	北关街道	10

从空间上看，"固贫化"概率极高的街道布局比较分散（图3-7），不仅在城市边缘地区，而且在城市中心地区也有分布。但整体上，"固贫化"概率较高的街道主要分布在三环线附近，这些地区也是贫困发生率比较高的贫困阶层聚居区。

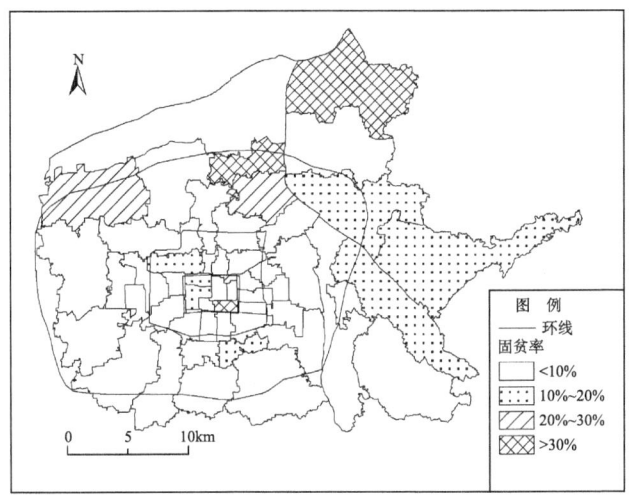

图 3-7　1990～2013 年西安市各街道的固贫率

第三节　西安市城市贫困阶层聚居研究

一、城市贫困阶层聚居的概念与界定

（一）城市贫困阶层聚居的概念

城市贫困阶层聚居，是指在城市不同收入阶层的居住分异状态下，贫困人口在特定的地理空间上的集中，包括聚居的形态和集中的发展趋势。在一般社会成员的生活体验中，对城市贫困阶层聚居的感知是贫困人口因相似的社会经济地位、文化背景和生活习俗等聚集在城市特定的地理空间上，与其他城市社会阶层在居住上相隔离，形成贫困阶层聚居区域。在居住形态上主要表现为旧城衰退区、传统产业工人聚居区、流动人口聚居区、失地农民安置区等，这些聚居区内的居住环境较差，主要表现为建筑建设年代久远、破损严重、居住空间拥挤、道路交通混乱、服务管理失位、公共设施缺乏。城市贫困阶层聚居是我国经济持续增长和城市化快速发展过程中逐渐显露出来的城市问题，又是与社会和谐和城市现代化极不协调的城市景观。

（二）城市贫困阶层聚居的界定

前面给出的城市贫困阶层聚居的概念只是从现象和表征上去识别，并没有具体地界定不同阶层之间的居住分异或隔离程度，也没有指出这种地理空间上的集聚程度。要深入分析贫困阶层聚居问题还需要具体界定贫困阶层聚居区和测度贫困阶层聚居现象。

城市贫困阶层聚居是一个重要的城市问题，对贫困阶层聚居的测度和界定，一直是城市地理学者和社会学者研究的重要内容，尤其是在实证研究中，这种基础性的研究内容对分析贫困聚居现象不可或缺。由于不同国家和地区的社会政策和经济发展水平存在差异，贫困阶层聚居的形态和聚集趋势也不同，要对其进行准确、具体的测度，至今尚未形成统一或公认的方法体系。在已有的研究中，出现了一些相对成熟和应用广泛的测度和界定方法，它们分别是40%贫困法、隔离指数或暴露指数、空间自相关法和贫困熵。40%贫困法（the 40 percent threshold）最早由美国学者威尔逊（Wilson）采用，他在研究中发现使用"贫困发生率高于40%"的标准界定"极度贫困区"，可以较好地区分"极度贫困区"与其他贫困区；丹齐格（Danziger）、贾高斯基（Jargowsky）等在实证研究中同样使用"贫困发生率高于40%"的标准去界定"高度贫困邻里"（high-poverty neighborhoods）或"极度贫困区"，进一步巩固了威尔逊的方法；隔离指数（isolation index）或暴露指数（exposure index）可以分析贫困阶层聚居的集聚程度、聚居变化及相关特性。空间自相关法主要分为全局和局部空间自相关分析，可以定量测度贫困聚居的空间集聚态势；贫困熵也是国内学者在研究城市贫困阶层聚居中常用的一种测度方法。

本节首先利用隔离指数从城区角度分析西安城市贫困阶层聚居的空间分异程度，其次结合贫困熵从街道尺度具体研究贫困阶层聚居的空间分布和时间演化，最后通过空间自相关指数进一步考察各街道贫困阶层聚居的空间集聚度。在分析过程中，为了更深入具体地研究各街道贫困阶层聚居的特征，本节通过FGT指数[①]从贫困阶层聚居内部不同社会群体的角度分析其贫困集聚度。

1. 隔离指数法

我国学者也通常采用隔离指数分析贫困阶层和其他社会阶层的居住分异程度。隔离指数表示为

---

① Foster、Geer 和 Thorbecke 于 1984 年提出一类可分解的指数。

$$D = \frac{1}{2}\sum_{i=1}^{n}\left|(x_i/X)-(y_i/Y)\right| \quad (3\text{-}1)$$

式中，X 和 Y 分别表示整个区域内 x 人群和 y 人群的总人数；x_i 和 y_i 分别表示区域单元 i 中 x 人群和 y 人群的人数；D 表示区域内两个不同类型人群的居住隔离程度，即隔离指数；n 表示区域单元数。

2. 贫困熵

区位熵在社会经济学中应用较广，通常用于分析区域内不同行业或不同产业部门在各地区的相对专业程度或集中程度。贫困熵表示为

$$LQ_i = (x_i/z_i)/(X/Z) \quad (3\text{-}2)$$

式中，X 和 Z 分别表示研究区域单元 x 人群的人口数和总人数；x_i 表示区域单元 i 中 x 人群的人口数，z_i 则表示区域 i 的总人数。本节取 LQ_i 等于或大于 1.2 表示城市贫困阶层在该区域内高度集聚；LQ_i 等于或小于 0.85 表示城市贫困阶层在该区域内集中度很小。

3. 空间自相关分析

空间自相关分析可以很好地反映出不同区域之间各要素的空间集聚程度，主要包括全局自相关指数（global Moran index，GMI）和局部自相关指数（local Moran index，LMI）。本节将 53 个街道的贫困发生率作为观测值，利用 ArcGIS 软件，进行空间自相关分析。

全局自相关指数表示为

$$I = \frac{N}{S_o} \frac{\sum_{i}^{N}\sum_{j \ne 1}^{N} w_{ij}(x_i-\bar{x})(x_j-\bar{x})}{\sum_{i=1}^{N}(x_i-\bar{x})^2} \quad (3\text{-}3)$$

式中，N 表示样本总数；x_i 和 x_j 分布表示位置 i 和 j 处的观测值，即某一人群在本街道所占人数比例；$\bar{x}$ 表示观测值 x_i 所在位置的平均值；w_{ij} 表示空间权重矩阵（$n \times n$），S_o 表示空间权重矩阵 w_{ij} 中所有元素之和。

局部自相关指数定义为

$$I = \sum w'_{ij} Z_i Z_j \quad (3\text{-}4)$$

式中，Z_i、Z_j 表示所检测值的标准化形式；w'_{ij} 表示空间权重矩阵的任一元素。本节通过 95% 的置信度判定不同街道的贫困集聚度。在置信检测中，通常自

相关指数存在两种情况,即正的局部自相关指数和负的局部自相关指数。当指数为正,表示一个属性值高于均值的街道被属性值高于均值的邻近街道所包围("高-高"关联区),或者是一个属性值低于均值的街道被属性值低于均值的邻近街道所包围("低-低"关联区);当指数为负,表明一个属性值高于均值的街道被属性值低于均值的邻近街道所包围("高-低"关联区),或者一个属性值低于均值的街道被一个属性值高于均值的邻近街道所包围("低-高"关联区)。本节研究的重点是贫困阶层集聚的区域,即"高-高"关联区。

4. FGT 指数法

FGT 指数表示为

$$P_\alpha = \frac{1}{N} \sum_{i=1}^{q} \left(\frac{z - y_i}{y_i} \right)^\alpha \quad (3\text{-}5)$$

式中,N 表示总人口数量;q 表示低于贫困线的人口数量;z 表示贫困线,y_i 表示第 i 个贫困者的收入或消费;参数 α 表示贫困厌恶度(poverty aversion)。

二、西安城市贫困阶层聚居的空间格局及演化

本节首先利用隔离指数从城区角度分析贫困阶层居住空间的分异程度。从表 3-5 可以看出,1990～2013 年各城区的贫困发生率都有所下降,但变化程度不一,有些城区的贫困发生率下降较为明显,如新城区;也有些城区的贫困发生率一直保持较高水平,下降趋势缓慢,如灞桥区和未央区,这些城区的贫困发生率始终高于平均水平。

表 3-5　西安市各城区贫困发生率(1990～2013 年)　　(单位:%)

城区 \ 年份	1990	2000	2013
新城区	21.30	26.51	10.33
碑林区	13.65	22.33	12.32
莲湖区	17.53	24.05	12.05
灞桥区	27.69	25.50	18.33
未央区	19.80	33.42	17.01
雁塔区	15.44	19.13	11.32

从各城区的隔离指数可以看出（图 3-8），转型期西安城市贫困阶层聚居的时空差异显著。从时间上看，1990 年各城区的平均隔离指数为 0.31，到 2000 年增长到 0.322，达到最大值，但到 2013 年，平均隔离指数又下降到 0.219。各城区贫困阶层聚居的现象虽然并不明显，但仍表现出先集中后分散的趋势。从空间上看，碑林区在三个时间段中始终保持着较高的隔离指数，在 2013 年其隔离指数仍然高达 0.326，成为隔离指数最高的城区，部分街道产生了较为明显的贫困阶层聚居现象；灞桥区在 2000 年以前的隔离指数是六城区中最高的，1990 年和 2000 年的隔离指数分别达到 0.453 和 0.462，到 2013 年，隔离指数快速下降到 0.206，各阶层之间处于相对较好混居状况；未央区的贫困发生率虽然在 2000 年和 2013 年都较高，分别为 33.42% 和 17.01%，但城区内各收入阶层之间交流频繁，隔离指数并不高；莲湖区和雁塔区的贫困阶层与其他阶层一直保持着较好的混居状况，居住分异现象不明显，各阶层的隔离指数不高。由此可见，隔离指数的变化趋势并不和贫困发生率的变化趋势完全吻合。

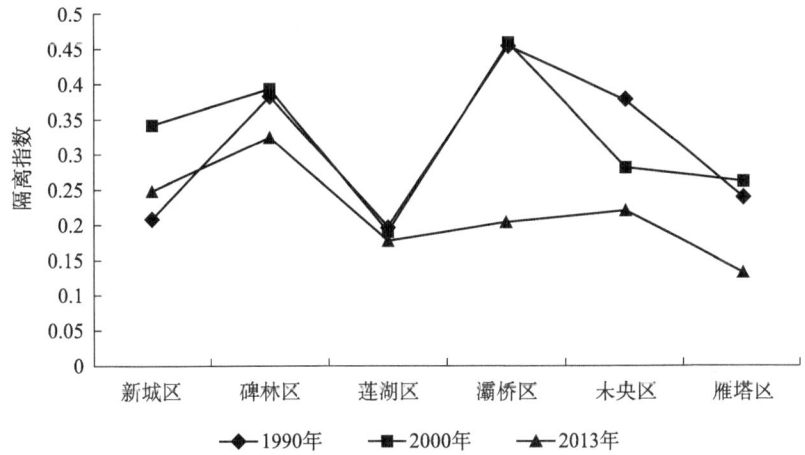

图 3-8　西安市各城区贫困阶层的隔离指数（1990 年、2000 年、2013 年）

从隔离指数的计算结果可以看出，西安城市各社会阶层的居住隔离程度差异较大，部分区域表现出明显的贫困阶层聚居现象。但这只是从大尺度上分析贫困阶层聚居的空间分布状况，并不能反映出各街道贫困阶层聚居的特征，本节将继续使用贫困熵对各街道贫困阶层聚居的空间分布特征作进一步分析。

通过式（3-2），计算六城区 53 个街道的贫困熵，把贫困熵大于 1.2 的街道界定为贫困阶层聚居的街道，利用贫困熵分析贫困阶层聚居的空间特点和聚集特性，计算结果见表3-6。

表3-6 西安市各街道的贫困熵（1990～2013年）

街道	1990年	2000年	2013年	街道	1990年	2000年	2013年
谭家	1.92	0.81	1.47	小寨	0.83	0.37	0.67
张家堡	0.92	1.55	0.92	西关	0.94	0.87	0.66
辛家庙	0.37	1.28	1.03	张家村	0.82	0.92	0.71
大明宫	0.71	1.47	0.85	南院门	1.17	0.71	0.98
未央宫	0.65	0.99	1.05	柏树林	0.96	1.47	1.88
三桥	0.61	1.17	1.53	长乐坊	0.31	0.95	0.72
十里铺	1.35	1.17	1.61	东关南街	0.75	0.99	0.19
自强路	1.45	0.79	0.87	太乙路	0.96	1.22	1.61
北关	1.13	1.08	0.79	文艺路	0.26	0.80	0.55
太华路	0.19	0.58	0.79	六村堡	0.84	1.49	1.42
红庙坡	1.05	1.23	1.29	徐家湾	2.45	2.24	1.71
胡家庙	1.06	1.61	0.13	新筑	1.79	0.96	0.50
枣园	1.73	0.93	0.71	新合	2.41	1.84	2.33
桃园路	1.23	0.89	0.81	洪庆	1.89	1.44	1.71
长乐西路	1.83	1.11	0.38	席王	0.97	1.07	2.10
长乐中路	1.04	1.08	0.79	纺织城	1.02	1.40	1.27
解放门	1.92	1.17	2.68	红旗	0.58	0.15	0.80
青年路	0.30	1.07	1.67	狄寨	1.37	0.70	1.02
环城西路	0.58	1.32	0.80	等驾坡	0.56	0.85	0.78
西一路	1.30	0.99	0.52	曲江	0.85	0.98	0.83
中山门	0.74	1.70	0.26	长延堡	1.05	0.70	0.82
北院门	0.61	0.75	1.02	电子城	1.10	0.84	1.17
长安路	0.64	0.28	0.76	丈八沟	0.69	0.69	1.25
土门	0.91	0.77	0.38	灞桥	2.04	0.71	1.03
韩森寨	0.80	0.76	0.56	汉城	0.50	1.22	0.56
鱼化寨	0.96	0.54	0.54	草滩	1.70	1.52	2.22
大雁塔	0.61	1.33	0.73				

从各街道贫困熵的计算结果可以看出，1990年、2000年和2013年贫困阶层集聚的街道（贫困熵大于1.2）数量变化不大，分别为15个、17个和16个，

但贫困阶层聚居的空间分布和聚集程度有较大变化。

从图 3-9 可以看出，1990 年西安市的东北部和北城墙附近形成了两个较为明显的贫困阶层聚集区域。依据贫困熵的计算结果，1990 年研究区域内共有 15 个街道的贫困熵大于或等于 1.2，主要分布在草滩、徐家湾、新合至灞桥等街道一带的城市边缘区域。这些区域由于尚未纳入城市发展范围，居民的经济来源大多来自农事活动，收入较低，贫困发生率高，成为贫困阶层聚居区。尤其是灞桥、新合和徐家湾 3 个街道，贫困熵都超过 2.0。同时，城市中心地区的解放门、西一路和自强路等街道一带也成为贫困阶层聚集区域。这一区域由于交通条件的优越性，吸引了大量的外来流动人口，但这些进城务工人员大多收入较低，因此成为贫困人口聚居区。

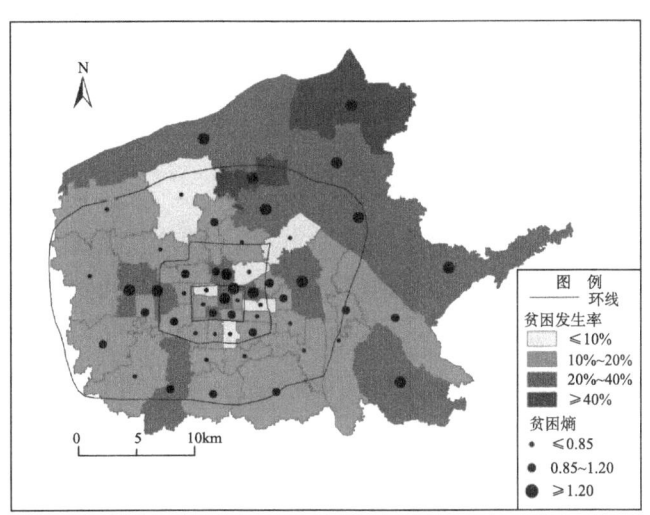

图 3-9　1990 年西安城市贫困阶层聚居的空间格局

从图 3-10 可以发现，2000 年西安市从城市中心到外围区域都分布着大量的贫困人口，贫困阶层聚居的街道镶嵌于整个城市区域，如城市中心的中山门街道，城市郊区的徐家湾街道和城市边缘的新合街道，这 3 个街道不仅贫困熵都大于 1.2，贫困发生率也都大于 40%，贫困阶层的集聚相当明显。从贫困发生率和贫困熵的计算结果可以看出，2000 年西安市的贫困发生率比较高，有 37 个街道的贫困发生率超过 20%，贫困熵大于 1.2 的街道也达到 17 个，它们镶嵌于整个城市区域。这主要是随着产业结构调整和社会结构转型的进一步深化，出现了大量的下岗失业人员，尤其是二、三环之间的工人居住区，因下岗失业人员和离退休人员的不断聚集，逐渐成为贫困阶层聚集区。城市北部地区则受城市发展重心向南部转移的影响，发展相对缓慢，贫困趋势加剧。

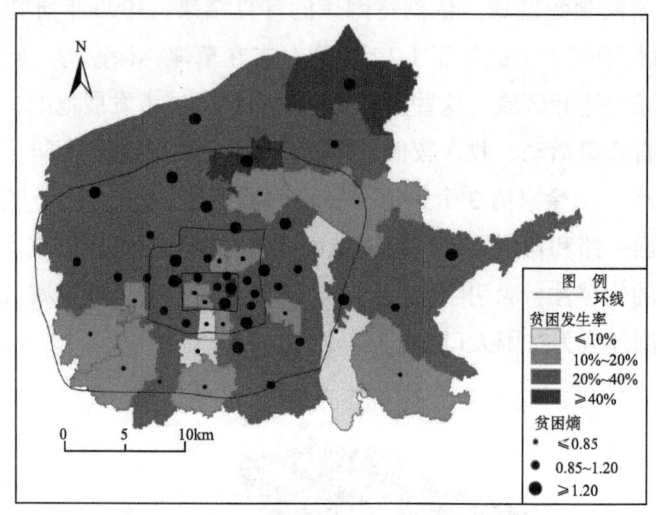

图 3-10　2000 年西安贫困阶层聚居的空间格局

从图 3-11 可以看出，2013 年西安城市贫困阶层聚居的街道主要分布在三环和三环线外，出现了向城市外围地区发展的趋势。从贫困发生率和贫困熵的计算结果可以看出，2013 年西安市的贫困发生率相比前两个年份有了显著的下降，整个城区的贫困发生率从 2000 年的 24.33% 下降到 13.33%，但贫困熵并

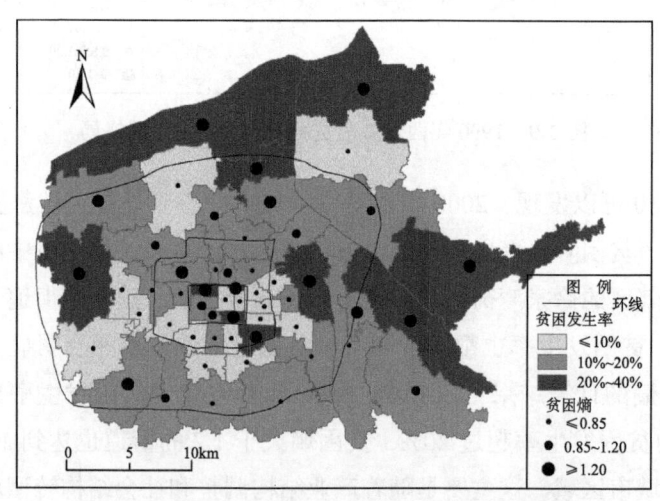

图 3-11　2013 年西安城市贫困阶层聚居的空间格局

没有表现出与贫困发生率相同的变化趋势，贫困熵大于 1.2 的街道仍高达 16 个。城市中心地区由于优越的地理位置和快速发展的经济，贫困发生率不断下降，贫困熵也随之降低，二环以内贫困熵大于 1.2 的街道只有 5 个，贫困阶层聚居的街道主要分布在城市外围地区，尤其是席王、草滩和新合 3 个街道，虽然贫困发生率并没有超过 40%，但贫困熵都大于 2.0。随着市政府的北迁，城市北部地区的贫困状况有了明显好转，贫困熵也随之降低，贫困阶层聚居的趋势减缓。

三、西安城市贫困阶层聚居的贫困集聚度分析

前面通过隔离指数和贫困熵分别从城区角度和街道尺度分析了西安城市居民的居住分异程度和贫困阶层聚居的时空演化趋势，但这些指数的计算主要是分析单个街道贫困阶层聚居的集中程度和空间分布，没有考虑相邻街道的情况。本部分在前面研究的基础上，通过空间自相关分析，进一步考察各街道城市贫困阶层聚居的空间集聚程度。同时，利用 FGT 指数及相应的贫困熵，从贫困阶层聚居内部不同社会群体的角度更全面地展开分析。

（一）西安城市贫困阶层聚居的空间集聚度演化

为了考察贫困阶层聚居的空间聚集度，这里使用贫困熵的变异系数分析贫困阶层聚居的相对空间差异程度。从表 3-7 可以看出，西安市三个年份的贫困熵变异系数变化较大，2000 年，虽然整个城市贫困发生率最高，贫困阶层聚居的街道数量也最多，但贫困熵的最大值和最小值之间差值最小，贫困熵的变异系数也最小，只有 14.47，表明贫困阶层聚居的相对空间差异程度较小。2013 年则相反，虽然整个城市的贫困发生率和贫困熵都减小至最小，但贫困熵的最大值和最小值之间的差值达到最大，贫困熵的变异系数也最大，表明贫困阶层聚居的相对空间差异程度较大。

表 3-7　西安市各街道贫困熵指标（1990～2013 年）

年份	各街道平均值	最大值	最小值	变异系数
1990	1.05	2.45	0.19	27.16
2000	1.05	2.24	0.15	14.47
2013	1.03	2.68	0.13	29.63

从图 3-12 可以看出，1990 年出现了 5 个"高 – 高"关联区域，即 5 个贫困阶层高度集聚的聚居区，分别是城市北部地区的草滩、新合、新筑、徐家湾和谭家街道。这些街道因为远离城市中心地区，在 20 世纪 90 年代尚未纳入城市发展范围，社会经济发展缓慢，农民收入较低，因此不仅贫困发生率高，贫困熵指数也较高（例如，新合街道和徐家湾街道不仅贫困熵都大于 2.0，贫困发生率甚至都超过 40%），而空间自相关分析的特性使得这种分析方法同时考虑到相邻街道的贫困阶层集聚状况，因此，这 5 个贫困阶层聚居街道有着很高的贫困空间集聚度，成为显著的贫困阶层集聚区。

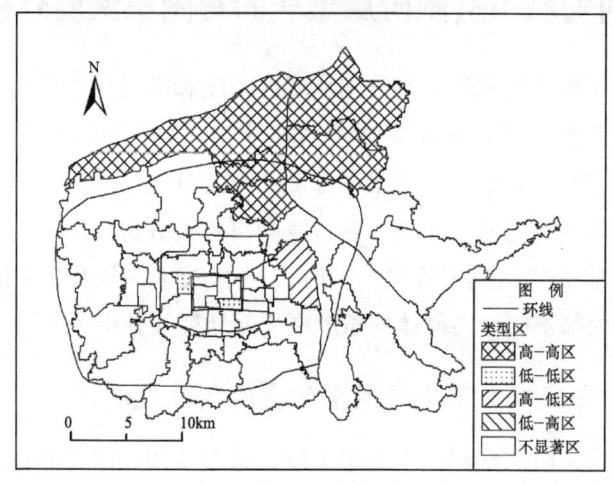

图 3-12　1990 年西安市各街道贫困阶层聚居的空间集聚度

从图 3-13 可以看出，2000 年虽然整个城市贫困发生率最高，贫困阶层聚居的街道数量也最多，但贫困熵的最大值和最小值之间差值在减小，贫困熵的变异系数最小，贫困阶层聚居的相对空间差异程度变小，所以贫困阶层高度集聚的街道相对 1990 年减少至 3 个，分别是城市北部地区的草滩街道、汉城街道和张家堡街道，这些街道也因聚集了大量贫困阶层而成为集聚度很高的贫困阶层聚居街道。

从图 3-14 可以看出，虽然 2013 年西安城市贫困发生率和贫困熵都减小至 3 个年份最小，但贫困熵的变异系数最大，贫困阶层聚居的相对空间差异程度增大。因此，仍有 3 个贫困阶层高度集聚的街道，分别是城市北部边缘地区的草滩街道和新合街道，城市中心地区的解放门街道。相比较于前两个年份，2013 年贫困阶层高度集聚街道的空间格局有了较大的变化，它们不再只是集中分布于城市北部地区，城市中心区域开始出现集聚度很高的贫困阶层聚居街道。这是因为在社会经济和城市化快速发展过程中，城市中心地区因便捷的交通吸引了大量外来务工人员，但这些外来务工人员大多收入较低，成为贫困阶层，加上部分街道在城市的改造中未能得到及时有效的更新，因此成为贫困阶层高度集聚街道。例如，解放门街道，其贫困发生率和贫困熵都是所有街道中最高的，分别达到 35.71% 和 2.68%。

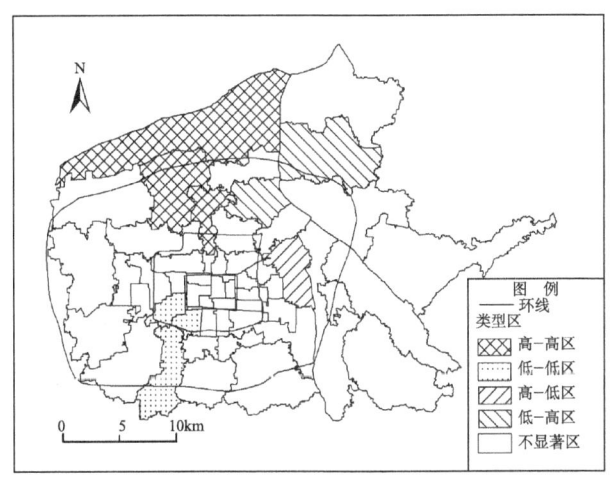

图 3-13　2000 年西安各街道贫困阶层聚居的空间集聚度

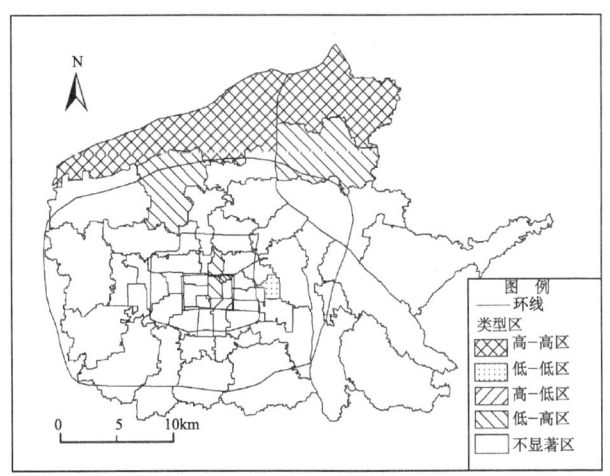

图 3-14　2013 年西安各街道贫困阶层聚居的空间集聚度

综上所述，从贫困熵指标和空间自相关分析得出，1990～2013 年西安市贫困阶层高度集聚街道的数量在不断减少，但贫困空间的集聚度并未减轻；城市贫困阶层高度集聚街道的空间格局在不断变化，正经历着"外围区位—外围和中心区位"的变迁。

（二）西安城市贫困阶层聚居区内不同社会群体的贫困集聚度

从性别上分析，城市贫困阶层聚居中的女性不管是贫困发生率还是贫困深度与强度指数，都比男性高出许多（表3-8）。女性在城市中受职业类型、工作岗位和生理特征等因素影响，比男性更容易陷入贫困境地，成为"弱势群体"，因此，女性的贫困集聚度也相应地比男性高。

表3-8　西安市不同性别人群的贫困测度及其集聚度

性别	占总数比例 /%	FGT 指数			LQ_0	LQ_1	LQ_2
		P_0	$P_1 \times 100$	$P_2 \times 100$			
男性	60.00	15.5	8.80	6.97	0.82	0.79	0.76
女性	40.00	23.9	14.77	12.33	1.27	1.32	1.35

注：P_0 表示贫困发生率；P_1 表示贫困深度；P_2 表示贫困强度；LQ_0 表示贫困发生率的区位熵；LQ_1 表示贫困深度的区位熵；LQ_2 表示贫困强度的区位熵

从户籍角度把西安城市居民划分为在职城市居民、非在职城市居民和异地居民三大类（表3-9）。从贫困发生率、贫困深度和贫困强度上看，城市贫困阶层聚居中的非在职城市居民明显是三类人群中最贫困的，他们大多是城市下岗失业人员或离退休人员，没有稳定的经济来源，有些甚至没有固定的住所，贫困集聚度极高。而外来流动人口并没有成为人们通常所认为的城市中最贫困的人口，主要是他们在城市中积极参与各项经济活动，愿意从事城市居民所不愿从事的"脏、累、差"职业，虽然薪资报酬比较低，但可以有效缓解他们的贫困程度，因此，他们的贫困集聚度并没有预想中那么高。

表3-9　西安市不同户籍人群的贫困测度及其集聚度

户籍	占总数比例 /%	FGT 指数			LQ_0	LQ_1	LQ_2
		P_0	$P_1 \times 100$	$P_2 \times 100$			
在职城市居民	47.33	12.50	6.82	5.32	0.67	0.63	0.60
非在职城市居民	20.85	35.13	21.05	17.29	1.89	1.93	1.96
异地居民	31.83	16.81	10.34	8.53	0.90	0.95	0.97

注：P_0 表示贫困发生率；P_1 表示贫困深度；P_2 表示贫困强度；LQ_0 表示贫困发生率的区位熵；LQ_1 表示贫困深度的区位熵；LQ_2 表示贫困强度的区位熵

从年龄上看，不同年龄组人群的贫困集聚度呈"沙漏状"分布（表3-10）。城市贫困阶层聚居中，25岁以下的人群由于刚毕业参加工作，缺少社会实践和工作技能，工资收入低且来源单一，因此贫困发生率、贫困深度和贫困强度都相当高，大多数人只能蜗居在狭小的出租房里，居住环境差，贫困集聚度高。而56岁以上的人群很多是国有和集体企业改革中的下岗失业人员或离退休人员，他们由于年龄较大，掌握的工作技能单一，下岗失业后难以再就业，没有稳定的收入来源，贫困集聚度也比较高。中间年龄段的人群则因积累了一定的工作经验，且经济活动上也更为积极，所以贫困发生率低，贫困集聚度也低。

表3-10　西安市不同年龄组人群的贫困测度及其集聚度

年龄	占总数比例/%	FGT指数			LQ_0	LQ_1	LQ_2
		P_0	$P_1 \times 100$	$P_2 \times 100$			
25岁以下	12.11	30.23	24.42	23.21	1.60	2.18	2.55
26～35岁	22.54	5.00	3.39	2.71	0.26	0.30	0.30
36～45岁	25.63	11.00	6.95	6.05	0.58	0.62	0.66
46～55岁	20.00	22.54	9.78	6.30	1.19	0.87	0.69
56～65岁	12.39	31.82	18.44	14.50	1.69	1.65	1.59
65岁以上	7.32	38.46	19.70	14.80	2.04	1.76	1.62

注：P_0表示贫困发生率；P_1表示贫困深度；P_2表示贫困强度；LQ_0表示贫困发生率的区位熵；LQ_1表示贫困深度的区位熵；LQ_2表示贫困强度的区位熵

在受教育程度上，贫困集聚度与受教育程度表现出完全的负相关（表3-11）。受教育程度越高，居民的贫困发生率、贫困深度和贫困强度越低，贫困集聚度也越低。城市贫困阶层聚居中，小学及以下文化水平的人群具有最高的贫困发生率，是初中文化水平人群的2倍多，贫困聚集度也相应地比他们高出2倍多。大学及以上文化水平人群的贫困发生率最低，因此，在贫困空间上集聚的可能性较小，贫困集聚度很低。

表3-11　西安市不同受教育程度人群的贫困测度及其集聚度

受教育程度	占总数比例/%	FGT指数			LQ_0	LQ_1	LQ_2
		P_0	$P_1 \times 100$	$P_2 \times 100$			
小学及以下	14.93	39.62	21.70	16.37	2.10	1.94	1.80
初中	33.52	19.33	9.42	7.05	1.02	0.84	0.77
高中	27.89	13.13	8.08	6.73	0.70	0.72	0.74
大学及以上	23.66	10.10	7.73	6.28	0.54	0.66	0.53

注：P_0表示贫困发生率；P_1表示贫困深度；P_2表示贫困强度；LQ_0表示贫困发生率的区位熵；LQ_1表示贫困深度的区位熵；LQ_2表示贫困强度的区位熵

从职业结构上看，城市贫困阶层聚居中从事农业的人群由于农业收入低，受气候和市场等因素影响大，收入来源不稳定，贫困发生率、贫困深度和贫困强度都很高，在贫困空间上容易集聚，具有相当高的贫困集聚度。从事批发零售业的人群由于技术成本低，投资收益小，贫困发生率较高，贫困集聚度也较高；从事公共服务业的人群则因入职门槛低，技术水平要求低，薪资报酬也相对较低，因此，在城市贫困阶层聚居中也具有较高的贫困集聚度，见表 3-12。

表 3-12 西安市不同职业结构人群的贫困测度及其集聚度

职业结构	占总数比例 /%	FGT 指数			LQ_0	LQ_1	LQ_2
		P_0	$P_1 \times 100$	$P_2 \times 100$			
农业	7.39	47.37	30.42	25.11	4.20	5.22	5.64
制造建筑业	20.23	7.70	3.76	3.10	0.68	0.64	0.70
企事业单位	19.07	14.08	2.92	2.42	0.36	0.50	0.54
批发零售业	21.40	12.73	4.60	1.95	1.13	0.79	0.44
商务服务业	10.51	3.70	3.14	2.67	0.33	0.54	0.60
公共服务业	21.40	10.91	4.44	3.77	0.97	0.76	0.85

注：P_0 表示贫困发生率；P_1 表示贫困深度；P_2 表示贫困强度；LQ_0 表示贫困发生率的区位熵；LQ_1 表示贫困深度的区位熵；LQ_2 表示贫困强度的区位熵

在住房来源上，在城市贫困阶层聚居中自购住房人群的贫困发生率和贫困集聚度都是最低的，其次是租赁住房人群，再次是单位住房人群。而其他住房来源的人群，不仅贫困发生率、贫困深度和贫困强度最高，贫困集聚度也最高（表 3-13）。住房作为居民生活的重要组成部分，极大地影响了居民的生活水平，有能力自行购买房屋的人群一般贫困发生率较低；居住在单位分配的住房中的人群，虽然有住房，但这些住房大多是早期为配套工业发展而兴建的，建筑样式单一，生活配套设施缺乏，加上建设年代久远，建筑破损严重，居民的居住环境恶劣，而且居住在这些住房中的居民大多年龄偏大，有些甚至是下岗失业人员，因此贫困发生率较高，贫困集聚度也相对较高；住房来源为其他的人群，他们的房屋或为农村自建住房和继承祖产房，或为工地搭建的简易房等，他们的收入一般比较低，贫困发生率高，贫困集聚度也高。

表 3-13　西安市不同住房来源人群的贫困测度及其集聚度

住房来源	占总数比例 /%	FGT 指数			LQ_0	LQ_1	LQ_2
		P_0	$P_1 \times 100$	$P_2 \times 100$			
自购住房	21.41	6.58	5.00	4.30	0.35	0.45	0.47
租赁住房	35.77	16.54	9.44	7.40	0.88	0.84	0.81
单位住房	13.80	16.33	13.08	11.72	0.87	1.17	1.29
其他	29.01	32.04	17.03	13.55	1.70	1.52	1.49

注：P_0 表示贫困发生率；P_1 表示贫困深度；P_2 表示贫困强度；LQ_0 表示贫困发生率的区位熵；LQ_1 表示贫困深度的区位熵；LQ_2 表示贫困强度的区位熵

四、西安城市贫困阶层聚居形态与典型案例

从城市阶层分异的角度来看，一般而言，不同阶层居住的地理区域、社区品质、住房数量等方面各不相同，并自然形成一定的隔离。从西安城市贫困阶层聚居的空间分布可以看出，贫困阶层聚居主要分布于城市中心区内尚未更新改造的旧区和城市边缘区域，呈"马赛克"式镶嵌于整个城市，并未表现出明显的集中趋势。在对西安城市贫困阶层聚居的范围、空间分布及贫困集聚度进行分析之后，挑选典型街道作为案例进行实证分析。

（一）外来流动人口集聚区

第六次全国人口普查数据显示，西安市流入人口为 126.02 万人，比第五次全国人口普查增加 76.53 万人。这些流入人口大多文化程度较低，以初高中文化水平为主，且他们从事的职业主要为商业、服务业和交通运输业等。同时，从外来流动人口聚居区域的聚集特征上看，呈现出小区域居住单元上的聚集，即在街道一级的聚集程度高于行政区一级。因此，外来流动人口在空间上容易表现为在街道甚至更小的居住单元上形成集聚区。

由于文化水平低，缺乏必要的工作技能，外来流动人口大多从事批发零售业、公共服务业或交通运输业等低收入职业，外来贫困流动人口聚集区域也因此大多是商贸集散地。这类区域一般位于城市交通要道，如火车站、汽车站或地铁口附近，或分布于城市边缘的城中村，通过便利的交通或低廉的生活成本，汇聚了大量的人流、物流，使这类集聚区成为目前分布范围最广、集聚贫困人口最多的地区。随着大量贫困流动人口的集聚，这类区域的私房出租行情

见涨，在利益的驱使下，当地居民不断在自家宅基地上私建出租房或在原有住房的基础上私自加高楼层，并开始侵占周边的道路、水面及公共空间，造成环境卫生恶化、交通空间变窄、消防应急通道受堵，加上人员成分复杂、人口流动性强，区域管理难度大，使这一区域成为"黄、赌、毒"的滋生地。同时，这类区域由于地理位置优越、交通便捷、地价高，但居住群体经济收入低下，住房购买能力较差，因此这类区域的更新改造相对比较滞后，这使得生活在这类区域的贫困流动人口的居住环境短期内难以改善。

实证案例：解放门街道。

解放门街道位于新城区境内中部偏西，跨越西安城墙东北角，形成城内、城外两个片区。城内：东依东城墙，西至尚德路，南至东、西六路。城外：东起太华路立交桥，西至北城门东盘道，北连陇海铁路线。解放门街道总面积0.774km^2，人口31 684人。1934年年底，陇海线通车西安，火车站在该街道内落成，凿通城墙，修建"中正门"，商业开始兴起。抗日战争时期人口骤增，商业迅速发展，商店、旅社相间，商贩云集，成为西安的主要商业区之一。新中国成立后，商业、饮食业持续发展，经济迅速增长，1991年工业、商业、建筑业总产值超过1亿元，成为陕西省第一个过亿元的街道，被誉为西安街道经济的一颗明星。

随着市场经济体制的改革和户籍制度的松动，交通便捷的解放门街道吸引了大量省内和周边省份外来流动人口入住，在实地调研中发现，有41.35%的贫困人口属于外来流动人口。这一集聚区内有43.27%的贫困人口租住在当地居民出租的私房内，而这些租房大多是当地居民为追逐房屋出租利益而私自搭建或扩建的，一般为3～4层的小平房，户型设计面积狭小，建筑面积在35～65m^2，大多没有独立卫生间和厨房。租住在这一区域的外来贫困流动人口的人均居住房面积只有17.09m^2，其中人均居住面积10m^{2}以下的贫困住户占到了42.22%。有21.15%的贫困人口的住房大多只有一个卧室，没有独立卫生间和厨房，也没有彩电、冰箱、洗衣机和空调等家用设备，有客厅的住房也几乎是由几个人合租一套房所共用。这些集聚区内建筑密度高，通风条件差，道路被居民的房屋所侵占，机动车、非机动车及行人混行，交通秩序混乱；医疗、公安和环卫处等公共服务和管理设施缺乏，更没有健身场所、娱乐场所及公共绿地空间，因此，居住环境比较恶劣。同时，从实地调研的实证分析结果来看，解放门街道外来贫困流动人口中有近70%只有初中以下文化水平，缺乏必要的工作技能，因此，这些人口有48.07%从事公共服务业，或个体小本经营（如批发零售），或是自由职业和无业。

从三个年份的贫困发生率和贫困熵的分析结果看（表3-14），解放门街道的贫困发生率和贫困熵一直都比较大，尤其是2013年，贫困发生率和贫困熵分别达到35.71%和2.68。综上所述，解放门街道是典型的以外来贫困流动人口集聚为主的贫困阶层聚居区。

表3-14 西安市解放门街道的贫困特征（1990～2013年）

贫困特征	1990年	2000年	2013年
贫困发生率/%	35.71	28.57	35.71
贫困熵	1.92	1.17	2.68

（二）退化的国有企业工业区

作为我国重要的老工业基地之一，西安城市工业的发展有其特殊的历史背景。20世纪30年代，陇海线的修建极大地促进了西安工业的发展。"一五"期间，西安市被确定为重点工业化建设城市之一，建成了包括纺织、电力、化工、机械等方面的大批国有企业，基本形成了东部纺织城，西部电工城的工业格局。此后大批工业企业也相继在城市东部和西部落地。但20世纪90年代后，西安城市工业布局发生了重大变革，城东、城西工业区逐渐萎缩，城市向南、北方向扩展。同时，受体制转轨和经济转型的影响，城东原有的国有企业工业区出现了大量的下岗、离退休工人，城市东郊成为退化的国有企业工业区的贫困阶层主要聚居的代表。

这一类型区的贫困阶层主要来自于当地及周边国有企业、工厂的下岗和离退休工人及部分在岗低收入的本地居民，人口老龄化严重，且这些居民工作技能单一，下岗后难以再就业，重新走上就业岗位的也是以公共服务业、低成本的批发零售业等为主的低收入职业，经济拮据，生活水平比较低。由于这一区域属于国有企业、工厂区，它们在建设之初就配有相应的居住区，但这些居住区建筑年代比较长，大多为20世纪七八十年代，甚至有些还是五六十年代的建筑，具有鲜明的工业时代特征。居住区按照当时的规划统一进行整体布局，建筑风格整齐划一，形式单一简洁，建筑密度较高，人均居住面积狭小，室内基础设施不完善，缺乏必需的生活和卫生设备，由于年久失修，有些建筑破损严重，防雨、防潮、隔音、隔热效果较差，房屋与房屋之间电力线路和生活设施用线交织密布。这一区域，由于建筑密度和人口密度大，居民居住时间长，区位优势并不突出，拆迁安置难度大，更新改造的过程也比较缓慢。

实证案例：纺织城街道。

纺织城街道位于西安市东郊，距离西安市中心12km。东部紧邻白鹿塬，西靠浐河，北部为陇海线，南边与红旗街道相接，面积约5km^2，人口9.2435万人（第六次全国人口普查）。纺织城最早建于1953年，经过几十年的发展逐步建成西安第一印刷厂和西北国营第三棉纺织厂、西北国营第四棉纺织厂、西北国营第五棉纺织厂、西北国营第六棉纺织厂等纺织企业，曾被誉为西安的"小香港"。随着高新技术在纺织产业的应用、高新产业的兴起及全国纺织行业的不景气，西安纺织产业发展进入瓶颈期，企业经营陷入困境，纺织城已成为目前西安城市贫困人口大量集中、基础设施相对落后、经济发展较为滞后的区域（丁晓杰，2009）。

这一地区的人口密度大，人口老龄化现象十分严重。在实地调查中发现，贫困人口中78.38%的人口年龄在46岁以上，其中61岁以上的贫困居民占人口总数的35.13%，社会抚养和赡养系数大。随着经济社会的转轨和转型，国有、集体企业和工厂的职工下岗、失业，其中离退休人员高达2万余人，下岗、待岗、失业和无业人员超过1万人，加上残疾人员近300人，重大疾病患者约150人，国有、集体企业在快速重组改制和关、停、并、转过程中，职工的分流安置的任务繁重，部分困难企业和困难群体的就业问题十分突出。

这一区域的住房大多为配套企业生产所建，建筑布局经过统一规划，建筑形式单一简洁，建筑密度较大。居民住房来源为单位分发或购自单位，属于拥有产权的单位制住房，人均居住面积较小，27.02%的居民居住在只有一间卧室的小房间内，没有客厅，室内基本的生活设备和卫生设施缺乏。同时，有些建筑由于建设年代久远，缺乏修缮，建筑外观破败，其中20世纪50～80年代修建的建筑占总建筑的32.09%。居民为扩大居住面积在原有建筑的基础上随意加盖棚屋，街区道路针对静态交通方面缺少考虑，居民多采用路边停车，道路通行效率低，交通拥堵，缺乏绿化，公共空间被私自侵占，生活服务设施不足，这些都对居住环境造成了很大影响，近70%的居民对社区居住环境不太满意。从三个年份的贫困发生率和贫困熵的分析结果看（表3-15），纺织城街道的贫困发生率和贫困熵一直都比较大，属于典型的贫困阶层聚居区。

表 3-15 西安市纺织城街道的贫困特征（1990～2013 年）

贫困特征	1990 年	2000 年	2013 年
贫困发生率 /%	18.87	33.96	16.98
贫困熵	1.02	1.40	1.27

（三）城市失地农民聚居区

随着经济社会的持续增长和城市建设的快速推进，西安城市化水平不断提高，尤其是 20 世纪 90 年代以后，大量农村地域被纳入城市建成区范围，成为城市发展的重要组成部分。这些纳入城市建成区范围的村庄的农业用地被大量占用，许多农民失去了赖以生存的土地，无法获得可靠的经济来源，成为"失地农民"。虽然户籍属性转变为城市户口，但失地农民的生活特征并没有立即改变。失去赖以生存的土地之后，大多数农民丧失了稳定的生活来源，面临着失业的危险，从而成为城市中的贫困阶层。从其空间格局上看，这些区域大致分布在城市三环以外的城市边缘地带。

失地农民大多文化水平较低，思想落后、观念保守，工作技能缺乏。在失去土地之前，大多数农民从事与农业相关的农事活动，但失去土地之后，他们只能以出租房屋或从事环卫、保洁、低成本批发零售等低收入职业以获取基本生存资本。由于过度依赖房屋出租，失地农民的家庭收入 60% 是依靠村集体土地租赁分配或个人的私房出租，甚至部分失地农民的家庭收入 100% 是靠这些所得。

城镇化过程中，失去农用地的村庄无具体规划，村内房屋建设长期处于无序状态，违法建设、违法用地现象十分严重，违章建筑随处可见，建筑密度过大，存在严重的安全隐患。另外，部分村民为追求房屋出租的经济利益，自行对自己的宅基地进行拔高增层，把原有的一二层小平房违法改造成四五层甚至六七层的小高楼，对房屋的抗震、防潮、隔音、采光和通风等问题缺乏考虑。在这种肆意的占用土地和违规建设中，"握手楼""接吻楼""一线天"随处可见，密集的房屋致使建筑之间电线随意安接，杂乱无章，密如蛛网。村内道路狭窄弯曲，交通拥挤，消防车、救护车难以进入，居民的生命财产安全很难得到保障。加上城市管理难以约束这些区域，而城市更新改造又不易进入，城市的道路交通、医疗教育、健身娱乐等公共配套设施的不完善，使这一区域成为中心城市周边的"社会-经济塌陷带"（刘军民和黄惠，2005）。

实证案例：新合街道。

新合街道地处西安市东部，北与高陵泾河开发区隔河相望，东与临潼新区相临，西与市政府新区相通，南与西安国际港务区、浐灞生态区相连，总面积 50.87km^2，人口 4.5 万人。新合街道辖区之前一直属于农村地区，随着西安城镇化的快速推进和城市的不断向外扩展，2004 年正式撤镇改设街道。此过程中，新合街道的农村用地被大量征收成为城市用地，农民丧失赖以生存的土地之后，由于缺少必要的工作技能，大多面临失业的危险。

在实地调研中发现，新合街道居民文化水平普遍比较低，50% 的居民的受教育程度只有初中以下水平，大学以上文化水平的极少。文化水平的低下致使他们思想落后、观念保守，工作技能缺乏。在失去土地之前，他们主要从事农业生产；失去土地后，从事批发零售业、公共服务业或制造建筑业等较低收入的职业，有 43.23% 的居民的收入则直接来自于房屋租赁，收入方式单一，来源不稳，加上缺少职业培训或再就业培训的意向，很多人陷入贫困境地，成为城市贫困阶层。

在征地过程中，他们几乎都留有自己的居住用地，所以相对其他城市贫困阶层而言，他们的人均居住面积较大，室内居住环境较好。但由于村集体缺乏管理，违法建设现象严重，村民为了自身经济利益，不断在自家的宅基地上修建出租房或在原有建筑上拔高增层，致使村内建筑物拥挤、杂乱，道路狭窄零乱，绿化缺失，公共配套服务设施缺乏，居住环境不断恶化。从三个年份的贫困发生率和贫困熵的分析结果看（表 3-16），新合街道的贫困发生率一直都比较高，贫困熵有几个年份甚至超过 2.0，属于典型的以城市失地农民为主的贫困阶层聚居区。

表 3-16　西安市新合街道的贫困特征（1990~2013 年）

贫困特征	1990 年	2000 年	2013 年
贫困发生率 /%	44.83	44.83	31.03
贫困熵	2.41	1.84	2.33

在对以上三种城市贫困阶层聚居形态与典型案例分析的基础上，对其区位分布、人居环境、服务管理及聚居人群的特征进行总结，见表 3-17。

表 3-17　城市贫困阶层聚居形态特征

聚居形态	特征比较			
	区位分布	人居环境	服务管理	聚居人群
外来流动人口集聚区（案例：解放门街道）	城市交通要道，如火车站、汽车站或地铁口附近，或城市边缘的城中村	人均居住面积小，建筑密度高，室内基础设施不完善，交通秩序混乱；公共服务和管理设施缺乏，环境绿化差	组织松散，难以实行有效的管理	省内和周边省外来流动人口，居民成分复杂，流动性强，缺乏城市认同感
退化的国有企业工业区（案例：纺织城街道）	城市东郊和西郊的老工业区	建筑风格整齐划一，形式单一简洁，建筑密度较高，人均居住面积狭小，室内基础设施不完善，有些建筑破损严重	居委会、物业公司负责日常管理	本地企业或工厂工人，人口老龄化严重，居住时间长，流动性弱
城市失地农民聚居区（案例：新合街道）	原属农村地区的城市三环以外的边缘地带	建筑密度大，违章建筑林立，建筑之间电线随意安接，密如蛛网，杂乱无章，村内道路狭窄弯曲，交通拥挤，环境卫生等公共配套设施缺乏	村集体机构负责日常管理，但管理和服务滞后	城市失地农民，部分外来流动人口

五、西安城市贫困阶层聚居的发展趋势

综合西安城市贫困阶层聚居的空间分布和贫困阶层聚居的贫困空间集聚度分析，可以发现，由于城市发展速度相较于我国东部地区来说相对缓慢，西安城市贫困阶层聚居还处于早期阶段，城市贫困阶层聚居正经历着"外围区位—外围和中心区位"的变迁，形成了"集中—分散"的分布演变过程。是否西安也会像其他城市一样经历"集中—分散—再集中"的过程？下面将从城市空间分布和不同聚居形态内贫困阶层聚居发展趋势进行探讨。

（一）贫困阶层聚居的空间取向

综合贫困发生率、贫困熵和贫困聚居集聚度的分析结果可以看出，1990～2000年西安城市贫困阶层聚居区主要分布在城市北部三环及三环外的边缘地区，城市内部贫困聚集度较低，没有出现明显的贫困聚居街道。随着城市社会经济的快速发展、体制转轨、社会转型的进一步推进及外来流动人口向城市中心的不断涌入，2000～2013年部分城市中心地区开始聚集大量的贫困

人口，形成贫困阶层聚居区（图3-15）。

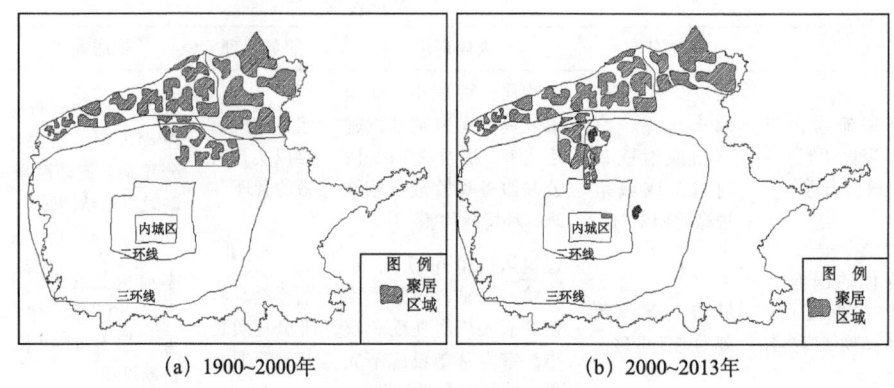

(a) 1900~2000年　　　　　　(b) 2000~2013年

图 3-15　西安城市贫困阶层聚居的空间演变（1990～2013年）

在社区实地调查和深入访谈中发现，贫困阶层在聚居区内自由楔入、见缝插针、无序生长，在街道内部呈一定的空间集聚，并不是"摊大饼"式遍布于整个街道。在未来较长的时间内，西安城市贫困阶层的聚居在空间上仍表现出一种"外围和中心区位的"镶嵌式发展格局。

城市边缘的草滩、新合、新筑等街道虽然贫困发生率比20世纪90年代有了一定程度的缓解，但因距离城市中心较远，城市扩张政策所带来的影响有限，当地居民在失去土地之后，获取的拆迁安置费用较少（例如，新合街道2011年实施的"农村安居工程"中，也只有农村"特困户"和"特需户"才能享受到政府提供的4万元建房补助）。一方面，由于缺乏工作技能，经济收入较低，收入来源不稳定，并且其教育、医疗、交通等社会设施和城市中心地区相比存在较大差距，影响了当地居民的发展能力，因此这一地区的贫困发生率仍然较高。另一方面，该地区收入较高的居民受城市中心地区社会经济条件的吸引，陆续迁移出这一地区。由于距离城市中心较远，该地区的土地租金比较低，房价也普遍偏低，贫困和低收入人口将持续流入以填补该地区的人口迁出。

城市三环线附近的纺织城、六村堡、汉城等街道则因是老工业区或历史遗址保护区，城市更新难度大，拆迁安置成本高，获利空间小而成为贫困阶层聚居区。

城市中心的解放门、柏树林等街道因便捷的交通，吸引大量的外来流动人口，但他们一般文化水平低，从事的都是收入较低的公共服务业或批发零售业，加上这一区域人员复杂、流动性强、管理难度大，使其很容易陷入贫困状态。

（二）不同贫困阶层聚居形态的空间发展趋势

通过上面分析可以看出，不同聚居形态的贫困阶层的构成主体不同，其聚居特征也存在显著差异，因此在空间上的发展趋势也各不相同，图3-16为西安城市贫困阶层聚居发展趋势。

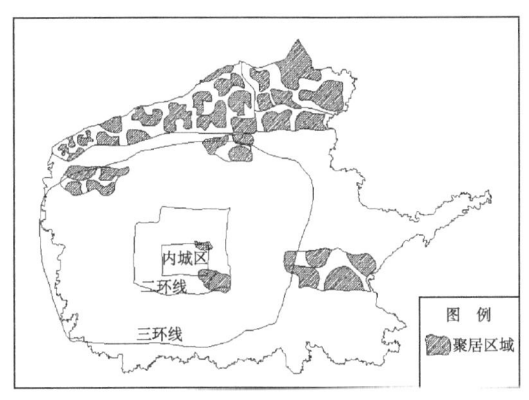

图3-16　西安城市贫困阶层聚居发展趋势

1. 外来流动人口集聚区：向新贫困空间转移

外来流动人口具有较大的流动性，他们在城市中的聚居是为了追求经济利益的最大化，即生活消费小、交通通达性高、住房租金低、血缘地缘关系近。在未来较长的时间内，这一区域的贫困阶层会继续停留在既有的贫困空间上。但随着聚居人口和空间的不断扩大，以及城市经济发展和政府政策的影响，这一区域的生活成本不断提高，住房租金增长，贫困阶层将被迫寻求相对廉价的聚居区。因此，贫困阶层未来在这些区域的聚居发展趋势将表现为向新贫困空间上转移。

2. 退化的国有企业工业区：在既有的贫困空间上加剧

退化的国有企业工业区内的贫困阶层大多拥有自己的住房，但这些住房一般都是企业或工厂分配的单位住房。由于建设年代久远，加上缺乏规划，住房的建筑高度比较低，建筑密度大，建筑老化，人均住房面积小，交通混乱，植被覆盖率低，居住环境质量差。政府要实现对这些区域的更新改造将花费巨大的经济成本。同时，这一区域的贫困居民大多年龄较大，早已习惯了这种地域环境和邻里关系而不愿离开此地。因此，贫困阶层在这些区域的聚居发展趋势将表现为在既有的贫困空间上加剧。

3. 城市失地农民聚居区：城市边缘的集中安置区和城中村

城市失地农民聚居区几乎都分布在城市远郊或城市边缘。这些区域原属于农村地区，农民都留有自己的耕地和住房用地，随着城市的发展和扩张，这些区域逐渐被纳入城市规划的范围内，农民丧失了原有的耕地，只留有宅基地，这些区域逐渐成为城中村。失地农民被迫迁移到集中安置区或留在城中村。因此，贫困阶层在这些区域的聚居发展趋势将表现为在城市边缘的集中安置区或城中村。

第四节　西安城市贫困阶层聚居的形成机制与效应

一、西安城市贫困阶层聚居的形成机制

（一）城市社会历史空间的延续

从社会学的角度分析，城市空间的发展一般具有很明显的历史连续性。城市社会空间结构和居住空间的分异与城市历史发展沿革有着密切的关系。西安城市贫困阶层的聚居并不是一蹴而就的，而是有着深刻的城市发展烙印，是城市社会历史空间的延续（赵荣，1998）。

作为世界著名的古都之一，西安市的发展历史悠久，都城的中心随着王朝的更迭而在空间上不断迁移，形成许多人口密集区域（如六村堡街道和汉城街道）。随着城市发展中心和重心的迁移，这类区域逐渐衰退。同时，在城市的更新改造过程中，由于这一区域离城市中心较远、地理区位条件有限，同时居民居住时间长、人口老龄化现象严重、建筑密度大、历史遗址保护要求高、开发难度大，这类区域很容易成为贫困阶层聚居区。

在西安城市发展中，有些新中国成立初期至改革开放前建成的老工业区也逐渐成为贫困阶层聚居区。为了发展经济、巩固国防，新中国成立后西安市大规模地进行工业建设，形成"纺织城""电工城""电子城"等工业区域，相应

建立了以单位为主的居住小区，这些区域聚集了大量人口。但伴随着经济体制的转轨和社会结构的转型，这些区域的企业、工厂由于技术落后、生产效率低下，产生了大量的下岗、离退休工人，他们工作技能单一，难以再就业，在城市的快速发展过程中，逐渐沦为贫困阶层，其聚居的原住小区也逐渐成为贫困阶层聚居区（范晨辉等，2014）。

（二）住房市场化改革

随着市场经济体制改革的全面深化，城市住房市场的商品化进程也不断推进。居民的住房不再依赖原有的单位分房，城市居民的住房行为更多地表现为个人经济行为而不是政府行为。但这种行为在社会分层的作用下加剧了城市居民在居住空间的分异。

计划经济时期，由于住房都是由单位或政府统一分配，居民的住房选择权利受限。但随着社会阶层的不断分化和住房市场化的推进，不同阶层之间居民的居住隔离现象日益凸显。下岗失业人员、低收入人员受到自身经济能力的限制，不能行使自主择居权利，继续留在原来衰退的居住小区内。这些居住小区由于年久失修，建筑破损严重，室内设施和公共服务缺乏，居住环境不断变差。有经济能力的居民相继在环境较好的地方买房而搬离这些区域，使这些区域聚集了大量的贫困人口。

在当前住房市场化改革不完善的情况下，住房建设和住房的市场运行仍受到政府的影响，不能充分发挥市场的自主调节作用（Fang et al., 2002）。政府为降低成本，吸引开发商投资建设，不仅在税收和土地政策上给予优惠，还给开发商更多自主选择投资的权利，但追求利益最大化的开发商往往会避开那些开发难度大、利润空间小的项目，致使那些亟须改善住房条件的老、旧居住小区难以得到更新改造。政府为解决城市老工业区居民、外来流动人口住房问题和城市失地农民的住房问题，也在建设廉租房、经济适用房及拆迁安置房，这些区域也逐渐成为新的城市贫困阶层聚居区。

（三）地缘、亲缘为基础的亚文化吸引

一般而言，具有相同或类似社会经济地位、工作环境和文化习俗的人群往往更愿意聚居在一起，逐渐表现出较强的群体意识和内部认同，形成一种彼此了解和共同接受的价值观念、社会规范及生活方式，即"亚文化"或称"圈内

文化"。

　　据第六次全国人口普查显示，全国农民工总数已经达到 2.42 亿人，这些涌入城市的外来流动人口由于社会背景和文化背景的差异，进入城市之后经常受到城市居民的排挤和歧视，而城乡二元体制又在制度上加剧了他们对城市的不信任，大多数人在城市中缺少"归属感"，认为自己只是城市中的"过客"，尤其是年龄较大的外来流动人口，因此，不可避免地对城市产生一定的排斥心理。而出于对陌生环境的畏惧，他们必须寻求必要的社会支持和心理支持，因此，以地缘、亲缘为基础的"亚文化"极大地影响了外来流动人口的居住行为。居住在同一社区的外来流动人口往往来自于同一个地方或是有亲缘关系，有着相同或类似的社会背景、乡土文化，在远离家乡的城市中，他们信赖这种关系，愿意通过这种地缘或亲缘关系组织起来，形成具有相同或相似语言、文化和习俗的聚居空间（罗仁朝和王德，2008）。在调查和访谈中发现，当他们在城市中遇到困难时，更倾向于求助自己的亲人、老乡、同事，向城市朋友求助或寻求法律援助的人很少。这种以地缘、亲缘为基础的亚文化吸引着"老乡"不断聚居在特定区域，而较低的经济收入使他们自发地与城市居民在空间上隔离，形成贫困阶层聚居区（项飚，1996）。

　　西安市老工业区和遗址保护区内的居民也存在这种"亚文化"吸引现象。他们在住区中居住时间长，彼此之间相互熟悉，对外来人口比较排斥，阻碍了他们与其他社会群体的交流，使得不同社会群体或阶层之间的流动产生断裂，进一步加剧了住区内贫困的固化及与其他社会阶层的对立，贫困阶层聚居的趋势日益明显。

二、西安城市贫困阶层聚居的负面效应

　　城市贫困阶层的聚居存在积极的作用，如相同或相似社会经济背景和文化背景的贫困阶层聚居在一起，有利于提供相应的社会服务，增加居民之间的凝聚力，减少混居中与其他居民之间的摩擦；但其也有消极的一面，城市贫困阶层的空间集聚致使不同阶层居民之间的居住相互隔离，开始影响整个城市的健康有序发展。下面将从个人和社会两个角度分析贫困阶层聚居产生的负面影响。

（一）城市贫困阶层聚居对个人的负面影响

城市贫困阶层聚居对个人的负面效应主要表现在以下三个方面。

首先，减少了城市贫困阶层的就业机会。在实地调研和访谈中发现，城市贫困阶层年龄普遍偏大，受教育程度较低，掌握的工作技能单一或是缺乏必要的工作技能，就业方向主要为技术水平要求比较低的劳动密集型产业，特别是以公共服务业为主的第三产业。但贫困阶层聚居区居民由于经济收入较低，整体消费能力有限，难以促进服务业的发展，因此能提供的就业岗位十分有限。同时，贫困阶层聚居区内的道路零乱、交通拥挤、住房建筑密度大、居住环境差，强化了住区的贫困形象，各类产业发展缓慢，这一定限度上也减少了贫困阶层聚居区居民的就业机会。

其次，恶化了城市贫困阶层的人居生活环境。城市贫困阶层聚居区的建筑多为年代久远，格式单一，缺乏必要的生活服务设施、住区管理设施和医疗卫生设施等，住区内居民的生命财产容易受到损害，而又难以得到及时有效的补偿；由于教育资源缺乏，居民很难获得较好的教育机会，致使他们文化水平普遍偏低，缺乏一定的工作技能，进而导致贫困的代际传递；住区内松散的管理，频繁的人口流动，复杂的人员成分及混乱的道路网络，使这一区域人居生活环境较差，是城市发展的"灰色区域"。

最后，限制了城市贫困阶层的社会网络。不管是外来贫困流动人口聚居区居民，还是旧城中心贫困阶层聚居区居民都表现出一定的隔离状态。外来贫困流动人口聚居区内居民由于社会经济地位和文化背景的差异，容易受到城市居民的排斥和歧视，产生一定的抗拒心理，难以融入城市中。他们的社会网络是以地缘、亲缘为基础，以乡土文化为纽带，熟识的人都是自己的亲人、老乡、同事或朋友，与城市居民的交集较少，居住空间也与城市居民相隔离；老工业区和遗址保护区内的贫困居民在住区中居住时间长，彼此之间相互熟悉，对外来人口比较排斥，阻碍了他们与其他社会群体的交流，使得不同社会群体或阶层之间的流动产生断裂，限制了城市贫困阶层的社会网络。这种狭窄的社会交往空间和人际关系网使他们缺少足够的社会资源和社会支持，更容易陷入贫困境地。

（二）城市贫困阶层聚居对社会的负面影响

城市贫困阶层聚居对社会的负面影响主要表现在以下三个方面。结合我国的实际情况,下面叙述中的社区主要指街道办事处。

首先,加重了社区的财政负担。通常,贫困阶层集聚的社区财政收入有限,经济发展能力不足,但社区内集聚的大量贫困人口需要政府的救济,因此给社区带来极大的财政负担。巨额的资金用于扶持贫困人口的脱贫与发展,使社区用于其他方面的资金不足,这反过来又导致财政收入不足。贫困阶层聚居的社区多缺乏必要的生活设施,建筑密度大,房屋破损严重,社区需要花费大量的资金用于道路改造,住房修缮,公共服务设施建设等,这也增加了其财政负担。相比新建小区来说,贫困阶层聚居区的房屋建筑高度偏低,建筑空间处于闲置状态,土地资源浪费严重,难以按极差地租理论和市场规律去获得应有的利润。

其次,增加了社区的就业压力。贫困阶层聚居的社区聚集了大量的下岗失业人员,要改善这些贫困阶层的生活处境,必须使他们实现再就业以获得经济来源。一方面,这些贫困阶层多数受教育程度较低,老龄化现象严重,掌握的工作技能单一,有些甚至思想观念落后,参加就业培训的积极性不高,下岗失业后难以实现再就业。另一方面,这种贫困阶层的集聚使聚居区内居民的经济能力有限,难以发展劳动密集型的产业,解决社区内贫困阶层的就业问题。而大量的失业、无业人员的存在是一个重大的社会问题,对于社区的安全稳定产生一定的冲击,贫困阶层聚居的社区面临较大的就业压力。

最后,深化了社区的"贫困印象"。贫困阶层聚居区内的居民多为外来流动人口、老工业区、遗址保护区内的原住居民。他们与外部其他群体的交流较少,使贫困阶层聚居区产生一定的"隔离效应"。这种"隔离效应"引发的一个严重后果就是贫困阶层聚居区内的居民要么持续贫困或贫困的代际传递,要么脱贫之后即搬离这一区域。新的城市贫困人群迫于生活压力,也倾向于将此类社区作为其在城市中安身的首选区域。富裕阶层的逃离、贫困的代际传递和新贫困人群的补充都进一步深化了社区的"贫困印象",制约社区的去贫困化发展。

第四章
城市功能格局与城市贫困

第一节 城市功能格局与城市贫困研究综述

一、研究综述

（一）国外城市功能格局研究综述

18世纪后期，工业革命的出现带动了城市的快速发展，使城市的内部空间结构发生了革命性的变化，传统的以庭院为基础的格局被逐渐打破，取而代之的是以某类用地为主体的城市功能区。20世纪50年代以前，学界对城市内部的研究主要集中在中尺度的城市形态研究。此后西方对城市功能空间的研究可分为三个阶段，第一阶段是在20世纪50年代至60年代，学界基于不同的社会经济背景和研究侧重点，提出了不同的城市空间结构模式，如带型城市理论、田园城市理论和工业城市理论等。后期这些理论被应用到实践中，如大伦敦的建设中的卫星城市理论、大赫尔辛基建设中的有机疏散理论及斯大林格勒（今伏尔加格勒）建设中对带状城市的运用。此阶段的后期出现了城市地域结构的三大经典的模式，即同心圆模式、扇形模式和多核心模式（许学强等，1997）。第二个阶段为20世纪60年代至90年代。这一阶段，西方国家基本完成了工业化的进程，开始转向信息化发展。生活水平的提高使人们对其所生活的城市有更深层次的认识，对城市功能格局的研究由原来的理论研究转向实证研究，更侧重于以人为本的人文关怀的研究。第三个阶段为20世纪90年代以来，3S技术[①]

[①] 3S技术，即遥感技术（remote sensing，RS）、地理信息系统（geography information systems，GIS）和全球定位系统（global positioning systems，GPS）的统称。

和大数据的应用为城市功能格局研究的数据获取、处理和分析的精确化、多样化提供了可能。故本阶段的研究主要体现在研究技术和方法的革新，研究视角也更趋于多元，研究成果大量涌现，如 Berlin（2002）从土地利用角度出发，运用经济学的方法解释城市空间分化，以此来研究城市内部的经济空间结构；Batty（1995）研究城市形态背后隐藏的自然规律，其观点主要体现在其著作《分形城市：形态与功能的几何学》中，并在1995年创建了自组织理论，从一个全新的视角研究城市，引起了学界的高度关注；Portugali（2000）在《自组织与城市》中详细阐述了自组织理论对城市发展的影响；Puga（1999）主要从交通角度出发，运用运输成本的方法从产业集聚方面讨论城市空间格局的形成及演化。Baldwin 和 Forslid（2000）从溢出效应方面研究产业集聚对城市功能格局形成的影响及在城市格局演化过程中所起到的作用。

（二）国内城市功能格局研究综述

我国的城市化进程起步晚，关于城市内部功能格局研究相对比较滞后，从20世纪90年代才开始有较为系统的研究。但是我国目前正处于城市化加速发展阶段，城市功能结构变化快、类型多、机理复杂，关于城市内部功能结构的研究也是城市地理学非常重要的研究领域。

目前国内的研究成果主要分为两部分。一种是对西方研究理论与方法的引进、介绍，以及对中国城市结构的初步思考，最具代表性的两部著作为武进和胡俊的研究成果，在总结西方关于城市功能格局研究的基础上，分别从不同角度总结我国城市的基本形态，为后期的城市功能格局研究奠定了重要基础（武进，1990；胡俊，1995）。冯健（2005）从人口视角总结了西方关于城市内部空间结构的研究，分析了城市内部的经济空间和社会空间，认为对城市的研究不仅要从经济的角度去探讨各功能的分布规律，同时还要考虑社会环境对城市发展的影响；靳美娟和张志斌（2006）通过对国内外城市空间结构的对比研究，在回顾了国外关于城市内部结构的研究的基础上，对比分析了国内外研究的差距，并论述了我国未来关于城市内部格局的展望。

另一种是区域实证研究，研究区域主要集中于北京、上海、广州等发达的东部城市。胡华颖（1993）对广州市的研究是我国最早的以单个城市为研究对象的城市内部空间实证研究，文中详细分析了广州市城市兴衰的过程，分析了城市内部的空间格局，以及格局形成的主要动力机制，在此基础上分析了未来广州城市发展的动向；于涛方等（2008）及卢明华等（2011）通过对北京市城市功能格局的研究，发现北京的城市功能格局由20世纪80年代的"分散集团"的格局，到90年代的扇形结构模式，现在逐渐转向同心圆结构模式，整个发展过程更符合伯吉斯的同心圆理论，同时也体现了我国特有的城市发展规律；赵航（2011）从产业集聚的角度研究城市的功能格局及其演化，把城市功能空间演化分为五个阶段：均值化阶段、商业空间分化阶段、综合服务性空间形成阶段、新工业空间形成阶段和居住空间的独立与多中心的形成阶段，并以南京市为例进行实证研究，研究发现南京市现已进入第四阶段的发展，正在向第五阶段过渡；赵荣（1998）、李传斌（2002）对西安市的研究发现西安市目前的城市空间结构沿袭了唐代长安城的中轴对称的九宫格局。

二、城市功能格局与城市贫困的作用关系研究

（一）国外研究综述

20世纪30年代，芝加哥社会学派对城市中的社会问题，如犯罪、贫民窟、移民集聚区等给予了关注，注意到多种社会群体的地理分布之间存在作用关系。随后一些西方学者结合城市土地利用类型，将城市内部土地划分为不同的地域类型或称功能区，并与城市贫困阶层聚居区空间分布进行作用关系研究。伯吉斯（Bogess）于1923年创立的同心圆模式（concentric ring model），他用5个圈层结构简单划分城市功能格局，其中过渡地带（zone of transition）是紧邻中心商务区的混合地带，这里是进城打工农民的聚居地，以下层阶级居民为主，过渡带内集中了低级破旧的住宅区、贫民窟和少数民族聚居区。霍伊特（H.Hoyt）通过对住宅租金的研究指出低级住宅区不完全按照同心圆状分布，随着人口增多、高收入阶层的外迁，低收入阶层可能会沿不受阻的方向放射式发展，也可能迁入弃置的原高级住宅区，并在地域上形成扇形模式（sectoral model）。哈里斯（Harris）和厄尔曼（Ulman）在1945年提出更为精细的多核心模型（multiple nuclei model），指出有些城市功能布局上可能有多个中心区，城市贫困阶层可能围绕中心商业区、批发商业区、重/轻工业区聚居（帕克，1987）。西方发达国家城市基本上按社会阶层分化形成相应的地域结构，较富裕者通常居住在环境清净的郊区，而贫困者因不能支付高昂的交通费和房价，只能留在市中心的贫民窟。例如，美国郊区化进程中，城市CBD外缘、中心区内部仍然是低收入

和贫困阶层的聚居区。但也存在一些不同的现象，如英国和澳大利亚部分城市，随着城市社会经济的发展贫困阶层向市郊区聚集（顾朝林等，2013）。

（二）国内研究综述

国内城市贫困空间结构的研究可以分为宏观和微观两大尺度。区域宏观尺度多用来进行大范围的城市贫困空间分异研究，微观尺度主要指基于城市内部区、街道、邻里、社区等尺度对城市贫困阶层的生活空间进行实证研究，主要的研究地域集中在广州、南京、北京、成都、西安等大城市。

梁汉媚和方创琳（2011）以中国 31 个省（自治区、直辖市）为研究对象，对城市贫困产生的原因和机制进行梳理，并指出我国城市贫困由高到低呈现出中部、西部和东部的空间梯度，老工业基地和西部城市的贫困发生率最高；袁媛等（2008，2015）探讨了区县和街道尺度下，广州市和重庆市的城市贫困空间分布及演变规律，发现贫困空间分布整体存在非均衡性，贫困人口主要集中在老城区和旧工业区，广州市贫困人口在内城外围区集聚程度明显增加，重庆市贫困人口在外围区县的集聚程度增加；胡晓红（2010）对西安市城市贫困的研究发现，西安市贫困阶层聚居区呈现出"大杂居、小聚居"的散点状空间分布特征，本地化城市贫困聚居区与老城区、传统工业区等具有很强的空间耦合性，而异地化城市贫困人口多居住在城郊"城中村"中。陈果等对南京市的贫困空间调查发现，南京的城市贫困空间杂居在城市各个区域，具有"大分散，小集中"的特点，并分析了社会各阶层混居空间格局的动力机制主要在于中国城市住房分配制度，随着城市住房体制改革的逐步完成和住房商品化、私有化进程，城市贫困空间也将呈现相对集中分布的趋势，即贫困家庭首先向地价低廉的城郊结合带集中，然后在城市中心区的外围形成贫民区（陈果等，2004；Chen，2011）。

第二节　西安市城市贫困格局及演变

一、研究区域

为精准描摹西安市的城市贫困格局、城市功能格局分异及演变，本节选取人口和产业密度较高的西安市主城六区为研究区域。对比分析1990年、2000年和2013年城市内部功能格局的演变。主城区是指在城市土地利用中作为城市建设用地所涉及的范围。根据《西安城市总体规划（2008—2020年）》，西安市主城区范围为以唐长安城为中心，以绕城高速为基本轮廓，东至灞河，西到绕城高速，南至长安（潏河），北到渭河，主城区基本覆盖城六区的53个街道，以下称为社区。本节的数据来源包括社会经济统计数据和问卷调查数据，所采用的数据来源、贫困线测算方法和标准均与第二章第二节相同，故不再赘述。

二、西安城市贫困的空间格局演化

（一）研究方法

鉴于综合贫困指数法算法较为简便，且容易分解为贫困发生率、贫困缺口率和贫困线指数三个指标来分别从不同的侧面研究贫困程度，本节采用综合贫困指数作为衡量西安城市贫困程度的指标。算法如下：

1）贫困发生率。贫困发生率是指贫困人口在区域总人口中所占的比例，反映了贫困现象的社会存在面，即贫困的广度或范围。其计算公式为

$$H = q/n \tag{4-1}$$

式中，q表示贫困人口数；n表示人口总体数。

2）贫困缺口率。贫困缺口是指贫困人口经济收入与贫困线的差额，又可以分为总贫困缺口、平均贫困区缺口和贫困缺口率。贫困缺口率表示的是实际总贫困缺口与理论上最大贫困缺口的比值，能够反映区域的贫困强度，其计算公式为

$$I = \frac{\sum_{i=1}^{q}(z - y_i)}{qz} \tag{4-2}$$

在极端贫困的情况下，即贫困者收入$y_i=0$时，i的分母，就是理论最大贫困缺口。i的阈值范围在0和1之间，i的值越小，说明贫困程度越轻；当i接近于0时，表明贫困人口的收入已接近贫困线，达到脱贫的临界点；反之，当i接近于1时，表明贫困人口基本没有生活来源，贫困缺口达到最大值。

3）贫困线指数。贫困线指数是贫困线与总体人均收入的比值，即贫困线的相对高低，反映的是贫困人口的相对贫困程度，即贫困的深度。计算公

式为

$$K=z/y \qquad (4\text{-}3)$$

式中，z 表示贫困线；y 表示总体人均收入。K 越小，表明贫困人口的相对贫困程度越高，意味着区域贫富差距越大；K 越大，表明贫困人口的相对贫困越低，意味着区域贫富差距越小。

4）贫困综合指数。贫困发生率、贫困缺口率及贫困线指数这三个相对指标，分别反映了贫困的广度、绝对贫困的深度和相对贫困的深度，将这三者结合起来，即为综合贫困指数，计算公式为

$$R=HIK \qquad (4\text{-}4)$$

（二）空间格局及演化

1. 1990 年西安城市贫困的空间格局

1990 年，西安市的综合贫困指数值最低的社区（即街道，下同）是文艺路，其次为太华路、东关南、红旗、青年路和北院门；在空间上，综合贫困指数低的社区主要分布在城墙内的西部区域和二环的东南部地区；综合贫困指数最高的社区分别为新合、狄寨、谭家、枣园、六村堡和徐家湾，均分布在绕城高速环线附近或者是绕城高速以外。从整体来看，越靠近城市中心区域，居民贫困程度越弱，反之则贫困程度越强。

从贫困发生率来看，1990 年西安市各社区的贫困发生率均值为 0.1465，而太华路、文艺路、青年路、长乐坊、辛家庙的贫困发生率最小，说明社区内贫困发生的概率小。但从贫困缺口率来看，这 5 个社区中只有太华路和文艺路的贫困缺口率接近于西安市均值 0.3387，说明其余 3 个社区虽然贫困发生概率低，但贫困程度并不弱；东关南、长安路、长乐中路、小寨的贫困缺口率最小，且这 4 个社区的贫困发生率也较小，说明社区内贫困发生概率小，且贫困程度也较轻。草滩社区的贫困缺口率达到最大值 1，说明贫困程度很深。就贫困线指数来说，数值最大的 5 个社区分别是辛家庙、六村堡、狄寨、胡家庙和谭家，其中六村堡、狄寨和谭家社区距离市区较远，并且以农业生产为主，农民收入低，相对贫困程度重；而自强路和北关社区由于历史原因存在大量移民，相对贫困程度也较严重（表 4-1）。

表 4-1　西安市各街道综合贫困指数及指标分解（1990 年）

街道	H	I	K	R	街道	H	I	K	R
小寨	0.1538	0.4353	0.3408	0.0228	红旗	0.1071	0.4649	0.2784	0.0139
草滩	0.3148	1.0000	0.2879	0.0906	纺织城	0.1887	0.4605	0.3762	0.0327
长延堡	0.1951	0.7286	0.3102	0.0441	太华路	0.0351	0.6711	0.5468	0.0129
大雁塔	0.1129	0.6429	0.5315	0.0386	北关	0.2105	0.8904	0.4750	0.0890
自强路	0.2692	0.9248	0.1849	0.0460	六村堡	0.1552	0.8392	1.4074	0.1833
长乐坊	0.0577	1.0000	0.4419	0.0255	大明宫	0.1321	0.9248	0.2229	0.0272
席王	0.1800	0.9561	0.2436	0.0419	辛家庙	0.0690	1.0000	2.5333	0.1747
狄寨	0.2542	0.9386	1.2881	0.3074	桃园路	0.2289	0.5831	0.2229	0.0297
三桥	0.1136	0.8816	0.6080	0.0609	土门	0.1695	0.8684	0.4524	0.0666
红庙坡	0.1954	0.7384	1.0411	0.1502	西关	0.1754	0.8026	0.3393	0.0478
青年路	0.0566	1.0000	0.2585	0.0144	鱼化寨	0.1786	0.9561	0.7451	0.1272
枣园	0.3208	0.8994	0.9744	0.2811	丈八沟	0.1282	0.8026	0.3089	0.0318
未央宫	0.1200	0.5833	0.2879	0.0202	电子城	0.2048	0.8065	0.4064	0.0671
汉城	0.0926	0.8947	0.4444	0.0368	解放门	0.3571	0.4395	0.4343	0.0682
张家堡	0.1707	0.7162	0.4043	0.0494	西一路	0.2414	0.7650	0.4524	0.0835
徐家湾	0.4545	0.5658	0.6909	0.1777	中山门	0.1379	1.0000	0.4444	0.0613
环城西路	0.1071	1.0000	0.5468	0.0586	北院门	0.1136	0.4737	0.3140	0.0169
十里铺	0.2500	0.9624	0.3551	0.0854	张家村	0.1529	0.8988	0.2249	0.0309
韩森寨	0.1481	0.7056	0.3838	0.0401	文艺路	0.0488	0.6711	0.2912	0.0095
新合	0.4483	0.9696	1.0704	0.4653	柏树林	0.1786	0.4737	0.2500	0.0211
新筑	0.3333	0.9000	0.3800	0.1140	太乙路	0.1786	0.5614	0.2255	0.0226
长安路	0.1186	0.3609	0.8539	0.0366	南院门	0.2174	0.7368	0.7755	0.1242
曲江	0.1587	0.7763	0.3220	0.0397	长乐中路	0.1930	0.4019	0.5000	0.0388
等驾坡	0.1034	0.8904	1.0270	0.0946	长乐西路	0.3390	0.4408	0.8352	0.1248
灞桥	0.3793	0.8062	0.4043	0.1236	胡家庙	0.1964	0.4617	1.2459	0.1130
谭家	0.3571	0.7566	1.1176	0.3020	东关南街	0.1392	0.3421	0.2815	0.0134
洪庆	0.3509	0.8947	0.2648	0.0831	平均值	0.1465	0.3887	0.3112	0.0181

注：H 表示贫困发生率；I 表示贫困缺口率；K 表示贫困线指数；R 表示综合贫困指数

采用 ArcGIS 9.3 工具中空间统计分析功能，将西安市各街道的贫困程度与贫困人口最主要的职业类型相叠加，得到西安市 1990 年城市"贫困程度-职业类型"的复合类型区分布图（图 4-1）。从空间分布来看，除了灞桥、纺织城、席王、红庙坡、太华路和解放门这6个社区外，其余41个社区均以在职低收入人群为贫困人口主体。灞桥社区和席王社区的贫困人口以无业人口为最多，纺织城社区、红庙坡社区、太华路社区以离退休人员为最多，而解放门社区的下岗工人比例超过50%。

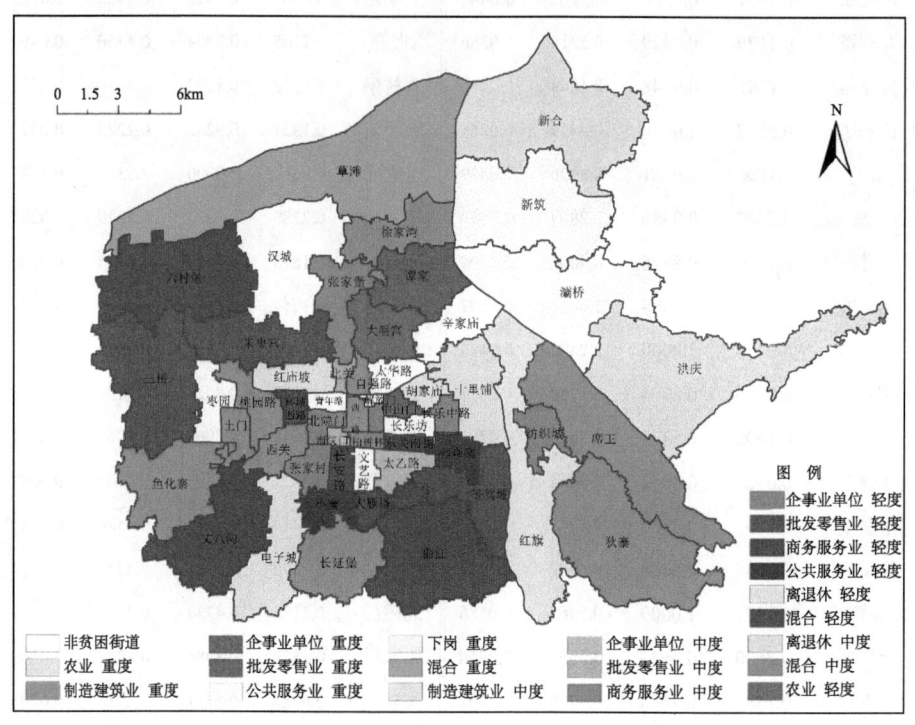

图4-1 西安市城市"贫困程度－职业类型"复合类型区分布（1990年）（文后附彩图）

2. 2000年西安城市贫困的空间格局

2000年，西安市贫困程度最轻的社区是小寨、自强路、长安路、红旗和太华路，在这5个社区中小寨、长安路和红旗这3个社区的贫困发生率均小于0.1，说明贫困发生概率很低。自强路和太华路的贫困缺口率分别为0.3794和0.3701，在所有社区中贫困缺口率较低，说明贫困强度弱，脱贫难度较小。红旗社区的贫困发生率为0.0357，贫困缺口率为1.0，说明社区内贫困人口比例小，但贫困程度很深。表4-2为2000年西安市各街道综合贫困指数及指标分解。

贫困程度最重的社区是新合、辛家庙、胡家庙、等驾坡和大雁塔。其中，新合社区和胡家庙社区的贫困发生率较大，分别为0.4483和0.3929，说明社内贫困人口比例高。大雁塔社区、等驾坡社区和大明宫社区的贫困广度小，但贫困缺口率较大，程度较深。从贫困线指数来看，K 值最小的是红旗社区，但其同时也是综合贫困指数最小的社区之一，这说明红旗社区的相对贫困程度较高，贫富差距大。调查结果显示，红旗社区的人均收入为1245元，贫困人口的平均收入为314元，仅为社区人均收入的1/4。

表4-2 西安市各街道综合贫困指数及指标分解（2000年）

街道	H	I	K	R	街道	H	I	K	R
小寨	0.0897	0.5042	0.5583	0.0253	红旗	0.0357	1.0000	0.3241	0.0116
草滩	0.3704	0.8913	0.6723	0.2219	纺织城	0.3396	0.5916	0.6974	0.1401
长延堡	0.1707	0.6556	0.6393	0.0716	太华路	0.1404	0.3701	0.5697	0.0296
大雁塔	0.3226	0.9022	0.8235	0.2397	北关	0.2632	0.5560	0.8833	0.1292
自强路	0.1923	0.3794	0.4498	0.0328	六村堡	0.3621	0.5756	0.9859	0.2055
长乐坊	0.2308	1.0000	0.9622	0.2220	大明宫	0.3585	0.9272	0.6871	0.2284
席王	0.2600	0.6960	0.8023	0.1452	辛家庙	0.3103	1.0000	5.6000	1.7379
狄寨	0.1695	0.7372	1.0832	0.1353	桃园路	0.2176	0.6871	0.4702	0.0701
三桥	0.2841	0.5889	1.1991	0.2006	土门	0.1864	0.7844	0.4991	0.0730
红庙坡	0.2989	0.7568	0.9790	0.2214	西关	0.2105	0.7694	0.5785	0.0937
青年路	0.2593	0.6358	0.3248	0.0535	鱼化寨	0.1310	0.9641	0.7000	0.0884
枣园	0.2264	0.6805	0.5082	0.0783	丈八沟	0.1667	0.7872	0.6181	0.0811
未央宫	0.2400	0.4055	0.8524	0.0829	电子城	0.2048	0.7326	0.4930	0.0740
汉城	0.2963	0.6974	0.9982	0.2063	解放门	0.2857	0.5677	0.6534	0.1060
张家堡	0.3780	0.8019	0.7170	0.2174	西一路	0.2414	0.6894	0.5243	0.0873
徐家湾	0.5455	0.5820	0.6813	0.2163	中山门	0.4138	0.5389	0.7368	0.1643
环城西路	0.3214	0.3733	0.4314	0.0518	北院门	0.1818	0.8888	0.5303	0.0857
十里铺	0.2857	1.0000	0.5639	0.1611	张家村	0.2235	0.8284	0.3371	0.0624
韩森寨	0.1852	0.8814	0.7301	0.1192	文艺路	0.1951	0.7530	0.5501	0.0808
新合	0.4483	0.7963	1.0487	0.3743	柏树林	0.3571	0.7036	0.4786	0.1203
新筑	0.2333	1.0000	0.8485	0.1980	太乙路	0.2976	0.5138	0.5385	0.0823
长安路	0.0678	0.7530	0.6573	0.0336	南院门	0.1739	0.6789	0.5882	0.0694
曲江	0.2381	0.8682	0.5354	0.1107	长乐中路	0.2632	0.3544	0.6596	0.0615
等驾坡	0.2069	0.8930	1.5730	0.2906	长乐西路	0.2712	0.6233	0.5077	0.0858
灞桥	0.1724	0.4862	0.5395	0.0452	胡家庙	0.3929	0.6227	1.6568	0.4053
谭家	0.1964	0.3352	0.6527	0.0430	东关南街	0.2405	0.5787	0.5703	0.0794
洪庆	0.3509	0.5109	0.7497	0.1344	平均值	0.1651	0.5415	0.5643	0.0524

注：H 代表贫困发生率；I 代表贫困缺口率；K 代表贫困线指数；R 代表综合贫困指数

从贫困人口的职业构成来看，2000 年西安市贫困社区中有 38 个社区以在职低收入人口为主体，12 个社区以非在职低收入人口为主体。与 1990 年相比，非在职的贫困人口数量增加，贫困人口的职业类型更加复杂化。将西安市各街道的贫困程度与贫困人口最主要的职业类型相叠加，得到 2000 年西安市城市"贫困程度-职业类型"复合类型区分布图（图 4-2）。

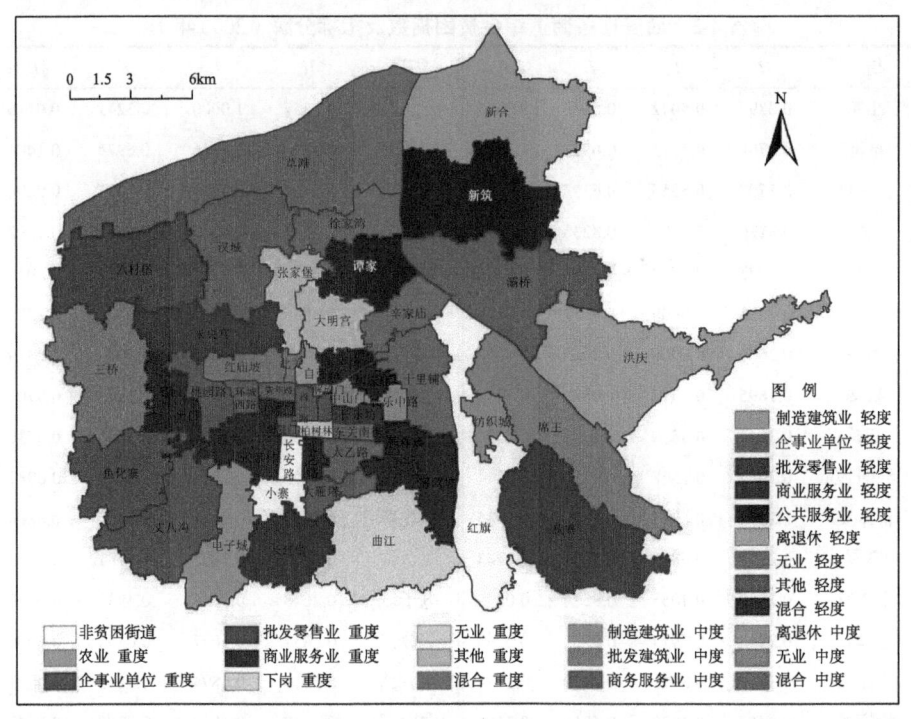

图 4-2　西安市城市"贫困程度-职业类型"复合类型区分布（2000 年）（文后附彩图）

3. 2013 年西安城市贫困的空间格局

2013 年，西安市贫困发生率最低的社区为土门、中山门、长乐西、胡家庙和东关南。但就贫困缺口率来看，这 5 个社区中只有土门的贫困缺口率小于全市均值 0.5971，说明其余 4 个社区的贫困人口比例小，但贫困程度深。贫困发生率最高的 5 个社区分别是草滩、席王、新合、解放门和柏树林。综合来看，环城西路、红旗、土门、胡家庙和东关南的综合贫困状况最轻，平均综合指数为 0.0083；草滩、席王、新合、解放门和柏树林的贫困情况最严重，平均值达到 0.1500。可以看出 2013 年西安市二环以内是经济发展的优势区域，二环以外除个别社区发展特色产业，经济状况良好外，居民收入状况普遍不高（表 4-3）。

表 4-3　西安市各街道综合贫困指数及指标分解（2013 年）

街道	H	I	K	R	街道	H	I	K	R
小寨	0.0897	0.7370	0.4232	0.0280	红旗	0.1071	0.4949	0.2015	0.0107
草滩	0.2963	0.4830	0.5767	0.0825	纺织城	0.1698	0.7727	0.5183	0.0680
长延堡	0.1098	0.5623	0.2860	0.0176	太华路	0.1053	0.6717	0.6049	0.0428
大雁塔	0.0968	0.4192	0.4141	0.0168	北关	0.1053	0.4192	0.4575	0.0202
自强路	0.1154	0.4444	0.6137	0.0315	六村堡	0.1897	0.7590	0.5516	0.0794
长乐坊	0.0962	0.3485	0.4561	0.0153	大明宫	0.1132	0.7096	0.3522	0.0283
席王	0.2800	0.6807	0.4698	0.0895	辛家庙	0.1379	0.4318	0.5091	0.0303
狄寨	0.1356	0.4034	0.2905	0.0159	桃园路	0.1084	0.5875	0.4265	0.0272
三桥	0.2045	0.4613	0.4385	0.0414	土门	0.0508	0.4318	0.4369	0.0096
红庙坡	0.1724	0.6530	0.4141	0.0466	西关	0.0877	0.4318	0.4769	0.0181
青年路	0.2222	0.7790	0.4157	0.0720	鱼化寨	0.0714	0.6402	0.4430	0.0203
枣园	0.0943	0.3727	0.4359	0.0153	丈八沟	0.1667	0.7756	0.4365	0.0564
未央宫	0.1400	0.4697	0.4415	0.0290	电子城	0.1566	0.8077	0.4394	0.0556
汉城	0.0741	0.3939	0.4024	0.0117	解放门	0.3571	0.9091	0.6697	0.2174
张家堡	0.1220	0.6364	0.3740	0.0290	西一路	0.0690	0.6402	0.4163	0.0184
徐家湾	0.2273	0.5833	0.5375	0.0713	中山门	0.0345	0.8485	0.3979	0.0116
环城西路	0.1071	0.1490	0.3724	0.0059	北院门	0.1364	0.8359	0.4962	0.0566
十里铺	0.2143	0.6338	0.4703	0.0639	张家村	0.0941	0.6733	0.4590	0.0291
韩森寨	0.0741	0.8061	0.3641	0.0217	文艺路	0.0732	0.6086	0.4765	0.0212
新合	0.3103	0.4579	0.5901	0.0839	柏树林	0.2500	0.7619	0.5419	0.1032
新筑	0.0667	0.5455	0.4812	0.0175	太乙路	0.2143	0.7002	0.5327	0.0799
长安路	0.1017	0.7475	0.2909	0.0221	南院门	0.1304	0.4318	0.4957	0.0279
曲江	0.1111	0.5942	0.3463	0.0229	长乐中路	0.1053	0.8611	0.4476	0.0406
等驾	0.1034	0.5833	0.3481	0.0210	长乐西路	0.0508	0.7475	0.3874	0.0147
灞桥	0.1379	0.2045	0.4853	0.0137	胡家庙	0.0179	0.8485	0.4475	0.0068
谭家	0.1964	0.6212	0.5366	0.0655	东关南街	0.0253	0.6402	0.3936	0.0064
洪庆	0.2281	0.4359	0.4434	0.0441	平均值	0.0575	0.6886	0.4084	0.0172

注：H 代表贫困发生率；I 代表贫困缺口率；K 代表贫困线指数；R 代表综合贫困指数

2013 年西安市新城市贫困群体主要由非在职人口组成，与 2000 年相比有明显增长。其中又以无业者和其他类型为最多，通过对其他类型的贫困人员做深入式交谈发现其他类型职业者主要指没有固定职业，以打短工或帮工的劳动者；再接下来就是离退休人员。另外，在职低收入贫困人口中，以公共服务业人员和批发零售业人员最多。通过对西安市高新区公共服务人员的调查发现，公共服务业人员大多为女性，年龄在45～60岁，平均收入为1070元/月。利用ArcGIS工具中空间叠加分析功能，将西安市各街道的贫困程度与贫困人口最主要的职业类型相叠加，得到西安市2013年城市"贫困程度–职业类型"复合类型区分布（图4-3）。

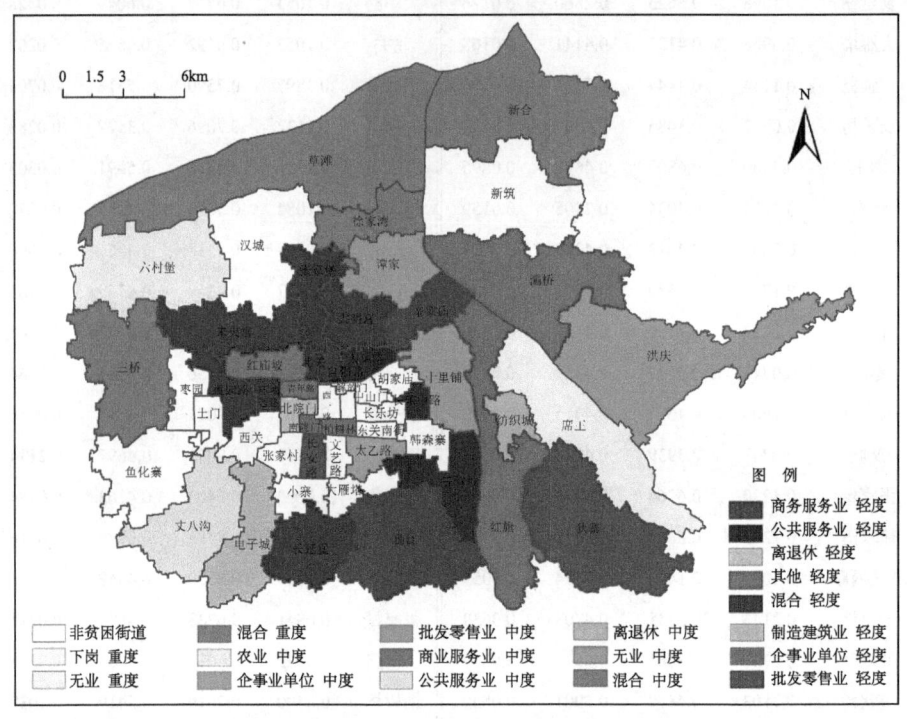

图4-3 西安市城市"贫困程度–职业类型"复合类型区分布（2013年）（文后附彩图）

第三节　西安市城市功能格局及演变

一、研究方法

（一）土地利用区位熵

本节采用住房和城乡建设部2011年颁布的《城市用地分类与规划建设用

地标准》中，城市建设用地分类标准的中类标准，对西安城市土地利用类型进行划分。

在 ArcGIS 和 ERDAS 平台下，对 1990 年、2000 年和 2009 年西安市土地利用数据进行处理，获取这三个年份各类用地的占地面积，进而计算各社区中各类用地的区位熵，公式如下：

$$R_{ij}=(e_{ij}/e_i)/(E_i/E) \tag{4-5}$$

式中，R_{ij} 表示 i 社区 j 类用地的区位熵；e_{ij} 表示 i 社区 j 类用地的占地面积；e_i 表示 i 社区的占地总面积；E_i 表示总区域内 j 类用地的面积；E 表示总区域的面积。区位熵越大，表明该功能专业化程度越高，当 $R_{ij}=1$ 表明 i 社区的 j 类用地处于所在区域的平均水平，$R_{ij}>1$ 表明该社区的 j 类用地高于所在区域的平均水平，$R_{ij}>2$ 表明该社区的 j 类用地在所在区域具有绝对优势。

（二）基于土地利用的城市分区

依据城市土地利用，可以将城市地域划分为四个层次：①城市中心区，城市建设用地比例占本社区总面积 50% 以上的地区；②城市扩展区，城市建设用地比例占本社区 30%～50% 的地区；③城市蔓延区，城市建设用地比例占本社区用地 10%～30% 的地区；④弱建设区，主城区内未达到上述用地标准的区域。城市扩展区和城市蔓延区一般可以表示城市的空间扩张方向。

（三）社区功能的分类与测度

采用国土资源部 2007 年颁布的《城市土地集约利用潜力评价技术规程（试行）》的规定标准，并结合区位熵的计算结果进行适当调整。据此可将西安市的社区功能划分为 10 种，即均质混合功能区、复合功能区、居住区、商业区、一类工业区、二类工业区、三类工业区、文教区、旅游区、行政区。

具体测度方法为：在城市中心区，将社区内居住用地占 60% 以上，区位熵大于 2.0 的区域划定为居住区（此处区位熵中的总区域为城市中心区面积）；商业用地占 40% 以上，区位熵大于 2.0 的区域划定为商业区；工业用地占 50% 以上，区位熵大于 2.0 的区域划定为工业区，其中一类工业用地占本社区工业用地的 50% 以上划定为一类工业区，同理，划定二类工业区和三类工业区；教育（包括高校、大专、技校等）和科研用地占 50% 以上，区位熵大于 2.0 的区域，划定为文教区；文化娱乐用地、已开放的文物古迹用地和生态绿地占 50% 以上，区位熵大于 2.0 的区域，划定为旅游区；行政办公用地占 40% 以上，区位熵大于 2.0 的区域划定为行政区；在社区内，有两类用地的用地比例为上述规定的 1/2，区位熵大于 2.0 的，划定为某两种类型的混合功能区，并以区位熵比较大的作为复合类型区中的主导功能；没有明显突出功能的，划定为均质混合功能区。在城市扩展区和城市蔓延区，计算方法与城市中心区的算法相同，只是在计算区位熵时，将总区域面积变更为城市扩展区或城市蔓延区的面积。

二、西安市城市分区及功能格局

（一）基于土地利用的西安城市分区结果

1990～2000 年，西安市的城市扩展方向主要为南向、东南向和西南向，扩展速度相对缓慢。南部的发展速度相对较快，电子城和长延堡由原来的非主城区直接跨越发展成为城市扩展区。东部的十里铺、等驾坡、红旗、席王等社区由非主城区变为城市蔓延区，胡家庙、长乐中路由城市扩展区变为城市中心区。西南部的鱼化寨社区也发展较快。2000～2013 年，西安城市扩展的速度明显加快，除了东北向和东向外，其他方向的城市扩张都十分显著（图 4-4～图 4-6）。

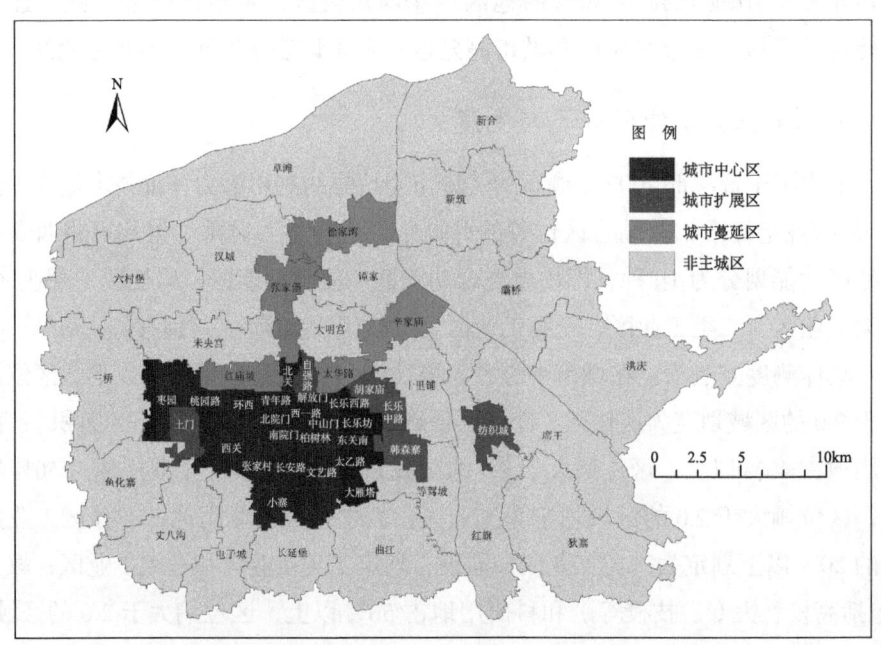

图 4-4 基于土地利用的西安城市土地分区（1990 年）

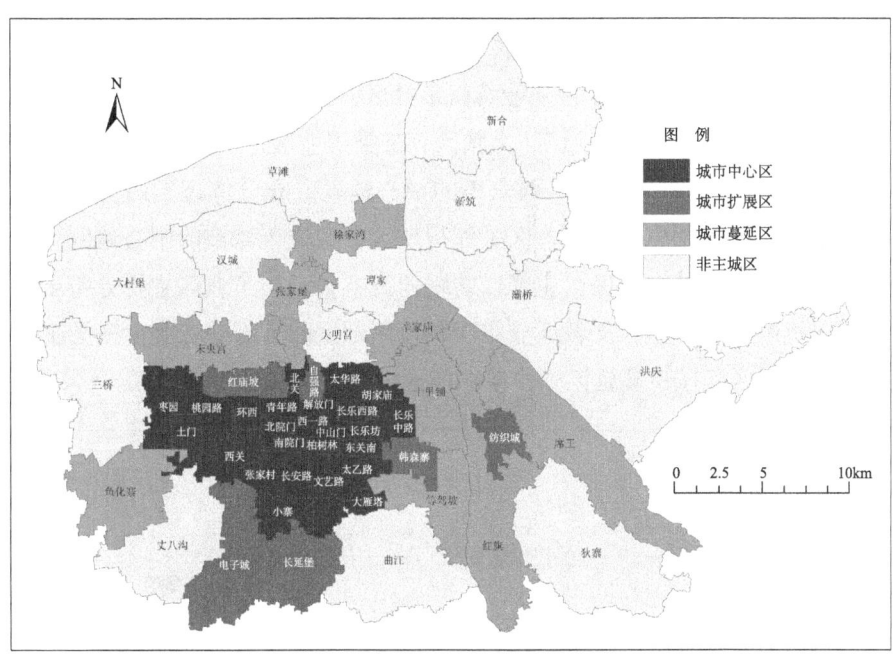

图 4-5　基于土地利用的西安城市土地分区（2000 年）

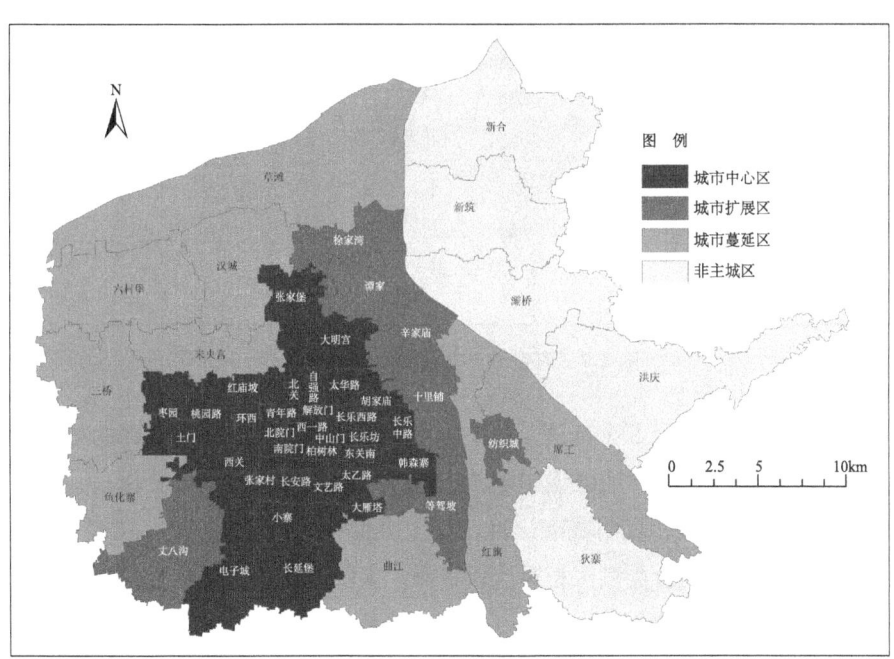

图 4-6　基于土地利用的西安城市土地分区（2013 年）

（二）1990年西安市城市功能格局

1990年，西安市共有8种功能的城市社区，如图4-7所示，其中单一功能区有6种，包括行政区、商业区、文教区、二类工业区、三类工业区和居住区，共涉及11个社区。行政区位于西安市的中心地区，充分体现了西安作为古都以宫城为中心的规划思想；商业区紧邻行政区，也位于城市的中心地区；二类工业区主要分布于城东地区，主要以纺织业为主；三类工业区主要分布于城西地区，以机电工业为主；文教区分布于城市南部。除有部分二类、三类工业区位于城市扩展区和城市蔓延区外，单功能区大多集中在城市中心区。

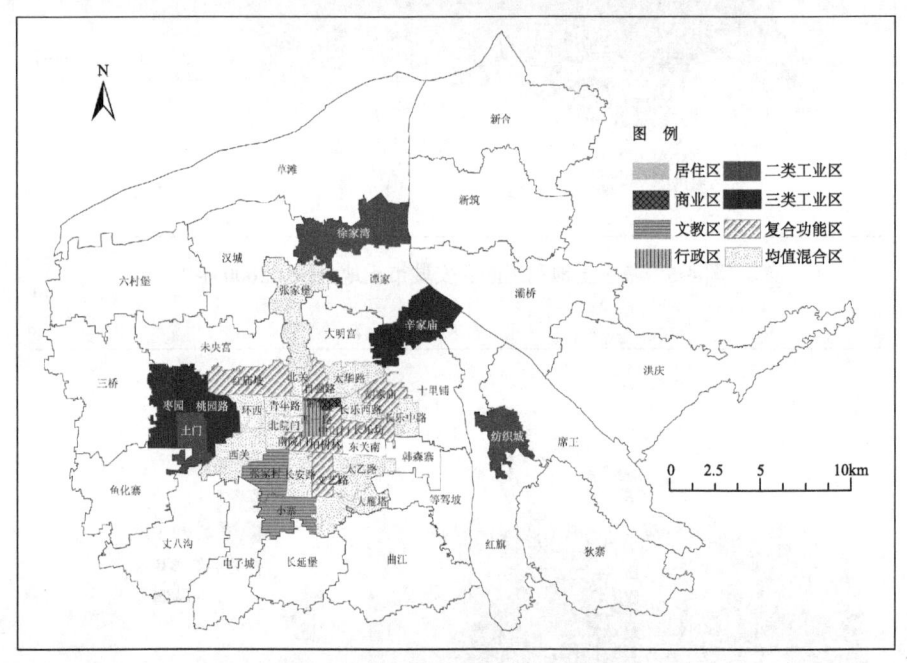

图4-7 西安城市功能格局（1990年）

复合功能区共涉及8个街道，集中分布于城市中心区和城市北部的城市扩展区。城市中心区的复合功能区说明了城市内部功能没有出现高度分化；城市扩展区内出现复合类型区，说明城市开始以复合功能的方式向外扩展。从表4-4可以看出，这一时期的复合类型区相对比较单调，主要为商业和居住复合区及工业和居住的复合区。均质混合区共12个，在城市中心区、城市扩展区和城市蔓延区均有分布，数量最多、分布最广。说明1990年的西安市，虽然已经出现了若干典型的功能区，但各社区的功能城市仍以均值混合为主，功能分区尚不明显。

表 4-4　西安城市复合功能区（1990 年）

街道	南院门	柏树林	中山门	长乐坊	文艺路	自强路	胡家庙	红庙坡
复合类型	商业居住	商业居住	商业居住	工业居住	文教行政	工业居住	工业居住	工业仓储

1990 年西安城市的基本功能格局可以抽象为"一心、两轴、四区域"（图 4-8）。"一心"指的是以行政区作为整个城市发展的中心和重心，向外围发展，沿袭了古代以行政为中心的规划思想。"两轴"指西安市的南北纵轴，以及沿东大街和西大街的东西横轴。在南北轴上，北部以均质混合区为主，南部以文教区为主；在东西轴上，出现了明显的三级阶梯，即中间以均质混合区为主，将外围的工业区与城市中心隔开，以防止工业对市区的污染。"四区域"指的是在"一心，两轴"的基础上将城市划分为四个区域，而在四个区域内，城市功能主要以均质混合功能区为主。

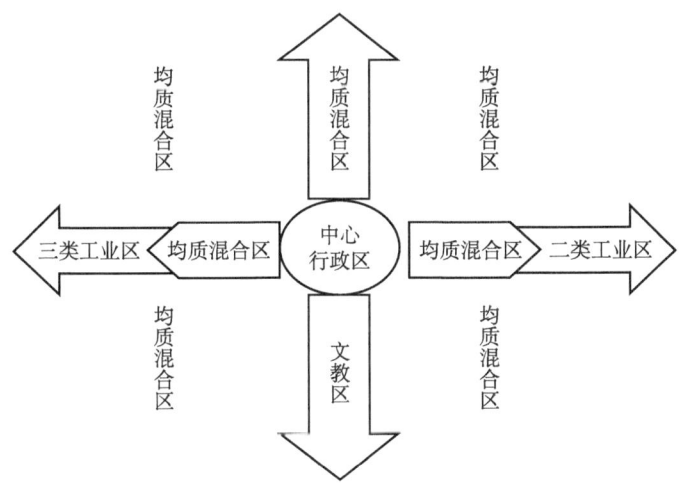

图 4-8　西安城市功能格局抽象示意图（1990 年）

（三）2000 年西安市城市功能格局

与 1990 年相比，2000 年西安市的城市功能区类型并没有增加，只是在原有功能格局的基础上，城市向外围扩张，骨架拉大。2000 年，西安市的单个功能区中变化较明显的是文教区，长延堡形成了文教扩展区，说明文教区有进一步向南扩展的趋势。土门由原来的二类工业扩展区，发展成为典型的二类工业区，太华路由原来的均质混合蔓延区，发展成为典型的二类工业区（图 4-9）。

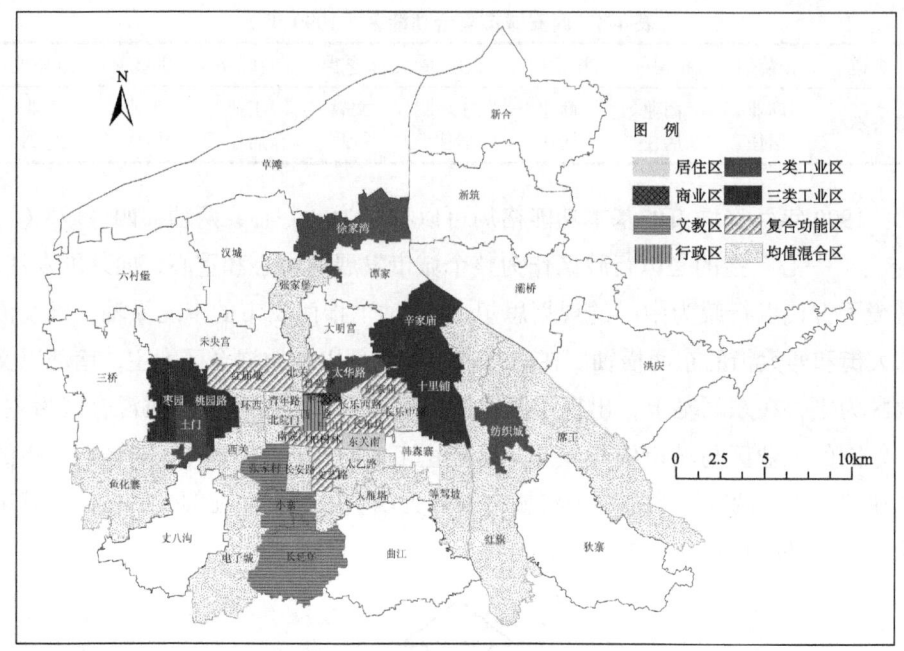

图 4-9　西安城市功能格局（2000 年）

2000 年西安市的复合功能区中主要增加了北院门街道，北院门由原来的均质混合功能区发展成为商住复合功能区，其余复合功能社区均未发生明显变化（表 4-5）。相对于 1990 年，均质混合功能区数量明显增加，由原来的 12 个增加为 16 个，说明在这一阶段西安城市主要以均质混合功能的形式向外扩张。

表 4-5　西安城市复合功能区（2000 年）

街道	南院门	柏树林	中山门	长乐坊	文艺路	自强路	胡家庙	红庙坡	北院门
复合类型	商业居住	商业居住	商业居住	工业居住	文教行政	工业居住	工业居住	工业仓储	商业居住

（四）2013 年西安市城市功能格局

2000～2013 年，西安市进入快速发展阶段，根据区位熵的计算结果，西安市 2013 年城市功能区类型增加为 11 种，单个功能区类型由 2000 年的 6 种增加为 8 种。随着西安整体城市功能定位的改变、城市产业结构的升级，西安市依托自身的制造业基础和文化旅游资源优势，发展形成了一批典型的一类工业区和旅游区。西安市的一类工业区主要集中于城市西南部的丈八沟和电子城，但丈八沟为一类工业扩展区，而电子城则形成一类工业区与居住区的混合功能区。汉长安城遗址和大明宫遗址的开发及相继对外开放（大明宫2010年10月1日对外开放，汉长安城遗址2013年10月28日对外开放），成为西安城市历史文化旅游的又一重要增长点。西安市目前的旅游功能区，除了大雁塔外，主要集中分布在城市蔓延区，包括西北部的汉长安城遗址旅游蔓延区、北部草滩生态旅游蔓延区和东南部曲江综合旅游蔓延区。图4-10为2013年西安市城市功能格局。

此阶段，西安城市的复合功能区类型更加多样化，出现了张家堡行政和居住复合区，大明宫商业和大明宫遗址旅游复合区，太华路二类工业和仓储物流复合功能区等（表4-6）。

表4-6　2013年城市复合功能区类型

街道	张家堡	大明宫	太华路	胡家庙	红庙坡	长安路	文艺路	小寨	电子城
复合类型	行政居住	商业旅游	工业仓储	工业商业	工业仓储	商业居住	文教行政	文教商业	工业居住

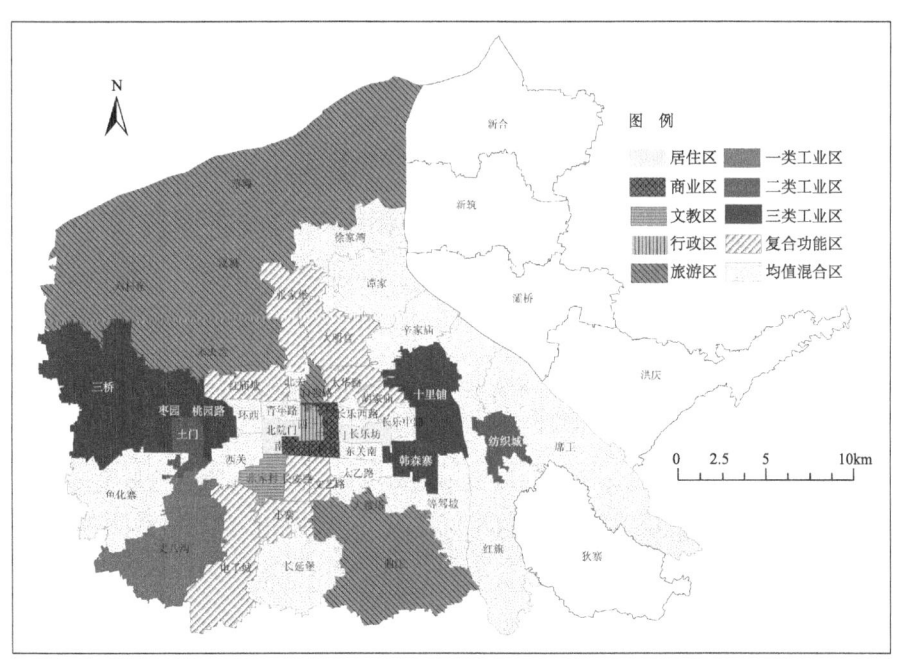

图4-10　西安城市功能格局（2013年）

2013年，西安市的城市功能格局呈现出"复式九宫格局"（图4-11），与《西安城市总体规划（2008—2020年）》中规划的"九宫格局，棋盘路网，轴线突出，一城多心"的格局基本吻合。但是，目前"一城多心"的格局尚未有效形成，仍然是以城墙内的行政区和商业区作为城市发展的中心。在城墙区内形成了横纵三阶梯，纵向阶梯为商业—行政—商业，横向阶梯为居住—行政—居住。外围形成了西北部的遗址旅游蔓延区、北部的复合功能区、东北部的混合均质蔓延区、东部的三类工业区、西部的二类工业区、西南部的一类工业扩展区、南部的复合功能区和东南部的综合旅游蔓延区，具有东西对称、南北对称、对角对称的完美东方对称美。

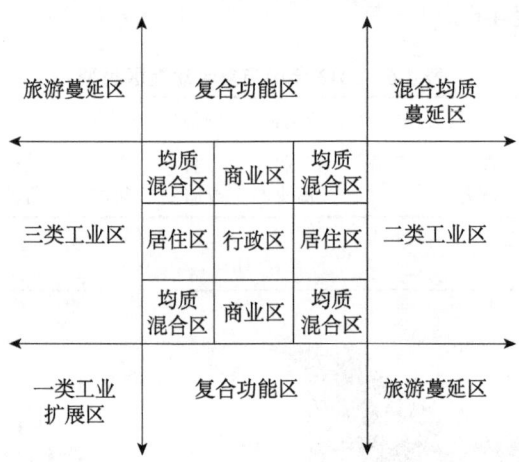

图4-11　西安城市功能格局抽象示意图（2013年）

第四节　西安市城市贫困与城市功能格局的时空耦合

一、空间集聚度的时空耦合

（一）研究方法

　　首先，计算西安市城市功能的集中程度和城市贫困人口的集中程度；其次，通过耦合度模型计算二者之间的耦合关联度。

城市功能集中度：

$$FC = \sum F_i W_i \quad (4\text{-}6)$$

式中，FC 表示城市功能的集中程度；F_i 表示 i 类功能的数量；W_i 表示 i 类功能的权重。权重的确定采用专家打分法，确定单功能区的权重为 0.5，复合功能区的权重为 0.3，均质混合功能区的权重为 0.2，权重总和为 1。结合权重计算得出 FC $\in$ [9.2，23]，当 FC=9.2 表明西安市的功能格局完全呈现均值状态，FC=23 表明功能处于完全高度分化阶段。

城市贫困人口的集中程度：

$$PC = \sum (Q_i - 1)^2 \quad (4\text{-}7)$$

式中，PC 表示贫困人口的空间集中度；Q_i 表示贫困人口比例在 i 区域的区位熵。集中度越大表示越集中，当贫困人口均质分布的时候，集中度为 0，当高度集中于某一点时，集中度趋向于无穷大。

耦合度模型：

$$C = 2\sqrt{(PC \cdot FC)/(PC + FC)^2} \quad (4\text{-}8)$$

式中，C 表示城市功能集中程度与城市贫困人口集中程度的耦合度，$C \in$ [0，1]；FC 表示城市功能的集中度，PC 表示城市贫困的集中度。当 $C=0$ 时，耦合度极小，二者之间处于无关状态；当 $0 < C \leq 0.3$ 时，二者处于低水平耦合状态；当 $0.3 < C \leq 0.5$ 时，二者处于拮抗时期；当 $0.5 < C \leq 0.8$ 时，二者进入磨合阶段；当 $0.8 < C \leq 1$ 时，二者进入高水平协调耦合阶段。

相对发展度模型用于评价二者的相对发展状况，计算公式为

$$E = FC/PC \quad (4\text{-}9)$$

当 $E \leq 0.8$，城市功能的集中程度滞后于城市贫困人口的集中程度；当 $0.8 < E < 1.2$，表明二者相互推动；当 $E \geq 1.2$，城市功能的集中程度超前于城市贫困人口的集中程度。

（二）研究结论

1990～2013 年，西安城市功能格局的集中度快速上升，城市贫困人口的集中程度先分散后集聚，二者具有高度的耦合关系和关联状态。

1990 年，西安市城市功能的集中度为 10.3，城市功能的集中程度较低，而

贫困人口的集中度为 16.45，贫困人口的集中度较高，二者的耦合度为 0.97，属于高水平协调耦合阶段。二者之间呈现强度的关联性，且城市功能的集中滞后于城市贫困的集中。

2000 年，西安市城市功能的集中度为 12.4，与 1990 年相比，城市功能呈现明显的集中态势，集中程度处于中等水平，而贫困人口的集中度为 7.80，集中程度下降，但二者的耦合度为 0.97，属于高水平协调耦合阶段，二者之间还是处于高度的关联状态。通过计算城市贫困相对于城市功能的相对发展状况可以看出，$E=1.59$，城市功能的集中程度超前于城市贫困的集中程度，表明这一阶段城市功能的集聚导致了城市贫困人口的分散。

2013 年，西安市城市功能的集中度为 16.4，城市功能进一步集中，处于中高水平的集聚状态，出现高度的功能分化；贫困人口的集中度为 15.27，贫困人口也处于高度的集中状态，二者的耦合度为 0.99，接近于 1，属于高水平协调耦合阶段，二者之间呈现超高水平的关联状态。且从城市贫困相对于城市功能的相对发展状况的计算结果为 $E=1.07$，二者之间处于相互推动关系。随着城市发展，贫困人口进一步向某一区域集中；贫困人口的集聚，导致在某些区域内，某种功能的迁出和某类功能的集聚。

二、城市功能区与贫困人口的时空耦合

（一）研究方法

本节将在各功能区类型与贫困人口变化率之间建立的脱钩、复钩指数模型，评价二者的耦合关系，计算公式为

$$DF=FR_i-PR_i \qquad (4\text{-}10)$$

式中，DF 表示脱钩复钩指数；FR_i 表示 i 类功能的变化率；PR_i 表示 i 类功能城市贫困人口的变化率。当 DF＜0 时，二者处于复钩状态，复钩性越强表明二者的相关性越强；当 FR＜0、PR＞0、DF＜0 时，二者处于强复钩状态，二者相关性最大；FR＞0、PR＞0、DF＜0 时，二者处于扩张型复钩状态；FR＜0、PR＜0、DF＜0 时，二者处于弱复钩状态；当 DF＞0 时，二者处于脱钩状态，脱钩性越强表明二者的相关性越弱；当 FR＞0、PR＜0、DF＞0 时，表明二者处于强脱钩状态，相关性最弱，FR＜0、PR＜0、DF＞0 时，二者处于消退型脱钩状态，FR＞0、PR＞0、DF＞0 时，二者处于弱脱钩状

态。当 FR、PR、DF 三者中有任意一个等于 0 表明二者之间处于无关状态。

$$PR_i = \frac{\sum PR_{ii} - \sum PR_{ij}}{\sum PR_{ij}} \quad (4-11)$$

式中，CE_{ii} 表示第 i 年份，i 类功能在城市中心区的数量；EF_{ii} 表示 i 类功能在城市扩展区的数量；SF_{ii} 表示 i 类功能在城市蔓延区的数量；CF_{ij} 表示在第 j 年份，i 类功能在城市中心区的数量，EF_{ij} 表示 i 类功能在城市扩展区的数量，SF_{ij} 表示 i 类功能在城市蔓延区的数量。其中 a、b、c 为系数，$a=1$，$b=0.7$，$c=0.3$。

$\sum PR_{ii}$ 表示在 i 年份，i 类功能所有街道的贫困人数的总和；$\sum PR_{ij}$ 表示在 j 年份，i 类功能所有街道的贫困人数的总和，计算公式为

$$PR \quad \frac{\sum PR_{ii} \quad \sum PR_{ij}}{\sum PR_{ij}} \quad (4-12)$$

（二）研究结论

如表 4-7 所示，1990～2013 年西安的行政功能区基本没有变化，与城市贫困之间没有明显的相互影响关系。典型居住区的数量不多，对城市贫困的影响尚未凸显。1990～2000 年，旅游区与城市贫困属于无关状态，随着旅游区的形成与发展，旅游区与城市贫困之间呈现强脱钩状态，说明旅游区与城市贫困问题的相关性较弱；商业区在 1990～2000 年发展较为缓慢，对城市贫困影响较小，二者之间基本处于无关状态；2000～2013 年商业迅速向市中心集聚，商业区与新城市贫困之间呈现强脱钩状态，说明在商业区内，城市贫困的人口较少，二者之间的相关性较小。一类工业区主要以新兴的电子产业为主，大多由高素质劳动人才组成，收入相对较高且不易陷入贫困，故一类工业区与城市贫困呈现无关状态。

1990～2000 年，西安市的二类工业区与城市贫困呈现弱复钩。随着二类工业在城市中地位的下降，大量工人下岗，贫困人口增多，并不断在二类工业区集聚，二者之间呈现扩张型复钩状态。三类工业区在 1990～2000 年与城市贫困之间呈现扩张型复钩状态，同时也说明，城市贫困人口最先在三类工业区集聚，并且随着城市发展，贫困人口进一步向三类工业区集聚，二者之间呈现强复钩状况。

表 4-7 城市功能区与城市贫困人口的脱钩复钩类型

城市功能区	脱钩复钩类型	
	1990～2000 年	2000～2013 年
行政区	无关	无关
居住区	无关	无关
旅游区	无关	强脱钩
商业区	无关	强脱钩
文教区	强脱钩	弱复钩
一类工业区	无关	无关
二类工业区	弱复钩	扩张型复钩
三类工业区	扩张型复钩	强复钩
复合类型区	扩张型复钩	弱脱钩
均质混合区	扩张型复钩	强脱钩

复合类型区中两种功能地位相当，功能类型和人口构成也相对复杂，所以整体来看复合类型区与城市贫困之间的相关性不大。1990～2000 年，二者之间属于扩张型复钩，2000～2013 年，二者之间转为弱脱钩状态。均质混合功能区与城市贫困之间相关度也较低，1990～2000 年二者处于扩张型复钩，2000～2013 年二者之间属于强脱钩的状态，说明在均质混合区内城市贫困聚居的现象并不明显。

三、城市功能区与贫困强度的时空耦合

（一）1990 年西安城市功能区与贫困强度的耦合关系

1990 年，西安市工业区的贫困程度最严重，在二类工业区和三类工业区均呈现中强度的贫困现象（图 4-12）。说明改革开放以来，二、三类工业在城市中的地位开始下降。商业区内呈现强度贫困，此时的商业区主要是以批发零售业为主的低级商业区，稳定性差，有大量城市贫困人口在低端商业区周边集聚。文教区内的贫困程度较弱。在复合类型区中，以不贫困和中度贫困为主，复合类型中有工业功能复合的多呈现中度贫困，以文教复合的功能区贫困程度弱，与上述单功能的结果一致。均质混合区中以不贫困和弱贫困为主。

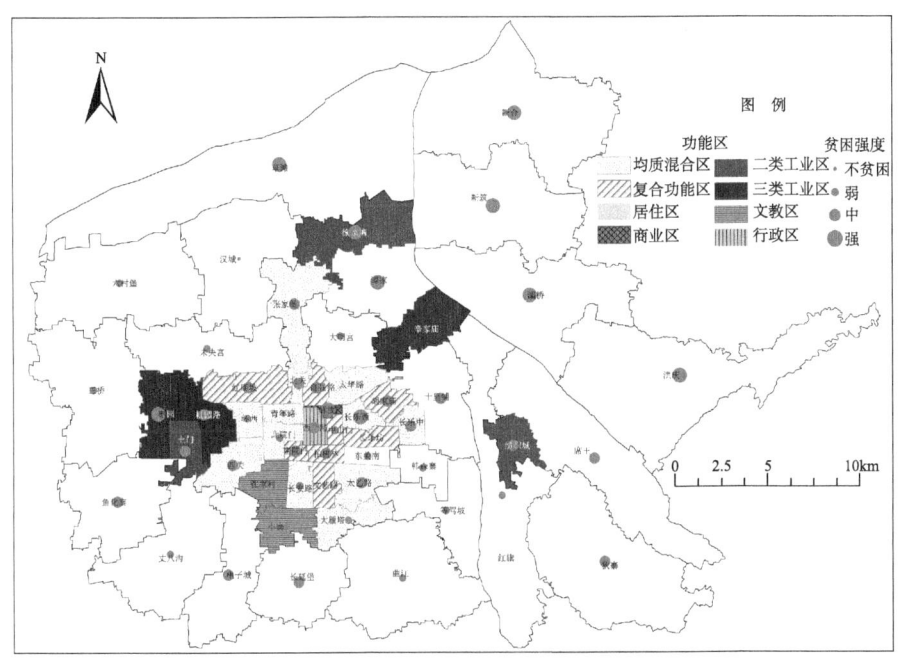

图 4-12 1990 年西安城市功能区与贫困程度的耦合

（二）2000 年西安城市功能区与贫困强度的耦合关系

2000 年，西安城市功能格局以均质混合的形式向外拉大（图 4-13）。城东的工业区贫困程度增大，普遍呈现中度贫困；城西工业区的贫困程度有所缓解，均呈现弱度贫困，说明城东的工业区先于城西开始衰落。火车站附近的低级商业区由原来的强度贫困转为中度贫困。文教区依然呈现不贫困或者弱度贫困。复合类型区中，弱、中、强不同程度的贫困强度都有存在，城市中心区居住与商业混合区呈现强度贫困，体现了西安市内城衰退的特征。城南文教复合区仍旧呈现弱度贫困。均质混合区大部分呈现中弱度贫困。

（三）2013 年西安城市功能区与贫困强度的耦合关系

2013 年，西安市的工业区均呈现中度贫困（图 4-14）。城东工业区中，工业进一步萎缩，贫困进一步加剧；城西工业区中，工业向外迁出，贫困人口也随工业外迁；靠近城市中心的工业区内，工业功能减弱，其他功能增强，贫困程度减弱；外围的工业区，贫困程度加深。在一类工业区中，由于区域内没有完全被一类工业覆盖，区域内贫富差距比较明显，一种是从事一类工业的高素

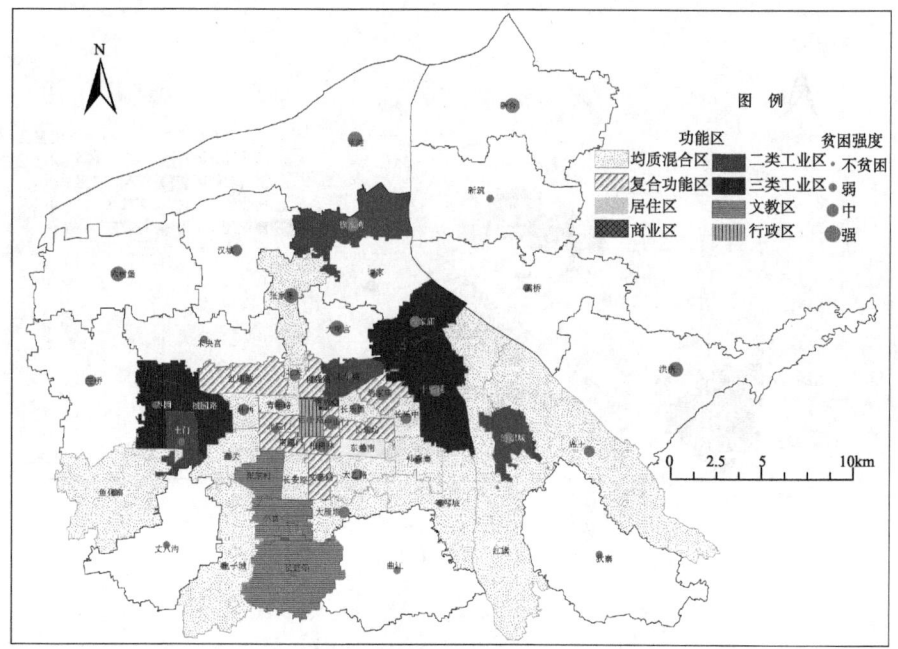

图 4-13 2000 年西安城市功能区与贫困程度的耦合

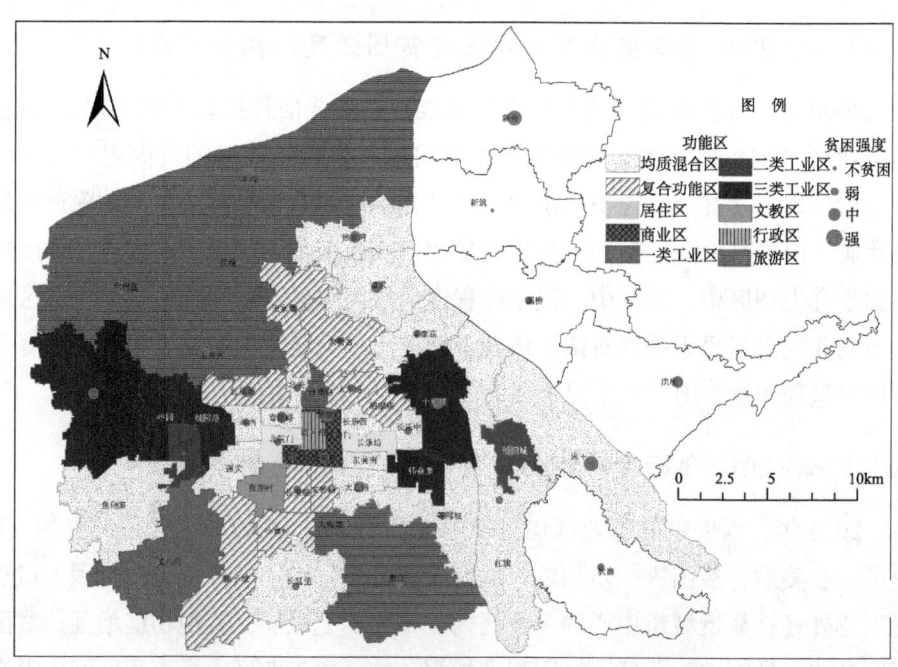

图 4-14 2013 年西安城市功能区与贫困程度的耦合

质劳动力，形成本社区的富裕阶层，另外一种是在一类工业区外扩的过程中的失地农民，由于一类工业对劳动力素质要求比较高，失地农民不可能在一类工业中有效就业。商业区中出现两极分化，在火车站附近的低级商业区内呈现强度贫困，而在市中心的高级商业区多为不贫困或弱度贫困。新兴的旅游区多呈现中弱度贫困，这是因为这些地区仍然为旅游蔓延区，还没有发展成为单独的旅游区，随着区域内旅游业的进一步发展，贫困程度会不断弱化。复合功能区内呈现弱度贫困，在均质混合区内，城市中心区和城市扩展区的均质混合区域呈现不贫困或者弱度贫困，在城市蔓延区的均质混合区呈现强度贫困，主要是由于城市蔓延区处于城乡结合部，以城市边缘人群为主，生活环境比较差，容易陷入贫困。

（四）耦合关系的动态演变

1990～2013 年，西安市不同类型的功能区与城市贫困间存在不同的时空耦合关系，体现了研究期西安整体城市功能定位的改变和产业结构的优化调整。在西安市的工业区内，城市贫困程度普遍较强，而且城东工业区的衰落速度较快、较明显，城市贫困程度不断加深；城西的工业衰落速度较慢，而且工业不断外迁，贫困程度变化不明显，并且有缓和的迹象；商业区可分为低级商业区和高级商业区两种类型，1990～2000 年，高级商业区还未形成，低级商业区的城市贫困程度较深，随着高级商业区的形成，在高级商业区内，城市贫困程度逐渐弱化。居住区在此期间与城市贫困程度没有明显的关联性。2000～2013 年，在城市内部的东西两区域形成了高中档居住区，故贫困程度较低。文教区内以高素质人才为主，城市贫困程度一直相对较低。行政区与贫困程度的耦合度不高，二者之间的相关性较小。在复合类型区内由于功能的相互补充，贫困程度在逐渐减弱。均质混合区内，城市中心的贫困程度在逐渐弱化，但是城市外围的贫困程度在逐渐增强。

四、城市功能区与贫困人口户籍的时空耦合

（一）1990 年城市功能区与贫困人口户籍的耦合关系

1990 年，西安市的城市贫困是以本地贫困为主，各功能区内的贫困人口也多为本地户籍（图 4-15）。在工业区内，土门和枣园的外地人口相对较多，外

地贫困人口与本地贫困人口相当，其余工业区内本地贫困人口远大于外地贫困人口。这主要是由于20世纪90年代西安市的外来人口较少，主要以本地就业人口为主，工业的衰退主要影响本地户籍的人口。商业区内，本地贫困人口比例也远大于外地贫困人口比例。在复合类型区中，北部和西部的复合类型区的本地贫困人口大于外地贫困人口，而南部的复合类型区中，外地贫困人口大于本地人口。这主要是由于北部与西部的复合类型为工业与其他类型的复合，情况与上述工业区类似，故本地贫困人口多于外地贫困人口，但是与工业区相比，二者差距较小。南部的复合区内是文教与其他功能的复合，与单一文教功能区情况类似，外地贫困人口较多。均质混合区中，除了位于城市外围区的张家堡社区和大雁塔社区，本地贫困人口和外地贫困人口的数量相当，其余的均质混合区内，均是本地贫困人口多，外地贫困人口少。

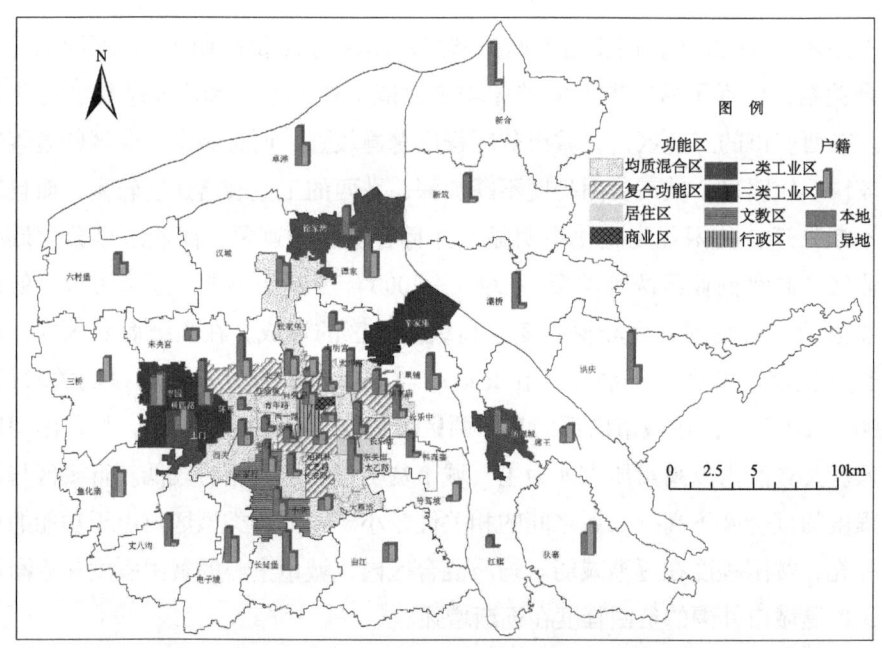

图 4-15　1990 年西安城市功能类型与贫困人口户籍的耦合

（二）2000 年城市功能区与贫困人口户籍的耦合关系

2000 年，西安市的外地户籍的贫困人口数量迅速增加，并逐渐由城市外围区向城市中心区迁移（图 4-16）。从功能区类型来看，各功能区之间存在较大差异。

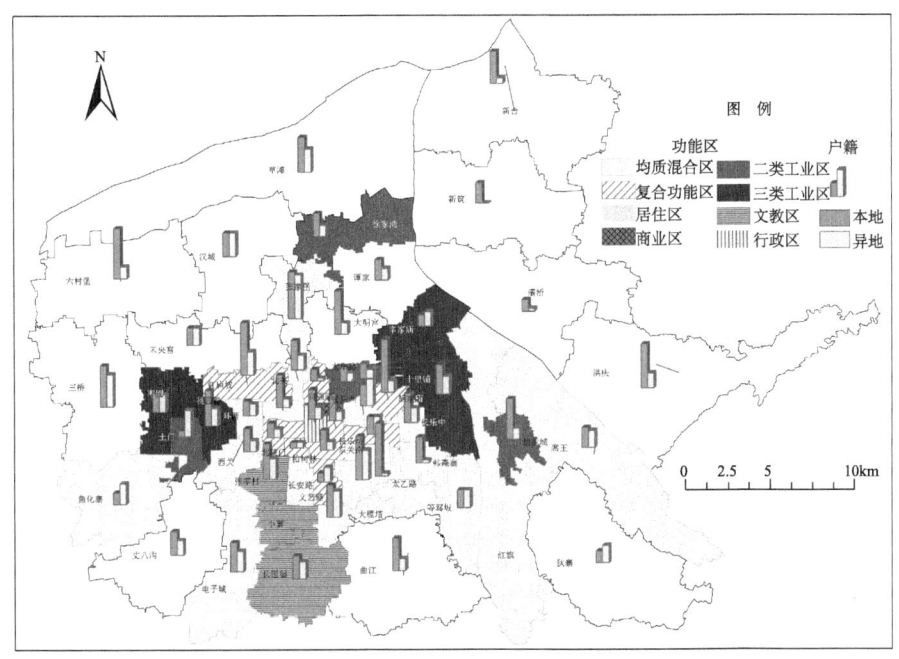

图 4-16　2000 年西安城市功能类型与贫困人口户籍的耦合

城市东西部的工业区，外地贫困人口与本地贫困人口的数量相当，甚至有些地区已经超过本地贫困人口；北部的二类工业区仍然是本地贫困人口占主导，但外地贫困人口的比例较 1990 年有所增加；文教区内，本地贫困人口与外地贫困人口比例基本相当，这主要是由于一方面文教区在南迁的过程中，占用了大量的农业用地，导致本地贫困人口的数量居高不下；另一方面针对学生消费的低端服务业在此集聚，导致外地贫困人口的数量相对较多；在以批发零售业为主的低级商业区内，外地贫困人口的比例增加，与本地贫困人口的比例持平；行政功能区内，外来人口较少，以本地贫困人口为主；居住功能区在城市发展过程中，由工人住宅区转化成为以中等收入的居住区；在复合类型区中，东西部的胡家庙和红庙坡以工业为主的复合类型区中，本地贫困人口的数量较多，城市中部的复合类型区中，尤其是城市中心以商业和居住的混合类型区中，外地人口比例与本地人口比例基本相当，外地迁移人口已经开始进入内城地区。在均质混合类型中，本地贫困人口与外地贫困人口的数量基本相当，说明在均质混合区内，人口的户籍属性也相对混杂，分化不明显。

（三）2013年城市功能区与贫困人口户籍的耦合关系

2000～2013年，随着城市的迅速扩张，大量失地农民出现，西安市的本地户籍贫困人口迅速增加。这一时期西安城市贫困人口集中于城市外围的城乡结合部和衰落的城市中心区（图4-17）。

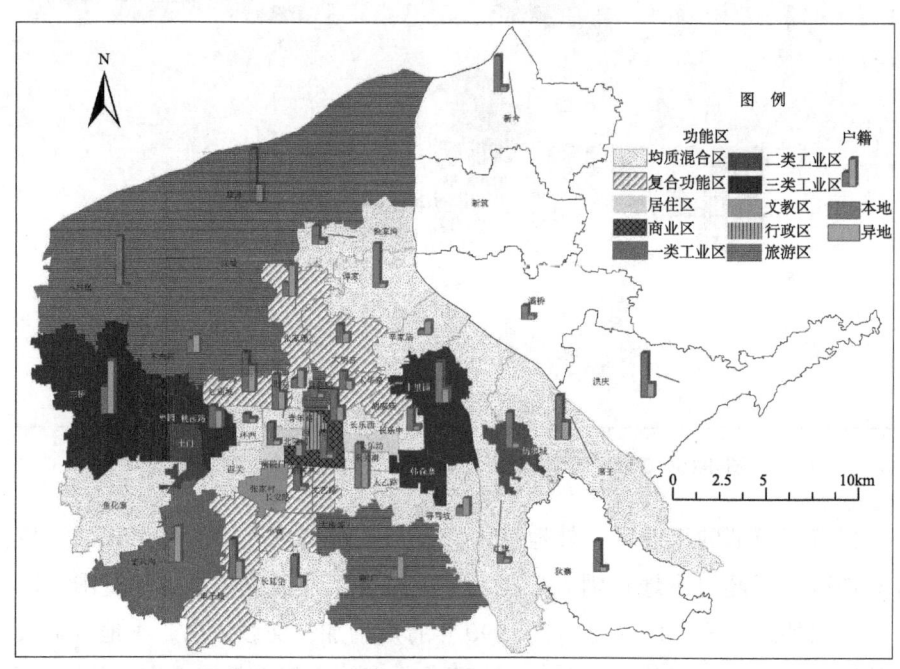

图4-17　2013年西安城市功能类型与贫困人口户籍的耦合

从城市功能类型来看，在城市西部的三类工业区内，外来迁移人口较多，外地贫困人口的比例大于本地贫困人口；东部的二类工业区仍然是本地贫困人口占主导地位，说明东部的发展较西部慢，外来迁移人口较少；商业区中除了北院门回民街区外，都是本地贫困人口较多。以金融业为主的高级商业区内的贫困人口主要是在转型过程中的城市原住居民，对于外地迁入人群来说，进入城市核心地区相对比较困难。在旅游区内，北部的旅游区由于处于城市外围，城市改造刚刚开始，在改造的过程中大量的农业人口失去土地而陷入贫困，在东南部的大雁塔和曲江的旅游区内，基本完成了贫困人口的外迁。在复合类型区内，除张家堡社区外均以本地贫困人口占主导，在均质混合区内的贫困人口主要集中在城市东部，且以本地人口为主。

（四）耦合关系的动态演变

1990～2013年，西安城市贫困的主体先由以本地户籍人口为主，转变为以外地户籍人口为主，后又演变为本地户籍与外地户籍人口并重。在不同类型的城市功能区内，城市贫困人口的户籍结构呈现出不同的特点。在工业区内，贫困人口的户籍结构经历了"本地贫困人口与外地贫困人口比例基本相当—外地贫困人口超过本地贫困人口——外地贫困人口居多"的发展演变过程。商业区中，以批发零售业为主的低级商业区内一直以本地户籍贫困人口为主。文教区中本地户籍贫困人口比例较大，但外地贫困人口的比例也比其他功能区相对偏高，后期随着文教区的南迁，部分文教区转化为复合类型区，其贫困人口主体的户籍结构也更趋于多元。在城市旅游功能区的不同发展阶段，城市贫困主体存在户籍差异，在城市旅游功能区形成的初期，主要以当地失地农民为贫困人口主体，而到了中后期，则以外地户籍贫困人口为主；复合类型区与单功能区的变化趋势基本一致，但二者之间的差异相对较小，均质混合区中的贫困人口大部分处于城市扩展区和城市蔓延区内，再加上均质混合区的就业比较复杂，本地贫困人口与外地贫困人口的数量基本相当。

五、城市功能区与城市贫困的耦合机理

（一）城市发展的历史继承性

城市发展具有历史继承性，西安作为"十三朝古都"，城市空间扩展史是体现了其悠久建城史的影响。目前，西安的城市社会空间主要经历了由古代的"棋盘式"的商住混杂格局，演变为"工作-居住"混合格局，再到"区块带动、组团发展"的格局。而城市贫困空间的形成和演变与城市空间格局演变历史存在着密不可分的关系。

明代以来，西安市的空间范围主要是明城墙以内的区域，钟楼为城市中心，靠近市中心的地区，商业发展繁荣，为内城的经济发展奠定了良好的历史基础。抗日战争时期，中原沦陷区人口沿陇海—兰新铁路线向西部逃亡，大量流亡人口涌入西安，这些人口在城市东北地区的荒地和北关、自强路、二马路等地落户下来，并且建造了大量的棚户、简易居住区，居住环境极其恶劣，由

此形成了西安市老城区西北部，尤其是目前新城区解放门、自强路和太华路附近的贫困空间。新中国建立初期，我国城市发展主要借鉴了苏联模式，由此形成了工业与居住毗邻的"工作-居住"的混合体。我国于"一五"至"七五"期间在西安布局了大批的重工业、科研单位及"三线"建设项目，使西安市形成了明确的东西分布格局，并形成"单位大院式工作-居住混合体"。这些企业有很多属于劳动密集型企业，技术水平较低，竞争力相对较弱，20世纪90年代大量企业破产倒闭，从而沦为转型期西安市的贫困集聚区。

（二）城市规划的引导作用

城市功能格局的形成在遵循自然规律的基础上，更多地体现了人为的规划学思想。城市规划的过程中往往重视城市的整体发展，兼顾大多数人的利益，不可避免地忽视了部分人群的利益，使其没有跟上城市高速发展的快车，易于陷入贫困。

至2013年，西安市共完成四次城市总体规划。第一次城市总体规划（1953～1972年），确定了西安市的城市性质是以轻型精密机械制造和纺织工业为主的工业型城市，在这种城市性质定位下，工业是城市发展的重点。至20世纪90年代，这些传统劳动密集型产业面临着变革和重组，传统工业区也面临着成为贫困集聚区的境地。第二次城市总体规划（1980～2000年），确定了西安的城市发展模式，即"保护旧城，新城围绕旧城"，西安市在这一阶段的发展主要是以新城的形式向外扩张。在城市扩张的过程中出现了城市建设用地占用耕地，原农业人口转化为非农人口等现象，使农民失去赖以生存的土地，被迫外出打工来维持基本生活，从而陷入贫困。第三次城市总体规划（1995～2010年），确定了西安市的发展模式为"中心集团、外围组团、轴向布点、带状发展"。这一阶段西安市的发展从两方面进行，一方面是城市内部功能的优化，随着市场经济的发展，地租对城市功能的影响较大，能支付高地租的功能区（如商业）向城市中心集聚，而占地面积较大、附加值较小的部分功能区向城市外围集聚，这一时期出现了高度的功能分区。在功能集聚的过程中贫困人口也出现了一定的集聚，这一阶段，贫困现象比较复杂，贫困人口类型也更加多元。城市中心地区的老住户，并没有迁出城市，出现贫困集聚在内城的现象。同时，在城市内部功能优化的过程中，工业区的改造和萎缩导致大量工人下岗，以及在职低收入。另一方面是城市外扩的过程中，农转非造成大量的贫困人口出现，另外大量的外来流动人口也是西安市城市贫困人口的重要组成部分。

第四次城市总体规划（2008～2020年），确定了城市发展的基本格局为"九宫格局、棋盘路网、轴线突出、一城多心"，并明确规划了西安市的四大产业区：老城区发展人文旅游、文化服务及商业零售业；西南部发展高新技术产业；东北部和东南部发展文化、旅游和物流业；北部发展出口加工及现代制造业。这一轮城市规划对内城的保护和新功能区的开辟对西安市贫困空间的重构产生了显著的影响。汉长安城遗址的开发和西咸新区的建设给西部地区注入了新的活力；东部的纺织城地区被划入浐灞生态区，并纳入"关中－天水"经济区规划；2011年西安市政府由碑林区北迁至未央区，从而带动了北部地区的发展，这些规划举措都极大地改变了西安城市贫困的空间格局。

（三）土地使用制度改革与旧城改造

新中国成立初期，我国实行国家所有、行政划拨、无偿无期限和禁止土地使用权转让的土地制度，使得城市中心地区大量土地被企事业单位所占据，从而形成了独特的"单位大院式"土地利用景观。这种土地制度下，土地资源被严重浪费，土地使用效益极其低下，土地的级差地租效益难以发挥作用。我国的土地无偿使用制度向有偿使用的转变开始于1987年，深圳市率先开始以公开招标的方式进行土地分配。1988年，国务院颁布了将市场机制引入土地资源配置的相关法令，由此引发城市空间按照市场原则进行重构，对城市贫困空间格局产生了重要的影响。

新中国成立前期的西安市，建设重点都在外围工业区和配套居住区上，旧城更新被忽略，中心商业区日趋萧条和衰败。20世纪50年代起，西安市政府先后组织了一系列的拆迁安置和棚户、低洼、危旧房改造工程，如道北地区的改造等，但由于缺乏改造资金，旧城改造速度较为缓慢。90年代以来，城市土地实行有偿使用，住房商品化进程加速。优越的区位、便利的交通和良好的公共设施使得内城核心区重新受到重视，大量资金投入到城市建设中，旧城改造步伐加快。2002年，西安市政府正式开始城中村和棚户区全面改造项目，大部分危旧房住户、中低收入阶层开始向新开发住宅区疏散。截至2015年，西安全市已累计完成187个整村拆除工作，涉及9.12万户、31.53万人；已有127个村的回迁安置工作完成，涉及约6.78万户、23.61万人，累计完成投资506.76亿元。

土地使用制度的改革、大型市政工程的建设和旧城改造都产生了大量的迁移人口。调查显示，拆迁成为西安市居民迁居的主要原因，调查对象中拆迁搬家者比例高达 50%。大多数迁移人口由于难以承受旧城区的高房价、高租金，无法迁回原居住地，而不得不选择住房价格较低的城市边缘，从而被动地被"边缘化"和"破碎化"。

（四）福利分房制度及住房市场化

新中国成立后实行的住房福利分配制度和改革开放以后实行的市场化改革都对西安市贫困空间的形成和演变起到了重要作用。

住房福利分配制度将住房视为福利制度的一部分，福利住房绝大部分由政府或是单位投资建造，产权归国家所有，按照单位进行分配。这种制度直接导致了以"单位"为基础的公房居住区的形成。例如，20世纪50～70年代，西安市在城市的东西边缘方向分别建设了"纺织城"和"电工城"，并在其周边地区兴建了大量住宅区，形成了东西对称分布的单位住房区。原职工单位归属感仍然很强烈，如现在的纺北路和纺正街等地区，现在仍然是原职工的居住区。收入微薄及彼此间拥有共同的生活经历使得大批职工仍然生活在原住房内，形成大片的贫困人口集聚区。尽管现在大部分住房以低价出售给职工，变成了自购住房，但是房屋来源仍然为当年的福利房。

1988 年，政府宣布取消住房分配，居民可以根据自身的经济状况及需求来自主选择住房。房价成为居民选择居住地点的重要考虑因素。住宅市场化使得城市居民的收入层次与城市地价有了直接的联系。具体表现为：居民收入差距拉大、经济收入分化为居住区位的分化提供了经济基础；住宅的商品化和市场化为居民自由择居提供了可能。一般情况下，高收入阶层在选择居住区位时，往往会考虑多种因素，如交通和购物等是否便捷、基础设施是否完善、生活环境是否足够优越、医疗和教育是否便利等。但是由于自身社会经济条件的限制，城市贫困群体自主择居的权利较为狭窄或者根本没有。因此，城市贫困阶层不得不选择继续居住在旧城区或城市边缘区住宅中，表现出明显的区位化特征。高档住宅区选择区位优势比较明显的近郊和地租比较高的城市中心区，而低档住宅区只能选择在城市中间的过渡地带，如城乡结合地区、原老工业区遗留地区。

第五章
城市环境与城市贫困

第一节　城市环境与城市贫困研究综述

自1992年世界银行在《世界发展报告：发展与环境》中阐述了人口、贫困、经济增长与可持续发展问题以来，环境与贫困问题愈来愈引起人们的关注。

一、国外研究综述

国外学者从人口、环境、资源与社会经济之间的相互作用展开研究，指出经济政策的干预和环境管理是解决环境与贫困危机的关键。里尔登（1996）认为环境与贫困是相互作用、相辅相成的，贫困的加剧导致环境恶化，而环境恶化更加剧了两极分化。环境与贫困之间的关系会受到其他因素的制约，如贫困程度、贫困类型、社区贫困状况与环境问题类型、收入和投资战略、土地利用战略等。Anders（2014）的研究表明，穷人是环境恶化的主要受害者，是环境退化的催化剂，高收入增加了对环境的压力，不完整的产权强化了环境与贫困之间的恶性循环，人口压力增加了贫困与环境退化，并指出应在国家援助战略中综合考虑环境与贫困之间的联系。Hope（1999）对非洲大陆的环境与贫困问题分析后，认为政策框架能促进非洲环境与贫困之间的良性循环发展，如果能有效地改善环境与贫困方面有缺陷的政策，改进政府的管理体制，环境与贫困之间的恶性循环就可以打破。Nunan等（2002）认为，环境与贫困之间的恶性循环中，穷人扮演了重要角色；环境退化不是由贫困引起的，而是由机制不良和政策的不当指引造成的；机制、社会经济和文化调节着环境与贫困之间的关系。Swinton 等（2003）对拉丁美洲的环境与贫困问题进行分析，认为对于自然资源的短缺，富人和穷人都应承担责任；良好的农业政策和多样化的生活方式有助于减轻贫困；但是这些政策应针对不同的环境量身定制。Dasgupta 等（2005）对柬埔寨、老挝、越南的环境与贫困关系进行分析，研究聚焦在贫困人口与森林破坏、水土流失、室内空气污染、水体污染和户外空气污染这五种环境问题的相互关系上。结果显示，在柬埔寨贫困与室内空气污染、水污染关系密切，在老挝贫困与五种环境问题都有联系，在越南则与水土流失、室内空气污染联系紧密。

二、国内研究综述

1. 人口视角下的环境与贫困问题研究

周毅（1998）对世界农村贫困人口现状进行对比分析，认为贫困与人口增长和环境退化相伴而生，贫困地区生产条件低劣，人们迫于生计过度地开发利用资源，而脆弱的生态环境遭到破坏进一步退化，阻滞生产力的发展，进而加剧贫困。张志良等（1997）通过对比分析我国西北地区人口、资源、环境与经济等各项要素的变化，认为人口、资源、环境与经济发展相互之间是动态变化、相互制约的复杂关系，人口是关键因素，人口超载会给经济发展带来巨大压力，使经济发展与资源、环境之间矛盾加剧，严重威胁区域的可持续发展。刘萍和刘国军（1996）将我国贫困人口分布状况与地理因素相结合，运用数理统计方法进行分析后认为，人口与生态环境的矛盾可归因为以下几点：①人力就是生产力，粗放的农业生产方式刺激着人口的需求；②自然环境恶劣，经济条件落后，使贫困地区的人口容量较小；③封建传统的生育观是导致贫困地区多育行为的思想因素；④"养儿防老""多子多福"是导致贫困地区人口增长的心理因素。因此，贫困地区的人口数量更易超出当地生态系统的承载力，使环境与贫困陷入恶性循环。

2. 可持续发展视角下的环境与贫困研究

李琳和刘一良（2003）认为贫困是一个生态问题，贫困状况的发生和贫困程度的大小与生态环境状况有着极为密切的关系，最贫困的人口生活在世界上环境破坏最严重、恢复能力最低的地区。贫困与脆弱的生态环境之间的相关关系，在中国西部地区表现得非常明显，生态环境与经济发展的恶性循环既是导致贫穷落后的基础性原因，又是导致贫困地区经济社会非持续发展的重要影响因素。李建新（2002）通过系统分析认为我国西部地区的贫困是一种全方位的泛贫困，多种"贫困"重叠并相互影响、相互作用，是"发展贫困—人口贫困—生态贫困—发展贫困"的恶性循环圈，这种恶性循环使可持续发展在环境与贫困面前成为空谈。

3. 减贫视角下的环境与贫困研究

张义丰等（2000）以西部开发的生态背景与农村脱贫的关系来研究环境与贫困问题，认为恶劣的自然条件、不断恶化的生态环境是西部农村贫困的重要原因之一，主要表现如下：农业生产所依赖的地理环境恶劣；屡遭破坏的生态环境使农业生产陷入低效；频发的自然灾害恶化了农业生产环境，造成农牧业生产不稳定，农民返贫、致贫的风险较大。因此，保护修复生态环境、发展生态农业是西部脱贫的关键。王海英以西北民族地区为研究对象，分析了资源环境与贫困之间的相互关系，提出了西北民族地区的反贫困机制，认为资源环境恶化，尤其是农业资源环境恶化对当地经济具有破坏作用，是西北民族地区贫困的主要原因，提出西北民族地区反贫困应将政府反贫困职能与市场机制相结合，使贫困农户主动参与（王海英，2012）。

综上所述，目前国内外对贫困与环境关系研究集中于贫困与区域生态环境的作用关系，而聚焦城市贫困与城市环境的研究较为少见。

三、城市贫困与城市环境研究综述

随着世界城镇化进程的加快，城市贫困和城市环境问题作为典型的"大城市病"表现得越来越显著。二者相伴而生，互相影响，其相互作用关系引起了全球范围内人口学、社会学、经济学等学科的广泛关注。但是，由于"城市贫困-城市环境"系统中要素的多元性和关系的复杂性，国内外相关研究尚未形成相对成熟的研究方法和理论。综合国内外研究，在研究尺度上，当前的大部分研究成果均立足于较大的空间尺度（全球、洲际、国家间或区域间），而非城市内部的贫困与环境的关系，如世界银行对环境质量与人均收入的关系的研究，Hope（1999）对非洲大陆的研究等，以及我国学者对生态脆弱区和农村地区贫困的研究。在研究结论上，比较有影响力的是Panayotou（1997）的环境库兹涅茨曲线（EKC），即环境污染程度与人均收入间呈现倒"U"形曲线关系。但是该结论的尺度适宜性和地域适宜性还有待于进一步检验和完善。关于城市内部的贫困与环境间关系，尚缺乏系统的、深入的理论和实证研究。目前该领域的相关成果散见于对贫民窟、城中村、棚户区等城市贫困集聚区的人居环境描述中，缺乏全面系统的分析和总结（张文忠，2001）。

因此，对地理学来说，从空间的视角来探讨城市环境资源，这样一种具有相对的公共性和开放性的资源（如空气、绿地等），与不同的城市经济阶层集聚区，尤其是被认为与恶劣环境密切相关的贫困阶层集聚区，之间的空间配置关系和区位化规律，是一项能够体现地理学的学科特色与优势的、在理论和实践上都十分有益的尝试。

第二节　西安市城市环境格局及演变

一、大气环境的时空格局及演变

（一）大气环境数据的收集及评价方法

2013年，西安市空气国控网监测点共10个，其中市人民体育场、高新西区、经开区、曲江文化产业集团、广运潭5站点为新增站点，各站点分布如图5-1所示。2000年以前，各站点的主要监测项目为二氧化硫（SO_2）、氮氧化物（NO_x）、总悬浮颗粒物（TSP），2000年后监测项目改为二氧化硫（SO_2）、二氧化氮（NO_2）、可吸入颗粒物（PM10）。本节选取1990年、2000年、2013年各监测点的各类污染物浓度年均值展开分析。为了避免2013年与2000年进行比较时由于颗粒物指标选取的不同而产生的差异，加入2001年数据，并利用ArcGIS进行克里金插值。

本节采用空气污染指数法，即用API（表5-1）衡量空气环境质量。其计算公式为

$$API = \max(I_1, I_2, \cdots, I_n) \quad (5\text{-}1)$$

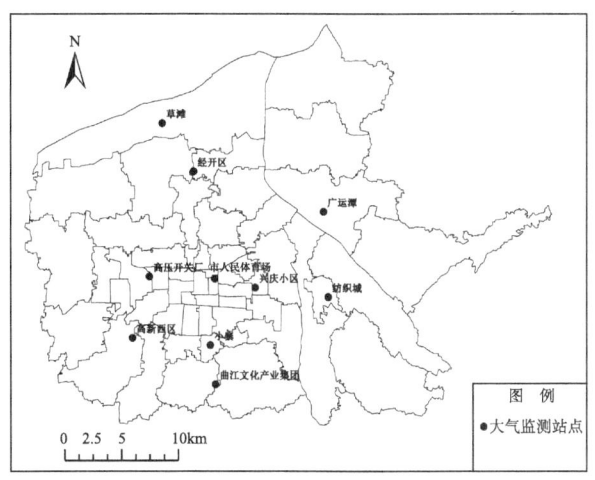

图 5-1　西安市大气监测点分布图（2013 年）

其中，
$$I = \frac{I_大 - I_小}{C_大 - C_小}(C - C_小) + I_小$$

式中，I 表示某污染物的污染指数；C 表示该污染物的浓度；$C_大$ 与 $C_小$ 分别表示在 API 分级限值表（表 5-2）中最贴近 C 值的两个值，$C_大$ 为大于 C 的限值，$C_小$ 为小于 C 的限值；$I_大$ 与 $I_小$ 分别表示在 API 分级限值表中最贴近 I 值的两个值，$I_大$ 为大于 I 的值，$I_小$ 为小于 I 的值。

同时，用污染分担率来衡量各街道三类污染物的污染负荷，其计算公式为

$$P = \frac{P_i}{\sum P_i} \quad 其中，\quad P_i = \frac{C_i}{S_i} \tag{5-2}$$

式中，P 表示某污染物的污染分担率；P_i 为第 i 种污染物的污染指数；C_i 表示第 i 种污染物的监测值；S_i 表示第 i 种污染物的标准值，西安市采用《环境空气质量标准》（GB 3095—1996）中的二级标准。

表 5-1　空气污染指数（API）分级标准

API	0～50	51～100	101～150	151～200	201～250	250～300	>301
级别	Ⅰ	Ⅱ	Ⅲ1	Ⅲ2	Ⅳ1	Ⅳ2	Ⅴ
空气质量	优	良	轻微污染	轻度污染	中度污染	中度重污染	重度污染

表 5-2　空气污染指数分级浓度限值

污染指数	污染物浓度 / (mg/m³)				
API	SO$_2$	NO$_2$	NO$_x$	TSP	PM10
50	0.050	0.080	0.050	0.120	0.050
100	0.150	0.120	0.100	0.300	0.150
200	0.800	0.280	0.150	0.500	0.350
300	1.600	0.565	0.565	0.625	0.420
400	2.100	0.750	0.750	0.875	0.500
500	2.620	0.940	0.940	1.000	0.600

（二）西安市大气环境的时空格局演变分析

根据空气污染指数和污染分担率的计算公式，计算得到1990年、2000年、2001年、2013年西安市53个街道的空气污染指数及三类污染物的污染分担率，利用ArcGIS分级输出，分别得到1990年、2000年、2001年、2013年西安市空气环境质量图（图5-2～图5-5）。

1990年，西安市53个街道空气质量分为两个水平，处于轻度污染的街道有红庙坡、土门、桃园路、环城西路、青年路、北院门、南院门、西一路、中山

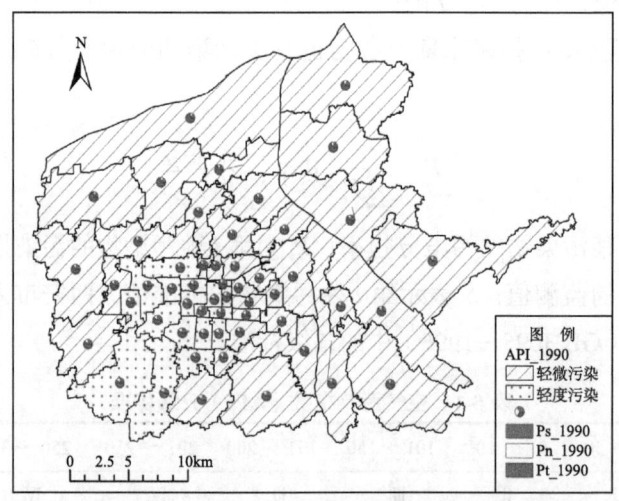

图 5-2　1990年西安市空气环境质量（文后附彩图）

注：Ps代表二氧化硫（SO$_2$）的污染分担率；Pn代表氮氧化物（NO$_x$）的污染分担率；Pt代表总悬浮颗粒物（TSP）的污染分担率

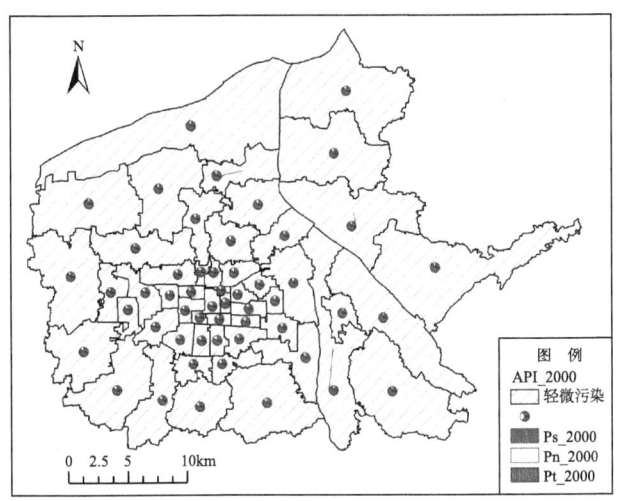

图 5-3 2000 年西安市空气环境质量（文后附彩图）

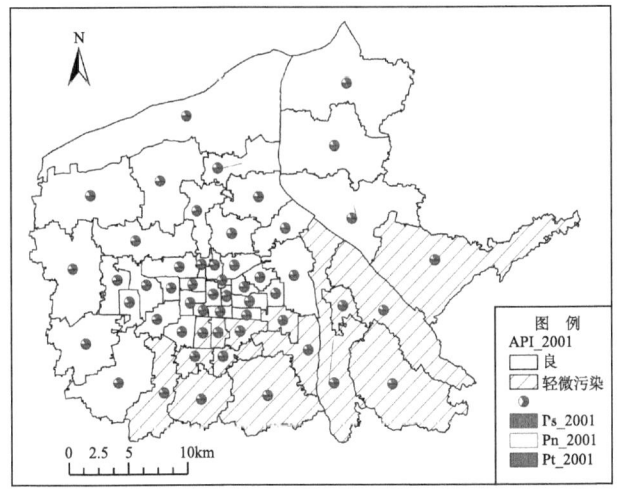

图 5-4 2001 年西安市空气环境质量（文后附彩图）

门、柏树林、西关、张家村、长安路、文艺路、丈八沟、电子城和小寨，共 17 个街道，主要分布在以城墙区为核心的西郊和南郊，其余街道均为轻微污染。空气污染指数各街道平均值为 145.62，属于轻微污染；最大值是 157.28，出现在西关街道；最小值是 124.14，出现在草滩街道。各街道的首要污染物均为总悬浮颗粒物，其污染分担率为 58.89%～75.75%；其次是 SO_2，污染分担率为 15.08%～26.28%；氮氧化物所占比率最小，污染分担率为 8.82%～16.33%。

1990年大气污染较重区域集中在包括城墙区在内的南郊和西郊，这主要是因为西郊是西安市的工业区，聚集了西安市多数的工业企业，如高压开关厂、西安绝缘材料厂、西安电线厂等，致使这一地区空气污染指数偏高。而城墙区向至小寨、电子城这一地区路网比较稠密，车流量大，大量的汽车尾气排放到空气中，造成这一地区空气污染指数偏高。

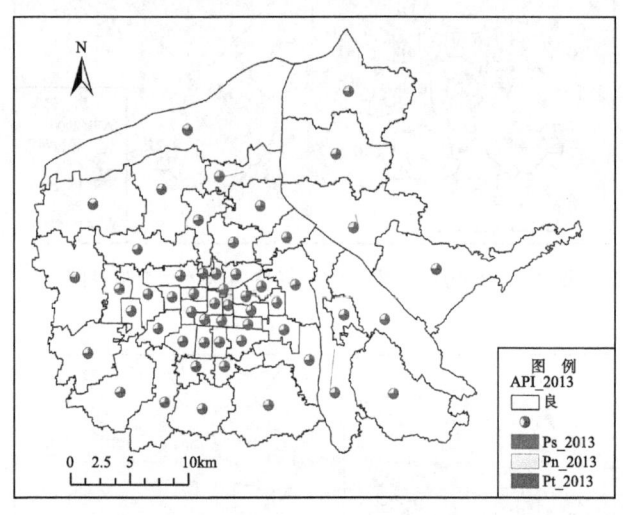

图 5-5　2013 年西安市空气环境质量（文后附彩图）

与 1990 年相比，2000 年西安市空气质量整体明显好转。西安市 53 个街道空气质量均属于轻微污染，空气污染指数各街道平均值为 122.65，属于轻微污染；最大值是 140.46，出现在西关街道；最小值是 101.39，出现在草滩街道。1990～2000 年，各街道空气污染指数呈整体减少趋势，减少幅度为 16.64～35.66，平均减少 22.97；减少量最大的是纺织城街道，减少值为 35.66；减少量最小的是环城西路街道，减少值为 16.64。2000 年西安市各街道的首要污染物仍为总悬浮颗粒物，其污染分担率为 55.95%～72.79%；其次是 SO_2，污染分担率为 18.07%～28.27%；氮氧化物所占比率最小，污染分担率为 9.14%～15.88%。1990～2000 年西安市空气质量改善的原因主要是西安市政府加大了"无燃煤区"和"改煤区"的建设与管理；加强了天然气气化工程的力度，天然气一期工程基本完成，实现日供气 100 万 m^3 左右，用气人口达 181.06 万人，城市燃煤量在逐年降低，燃煤总量和用煤人口 2000 年年末比 1990 年年末分别降低了 54.58% 和 22.67%；提高了集中供热的覆盖面，完成了西郊热电厂、南大街及解放路至和平门等集中供热工程。

2001年，西安市53个街道空气质量分为两个水平，处于轻微污染的街道有长安路、文艺路、太乙路、韩森寨、小寨、电子城、大雁塔、长延堡、等驾坡、曲江、红旗、纺织城、席王、狄寨、洪庆，共15个街道，主要分布在西安市的东郊和南郊，其余街道空气质量均为良。空气污染指数各街道平均值为96.41，属于良好水平；最大值是105.88，出现在曲江街道；最小值是86.00，出现在汉城街道。各街道的首要污染物均为可吸入颗粒物（PM10），其污染分担率为47.98%～54.39%；其次是SO_2，污染分担率为31.06%～36.07%；NO_2所占比率最小，污染分担率为13.87%～17.50%。

2013年，西安市53个街道空气质量均属于良，空气污染指数各街道平均值为84.30，属于二级标准；最大值是88.14，出现在环城西路街道；最小值是80.14，出现在灞桥街道。2001～2013年，各街道空气污染指数呈整体减少趋势，减少幅度为1.89～23.85，平均减少12.11；减少量最大的是曲江街道，为23.85；减少量最小的是未央宫街道，为1.89。较2001年相比，西安市空气质量整体明显好转。2012年西安市各街道的首要污染物仍为总悬浮颗粒物，其污染分担率为49.52%～60.75%；SO_2和NO_2所占比率接近，污染分担率分别为12.29%～26.29%和22.59%～27.46%。NO_2污染分担率上升主要是因为随着城市经济发展，路网越加稠密，机动车数量不断增长，汽车尾气排放呈增长趋势，二氧化氮污染有所增加。2001～2013年西安市空气质量改善的原因主要如下：①西安市政府加大了全市小型燃煤锅炉拆改力度，积极发展集中供热，大力推广清洁能源；②工业污染和产业结构调整取得进展，使粉尘、烟尘的排放量逐年下降；③实施《西安市扬尘防治工作考核办法》，控制城市扬尘污染，提高夏秋两季农作物秸秆综合利用率，实现了全面禁烧，通过实施产业结构调整、燃煤锅炉脱硫工程，控制SO_2排放总量。

综合来看，1990～2013年西安市空气质量呈现明显好转，1990年、2000年和2013年API的平均值分别为145.62、122.65、84.30。空气首要污染物是颗粒物（TSP和PM10），其次是SO_2，氮氧化物所占比例相对较少。1990～2013年各街道空气环境质量均呈现以西郊工业区为核心向外围逐渐好转的不连续圈层结构，API高值区基本不变；较高值区有所减少，向东北方向移动；中等值区数量上变化不大，分布上由东北向半环形被分成西南、北部和东南三部分；较低值区变化幅度较大，从总体上说是由东部远郊区向东南远郊区移动，低值区变化波动较大。表 5-3 为 1990～2013 年西安市各街道 API 分级。

表 5-3　西安市各街道 API 分级（1990～2013 年）

API	1990 年	2000 年	2013 年
高	10 个：土门、桃园路、环城西路、青年路、南院门、北院门、西关、张家村、长安路、小寨	9 个：土门、桃园路、环城西路、青年路、南院门、北院门、西关、张家村、长安路	10 个：土门、桃园路、红庙坡、北关、环城西路、青年路、南院门、北院门、西关、张家村
较高	18 个：红庙坡、北关、自强路、解放门、西一路、中山门、柏树林、长乐西路、长乐坊、东关南街、文艺路、太乙路、大雁塔、枣园、鱼化寨、丈八沟、电子城、长延堡	13 个：红庙坡、北关、自强路、解放门、西一路、中山门、柏树林、文艺路、小寨、枣园、鱼化寨、丈八沟、电子城	13 个：枣园、未央宫、张家堡、大明宫、自强路、太华路、解放门、西一路、中山门、柏树林、长安路、文艺路、小寨
中等	10 个：未央宫、大明宫、辛家庙、太华路、胡家庙、十里铺、长乐中路、韩森寨、等驾坡、曲江	10 个：未央宫、大明宫、太华路、胡家庙、长乐西路、长乐坊、东关南街、太乙路、大雁塔、长延堡	13 个：三桥、鱼化寨、丈八沟、电子城、汉城、徐家湾、谭家、胡家庙、长乐西路、长乐坊、东关南街、太乙路、大雁塔
较低	12 个：三桥、张家堡、徐家湾、谭家、新合、新筑、灞桥、洪庆、纺织城、席王、红旗、狄寨	11 个：三桥、张家堡、谭家、新合、新筑、辛家庙、十里铺、长乐中路、韩森寨、等驾坡、曲江	13 个：新合、辛家庙、十里铺、长乐中路、韩森寨、等驾坡、曲江、长延堡、纺织城、席王、红旗、洪庆、狄寨
低	3 个：草滩、六村堡、汉城	10 个：草滩、六村堡、汉城、徐家湾、灞桥、洪庆、纺织城、席王、红旗、狄寨	4 个：草滩、六村堡、新筑、灞桥

注：本表采用 ArcGIS 自带的 Natural breaks（Jenks）方法将三年的 API 数据进行细分，以便进一步明确西安市空气环境演变，故各街道 API 分级与前面描述不一致

二、水环境的时空格局及演变

（一）水环境数据的收集及评价方法

西安市城六区范围内的地表水有渭河、浐河、灞河和皂河，共选取 10 个监测断面，各断面分布与街道对应关系见表 5-4。采用综合污染指数（comprehensive pollution index of water quality）来评价水环境质量，其计算公式为：

$$P = \frac{1}{n}\sum_{i=1}^{n} P_i, \quad 其中, \ P_i = C_i/S_i \qquad (5-3)$$

式中，P 表示综合污染指数；n 表示污染物种类；P_i 表示污染物 i 的污染指数；C_i 表示 i 污染物实测浓度平均值；S_i 表示 i 污染物的评价标准值；P 的评价等级见表 5-5。综合污染指数评价项目选取：高锰酸盐指数、生化需氧量、挥发酚、石油类、氨氮、亚硝酸盐氮、硝酸盐氮、总砷、总汞、六价铬、总铅、总镉、总悬浮物、总硬度、氰化物共计 15 项。西安市地表水除皂河执行《地表水环境质量标准》(GB 3838—2002) 的四类标准，其余均采用三类标准。

表 5-4　西安市地表水各断面及其对应的街道

河流	断面名称	对应街道
渭河	天江人渡	草滩
灞河	马渡王	席王
	灞河口	灞桥
	三郎村	新合
浐河	浐河口	灞桥
	田家湾	红旗
	高桥	红旗
皂河	丈八沟	丈八沟
	雁秋门	三桥
	农场西站	草滩

表 5-5　综合污染指数评价等级

$P < 0.5$	$0.5 \leqslant P < 2$	$2 \leqslant P < 4$	$P \geqslant 4$
轻度污染	中度污染	重度污染	严重污染

（二）西安市水环境的时空格局演变分析

表 5-6 为 1990～2013 年西安市各街道综合污染指数。1990 年，西安市水环境状况处于严重污染的是草滩、三桥、丈八沟，其污染指数分别为 12.36、10.44、4.59；处于中度污染的是灞桥、新合，其污染指数分别为 1.26 和 0.66；处于轻度污染的是红旗、席王，其污染指数分别为 0.34 和 0.45。各街道按污染指数排序依次是草滩、三桥、丈八沟、灞桥、新合、席王、红旗，呈现皂河流

经街道＞灞河下游街道＞浐河、灞河上游街道趋势。这主要是因为皂河水体承担着西安市的排污功能，沿途有 20 余条城市雨水管网汇入，纳入了大量的工业废水和城镇生活污水，故皂河流经街道的整体污染指数要远高于其他街道。

表 5-6　西安市各街道综合污染指数（1990～2013 年）

年份	草滩	灞桥	新合	红旗	席王	三桥	丈八沟
1990	12.36	1.26	0.66	0.34	0.45	10.44	4.59
2000	6.38	3.47	1.87	0.57	0.58	6.04	1.49
2013	5.58	1.23	2.43	0.67	0.95	22.6	9.74

2000 年，西安市水环境状况处于严重污染的是草滩、三桥，其污染指数分别为 6.38 和 6.04；处于重度污染的是灞桥，其污染指数为 3.47；处于中度污染的是新合、红旗、席王、丈八沟，其污染指数分别为 1.87、0.57、0.58、1.49。各街道按污染指数排序依次是草滩、三桥、灞桥、新合、丈八沟、席王、红旗。与 1990 年相比，草滩、三桥、丈八沟分别下降了 5.98、4.40、3.10；其他街道均出现上升，上升最大的是灞桥街道，污染指数增加了 2.21；最小的是席王，增加了 0.13。呈现皂河流经街道高于浐河、灞河流经街道。而皂河流经街道污染指数出现明显下降的原因是政府加大了水污染尤其是工业废水污染治理的投入与力度，北石桥污水处理厂已建成并正常运行，邓家村污水处理厂建设也基本完工。灞桥污染指数较高的原因是其受浐河口断面影响，该断面为劣五类水质，呈严重污染。流至灞桥的浐河接纳了东郊市政主管道排入的城市生活污水和纺织城、韩森寨排入的工业和生活污水，造成其水质不断恶化，污染加重。

2013 年，处于严重污染的是草滩、三桥、丈八沟，其污染指数分别为 5.58、22.6 和 9.74；处于重度污染的是新合，其污染指数为 2.43；处于中度污染的是灞桥、红旗、席王，其污染指数分别为 1.23、0.67 和 0.95。各街道按污染指数排序依次是三桥、丈八沟、草滩、新合、灞桥、席王、红旗。与 2000 年相比，草滩、灞桥分别下降了 0.80 和 2.24；其他街道均出现上升，上升最大的是三桥，污染指数增加了 16.56；最小的是红旗，增加了 0.10。呈现皂河流经街道＞灞河下游街道＞浐河、灞河上游街道趋势。三桥和丈八沟污染加重的原因是化学需氧量和氨氮浓度严重超标所致。皂河沿途接纳了西郊电子工业区及三桥街道乡镇企业的工业和生活污水，污染在雁秋门断面达到高峰，之后因纳污量减少，故至下游水质有所好转。

综上所述，1990～2013 年西安市水环境污染指数分布基本呈现皂河流经街道＞灞河下游街道＞沪河、灞河上游街道，其水环境演变如图 5-6 所示。1990～2000 年，皂河流域街道水质均出现好转，这主要是因为政府加大了水污染尤其是工业废水污染治理的投入力度。2000～2013 年，三桥和丈八沟污染加重，这是因为随着城市发展该区域接纳的工业废水和生活污水也在不断增加，而降雨量较少也是增加污染物浓度的重要原因。1990～2013 年，沪河、灞河流域街道污染指数呈现缓慢上升，其原因也是沿河接纳的工业废水和生活污水量在逐步上升。

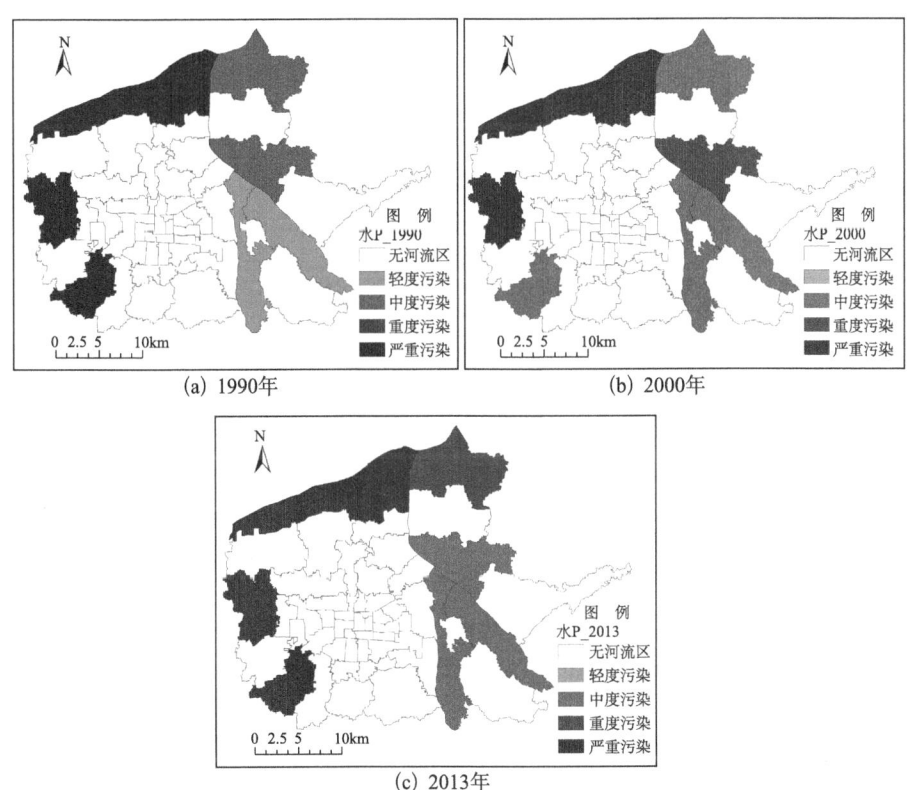

图 5-6 西安市水环境演变（1990～2013 年）

三、噪声环境的格局及时空演变

根据《西安市城市区域环境噪声标准适用区域划分》，按各类区在所属街道的面积比例，结合1990年、2000年、2010年各功能区噪声值进行加权求和，并根据《声环境质量标准》(GB 3096—2008)分等级在地图上输出，得到西安市噪声分布的空间格局（图5-7）。

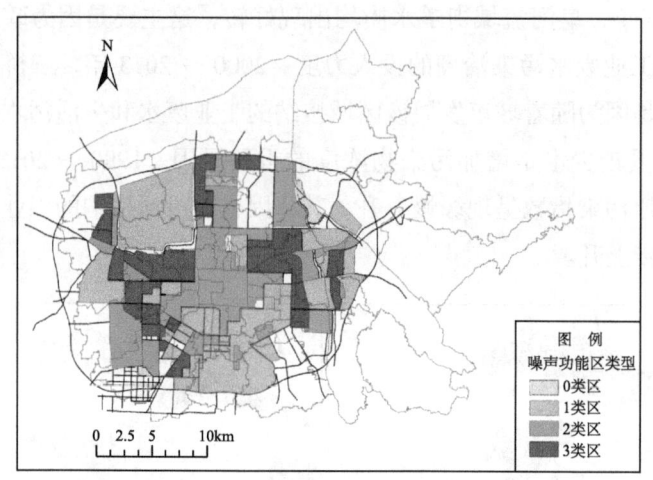

图5-7 西安市噪声分布空间格局

1990年，西安市各街道噪声是55.28～66.25dB（A），平均为60.81dB（A），属于较差水平；最大值为66.25dB（A），出现在中山门；最小值为55.28dB（A），出现在长延堡。根据声环境质量标准（GB 3096—2008）可将53个街道的噪声分为三个等级：城墙区（包括中山门、解放门、西一路、南院门、柏树林、青年路和北院门）、北关、长乐西路共9个街道，属于噪声环境差区，均大于65dB（A）；噪声环境较差区是以城墙区为中心向西南、东北两个方向对称分布，共包括十里铺、小寨、长安路、文艺路、土门等20个街道；其余均为噪声环境中等区域，有长延堡、未央宫、张家村、太乙路、六村堡、曲江、汉城等24个街道。1990年噪声环境呈现由城墙区为核心向东北、西南两个方向递减的趋势。

2000年，西安市各街道噪声为55.80～60.09dB（A），平均为58.26dB（A），属于中等水平；最大值为60.09dB（A），出现在胡家庙；最小值为55.80dB（A），出现在新合。分为两个等级：环城西路、中山门、胡家庙属于较差水平，其余街道均为中等水平。与1990年相比，噪声环境质量有所好转。

2013年，西安市各街道噪声为55.30～63.06dB（A），平均为58.68dB（A），属于中等水平；最大值为63.06dB（A），出现在胡家庙；最小值为

55.30dB（A），出现在新合和狄寨。分为两个等级：长乐中路、十里铺、韩森寨、红庙坡、环城西路、土门、桃园路、太华路、枣园、胡家庙共 10 个街道属于较差水平，其余均为中等水平。与 2000 年相比，出现了西郊以桃园路、土门为核心，东郊以胡家庙、十里铺为核心的对称污染区。

1990～2013 年，噪声低值和较低值区都集中在灞桥区、未央区和部分雁塔远郊区，而高值区由城墙区单核心向西郊工业区、东郊胡家庙、韩森寨混合区双核心演变，中等和较高值区随机分布在其中。图 5-8 为 1990～2013 年西安市噪声分布的时空演变。

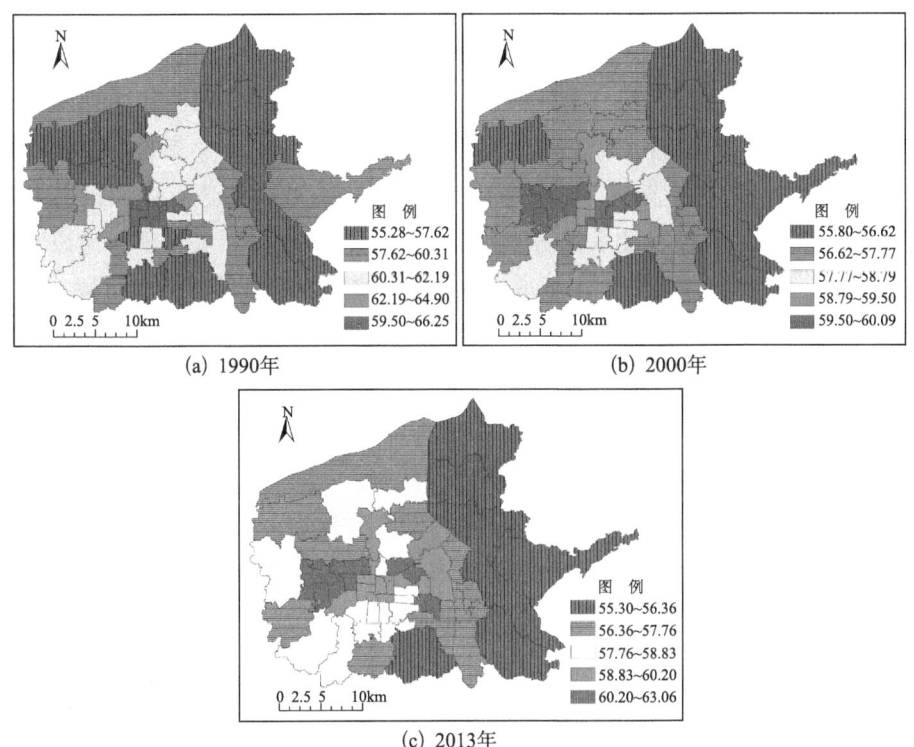

图 5-8　西安市噪声分布的时空演变（1990～2013 年）

四、植被环境的时空格局及演变

（一）植被覆盖数据的收集

植被覆盖数据采用 30m 分辨率的 Landsat TM 卫星影像数据，轨道号分别为 127/36。由于卫星影像受天气变化的影响较大，要找时间相配、又尽可能无云的影像非常困难。查询中国科学院遥感卫星地面站的存档数据，结果表明只有 1992 年 7 月 17 日、2000 年 5 月 20 日和 2013 年 8 月 4 日的 Landsat TM 卫星影像符合区域研究要求。在利用 ENVI 4.8 软件对影像进行了几何校正、辐射校正和大气校正后，利用多波段合成影像，再利用监督分类解疑出各街道植被覆盖面积，计算各街道的植被覆盖率。

（二）西安市植被环境的时空演变分析

图 5-9 为 1992～2013 年西安市植被覆盖的时空演变。1992 年，西安市植被覆盖率低的街道有中山门、北院门、南院门、西一路、北关、青年路、柏树林、解放门、环城西路、太华路、小寨、文艺路、长安路、长乐西路、张家村、长乐坊、胡家庙、白强路、太乙路、大雁塔，共 20 个街道，主要以城墙区为核心，植被覆盖率为 0～7.23%，覆盖率为 0 的街道有中山门、北院门、南院门、西一路、北关、青年路、柏树林、解放门，主要是因为该区域为建成区，建筑物密度高，在 30m×30m 的遥感影像中难以解译出植被。植被覆盖率较低的街道有西关、红庙坡、韩森寨、纺织城、桃园路、长乐中路、东关南街、土门、枣园、十里铺，共 10 个街道，沿二环线分布，植被覆盖率为 9.12%～30.01%。植被覆盖率中等的街道有大明宫、长延堡、张家湾、徐家湾、谭家、三桥，共 6 个街道，植被覆盖率为 34.63%～55.09%。植被覆盖率较高的街道有红旗、草滩、未央宫、丈八沟、电子城、辛家庙，共 6 个街道，植被覆盖率为 67.66%～78.80%。植被覆盖率高的街道有席王、灞桥、洪庆、汉城、六村堡、曲江、等驾坡、新筑、鱼化寨、狄寨、新合，共 11 个街道，分布在城市远郊区，植被覆盖率为 86.39%～99.70%。1992 年西安市植被覆盖呈现由城市中心向郊区递增的趋势，且覆盖率高的地区基本是农村，植被类型为农田。

2000 年，西安市植被覆盖率低的街道增加了 6 个，范围扩大达到近郊区，原先覆盖率较低的街道植被减少，纷纷转为覆盖率低的街道，这反映了建成区面积进一步扩大，近郊区的农村转为城中村。植被覆盖率较低的街道有谭家、大雁塔、大明宫、张家堡、纺织城、长延堡、长乐中路、东关南街，共 8 个街道，植被覆盖率为 5.00%～15.70%。植被覆盖率中等的街道有三桥、十里铺、丈八沟，共 3 个街道，植被覆盖率为 20.08%～36.07%。植被覆盖率较高的街道有徐家湾、红旗、草滩、电子城、辛家庙、灞桥、未央宫、洪庆，共 8 个街道，植被覆盖率为 49.48%～69.70%。植被覆盖率高的街道有席王、汉城、六村堡、曲江、等驾坡、新筑、鱼化寨、狄寨、新合，共 9 个街道，分布在城市远郊区，植被覆盖率为 76.43%～99.60%。2000 年西安市植被覆盖整体减少，城市中心低值区扩大，仍呈现由城市中心向郊区递增的趋势。

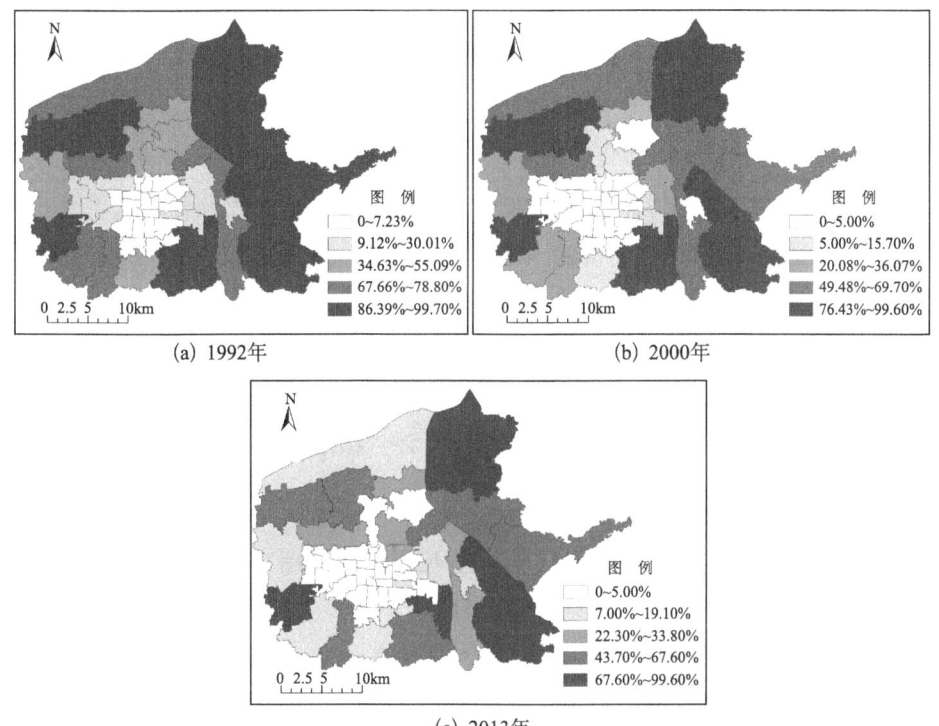

图 5-9　西安市植被覆盖的时空演变（1992～2013 年）

2013 年，西安市植被覆盖范围基本不变，原先的自强路、太华路、大明宫植被覆盖有所增加，因为该区域建成大明宫国家遗址公园，一定程度上恢复了植被。植被覆盖率较低的街道有丈八沟、大雁塔、纺织城、三桥、十里铺、长延堡、长乐中路、东关南街、胡家庙，共 9 个街道，植被覆盖率为 7.00%～19.10%。植被覆盖率中等的街道有太华路、大明宫、红旗、未央宫、电子城，共 5 个街道，植被覆盖率为 22.30%～33.80%。植被覆盖率较高的街道有辛家庙、徐家湾、自强路、洪庆、六村堡、灞桥、曲江、汉城，共 8 个街道，植被覆盖率为 43.7%～67.6%。植被覆盖率高的街道有席王、等驾坡、新筑、鱼化寨、狄寨、新合，共 6 个街道，植被覆盖率为 43.70%～99.60%。

2013年西安市植被覆盖进一步减少，城市中心低值区基本不变，仍呈现由城市中心向郊区递增的趋势。

综上所述，1992～2013年西安市植被覆盖整体下降，呈现由市中心向郊区递增趋势，且植被覆盖低值区扩大趋势基本吻合建成区扩大的趋势。

五、综合环境质量格局时空演变

（一）评价指标及方法

本节采用多级模糊综合评价模型定量评价西安市各街道综合环境质量。对于单一环境要素通过建立评价的因子集、评价集、隶属函数、模糊关系矩阵和权重集，实现对各类环境的评价；对环境总体质量，可看为由多个单一环境要素构成的因素集，用上述单要素评判结果构成总的模糊关系矩阵，再利用AHP法求出各环境要素在城市环境质量中的权重值，然后进行模糊复合运算，最后由最大隶属原则，得出各街道环境质量综合评价结果。

1. 环境要素及监测参数的确定

为反映各街道环境综合质量状况，选择大气、地表水、噪声和植被覆盖四个基本要素及其10项参数进行综合评价。四个单一环境要素评价的因素集分别为

$U_{气}$={SO_2，NO_x，TSP}；$U_{声}$={ 区域噪声 }

$U_{水}$={GOD，高锰酸钾指数，BOD，氨氮 }；$U_{植}$={ 植被覆盖率 }

2. 环境质量分级标准

各街道环境质量分为5个级别，即优、良、中、较差、差，具体标准见表5-7。

表5-7 综合环境质量标准

描述	优	良	中	较差	差
标准级别	Ⅰ	Ⅱ	Ⅲ	Ⅳ	Ⅴ
SO_2	0.02mg/m³	0.06mg/m³	0.1 mg/m³	0.15 mg/m³	0.2 mg/m³
NO_x	0.05mg/m³	0.05mg/m³	0.1 mg/m³	0.15 mg/m³	0.2 mg/m³
TSP	0.08 mg/m³	0.2 mg/m³	0.3 mg/m³	0.5 mg/m³	0.625 mg/m³
PM10	0.04 mg/m³	0.1 mg/m³	0.15 mg/m³	0.2 mg/m³	0.25 mg/m³
COD	15	15	20	30	40
高锰酸钾指数	2	4	6	10	15

续表

描述	优	良	中	较差	差
BOD	3	3	4	6	10
氨氮	0.15	0.5	1.0	1.5	2.0
Leq 环	50dB（A）	55 dB（A）	60 dB（A）	65 dB（A）	>65 dB（A）
植被覆盖率	0.8	0.6	0.4	0.2	<0.2

注：大气环境参考标准为 GB 3095—1996，水环境参考标准为 GB 3838—2002，噪声环境参考标准为《声环境质量评价方法技术规定》，植被环境标准参考贾宝全、李红等人文章

3. 隶属度计算

选用梯形分布来确定其隶属度，其公式为

$$U(x)=\begin{cases}1, x<a\\ \dfrac{b-x}{b-a}, a\leqslant x<b\\ 0, x>b\end{cases} \quad (5\text{-}4)$$

$$U(x)=\begin{cases}0, x<a\\ \dfrac{x-a}{b-a}, a\leqslant x\leqslant b\\ 1, x>b\end{cases} \quad (5\text{-}5)$$

式中，a、b 为各街道综合环境质量关于各指标效果评价的等级划分数值。

对于数值越小为优的指标选择式（5-4）；而对于数值越大为优的选择式（5-5），上述 10 个指标中除了植被覆盖率使用式（5-5）外，其余均用式（5-4）。利用该公式计算可得各街道 10 个指标的五级隶属度，得到每个街道各类单一环境要素的模糊关系矩阵。以 1990 年灞桥街道的数据为例，4 个模糊关系矩阵分别为

$$R_{\text{气}}=\begin{bmatrix}0.5230 & 0.5230 & 0 & 0 & 0\\ 1 & 1 & 0 & 0 & 0\\ 0 & 0 & 0.6248 & 0.6248 & 0\end{bmatrix}\begin{matrix}\text{SO}_2\\ \text{NO}_x\\ \text{TSP}\end{matrix};$$

$$R_{\text{水}}=\begin{bmatrix}0 & 0 & 0 & 0 & 0\\ 0.6175 & 0.6175 & 0 & 0 & 0\\ 1 & 1 & 0 & 0 & 0\\ 0.4714 & 0.4714 & 0 & 0 & 0\end{bmatrix}\begin{matrix}\text{COD}\\ \text{高锰酸钾指数}\\ \text{BOD}\\ \text{氨氮}\end{matrix};$$

$R_{声}=[0\ \ 0.6118\ \ 0.6118\ \ 0\ \ 0]$；$R_{植}=[1\ \ 0\ \ 0\ \ 0\ \ 0]$

4. 单因素评价参数及各环境要素的权值分配

单一环境因素评价参数的权重采用相对污染值法计算，公式为

$$A_i = \left(\frac{C_i}{S_i}\right) \Big/ \left[\sum_{i=1}^{n}\left(\frac{C_i}{S_i}\right)\right] \quad (i=1,\ 2,\ \cdots,\ n) \tag{5-6}$$

式中，C_i 表示参数 i 的监测值；S_i 表示参数 i 的各级质量标准的平均值；A_i 表示 i 参数的权值（对于植被覆盖率，$A_i=S_i/C_i$）。以灞桥街道为例，9 个参数的权值构成 4 个环境要素的权重向量，其归一化处理后的结果为

$A_{气}=(0.21_{SO_2},\ 0.18_{NO_x},\ 0.61_{TSP})$；$A_{水}=(0_{COD},\ 0.36_{高锰酸钾指数},\ 0.33_{BOD},\ 0.31_{氨氮})$；
$A_{声}=1$；$A_{植}=1$

各环境要素的权重，采用 AHP 法确定。西安市大气、水、噪声、植被 4 个环境要素的权重分配为 $A' = (0.5329_{气},\ 0.1276_{水},\ 0.2729_{声},\ 0.0667_{植})$

5. 单要素模糊评价

将 A 与 R 合成得到模糊综合评价结果向量 B。采用加权平均型的模糊合成，其计算公式为

$$b_j = \sum_{i=1}^{p}(a_i \cdot r_{ij}) \quad (j=1,\ 2,\ \cdots,\ m) \tag{5-7}$$

式中，b_j、a_i、r_{ij} 分别表示隶属于第 j 等级的隶属度、第 i 个评价指标的权重和第 i 个评价指标隶属于第 j 等级的隶属度。以灞桥街道为例，分别对 4 个环境要素进行复合运算，并对结果进行归一化处理，可得到各个要素的评判向量为

$B_{气}=(0.21,\ 0.21,\ 0.29,\ 0.29,\ 0)$；$B_{水}=(0.66,\ 0.34,\ 0,\ 0,\ 0)$；
$B_{声}=(0,\ 0.5,\ 0.5,\ 0,\ 0)$；$B_{植}=(1,\ 0,\ 0,\ 0,\ 0)$

6. 多要素综合评价

以各单要素的评判结果作为评判向量，构成上一级的模糊关系矩阵，可表示为

$$B' = \begin{bmatrix} B_{气} \\ B_{水} \\ B_{声} \\ B_{植} \end{bmatrix} = \begin{bmatrix} 0.21 & 0.21 & 0.29 & 0.29 & 0 \\ 0.66 & 0.34 & 0 & 0 & 0 \\ 0 & 0.5 & 0.5 & 0 & 0 \\ 1 & 0 & 0 & 0 & 0 \end{bmatrix}$$

通过与权向量 A' 进行复合运算，即可得到灞桥街道环境质量的综合评判向量 B' 为：$B'=A'OB'=$（0.2917，0.2901，0.2628，0.1545，0），由综合评判向量可以看出灞桥属于环境质量优等街道。

（二）西安市综合环境质量演变分析

图 5-10 为西安市综合环境质量变化情况。1990 年，西安市综合环境质量差的街道有城墙区（包含 5 个街道：中山门、解放门、西一路、青年路和北院门）、西关、张家村、长安路、文艺路、太乙路、小寨、大雁塔、自强路、太华路、长乐西路、长乐中路、长乐坊、丈八沟、三桥、草滩、红旗，共 21 个街道，主要分布在城墙区向南延伸至南二环，向东延伸至东二环及皂河、浐河流经的街道。环境较差的街道有枣园、土门、桃园路、环城西路、红庙坡、北关、张家堡、大明宫、谭家、徐家湾、胡家庙、十里铺、柏树林、东关南街、

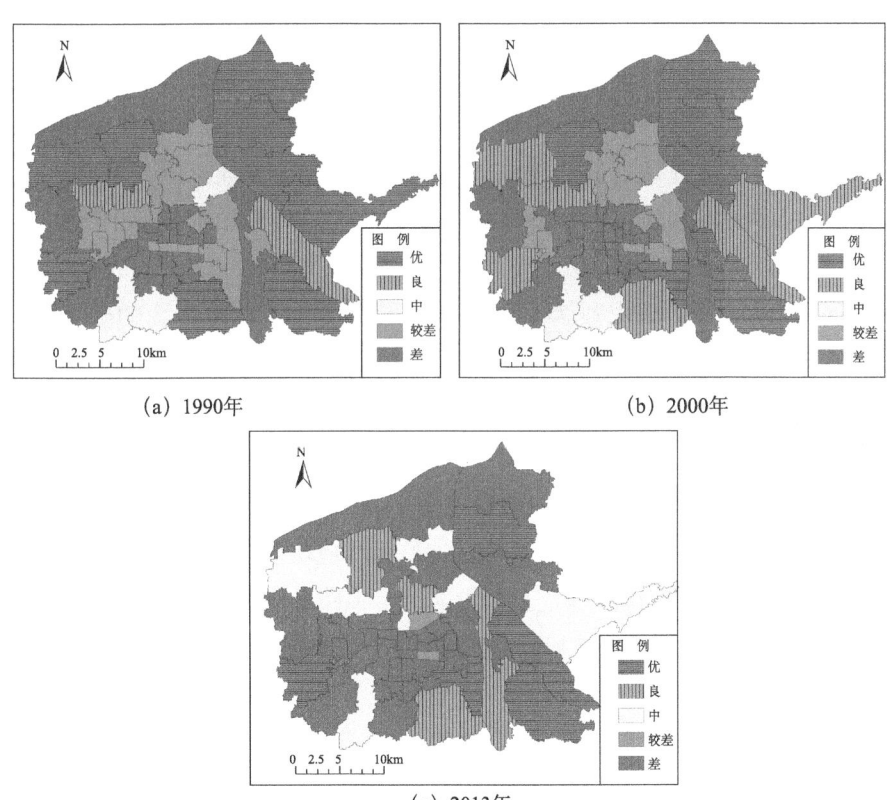

图 5-10 西安市综合环境质量变化（1990～2013 年）

韩森寨、纺织城，共16个街道，主要以城墙区向西、向北分布，其中柏树林、东关南街要好于城墙区的原因是兴庆公园位于该区。属于中等环境质量的街道仅有3个：电子城、长延堡、辛家庙。属于良好环境的有未央宫、席王。环境质量优等的街道是六村堡、汉城、鱼化寨、曲江、等驾坡、狄寨、新合、新筑、灞桥、洪庆，共10个街道，主要分布在西安市远郊地区，该区域主要以农业为主，经济不发达，工业对环境的破坏较少。1990年西安市综合环境分布是以二环以内区域向远郊减少。地表水污染尤其是皂河水质严重超标对其流域综合环境质量产生很大影响。

2000年，综合环境质量差的街道有城墙区（包含7个街道：中山门、解放门、西一路、南院门、柏树林、青年路和北院门）、桃园路、红庙坡、环城西路、北关、西关、张家村、长安路、文艺路、太乙路、小寨、大雁塔、自强路、太华路、长乐西路、长乐中路、长乐坊、丈八沟、三桥、草滩、红旗，共27个街道，主要分布在二环以内及皂河、浐河流经的街道。环境质量较差的街道有枣园、土门、张家堡、大明宫、谭家、徐家湾、胡家庙、十里铺、东关南街、韩森寨、纺织城，共11个街道，主要分布在北郊和东郊。属于中等环境质量的街道仍然为电子城、长延堡、辛家庙。属于良好环境的有未央宫、席王、洪庆、六村堡、鱼化寨、曲江。环境质量优等的街道是汉城、等驾坡、狄寨、新合、新筑、灞桥，共6个街道，主要分布在西安市远郊地区，该区域仍然以农业为主，经济发展缓慢，工业对环境的破坏较少。与1990年相比，2000年西安市综合环境有所降低，差等区域进一步扩大，优等街道减少，这是由于城市化发展，植被覆盖减少，植被环境对综合环境产生影响。

2013年，综合环境质量差的街道进一步增加，共35个街道，区域呈十字状扩展，新合与灞桥受水污染影响转变为差等环境。环境较差的街道有东关南街和太华路，受大明宫国家遗址公园影响，自强路、大明宫、太华路、辛家庙比周围街道环境要好。属于中等环境质量的街道有电子城、辛家庙、未央宫、六村堡、徐家湾、洪庆。属于良好环境的有大明宫、红旗、曲江、汉城。环境质量优等的街道是鱼化寨、等驾坡、狄寨、席王、新筑，主要分布在东南远郊地区，该区域仍然以农业为主，经济发展缓慢，工业对环境的破坏较少。与2000年相比，2013年西安市综合环境质量降低，差等区域扩大，优等街道减少，植被覆盖减少，对综合环境影响较大。

综上所述，1990～2013年西安市综合环境逐步变差，严重污染区由城市中心向郊区扩展，污染等级向远郊降低。建成区的扩张，使得近郊区植被覆盖减少，环境质量变差，而市中心交通拥堵，车流量大，大气污染和噪声污染都远高于郊区。随着城市化的发展，这些污染在远郊有所增加，环境状况转差。

第三节　西安市城市环境与贫困格局的时空耦合

一、城市大气环境与贫困格局的时空耦合

分别将西安市1990年、2000年、2013年的大气API指数图与贫困综合指数图叠加，可得大气环境与贫困耦合演化图（图5-11～图5-13）。

1990年，大气环境质量差的街道主要呈现轻度贫困和中度贫困。其中，轻度贫困共4个街道，由西半个城墙区向南延伸至小寨街道，呈南北纵向分布；中度贫困共4个街道，除南院门外，集中在以土门、桃园路为核心的西郊工业区。总体而言，大气环境较差街道基本呈现中度贫困，在空间上可分为两个部分：东北部四种贫困程度均有分布，非贫困街道2个，分别是长乐坊和文艺路，3个轻度贫困街道（东关南街、中山门和大雁塔），2个重度贫困

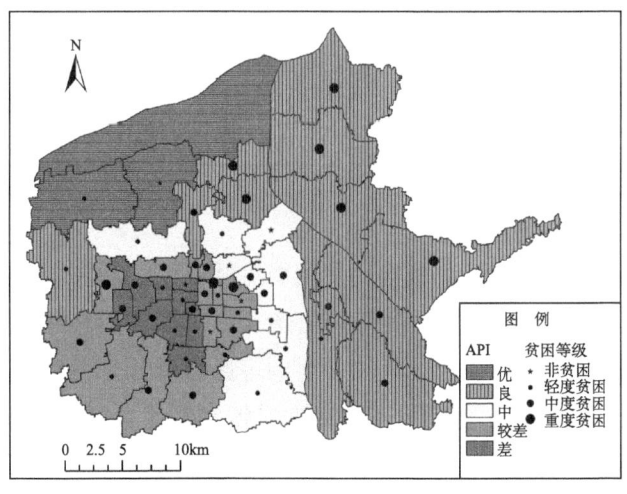

图 5-11　1990 年西安市大气环境与贫困耦合图

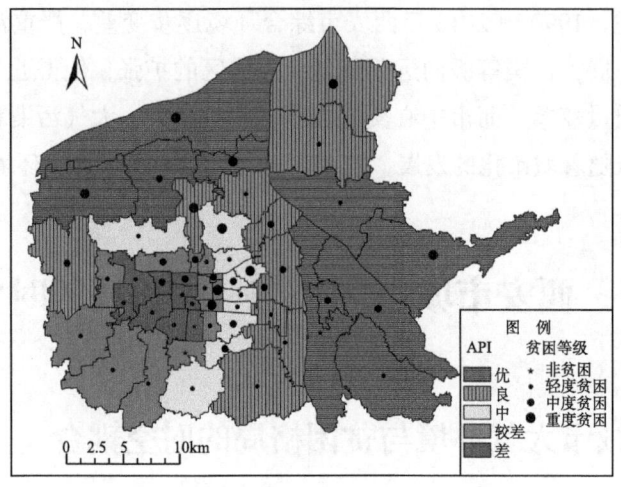

图 5-12　2000 年西安市大气环境与贫困耦合图

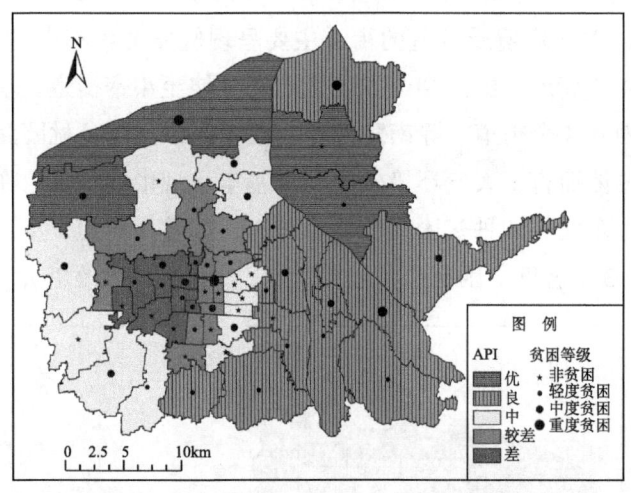

图 5-13　2013 年西安市大气环境与贫困耦合图

街道（解放门和长乐西路），而中度贫困街道共 6 个，沿着环境差区域外围呈半环形分布；西南部分 3 个中度贫困街道、1 个轻度贫困街道（丈八沟）、1 个重度贫困街道（枣园）。大气环境质量中等区域可分为三个部分：北部（辛家庙、太华路、未央宫、大明宫）呈现非贫困和轻度贫困；中部（长乐中路、十里铺、胡家庙）呈现中度贫困；南部（韩森寨、等驾坡、曲江）呈现轻度贫困。大气污染中等区域，除胡家庙、十里铺和长乐中路街道为中度贫困外，其余街道基本与轻度贫困耦合。该区域大气污染主要受东郊工业影响，与中心城区有一定距离，地域面积较大，绿化相对较好，故大气污染浓度较城市中心低。大气环境良好区域呈现三类贫困程度：2个轻度贫困街道，为三桥和红旗；4个中度贫困街道，除张家堡外，主要分布在以纺织城为核心的浐河上游地区；6个重度贫困街道，分布在灞河两岸。大气环境优等区域：草滩为重度贫困街道，汉城为非贫困街道，六村堡为轻度贫困街道。1990年，大气质量优良的街道主要与重度贫困耦合，该区域远离城市中心且以发展农业为主，大气污染较少而经济发展缓慢。

2000年，大气环境差的街道除了环城西路和青年路为中度贫困外，其余均为轻度贫困。与1990年相比，大气环境差的区域基本不变，但API指数从152降至132。大气环境较差街道基本呈现轻度贫困，空间上可以分为两个部分：东北部三种贫困程度均有分布，轻度贫困街道3个，分别是西一路、自强路和文艺路，3个中度贫困街道（红庙坡、北关和解放门），2个重度贫困街道（中山门和柏树林）；西南部除小寨为非贫困街道外，其余均为轻度贫困。大气质量中等区域三种贫困程度均有分布：轻度贫困街道5个，为未央宫、太华路、长乐坊、东关南街、长延堡；中度贫困街道3个，为长乐西路、太乙路、大雁塔；重度贫困街道2个，为大明宫和胡家庙。大气环境良好区域呈现三类贫困程度：5个轻度贫困街道，为谭家、韩森寨、等驾坡、曲江、新筑；4个中度贫困街道，为三桥、辛家庙、十里铺、长乐中路；2个重度贫困街道，为张家堡和新合。大气环境优良的区域四种贫困程度均有分布：重度贫困街道5个，主要集中在草滩农场一带；3个中度贫困街道，为汉城、纺织城、席王；2个轻度贫困街道，为狄寨和灞桥；红旗为非贫困街道。大气质量良好及中等区域三种贫困程度均有分布，大气环境与贫困程度未出现明显的耦合规律。大气质量较差的街道分为两个部分：西南部基本与轻度贫困耦合，该区域受西郊工业区和城区生活污染影响，大气质量较差，且受高新技术开发区影响，经济发展迅速，街道贫困程度降低；东北部三种贫困程度均有分布，未出现明显的耦合规律。与1990年相比，大气质量优良区域向灞桥区远郊扩展，API指数下降（从124降至101）。重度贫困街道由2个增至5个。2000年，大气质量优的街道主要与重度贫困耦合，该区域远离城市中心且以发展农业为主，大气污染较少而经济发展缓慢。

2013年，大气环境差的街道呈现三种贫困程度：非贫困街道3个，为土门、西关、张家村；轻度贫困街道5个，为桃园路、环城西路、北院门、南院门、北关；中度贫困街道2个，为红庙坡和青年路。与2000年相比，大气环境差的区域向北扩展了2个街道，而API指数有所下降，从132降至86，贫困程度明显减轻，有3个轻度贫困街道转为非贫困街道。大气环境较差的街道整体向东北方向扩展，西南部分转变为中等区域，四种贫困程度均有分布：非贫困街道5个，分别是枣园、小寨、西一路、中山门和文艺路；6个轻度贫困街道（未央宫、张家堡、大明宫、太华路、自强路和长安路），集中分布在北二环一带；1个中度贫困街道（柏树林）；1个重度贫困街道（解放门）。与2000年相比，大气环境较差的区域整体向东北方向扩展，西南部分转变为中等区域，API指数下降（从126降至84）。贫困程度减轻，非贫困街道由1个增至5个，中度贫困街道由3个降至1个。大气质量中等区域分为三个部分：北部除汉城为非贫困街道外，其余均为中度贫困街道；西南部三种贫困程度均有分布，电子城为轻度贫困街道，丈八沟和三桥为中度贫困街道，鱼化寨为非贫困街道；东部除太乙路外，其余均为非贫困街道，沿东二环分布。与2000年相比，大气环境中等的区域向西南和北部扩展，分为三个不连续的部分，API指数下降（从118降至82）。在西南和北部贫困程度呈随机分布，而在东部基本与非贫困耦合。大气环境良好区域向东南方向扩展，四种贫困程度均有分布：1个非贫困街道，为韩森寨；7个轻度贫困街道，为长延堡、等驾坡、曲江、长乐中路、辛家庙、红旗、狄寨；3个中度贫困街道，为十里铺、纺织城、洪庆；1个重度贫困街道，为席王。与2000年相比，大气环境良好的区域向东南方向扩展，API指数下降（从110降至81）。贫困程度减轻，轻度贫困街道由5个增至7个。优等区域缩减，东南浐河一带街道转为良好区域，四种贫困程度均有分布：新筑为非贫困街道，灞桥为轻度贫困街道，六村堡为中度贫困街道，草滩为重度贫困街道。与2000年相比，大气质量优等区域缩减，东南浐河一带街道转为良好区域，API指数下降（从101降至80），贫困程度随机分布。

综上所述，1990～2013年，随西安城市社会经济的发展，尤其是南部区域的快速发展，大气环境优良区域与高度贫困的耦合转变为与轻度贫困耦合；由于不同经济发展较好区域的带动作用不同，大气环境中等区域的贫困程度呈现随机分布，无明显的耦合规律；而城内区的旧城改造及工业企业外迁使得环境差及较差区域由基本与中度贫困耦合转变为与低度贫困耦合。

二、城市水环境与贫困格局的时空耦合

分别将西安市 1990 年、2000 年、2013 年的水环境综合污染指数图与贫困综合指数图叠加，可得水环境与贫困耦合演化图（图 5-14～图 5-16）。

1990 年，水污染重度街道中草滩为重度贫困，三桥为轻度贫困。水污染中度街道丈八沟呈轻度贫困。水污染轻度街道三种贫困程度均有分布：红旗为轻度贫困，席王为中度贫困，灞桥和新合为重度贫困。从整体上看，水污染程度与贫困程度呈现分流域耦合，即皂河上游水污染中度街道贫困程度低，而下游污染加重，贫困程度也加重；浐河、灞河也呈现相同趋势。

2000 年，水污染重度街道中草滩为重度贫困，三桥为中度贫困。水污染中度街道中灞桥呈轻度贫困。该街道是浐河与灞河交汇之处，浐河带来的污染物加重了灞桥的水污染程度，故该街道为中度污染。浐河经济开发区的建设使得该街道贫困程度降低。水污染轻度街道三种贫困程度均有分布：红旗和丈八沟为轻度贫困，席王为中度贫困，新合为重度贫困。从整体上看，水污染程度与贫困程度仍然呈现分流域耦合，即皂河上游水污染中度街道贫困程度低，而下游污染加

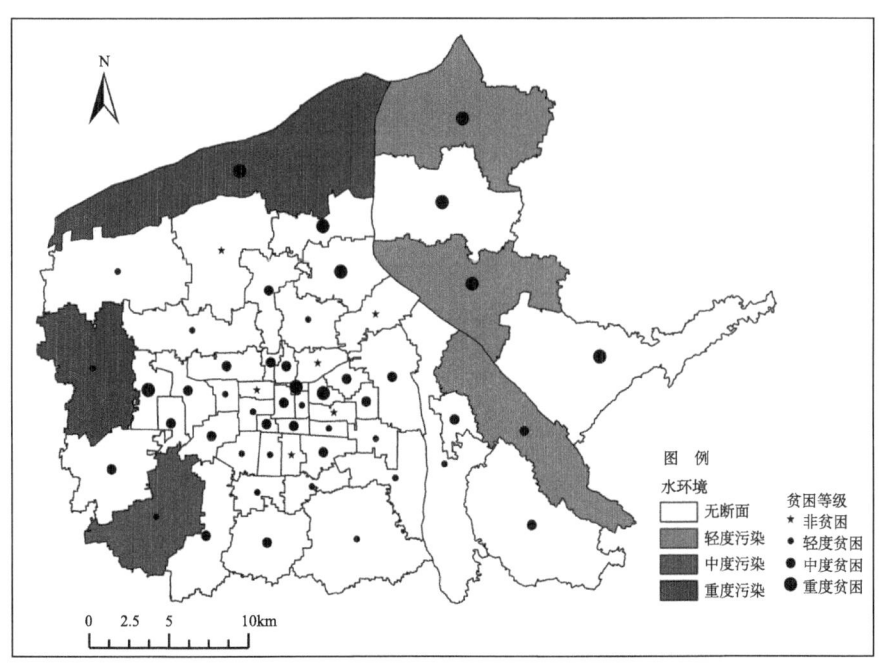

图 5-14　1990 年西安市水环境与贫困耦合图

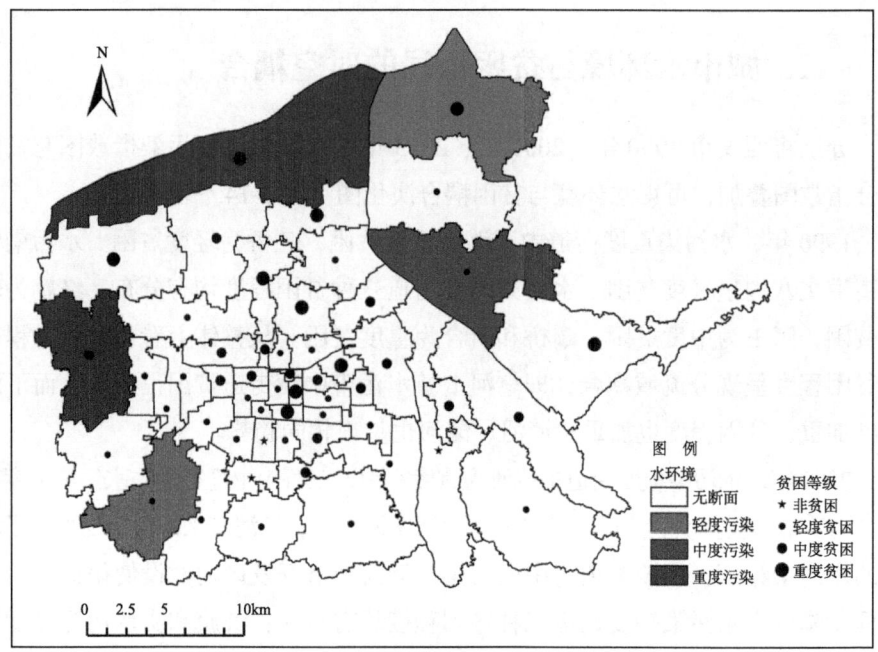

图 5-15 2000 年西安市水环境与贫困耦合图

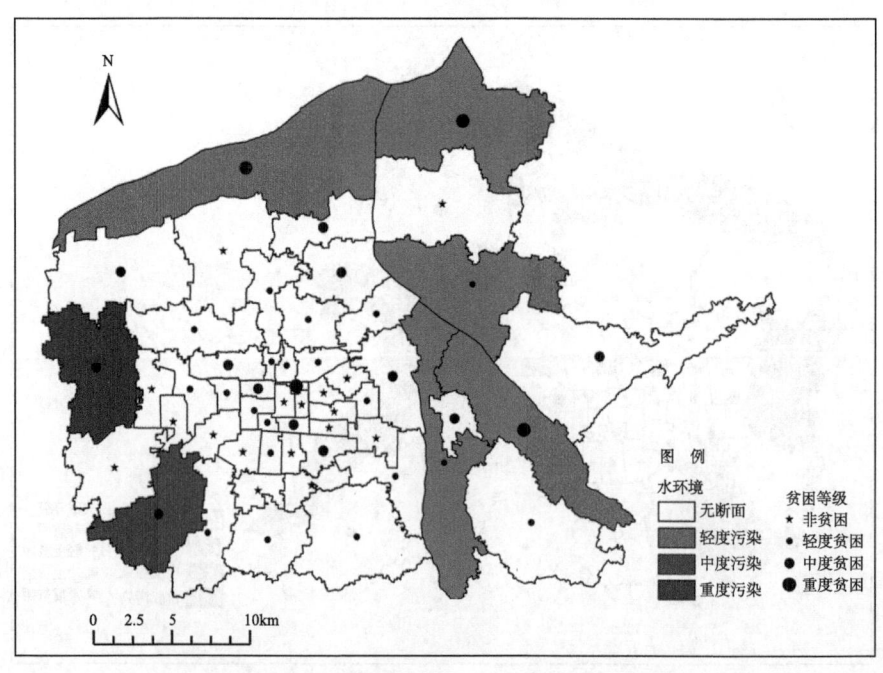

图 5-16 2013 年西安市水环境与贫困耦合图

重，贫困程度也加重；除浐河和灞河交汇处的灞桥街道外，浐河、灞河也呈现同样趋势。

2013年，水污染重度街道三桥为中度贫困。水污染中度街道丈八沟呈中度贫困。水污染轻度街道呈现两种贫困程度：红旗和灞桥为轻度贫困，草滩、席王和新合为重度贫困。皂河下游由于纳污能力下降，污染减弱，浐河、灞河水污染相对较轻，故该区域为轻度污染区。从整体上看，水污染程度与贫困程度呈现随机分布，无明显的耦合规律。

综上所述，1990～2000年，西安市的城市贫困程度与水污染程度分流域耦合，即皂河水污染轻度区域贫困程度低，而下游污染加重，贫困程度也增加；除浐河和灞河交汇处——灞桥街道外，浐河、灞河也呈现同样趋势。2013年，西安市的城市贫困程度与水污染程度则呈现随机分布，未发现明显的耦合规律。

三、城市噪声环境与贫困格局的时空耦合

分别将西安市1990年、2000年、2013年的噪声环境图与贫困综合指数图叠加，可得噪声环境与贫困耦合演化图（图5-17～图5-19）。

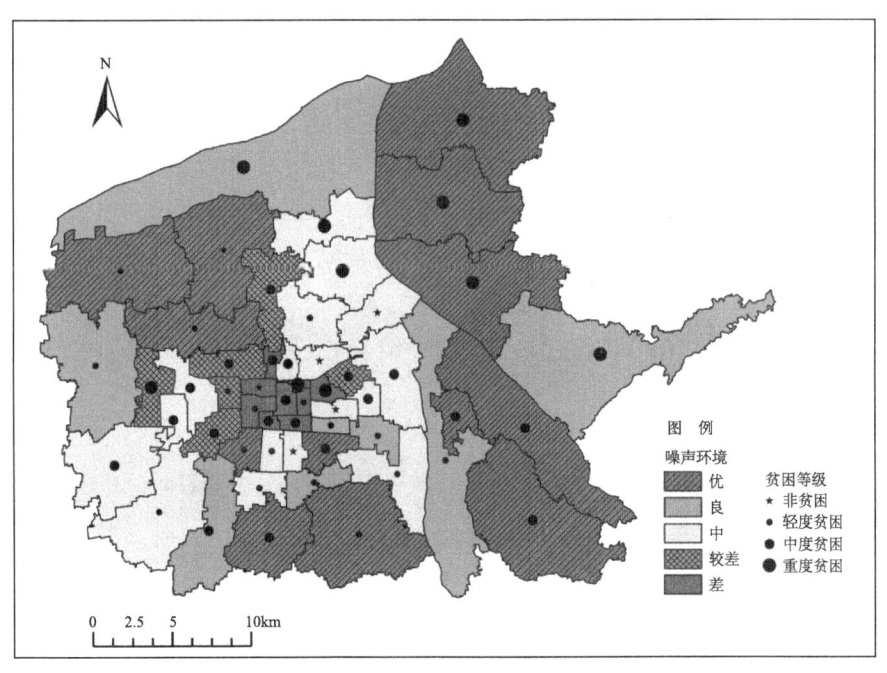

图 5-17　1990年西安市噪声环境与城市贫困耦合图

168 | 空间视角下的城市贫困：格局、耦合与感知

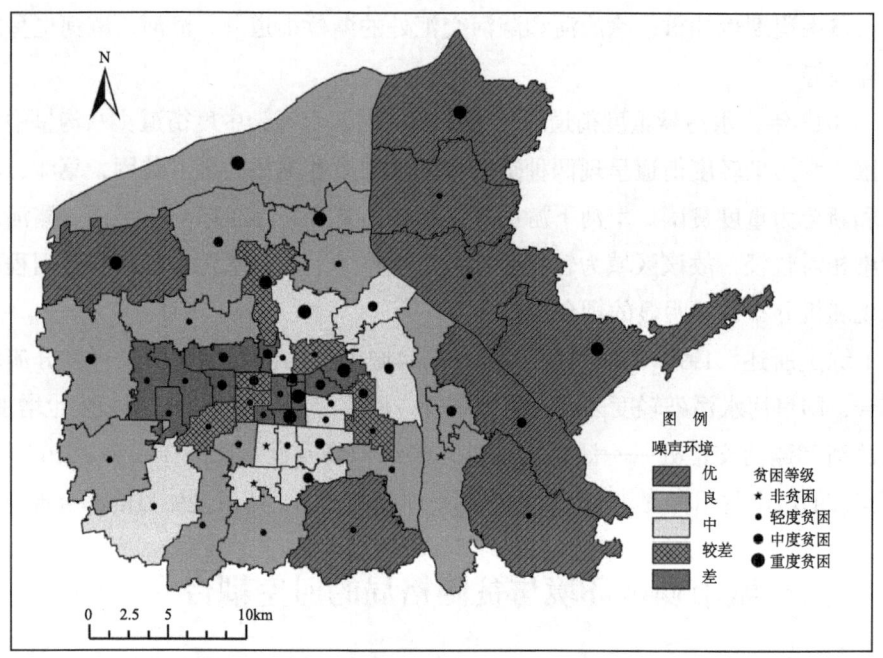

图 5-18 2000 年西安市噪声环境与城市贫困耦合图

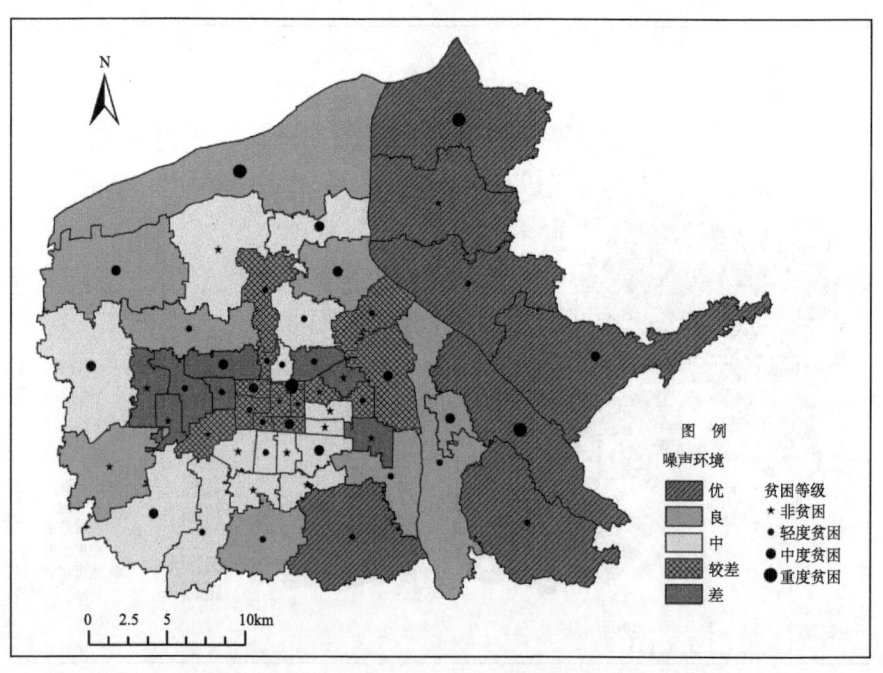

图 5-19 2013 年西安市噪声环境与城市贫困耦合图

1990年，西安市噪声环境差的街道四种贫困程度均有分布：青年路为非贫困街道；北院门和中山门为轻度贫困街道；南院门、柏树林、西一路、北关为中度贫困街道；解放门和长乐西路为重度贫困街道。噪声环境较差街道呈现三种贫困程度：环城西路为轻度贫困，枣园为重度贫困，其余四个均为中度贫困，分布散乱，无耦合规律。噪声环境中等街道分为三个部分：西郊基本与中度贫困耦合；小寨附近街道基本与轻度贫困耦合；而东北部四种贫困程度均有分布，无耦合规律。噪声环境良好街道分布较为零散，基本位于西安市远郊，呈现三种贫困程度：5个轻度贫困，1个中度贫困，2个重度贫困。噪声环境优等街道分为三个部分：汉城附近与轻度贫困耦合；南郊既有轻度贫困，也有中度贫困；东郊灞河沿岸为中等贫困而纺织城附近为中度贫困。总体而言，噪声各等级区与贫困程度并无明显的耦合规律，二者呈现随机分布。

2000年，噪声环境差的街道分为两个部分：西郊工业区至北关一带，以土门为核心的工业区为轻度贫困，而红庙坡、北关附近为中度贫困；东部城墙区至胡家庙一带三种贫困均有分布，无耦合规律。噪声环境较差街道呈现三种贫困程度：西关、北院门、韩森寨、太华路为轻度贫困，青年路和长乐中路为中度贫困，张家堡为重度贫困，分布散乱，无耦合规律。噪声环境中等街道四种贫困程度均有分布：2个非贫困街道，5个轻度贫困街道，4个中度贫困街道，1个重度贫困街道，无耦合规律。噪声环境良好街道分为三个部分：南部电子城附近与轻度贫困耦合；东郊纺织城附近，非贫困、轻度贫困、中度贫困均有分布，无耦合规律；北部未央区三种贫困程度均有分布，无耦合规律。噪声环境优等街道主要分布在沪河、灞河沿岸，4个轻度贫困，1个中度贫困，3个重度贫困，无耦合规律。总体而言，2000年噪声各等级区与贫困程度仍未发现明显的耦合规律，二者呈现随机分布。

2013年，噪声环境差的街道分为两个部分：西郊工业区、土门、枣园为非贫困街道，桃园路、环城西路为轻度污染，红庙坡为中度污染；东部胡家庙区域基本与非贫困耦合。噪声环境较差街道四种贫困程度均有分布：西关、西一路、中山门、长乐西路为非贫困街道；张家堡、北关、北院门、南院门、辛家庙、长乐中路为轻度贫困；青年路、柏树林和十里铺为中度贫困；解放门为重度贫困，分布散乱，无耦合规律。噪声环境中等街道分为两个部分：沿南二环一带基本与非贫困耦合，北部非贫困、轻度贫困、中度贫困均有分布，无耦合规律。噪声环境良好街道分布散乱，1个非贫困街道，4个轻度贫困、3个中度贫困、1个重度贫困，无耦合规律。噪声环境优等街道主要分布在沪河、灞河沿岸，1个非贫困街道，3个轻度贫困，1个中度贫困，2个重度贫困，无耦合规律。总体而言，2013年噪声各等级区与贫困程度仍未发现明显的耦合规律，二者呈现随机分布。

综上所述，1990～2013年，西安市噪声环境呈两极分布，在市区集中于噪声环境差的街道，在远郊集中于噪声环境优等街道，而贫困程度中等、低等呈现以城墙为核心，沿二环线环形分布，与噪声环境并无明显的耦合关系。1990～2013年，西安市各街道噪声的差值并不大［1990年为55～67dB（A），2000年为55～60dB（A），2013年为55～63dB（A）］，尤其是2000年和2012年各街道基本均属于噪声国家二级标准，呈现噪声均质化，所以贫困与噪声环境没有呈现出明显的耦合关系。

四、城市植被环境与贫困格局的时空耦合

分别将西安市1990年、2000年、2013年的植被环境图与贫困综合指数图叠加，可得植被环境与贫困耦合演化图（图5-20～图5-22）。

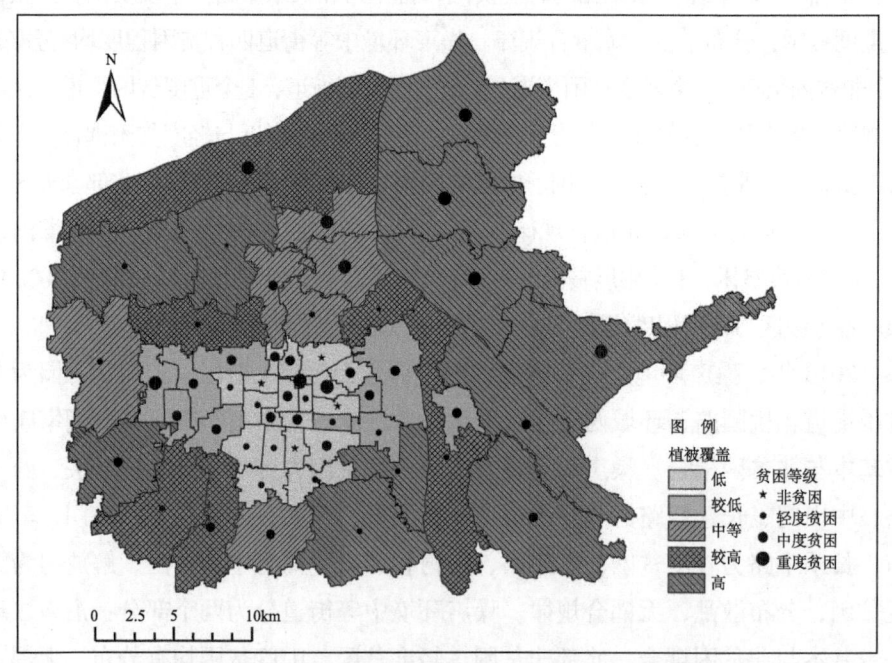

图5-20　1990年西安市植被环境与城市贫困耦合图

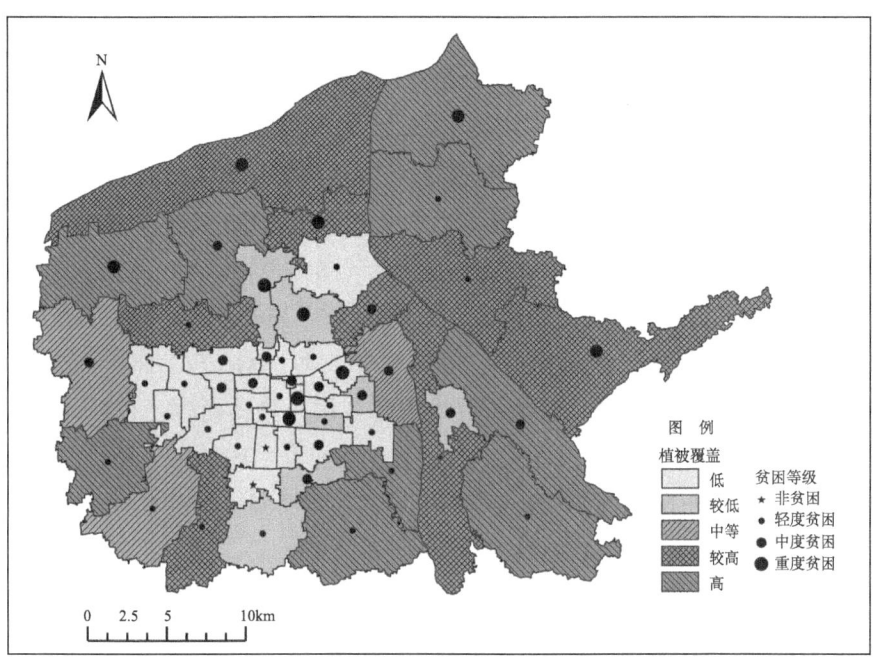

图 5-21 2000 年西安市植被环境与城市贫困耦合图

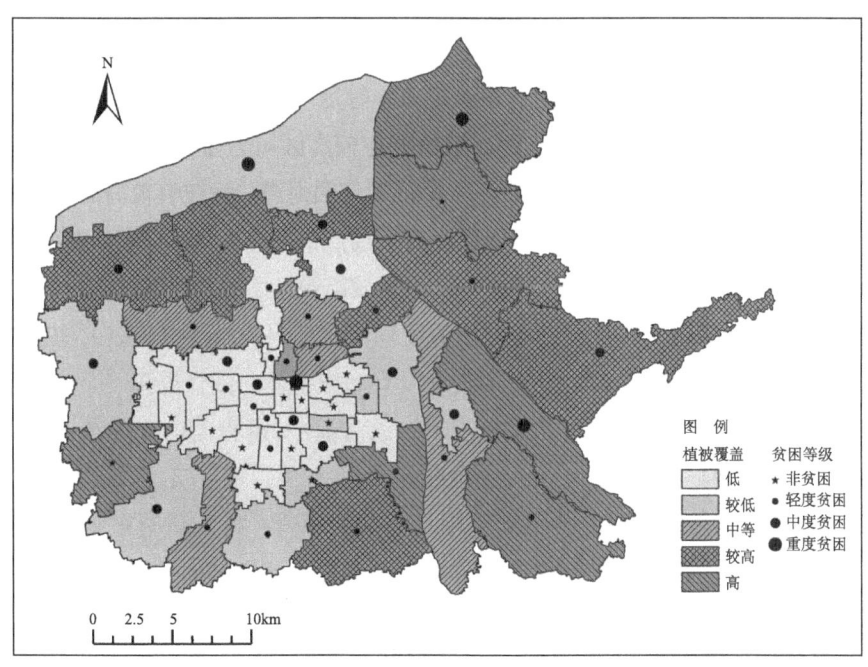

图 5-22 2013 年西安市植被环境与城市贫困耦合图

1990年，西安市植被覆盖低的区域基本分布在二环之内，非贫困街道3个，轻度贫困街道7个，中度贫困街道7个，重度贫困街道2个，南门向南至小寨基本与轻度贫困耦合，其他区域则无耦合规律。植被覆盖较低区域分布在西郊土门工业区和东郊十里铺-纺织城工业区，基本与中度贫困耦合。植被覆盖中等区域分布2个轻度贫困街道；2个中度贫困街道；2个重度贫困街道，无耦合规律。植被覆盖较高区域分布1个非贫困街道，3个轻度贫困街道，1个中度贫困街道，1个重度贫困街道，无耦合规律。植被覆盖高的区域分为三个部分：曲江、等驾坡为轻度贫困；汉城、六村堡、鱼化寨分别为非贫困、轻度贫困、中度贫困；浐河、灞河一带为重度贫困。整体而言，在远郊浐灞一带，植被覆盖率高，经济发展缓慢，贫困程度为重度。1990年，植被覆盖较低区基本与中度贫困耦合，植被覆盖高的区域在远郊浐灞一带基本与重度贫困耦合，其他植被覆盖等级与贫困程度无明显的耦合规律。

2000年，植被覆盖低的区域进一步扩大，四种贫困程度均有分布：非贫困街道2个，轻度贫困街道13个，中度贫困街道7个，重度贫困街道3个。整体上看，在东二环至南二环与轻度贫困耦合，在红庙坡-北关一带与中度贫困耦合，其余分布较为随机。植被覆盖较低区域仅有7个街道，且不连续分布，2个轻度贫困，3个中度贫困，2个重度贫困。在西郊土门工业区和东郊十里铺-纺织城工业区，基本与中度贫困耦合。植被覆盖中等区域只有3个街道，三桥、十里铺为中度贫困，丈八沟为轻度贫困。植被覆盖较高区域分布1个非贫困街道，3个轻度贫困街道，1个中度贫困街道，3个重度贫困街道。植被覆盖高的区域有所缩减，灞桥和洪庆植被覆盖减少而转为较高区域，其中南部基本与轻度贫困耦合，而北部三种贫困程度均有分布。2000年，由于城市快速发展，建成区进一步扩张，植被覆盖低的区域范围扩大，四类贫困程度均包含在内，而其他等级的植被覆盖区域则围绕二环呈嵌套分布，与贫困程度没有形成明显的耦合规律。

2013年，植被覆盖低的区域进一步扩大，四种贫困程度均有分布：非贫困街道12个，轻度贫困街道7个，中度贫困街道5个，重度贫困街道1个。在东二环至南二环及长乐坊-胡家庙周围与非贫困耦合，桃园路向东南方向至长安路一带与轻度贫困耦合，红庙坡向东南方向至太乙路与中度贫困耦合，其余分布较为随机。植被覆盖较低区域有8个街道，不连续分布在绕城高速沿线，1个非贫困街道，2个轻度贫困街道，4个中度贫困街道，1个重度贫困街道。植被覆盖中等区域仅有5个街道，且不连续分布，均为轻度贫困，即植被覆盖中等区域与轻度贫困耦合。植被覆盖较高区域集中分布在绕城高速北段，1个非贫困街道，4个轻度贫困街道，3个中度贫困街道。植被覆盖高的区域沿绕城高速分散分布，2个非贫困街道，2个轻度贫困街道，2个重度贫困街道。2013年，植被覆盖低区呈现三个区域耦合：在东二环至南二环及长乐坊-胡家庙周围与非贫困耦合，桃园路向东南方向至长安路一带与轻度贫困耦合，红庙坡向东南方向至太乙路与中度贫困耦合。植被覆盖中等区域与轻度贫困耦合。其他植被覆盖等级与贫困程度无明显的耦合规律。

从动态演化来看，1990～2000年西安市植被覆盖与贫困程度的耦合关系由植被覆盖较低区基本与中度贫困耦合，植被覆盖高的区域在远郊浐灞一带基本与重度贫困耦合，转变为植被覆盖与贫困程度呈现随机分布，无耦合规律。这主要是因为1990～2000年，城市快速发展，建成区进一步扩张，植被覆盖低的区域范围扩大，四类贫困程度均包含在内，而其他等级的植被覆盖区域则围绕二环呈嵌套分布，与贫困程度没有形成明显的耦合规律。而2013年，植被覆盖低区呈现三个区域耦合：在东二环至南二环及长乐坊-胡家庙周围与非贫困耦合，桃园路向东南方向至长安路一带与轻度贫困耦合，红庙坡向东南方向至太乙路与中度贫困耦合。植被覆盖中等区域与轻度贫困耦合，其他植被覆盖等级与贫困程度无明显的耦合规律。这主要是由于建成区进一步扩大，植被覆盖低的区域随之扩大，而建成区内旧城改造基本完成，该区域贫困程度降低且分布比较集中。

五、城市综合环境与贫困格局的时空耦合

分别将西安市1990年、2000年、2013年的综合环境图与贫困综合指数图叠加，可得综合环境与贫困耦合演化图（图5-23～图5-25）。

1990年，综合环境优良的街道基本分布在西安市远郊地区和汉城湖遗址公园附近，四种贫困程度均有分布，在灞河沿岸一带与重度贫困耦合。综合环境中等和较差的街道基本围绕二环分布，四种贫困程度均有涉及，与中度贫困耦合度较高。其中，离城墙区较近的街道为轻度贫困，如东关南街、韩森寨、大明宫、环城西路，而距离较远的街道为中度贫困，更远的街道为重度贫困，有枣园、谭家、徐家湾。综合环境差的街道分布在二环以内和皂河流域，四种贫困程度均有分布，4个非贫困街道，9个轻度贫困街道，6个中度贫困街道，3个重度贫困街道。

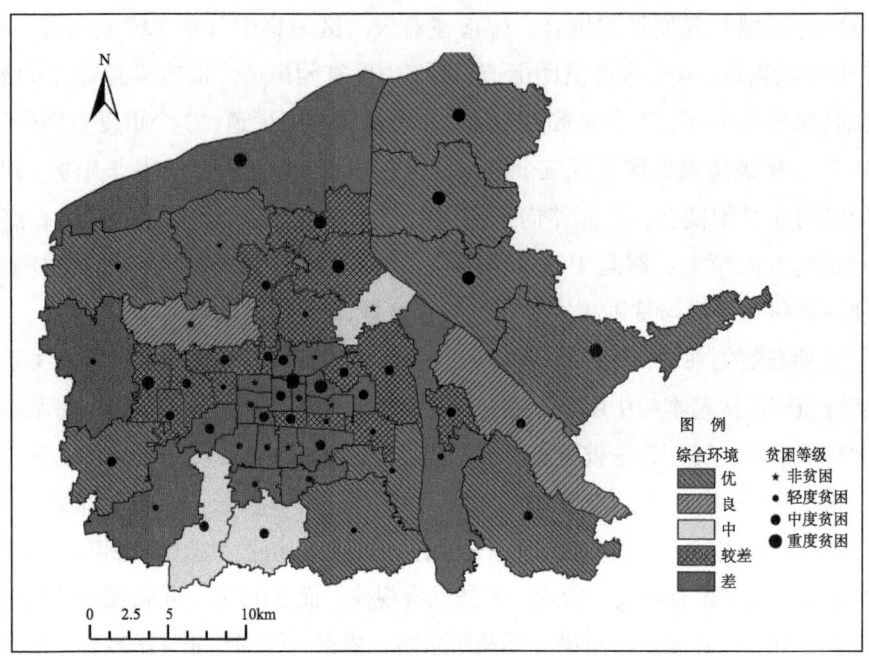

图 5-23 1990 年西安市综合环境与城市贫困耦合图

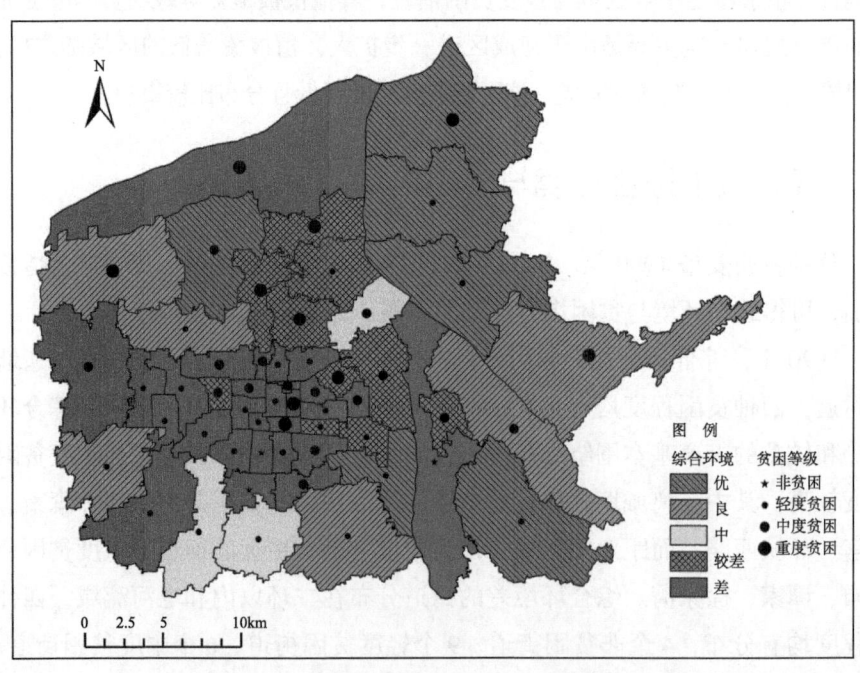

图 5-24 2000 年西安市综合环境与城市贫困耦合图

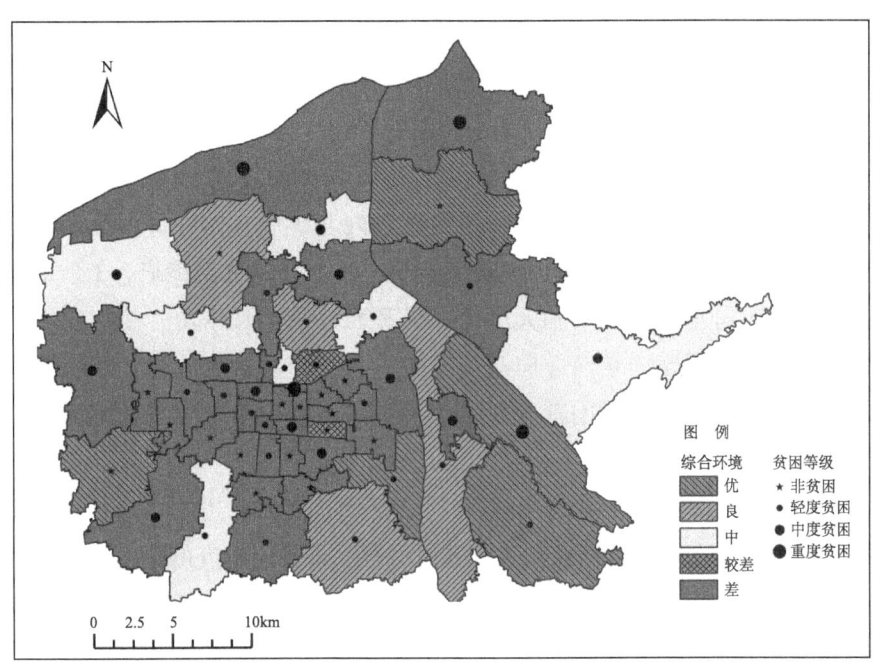

图 5-25　2013 年西安市综合环境与城市贫困耦合图

2000 年，综合环境优良的街道分布不变，而综合环境优的街道有部分转为良，呈现三种贫困程度，6 个轻度贫困街道，2 个中度贫困街道，3 个重度贫困街道。较 1990 年，在灞河沿岸一带贫困程度有所降低，而六村堡与汉城的贫困程度增加。综合环境中等和较差的街道有所减少，枣园、土门一带转为环境差区，基本分布在西安的北郊和东郊。北郊基本与重度贫困耦合，这是因为该时期西安市城市发展侧重于南郊文教区，而北郊发展相对缓慢，贫困程度比南郊重。东郊呈现三种贫困程度，2 个轻度贫困街道，2 个中度贫困街道，1 个重度贫困街道。综合环境差的街道向西郊延伸，四种贫困程度均有分布，3 个非贫困街道，13 个轻度贫困街道，9 个中度贫困街道，3 个重度贫困街道。在北关和红庙坡一带与中度贫困耦合，而北院门向西至枣园一带与轻度贫困耦合。

2013 年，综合环境优良的街道减少，集中分布在西安市东南郊，呈现四种贫困程度：3 个非贫困街道，5 个轻度贫困街道，1 个重度贫困街道，在西南郊等驾坡一带与轻度贫困耦合。较 2000 年，原先环境质量优良的街道在灞河沿岸和曲江池遗址公园附近转为中等和差水平，这主要是灞河流域中有机物污染增加，而汉城区域植被覆盖减少导致。综合环境中等和较差的街道向北扩展，而东郊一带转为质量差区，分布有三种贫困程度，1个非贫困街道，5个轻度贫困街道，3个中度贫困街道。在北郊基本与轻度贫困耦合，这是因为西安市政府北迁，带动了北郊经济的发展，使得该区域贫困程度减轻。综合环境差的街道进一步向南和向北扩展，四种贫困程度均有分布，13个非贫困街道，11个轻度贫困街道，9个中度贫困街道，3个重度贫困街道。枣园向东南至小寨和大雁塔一带和西一路至长乐坊、胡家庙一带与非贫困耦合，桃园路向东南方向至长安路一带与轻度贫困耦合，红庙坡向东南方向至太乙路与中度贫困耦合。在北关和红庙坡一带与中度贫困耦合，渭河沿岸与重度贫困耦合。

从动态演化来看，1990～2000年综合环境优良的街道基本分布在西安市远郊地区和汉城遗址公园附近。随着灞河沿岸一带贫困程度的降低，在该区域综合环境由与重度贫困耦合转为无耦合规律。综合环境中等和较差的区域由中度贫困耦合转为在北郊基本与重度贫困耦合而东郊无耦合规律。综合环境差的街道与贫困程度的关系由无耦合规律变为在北关和红庙坡一带与中度贫困耦合，而北院门向西至枣园一带与轻度贫困耦合。2000～2013年，综合环境优良的街道减少，与贫困程度的关系由无耦合转为在等驾坡附近与轻度贫困耦合。该区域距市中心有一定距离，受到的环境污染相对较少，环境质量优良，且大唐芙蓉园、曲江池遗址公园在此区域，吸引大量游客，经济发展相对较好，贫困程度轻。综合环境中等和较差的区域向北扩展，而东郊一带转为质量差区。在北郊基本与中度贫困耦合转为与轻度贫困耦合。综合环境差的街道进一步向南和向北扩展，由在北关和红庙坡一带与中度贫困耦合，在北院门向西至枣园一带与轻度贫困耦合转为枣园向东南至小寨和大雁塔一带及西一路至长乐坊、胡家庙一带与非贫困耦合，桃园路向东南方向至长安路一带与轻度贫困耦合，红庙坡向东南方向至太乙路与中度贫困耦合。在北关和红庙坡一带与中度贫困耦合，渭河沿岸与重度贫困耦合。这是由于综合环境差区范围扩大，各类贫困程度均被囊括其中，而西安城市经济快速发展，旧城改造和工业外迁使得建成区贫困程度降低，出现了大量的非贫困和轻度贫困街道，故该区域形成了三条近似并列的不同贫困程度的耦合带。

第六章
城市贫困居民的微观行为

第一节　城市贫困居民微观行为研究综述

微观行为研究于20世纪60年代起源于瑞典，随后逐渐向欧美其他国家扩散，经历了兴起—衰落—辉煌几个发展阶段，日本学者对微观行为的研究将时间地理学和行为地理学研究体系再一次推向高潮（柴彦威等，2008a）。

地理学家从大尺度的空间和区域领域转向微观的人的行为研究，在研究空间的基础上加入了时间的元素，建立了全新的时空三维坐标系，将时间和空间完美结合在一起。基于时间地理学和行为地理学基本理论的个人时空间行为结构研究，突出人对于信息的获取能力和运用信息的决策能力，即客观条件和主观因素的双重制约，将人类的日常生活行为置于时空的构架之下进行研究，作为一种独特的研究视角，融入了时空结合的方法论，具有一定的实时性和创新性。近些年来，GPS和GIS手段充分地应用到研究时空行为领域中来，为微观行为研究提供了新的技术手段和思路方法（Aitken，1988；柴彦威和塔娜，2013）。

一、国外微观行为研究进展

（一）空间行为与行为空间辨析

西方学者早期针对空间行为和行为空间二者的关系和研究重点争辩不休。空间行为是从一般性的角度出发，将个体置于整个城市空间的大环境中，研究空间中某种共性行为的分布规律及其影响因素；而行为空间从微观个体出发，将人作为研究对象，强调个体的特殊性，揭示在特定空间里特定个体的微观行为分布规律。空间行为更趋向于是理论和范式的归纳，研究目标一般是为了提炼某种模型，适用于解释多种地理现象，具有普遍适用性意义。行为空间注重个体特殊性研究，从个人日常行为调查开始，通过归纳个体的行为特征模拟类似空间里的个体行为模式，不具有普遍适用性（Charle and White，1994；Golledge and Stimson，1997）。

（二）日常活动研究

城市居民的微观行为并不是杂乱无章的，而是由特定的某些日常活动系统组成，主要包括通勤活动、购物活动和休闲娱乐活动为主的有规律的活动类型。除此之外，睡眠、私事、家务、移动也是日常生活中必不可少的部分。日常活动中大部分行为都具有惯性，即在正常生命中每一天都会从事这样的活动，突发性和临时性的活动不在研究范围之内。一些西方地理学者将地理学中的区域性作为研究日常活动的首要前提，必须把居民的行为放在特定的地理环境中研究。Gibson（1986）和 Aitken（1988）等认为心理学和社会学方法是研究日常活动的新元素，强调个人心理因素和所处的社会地位对个体日常活动时空间的影响。图 6-1 为城市居民微观行为的研究框架。

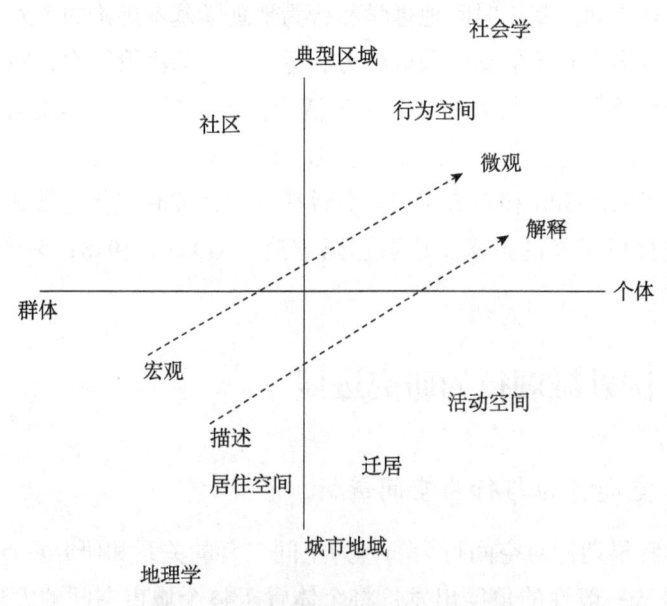

图6-1　城市居民微观行为的研究框架

（三）微观行为决策模型

随着微观行为研究的不断深入，传统的理论解释方法已经不能满足实际需要，因此引发了一系列模型研究热潮。出现了基于活动分析方法的模型、GIS 和 GPS 相结合的空间可视化模型、结构方程模型、基于效用的 N-Logit 模型、规则约束模型、仿真模型等一系列针对居民日常活动出行特征的解释模型。通过建立模型揭示了居民微观行为决策心理和动机，从客观角度科学地测度了微观行为的规律性特征（Stopher and Lee-Gosselin，1997；Arentze and Timmermans，2005）。

（四）微观行为应用研究

微观行为研究不仅在理论和方法上有重大进展，其应用价值可延伸至社会各个领域，包括居民出行的交通规划、城市空间结构与发展规划、城市生活质量与居民幸福指数评价、信息技术的新应用和推广、女性社会地位研究、儿童成长过程行为监测、城市生活节奏研究和社会福利保障等领域。近年来，随着新技术和新方法的注入，微观行为已经融合到城市地理学和城市社会学的研究体系中，为城市健康有序发展提供了较大的参考意义（Kuhn，2001；Farag et al.，2006）。

二、国内微观行为研究进展

我国关于微观行为的研究从 20 世纪 90 年代开始，目前国内研究处于探索阶段，因此大量的文献集中于对当前国内外时间地理学、行为地理学、微观行为、行为时空等研究进展，寻找微观行为与地理学的结合点。主要成果包括包括了中国城市居民时空间行为研究进展（柴彦威等，2002）、中国老年人空间行为研究进展（周洁和柴彦威，2013）、时间地理学研究进展与展望（柴彦威和赵莹，2009）、西方行为地理学研究进展（柴彦威等，2008a）、瑞典人文地理学研究进展（刘霄泉，2010）。国内对居民微观行为的研究可以分为以下几方面：①针对普通市民的日常活动研究。申悦和柴彦威（2013）、冯健和项怡之（2013）分别对北京市郊区居民一周之内日常行为的时空间作了分析；龚华等（2000）分析了转型期深圳市民日常活动的时空特征；周会粉（2011）分析了中国居民的时间利用特征，绘制了普通城市居民日常活动模拟图（图6-2）。②特定群体微观行为研究。张纯等（2007）、曹丽晓和柴彦威（2006）

分别对北京和上海的老年人日常活动进行探讨；和玉兰等（2014）、陶伟和郑春霞（2009）分别研究了南京和广州的女性微观行为特征；刘玉亭（2005）、张艳和柴彦威（2011）分别对南京和北京的城市贫困阶层的日常活动时空结构进行研究；郑凯（2010）将研究目标聚焦于少数民族群体。③购物行为研究。马静等（2009）、柴彦威等（2008b）、韩会然（2012）和舒桐（2013）利用模型分别针对北京、上海、芜湖和西安市居民的购物行为及其影响机制作了深入探讨。④休闲娱乐行为研究。孙樱等（2001）对北京市居民的休闲时空及内部差异性进行分析；李峥嵘和柴彦威（1999）、刘志林和柴彦威（2001）分别对大连和深圳居民周末休闲行为时空特征进行研究。⑤新技术和新方法的应用。林广发和黄永胜（2002）、秦萧等（2013）和柴彦威等（2013a）在大数据的背景下利用 GIS 和 GPS 等新技术对居民日常活动进行时空路径的模拟分析。⑥对城市规划的导向作用。陈传康（1982）最早提出北京市城市空间结构对居民行为空间的影响，并对北京城市规划提出建议；柴彦威等（2013b）、潘新潮（2010）、塔娜和柴彦威（2010）探讨了时间地理学框架下微观行为对城市交通规划的指导意义。

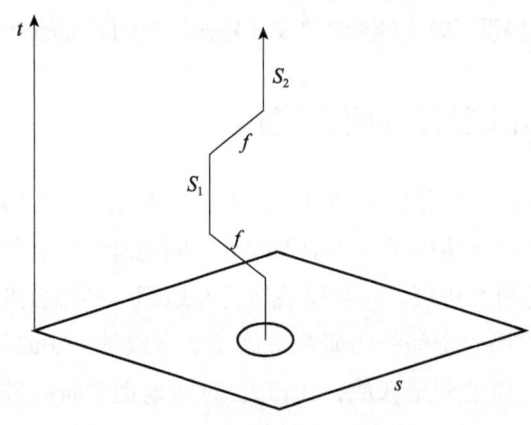

图6-2 个人日常活动路径模拟图

注：横轴平面 s 代表空间，纵轴 t 代表时间，S_1 和 S_2 代表事件停留点，f 代表路径

三、城市贫困居民的微观行为研究综述

贫困居民微观行为研究属于时间地理学范畴，目前国内对城市贫困居民微观行为的研究较少。刘玉亭等（2006）、何深静等（2010a）采用活动日志

调查方法对南京市城市贫困群体的日常活动时空间结构进行了分析，得出了贫困群体从事各类型活动的时空间范围比较狭小，时间利用分布零散、琐碎，以住所为中心的居住区成为城市贫困群体的主要生存空间的结论。张艳和柴彦威（2011）利用2007年北京城市居民活动日志调查数据，从时间空间多个维度，系统分析了北京城市中低收入者日常活动的时空间特征，结论表明城市中低收入居民日常活动节奏呈现破碎化特征，移动性较低且活动空间范围有限。兰宗敏和冯健（2010）基于问卷调查与活动日志，从个体行为角度对北京市5个典型城中村流动人口日常活动的时空间结构进行研究，得出了时间、人口结构和居住通勤状况不同，城中村流动人口日常活动也有差异的结论，并发现城中村流动人口在工作日和休息日的时间利用分别可以划分为6类，呈现多样性和差异性的特点，主要受宏观环境、生活空间及自身特征3个层次的影响因素的综合作用。

对国内外近百篇关于城市贫困和微观行为研究文献的梳理和归纳可得，无论是城市贫困问题研究还是微观行为时空间结构研究，几乎都是从单一的角度入手。城市贫困问题研究只针对贫困问题本身所涉及的方面进行探讨，大多研究仅仅停留在宏观尺度的贫困测度、贫困特征、贫困原因和反贫困策略，且研究范围都是在县市级以上，并未从贫困主体—个体行为的角度考虑；反观微观行为研究进展，由于国外的研究体系已经成熟，无论是概念内涵还是模型应用都已经形成了完整的研究框架和体系。国内微观行为研究起步较晚，而且研究群体较为单一，涉及的研究对象和学科范围非常有限，目前国内主要集中于普遍意义上的城市居民日常活动研究，包括分别针对购物活动和休闲行为的研究成果，针对城市贫困阶层微观行为的研究非常欠缺。本章试图从城市地理学、城市社会学、行为地理学和时间地理学等多学科角度综合对转型期西安市城市贫困人口的微观行为时空间结构及其影响机制进行科学分析。

第二节　西安市城市贫困典型区甄选

一、城市贫困典型社区的选取

在第二章和第三章对西安城市贫困空间格局分析的基础上，秉承科学性、全面性和系统性的原则，力求保证调查区域的代表性和典型性。典型社区的选取综合考虑了贫困程度、人口集聚特征、区位特征、社会经济背景、历史文化等因素，兼顾内城区、边缘区、郊区，分别在重度贫困区、较重贫困区、较轻贫困区和轻度贫困区各选取一个街道作为研究的典型社区。依据上述标注和原则，选取解放门街道、鱼化寨街道、纺织城街道和六村堡街道作为典型社区进行西安城市贫困人口微观行为研究（图6-3）。

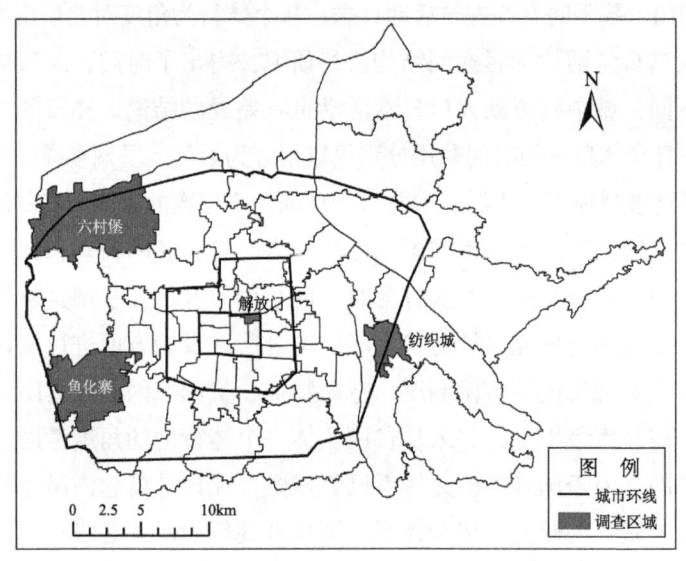

图6-3　西安城市贫困阶层微观行为研究的典型区

1. 流动人口聚居区——解放门街道

解放门街道位于西安市新城区中部偏西，明城墙的东北角从其中间穿过，辖东七路、东八路、尚德门、东大院、西六路、环北路6个居委会，总面积为0.76km^2，第六次全国人口普查显示共计31 684人。解放门街道分为城墙内和城墙外两片区，城内东至环城东路、西至新城坊、北至环城北路、南至东西六路，城外以太华路为东界，沿陇海线分布呈狭长形地带。街道内部主要道路有环城北路、西八路、西七路、尚俭路、解放路、尚德路、新城坊、环城东路、自强路和北关正街等，西安火车站布局于此。基于特殊的地理位置和交通位置，再加上历史因素的影响，解放门街道是典型的流动人口聚集区，尤其是道北地区。道北地区出现于20世纪30年代，1935年陇海铁路的通车为道北地区带来了新的经济活力，大量来自河南、山东等地的移民涌入该地区，外来居民占总人口

80%左右，而该区域在解放门街道城墙以外片区显现出明显的特征。从整体来看，解放门街道的大量流动人口聚居区环境脏乱、建筑陈旧、经济发展水平落后，居民生活水平处于较低的状态，贫困率达到35.71%，是西安市贫困率最高的社区。该社区的流动人口也面临着受教育水平低、从事职业收入低、缺乏医疗卫生及社会保障、违法刑事案件居高不下等问题，因此将解放门街道作为典型区对其贫困阶层进行微观行为的探究有很强的代表性和现实意义。

2. 遗址保护区——六村堡街道

汉长安城遗址是丝绸之路的起源地之一，保存并延续了西安古都的历史文脉。汉长安城遗址横跨六村堡、汉城、未央宫三个街道的58个行政村，约6万居民，其中包括汉城街道的22个行政村、未央宫街道的16个行政村，六村堡街道的20个行政村。根据《汉长安城遗址保护总体规划》，汉长安城遗址保护区内的用地除去必要的展馆用地之外，其余用地均必须为农业用地及绿化用地，不可开发和建设。为了保护遗址区地上和地下的遗址文物，遗址区及周边的产业发展和城市建设都受到了很大的限制，以致整个遗址保护区内的经济发展状况和居民生活水平都处于较低的水平。

六村堡街道位于西安市西北部和未央区西部，在城市圈层中处于最外围层，总面积为46.7 km^2，辖区内包括4个社区、42个行政村，总人口共计62 333人，绕城高速、西三环、机场快速道、丰产路和石化大道等重要道路穿过其区域内部，交通条件非常便利，通往外界的可达性较强。六村堡街道东部古汉城遗址与未央区经济技术开发区相邻，南部通过西三环和大兴路进入市中心，西部与咸阳相邻，北部与咸阳国际机场隔渭河而望。本节将六村堡街道界定为遗址保护区，主要包括九市遗址、北宫遗址、冶铸遗址、桂宫建筑遗址、雍门和雍门大街遗址、横门和横门大街遗址、厨城门和厨城门大街遗址、直城门和直城门大街遗址8处汉长安城遗址。据《三辅黄图》记载，"长安市有九，各方二百六十六步。六市在道西、三市在道东"为九市遗址；"北宫有神仙宫、寿宫，张羽旗设供具以礼神君，神君来则肃然风生，帷帐皆动。太子宫有甲砚画堂，宫殿采画之堂在北宫"为北宫遗址，高帝时首创，孝武增修之；"武帝太初四年秋起，周回十余里；桂宫中有明光殿，则在桂宫"为桂宫遗址。

六村堡街道的贫困发生率为18.79%，在贫困等级中属于较重贫困区。汉长安城遗址保护区所在行政村的数量占总数的48%，遗址保护区内和区外差异显著。区外分布有六村堡新工业园区，包含了工业建筑业、餐饮服务业、房地产业等，经济发展较为迅速，经济增长速度明显高于区内，故在遗址保护区内的居民在很大程度上陷入了贫困状态，而这种贫困与传统的贫困不同，是一种由外在不可抗力而引发的发展机会的缺失所造成的贫困。

3. 城中村集聚区——鱼化寨街道

城中村作为我国城市发展过程中出现的一种特殊现象，不仅直接影响了城市良性发展，还衍生出一系列城市问题和社会问题。从本质上讲，城中村是在城市大环境包围下一片发育畸形的虚假城市用地，在空间形态上以棚户、低层建筑、破旧房屋等呈现，在社会经济文化形态上仍然保留着农村生活习惯和价值观念的一种"城市中的农村"。

鱼化寨街道位于西安市雁塔区的西南部，为雁塔区的西大门，西接长安区，北部与莲湖区和未央区相邻，东南与高新产业园区相连，街道面积为22.9km^2，辖8个居委会和20个行政村。鱼化寨街道作为西安市十大知名城中村之一，曾经在2009年已经获得首批《城中村改造方案批复》的城中村，但如今并未有实质性的进展。私搭乱建的高楼林立，"一线天"已经成为鱼化寨城中村的标志景观，每天近20万人涌入各个村中，几乎将鱼化寨填满。"我租的房子现在已经盖到13层了，房东还在继续加盖，附近的楼房也在一直加高，西安最厉害的民房将在这里诞生了"在鱼化寨租房居住的大学毕业生小张描述。周边的城中村大部分得到陆续改造，鱼化寨成了周边贫困人口最后的栖身之地。

4. 老工业衰退区——纺织城街道

纺织城街道位于西安市东郊灞桥区，处于绕城高速和东三环之间的狭长地带，浐河东岸，白鹿原脚下，北至陇海线，面积为6.2km^2，总人口为92 435人。辖区内11个社区和1个行政村，区内道路纵横交错，构建了十横四纵的道路网络体系，基础设施和各项服务设施基本完备，是灞桥区市政府所在地和经济政治中心。纺织城在新中国成立后至20世纪90年代间一度被称为"小香港""小上海"。作为西北地区最大的纺织工业基地，1951年西北国营第三棉纺织厂最早开启了纺织城的繁荣之路，随后，国营西北第四棉纺织厂、国营西北第五棉纺织厂、国营西北第一印染厂、国营西北第六棉纺织厂等大型国有企业相继完工，此外，西北电力建设工程有限公司、纺织科研所等配套企事业单位形成规模，整个纺织城呈现一片繁荣景象。然而随着改革开放的逐渐深入，市场经济地位稳固，产业结构进一步升级，以纺织城为代表的传统老工业区也不可避免地面临衰落甚至被淘汰的局面。

作为传统的老工业基地，产业结构单一，国有企业单位管理体制处于改革阶段，因此，整个工业区的经济社会效益下滑导致其无法承担原有职工薪金和企业福利，经营困难、亏损严重，导致大量的离退休人员、失业人员、转业人员和部分继续在岗职工无形之中陷入了相对贫困的状态中（童舒静，2009）。纺织城街道的贫困发生率为16.98%，属于较轻贫困区，贫困阶层具有普遍的共性特点，主要是生活配套设施的老化加重了负担，受产业结构调整的影响，出现了离退休、在岗的贫困人群，而且在年龄结构上偏大。以上所有的原因都是在中国转型期宏观背景和产业结构升级刺激下形成的，这部分贫困人群正是城市贫困群体的最主要组成部分之一。图6-4为纺织城街道城市贫困的影响因素。

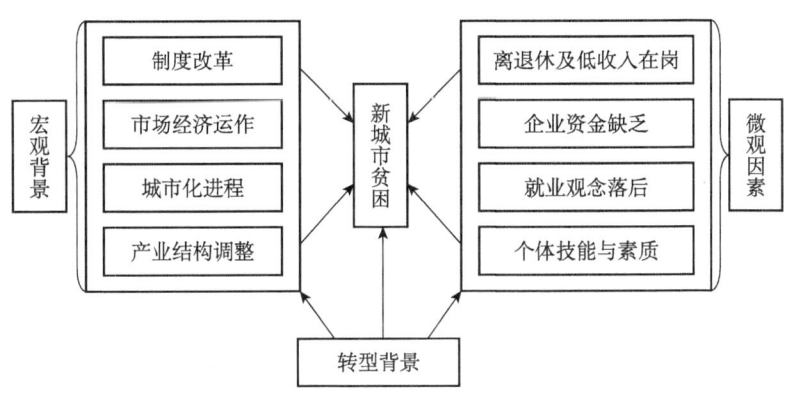

图6-4　纺织城街道城市贫困的影响因素

二、数据采集

（一）调查设计

本章的研究数据主要依靠调查问卷、访谈和活动日志调查的方法获取，在调查问卷的设计中主要考虑到本次调研的对象为西安城市贫困阶层的人群，由于其本身存在一定的特殊性，所以在问卷设计的过程也考虑到专门针对这一阶层人群适合的问题，以保证能够有效地收集准确数据，增加问卷的可靠性和科学性。根据研究目的，首先需要鉴别贫困人群，因此，在调研开始前进行必要的访谈了解，通过与对象的交流可获得其职业、收入和生活状况，结合前期的研究成果贫困线为 1320 元/月，进而判定是否为本章的研究对象，制定下一步调研方案。调查问卷由三部分组成，第一部分为个人基本信息调查，主要包括与个体微观行为（日常活动）直接相关的性别、年龄、户籍、受教育程度和职业等个人属性特征，以此了解城市贫困群体的个人背景情况，在研究中可将这部分与日常活动特征相结合，分析二者之间的相关关系；第二部分为城市贫困人群日常活动的相关内容，主要包括通勤、购物和休闲娱乐的空间距离、时间及各自的出行方式，购物的场所类型和休闲娱乐的主要内容，通过分析城市贫困群体的日常活动，可以得到微观行为总体特征；第三部分为城市贫困群体一天的活动日志，要求被调查人员说出其在工作日内一天作息时间，考虑到贫困人口现实生活状况和日常作息时间，在本书中忽略工作日和休息日之间的区别，统一用工作日的作息时间为研究标准，将一天 24h 分割为 24 段，即以 1h 为一个时间节点进行记录，以此分析城市贫困群体通勤、购物和休闲娱乐的空间结构特征。问卷中第一部分和第二部分主要为简洁的个人信息和日常活动信息，发给被调查者自己填写，第三部分通过访谈的方法，通过调查人员与被调查者进行深入访谈，询问了解被调查者一天的时间利用状况，并进行记录，最后统一汇总，以确保数据的系统性和可比性。

（二）调查问卷发放

问卷发放地点为解放门街道、六村堡街道、鱼化寨街道和纺织城街道四个典型区，考虑到调查问卷的主观性和随机性，可能会对结果造成一些误差，研究组在预调研的基础上，针对调查问卷的内容、发放时间、询问方法技巧和结果汇总等进行了修正，最后在街边广场、商场超市、居住小区内部，以及入户随机抽样发放问卷，以确保样本具有代表性和客观性。

本研究发放调查问卷 600 份，根据各个典型区的实际状况和贫困人口的数量，分别向 4 个典型区平均发放 150 份调查问卷，对回收问卷的有效性进行严格评估和筛选之后获得有效问卷 555 份，有效率为 92.5%。将获取的问卷信息通过软件 SPSS18.0 进行了数理统计，同时结合访谈信息对统计结果做了进一步完善，建立了居民属性、出行指标、空间范围、时间利用等多个数据库。

三、样本属性特征

在最终筛选出的 555 份有效问卷中包括解放门街道 142 个样本，六村堡街道 140 个样本，鱼化寨街道 137 个样本，纺织城街道 136 个样本，各个社区的有效样本数量非常相近，具有很强的可比性，有利于对各典型社区得出可靠的结论。根据调查分析表 6-1 可以发现：

表 6-1 城市贫困典型区样本属性特征

居民属性		解放门街道		六村堡街道		鱼化寨街道		纺织城街道	
		人数	比例 /%	人数	比例 /%	人数	比例 /%	人数	比例 /%
性别	男	70	49.30	68	48.57	66	48.18	62	45.59
	女	72	50.70	72	51.43	71	51.82	74	54.41
年龄	18～25 岁	11	7.77	24	17.35	18	12.90	13	9.56
	26～35 岁	21	14.69	30	21.43	32	23.66	14	10.54
	36～45 岁	29	20.49	29	20.5	34	24.73	13	9.31
	46～60 岁	44	30.99	32	22.86	44	32.14	51	37.50
	61 岁以上	37	26.06	25	17.86	9	6.57	45	33.09
户籍	本地非农业	72	50.49	6	4.09	32	23.49	101	74.12
	本地农业	12	8.73	80	57.14	55	40.15	18	12.94
	异地非农业	10	6.80	9	6.12	29	21.31	8	5.88
	异地农业	48	33.98	46	32.65	21	15.05	10	7.06
受教育程度	小学及以下	34	23.94	19	13.57	25	18.13	26	19.12
	初中	54	37.86	68	48.57	37	26.78	34	24.61
	高中	36	25.42	37	26.53	29	21.51	53	38.72
	大专及以上	18	12.78	16	11.33	46	33.58	24	17.55
职业构成	教师或科研人员	4	2.91	3	2.14	5	3.65	2	1.18
	专业技术人员	4	2.91	14	10.10	10	7.53	3	2.35
	普通职工	18	12.68	21	15.00	18	13.10	22	16.18
	服务业人员	11	7.77	17	12.14	20	14.60	5	3.53
	个体经营户	22	15.49	31	22.14	19	13.77	10	7.06
	下岗职工	31	21.73	27	19.29	23	16.69	36	26.42
	离退休人员	43	30.28	14	10.00	26	18.98	47	34.56
	其他	9	6.23	13	9.19	16	11.68	12	8.12

1）从性别角度来看，各个典型社区的女性贫困人口数量都稍高于男性贫困人口数量，其中纺织城街道的男女比例差距最大，达到将近10%，反映出纺织城街道中男性的在岗收入或者再就业的程度明显高于女性，在面临企业改制中女性更容易陷入贫困状态。除此之外，在调研过程，由于性别本身的差异，男性更愿意配合调研。总体来看，男女人数比例差异在可控范围之内，比较理想。

2）从年龄角度来看，4个典型社区中46～60岁的人群比例都是最高，这在一定程度上反映出在中年之后由于身体素质下降、家庭压力增加、新兴技能薄弱等原因导致这部分人群更容易陷入贫困。六村堡街道贫困人群的年龄差异比较均衡，纺织城街道的贫困人群以中老年为主。

3）从户籍角度来看，解放门街道中本地非农业人口和异地农业人口二者之和占据了总数的85%左右，解放门街道处于内城区附近，在人口构成中本地非农业人口比例达50.49%，除此之外，解放门街道中存在大量的外来流动人口，组成了主要的异地农业人口。六村堡街道中本地农业人口和异地农业人口占据总数的90%左右，这是由于六村堡街道处于西安市绕城高速附近，城市化水平较低，主要由农业人口构成，再加上外地迁入的经商人口，构成了人口的绝大部分。鱼化寨街道作为多种人口混居的城中村，人群的户籍也呈现多样化，四种户籍类型均衡分布。

4）从样本的受教育程度可以看出，贫困人口的学历构成以初中和高中学历为主，小学及以下受教育程度的贫困人口在数量上并未占据大多数，表明我国扫盲政策初见成效。需要注意的是，鱼化寨街道大专及以上贫困人口所占比例最高，主要是因为大批高校毕业生和一些从事新兴产业的高科技人才在鱼化寨城中村聚集，拉高了该社区贫困人口的受教育水平。总体来看，随着受教育程度的提高，贫困人口数量逐渐减少，说明提升教育水平对脱贫有很大作用。

5）样本的职业构成复杂多样，但主要集中于离退休人员、下岗职工和个体经营户等人群，教师或科研人员和专业技术人员陷入贫困的机会很小，说明贫困人口对职业构成有一定的偏向性，优化就业结构和加强社会公平对整个社会脱贫有显著作用。

第三节　西安城市贫困典型区居民微观行为特征

城市贫困阶层的微观行为是由各种日常活动，如通勤、购物、休闲娱乐等活动系统构成的，这些活动系统的空间范围可称为城市贫困阶层活动空间结构，而这些活动各自所占用时间则可称为城市贫困阶层的活动时间结构。本节从城市贫困典型区居民的总体微观行为入手，分析城市贫困阶层出行特征、日常活动的时空间结构和日常活动路径，通过分析以上内容，可得出贫困阶层的出行特征和日常活动规律。

一、城市贫困典型社区居民出行特征分析

居民出行特征主要从出行次数、出行频率、出行频度、出行目的、出行目的链等几个角度进行评价，能够反映贫困阶层出行的活跃度及选择出行的意愿情况。通过分析调查问卷结果，得出了4个典型区贫困阶层出行基本特征。

（一）城市贫困阶层总体出行率和出行频度

出行率指在所有的调查样本中出行人数占总数的比例，得出的结论反映的是城市贫困人群从个体的角度测度了出行的活跃程度，是比例问题。出行频度指所有调查样本累计的出行次数与出行人数比值，个体出行的次数对结果会产生很大影响，反映的是总体出行的能力。由于出行率和出行频度都是对于整体人群出行能力的测度，反映的是总体特征，因此本节只针对4个典型区的两大分类群体进行分析，计算公式如下：

$$出行率 = \frac{出行人数}{样本总数} \times 100\% \qquad (6\text{-}1)$$

$$出行频度 = \frac{总出行人数}{出行人数} \qquad (6\text{-}2)$$

通过对4个典型区不同性别的贫困人群进行出行率和出行频度分析，得到表6-2：

表 6-2　西安城市贫困典型区出行率和出行频度分析

出行能力	性别	解放门街道	六村堡街道	鱼化寨街道	纺织城街道	合计
出行率/%	男	92.4	90.15	94.28	89.43	91.57
	女	90.68	89.27	92.85	90.39	90.8
	平均	91.54	89.71	93.57	89.91	91.19
出行频度/次	男	1.75	1.73	1.95	2.02	1.85
	女	1.85	1.71	1.76	1.79	1.78
	平均	1.8	1.72	1.86	1.91	1.82

1）从出行率来看，男性的出行率总体高于女性，较女性高出近 0.7 个百分点，只有在纺织城街道女性的出行率高于男性近 1 个百分点，由此表明男性的出行活跃度高于女性，男性在日常生活中更加愿意外出。四个街道中出行率最高的是鱼化寨街道，出行率最低的是六村堡街道，二者相差近 4 个百分点，这与区域的属性有一定关系，鱼化寨属于城中村集聚的区域，本地居民、外来经营者、学生、农民工和大学毕业生等众多群体混居，为了生存和生活，不得不频繁外出。而六村堡街道是汉长安城遗址重点保护的 4 个街道之一，自身的封闭性和独立性较强，其生活方式具有一定的自给性，因此总体出行活跃度较低。

2）从出行频度来看，总体上男性出行频度与女性基本持平，只相差了 0.5 个百分点。但是从 4 个街道的角度分析，二者的差距在个别街道比较明显。例如，解放门街道女性的出行频度高于男性 1 个百分点，鱼化寨街道男性的出行频度高于女性 1.9 个百分点，纺织城街道男性的出行频度高于女性 2.3 个百分点。

（二）基于不同属性的出行次数分析

在研究出行特征的所有指标中，出行次数是最能直接有效地反映居民出行特征的一项指标，个人基本属性、社会经济属性和空间属性都会对出行次数带来很大影响，本节从城市贫困群体的性别、年龄、户籍、受教育程度、职业构成和所属街道的角度分析其对出行次数的影响（表 6-3）。

表 6-3　基于城市贫困阶层不同属性的出行次数比较　　　（单位：%）

类别	出行次数	一次出行	二次出行	多次出行
性别	男	26.82	61.82	11.36
	女	28.57	64.94	6.49
年龄	18～25 岁	25.53	72.34	2.13
	26～35 岁	31.82	59.09	9.09
	36～45 岁	26.98	63.49	9.52
	46～60 岁	31.09	62.18	6.72
	61 岁以上	20.25	62.03	17.72
户籍	本地非农业	26.92	62.31	10.77
	本地农业	28.42	57.89	13.68
	异地非农业	12.20	85.37	2.44
	异地农业	33.33	60.19	6.48
受教育程度	小学及以下	20.00	75.71	4.29
	初中	32.33	57.89	9.77
	高中	26.21	60.19	13.59
	大专及以上	28.36	64.18	7.46
职业构成	普通职工	25.93	66.67	7.41
	教师或科研人员	40.00	40.00	20.00
	专业技术人员	27.27	72.73	0.00
	服务业人员	31.58	57.89	10.53
	个体经营户	27.38	63.10	9.52
	下岗职工	20.00	70.00	10.00
	离退休人员	25.71	61.90	12.38
	其他	32.61	60.87	6.52
所属街道	解放门	24.24	72.73	3.03
	六村堡	40.82	45.92	13.27
	鱼化寨	17.39	79.35	3.26
	纺织城	27.38	53.57	19.05
平均		27.54	63.10	9.36

注：研究中将三次及以上出行统称为多次出行

从表 6-3 可以看出，二次出行的频率最高，达到 63.1%，多次出行的频率最低，仅有 9.36%，一次出行的频率居中。由此说明，城市贫困群体的出行次数主要集中于二次，多次出行的概率极低，与同等水平大城市相比，出行能力低于大连、天津和深圳等地普通居民，也表明城市贫困群体在出行方面的确具有一定弱势。

1. 出行次数的性别分析

从性别来看，男性和女性在总体出行次数上并无明显差异，在一次出行和二次出行中女性的出行次数要略高于男性，而在多次出行方面男性的出行次数稍高于女性（图6-5）。

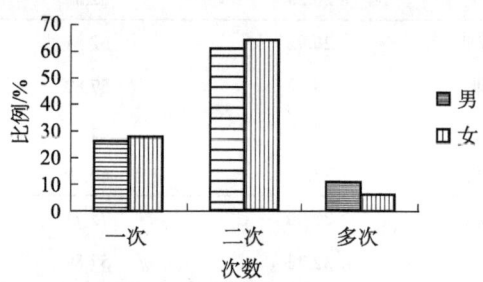

图6-5　出行次数的性别差异图

2. 出行次数的年龄分析

从年龄角度来看（图6-6），一次出行以 26～35 岁和 46～60 岁两个年龄段的居民为峰值，二次出行中 18～25 岁青年的出行次数最多，其余年龄段的出行次数相对均衡；多次出行中 61 岁以上的老年人出行次数最多，主要是由于老年人生活比较清闲，不需要按时上班，所从事的日常活动主要为购物和休闲娱乐，自由支配时间较多，出行次数也相对灵活。

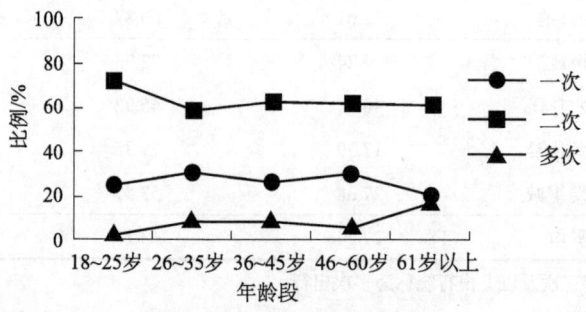

图6-6　出行次数的年龄差异图

3. 出行次数的户籍分析

将被调查对象的户籍分为四种类型，分别为本地非农业、本地农业、异地非农业和异地农业，但上述人群均为西安市常住人口。一次出行中以异地非农业贫困人群最低，而异地农业贫困人群最高，其曲线走向与多次出行曲线一致。而在二次出行中异地非农业贫困人群的出行次数最高。本地户籍的贫困人群在出行次数方面较为稳定，没有较大波动（图6-7）。

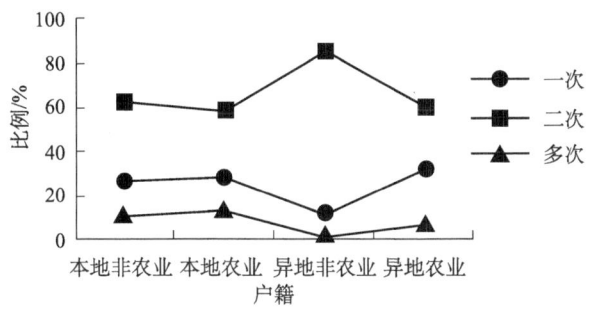

图6-7　出行次数的户籍差异图

4. 出行次数的受教育程度分析

在一次出行中（图6-8），初中学历的贫困人群比例最大，二次出行中初中学历出行比例最小，而小学及以下出行频率最高，多次出行中高中学历出行频率最高，大专及以上学历在所有出行次数中都处于中等水平。由此可见，城市贫困群体的文化水平并未对其出行次数产生明显影响。

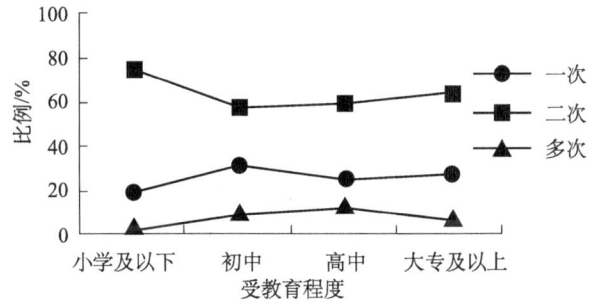

图6-8　出行次数的受教育程度差异图

5. 出行次数的职业构成分析

在多次出行中，教师或科研人员所占比例最高，而在二次出行中教师或科研人员所占比例最低；普通职工、服务业人员、个体经营户和下岗职工在所有出行次数中都处于较低水平；专业技术人员在二次出行中所占比例最高，反而在一次和多次出行中所占比例较小；离退休人员在全部出行次数中都处于中上等水平。总体来看，城市贫困人群的出行次数受职业的影响较为明显，从事体力工作和脑力工作的人群之间出行次数差异较大（图6-9）。

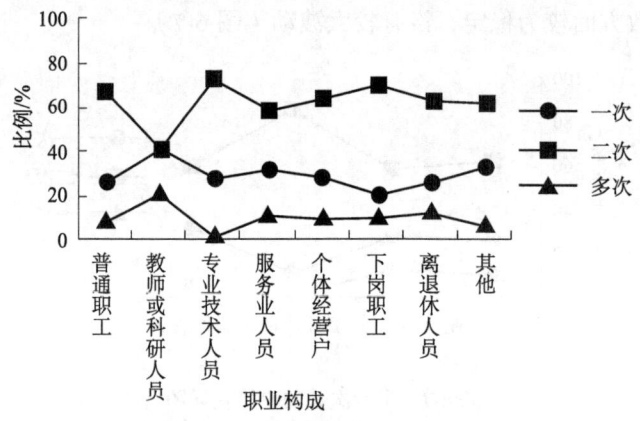

图6-9　出行次数的职业构成差异图

6. 出行次数的所属街道分析

区域的空间属性对于个体的生活方式和行为习惯会产生巨大影响，地理环境对于个体行为的塑造是不可避免的。六村堡街道贫困群体一次出行和多次出行在四个街道中是最高的，反而二次出行的频率却是最低，鱼化寨街道恰恰相反，二次出行的频率最高，反而一次出行和多次出行的比例最低，总体来看，纺织城街道和解放门街道的出行次数并无太大差异（图6-10）。

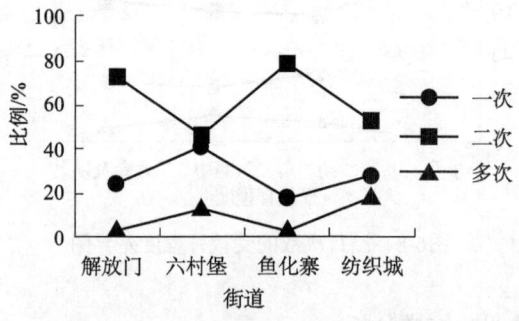

图6-10　出行次数的所属街道差异图

(三) 出行目的和出行目的链

将个人出行目的归纳为通勤活动、购物活动、休闲娱乐活动和私事，前三种出行目的是本节研究的重点对象，根据城市贫困个体在单次出行过程中去往不同目的地的次数，将出行目的分为三种类型，其中多种目的是指在一次出行过程中至少停留了三次目的地的出行。出行目的链是指在一次出行的过程中，具体为了何种目的而出行，以及各种目的地之间的组合出行方式。表6-4为城市贫困阶层出行目的和出行目的链。

表 6-4 城市贫困阶层出行目的和出行目的链 （单位：%）

项目		单目的	两种目的	多种目的	含W	含S	含R	含W-S-R
性别	男	15.89	47.20	36.92	33.02	33.25	28.27	5.46
	女	9.33	58.67	32.00	28.34	41.04	26.06	4.56
年龄	18～25	15.91	45.45	38.64	40.20	30.39	19.61	9.80
	26～35	19.35	48.39	32.26	40.16	32.28	18.90	8.66
	36～45	11.29	51.61	37.10	39.68	36.10	19.05	4.17
	46～60	11.11	56.41	32.48	29.69	38.24	29.69	3.37
	61岁以上	11.39	51.90	36.71	11.11	43.75	43.75	1.39
文化水平	初等学历	11.39	50.99	37.62	30.61	38.78	26.79	3.83
	中等学历	13.59	50.49	35.92	30.00	34.00	30.00	6.00
	高等学历	16.42	50.75	32.84	33.82	33.82	25.00	7.35
区域属性	解放门街道	3.03	38.38	58.59	25.23	40.37	27.06	7.34
	六村堡街道	12.24	64.29	23.47	37.84	31.89	25.95	4.32
	鱼化寨街道	13.98	47.31	38.71	36.11	37.78	20.56	5.56
	纺织城街道	23.81	52.38	23.81	24.83	35.17	37.93	2.07
平均		13.48	51.02	35.50	31.47	36.20	27.04	5.28

注：W表示通勤活动，S表示购物活动，R表示休闲娱乐活动

1) 总体来看，两种目的出行方式所占比例最大，达到50.53%，单目的出行方式所占比例最小，仅有12.83%。出行目的链中通勤、购物和休闲娱乐三者出现频率排名为含S＞含W＞含R，单次出行中通勤、购物和休闲娱乐全部被包含的出行比例仅为5.28%。

2) 男性在两种目的出行方面少于女性，单目的和多目的出行方面则多于女性，女性在含S目的出行中远远高于男性，其余出行目的链中稍低于男性，

但相差不大。

3）中青年在单目的方面要高于中老年，但两种目的出行方面却低于中老年，在多目的出行中，受年龄的影响较小，各年龄段多目的出行无太大差异。在出行目的链方面，含 W 出行目的比例随着年龄的增大而减少，含 S 出行目的比例随着年龄增大而增大，含 R 出行目的的人群主要集中在 61 岁以上的老年人中，其余年龄段人群总体差异较小。含 W-S-R 出行目的的人群随着年龄的增大而减少。

4）文化水平与出行目的之间存在着必然的联系，主要是由于不同文化水平的居民对生活质量的要求有所差异，文化水平较高的居民对于日常活动的时间和活动方式有着较好的分配能力，对单次出行的效率要求更高，因此会对出行目的和出行目的链产生影响。单目的出行比例各文化水平排名为高等学历＞中等学历＞初等学历，多目的出行比例各学历水平排名为初等学历＞中等学历＞高等学历，两种目的出行各文化水平之间没有呈现明显规律。由此说明，文化水平较高的人群对出行有较强的规划性，对于出行有更加直接的目的性，反之，文化水平较低的人群出行目的比较随性，出行过程中会产生多次出行目的。

在出行目的链方面，含 S 出行目的链的比例随着学历的增高而减少，含 W-S-R 出行目的链的比例随着学历的增高而增大，说明文化水平对购物行为有着较大的影响，为了节约时间，提高出行效率，学历越高的居民可能会选择较少次数的购物活动，而含 W-S-R 出行目的链则代表个体在一次出行中能够在工作之余完成购物活动，并且仍有剩余时间可以进行休闲娱乐活动，一般情况下只有达到一定学历水平的居民才会具备这样的能力。

5）区域属性对于出行目的和出行链影响较小，但总体来看，解放门街道单目的和两种目的出行较少，而多种目的出行较多，纺织城街道和六村堡街道单目的和两种目的出行较多，多种目的出行较少；鱼化寨街道各种出行目的的次数均处于中等水平。在出行目的链方面，各个区域之间在含 S、含 W、含 R 和含 W-S-R 出行目的链都没有较明显的差异。

二、日常活动时空研究方法

目前对于居民日常活动时空结构研究方法较少，主要有以下几种：活动模式化研究、时间地理学研究、行为地理学研究和交通——活动研究方法。本节主要借鉴时间地理学和行为地理学研究方法，该方法由哈格斯特朗提出，主要侧重于日常活动的制约因素，进而将人类的行为限定在一定的空间范围之内。由于人类行为具有连续性，在空间和时间上具有限制性，个体的日常活动就会在时间轴上形成一条路径，在空间面上则会有一定的区域范围约束。

日常活动的时间分配是指某一特定时间资源在不同生活方式上的分配，从一天完整的时间链来讲，即各项活动对一天 24h 占有的情况。不同的研究层次和研究尺度所要求的时间分配标准也不同，一般按照个人日常活动的类型划分生活时间，目前主流的划分方法有两分法（工作和非工作时间）、三分法（生理必需、社会必需和自由支配时间）、四分法（工作、生活必需、家务支配和自由活动时间）和五分法（工作、生理、自由、剩余和损失时间）等。本节采用的城市贫困阶层日常活动时间分类主要在目前国内外已经成熟的分类体系的基础上构建而成，采用三分法对日常活动时间进行分类，但是考虑到研究对象是城市贫困群体，与一般居民相比具有一定的特殊性，因此在原有分类基础上做了一定修正。表6-5将日常活动时间分类划分为两个等级，一级分类包括三种类型，第一大类为个人基本生活时间，其又可分为睡眠、私事和家务三种类型；第二大类为社会发展必需时间，具体包括工作、购物和移动三种类型；第三大类为自由空闲时间，二级分类仅有娱乐一项，在二级分类之后列出了具体的活动内容以便能够全面地包含城市贫困阶层的日常活动内容。

将城市贫困群体日常活动时空间结构和活动路径以空间三维图进行表示，横坐标代表活动类型和活动空间，纵坐标代表一天的时间，坐标系统内容在日常活动时空间结构图中表示在特定的时空内进行某种活动类型的人群占据总样本人数的百分比。根据对活动调查日志的整理和数据的分析，采用时间延续和断裂相结合的方法，将1h作为间隔单位，由于活动日志调查中显示所有调查对象在凌晨1：00～5：00均为睡眠时间，故将一天时间定为5：00～凌晨1：00。在划定横轴坐标时根据与家庭距离的远近，结合西安市目前城市交通状况，将活动空间范围划分为自家、0～0.5km、0.5～5km、5～10km、>10km 五种类型。

表 6-5　城市贫困阶层日常活动时间分类

一级分类	二级分类	活动内容
个人基本生活时间	睡眠（X）	夜间睡眠
		午间休息
	私事（P）	用餐、个人洗漱
		就医、理发、美容等个人卫生活动
		接送小孩上下学、外出照顾老人和病人
		找工作、去邮局和银行等私人事务
		其他个人私事
	家务（H）	做饭、洗衣、打扫卫生、收拾房屋等
		在家照看小孩、老人和病人
		教育小孩、陪孩子玩
		其他自家的一些家务活动
社会发展必需时间	工作（W）	正式工作，临时、兼职工作
		工作期间休息
	购物（S）	去零售店、农贸市场、超市购买日常用品
		去商场和商业街购物
		去书店、药店及其他购物场所购物
	移动（M）	通勤移动
		其他的外出移动
自由空闲时间	娱乐（R）	看电视、听广播、阅读报刊
		逛商场、公园
		日常社交活动（亲戚、朋友聚会等）
		体育活动
		旅游活动
		玩扑克、打麻将
		闲聊
		看电影、去图书馆等

三、城市贫困典型区居民日常活动时空间结构

（一）总体时空间结构特征

1）通过观察图 6-11 和图 6-12 发现，城市贫困群体日常活动空间范围较小，

主要集中于 10km 以内。由于工作的需要，男性的活动空间范围较女性更广，女性活动的范围集中于 0.5km 以内。

2）男性和女性日常外出活动的目的主要为通勤活动，休闲娱乐活动较少，男性在通勤活动方面所用时间多于女性，女性在购物活动方面所用时间多于男性，总体来看，城市贫困群体外出活动的目的较为单一。

3）家务是女性日常活动的重要内容之一，除去睡眠时间，几乎每个时间段都有相当比例的女性在从事家务活动，说明城市贫困家庭结构基本符合中国传统的"男主外，女主内"的家庭模式。

4）在睡眠时间方面，男性的睡眠时间总体少于女性，但需要注意的是在早上 7:00 以前的处于睡眠状态的男性多于女性，而 7:00 之后男性的睡眠时间多于女性，主要是由于女性承担了部分家务活动需要在很早的时间内完成，与此相比，男性由于通勤活动的需要，睡眠时间必须于 8:00 前结束。男性和女性在午休方面呈现出一致性的特点，集中于 13:00～14:00。

5）家庭内的私事活动在整个日常活动时空间体系中呈现三个高峰期，分别为 7:00～8:00、12:00～13:00 和 19:00～21:00，主要表现为吃饭、洗漱等个人活动，在性别方面没有明显差异。此外，男性从事家庭外的私事活动比例要高于女性。

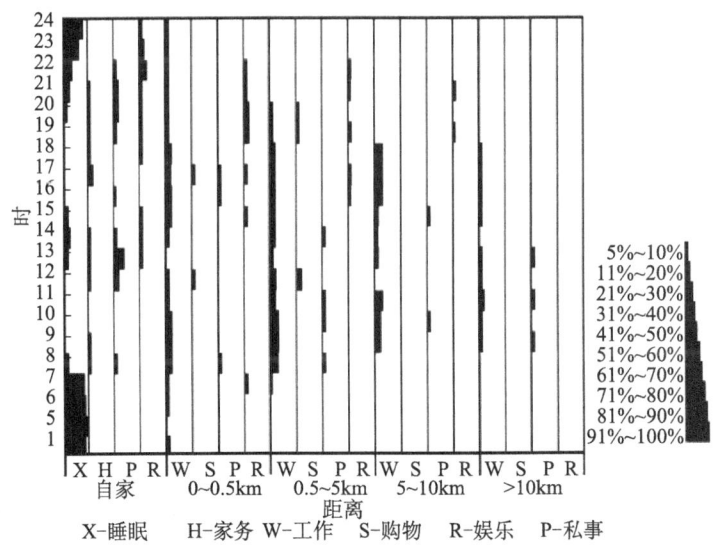

图 6-11　男性日常活动时空间结构

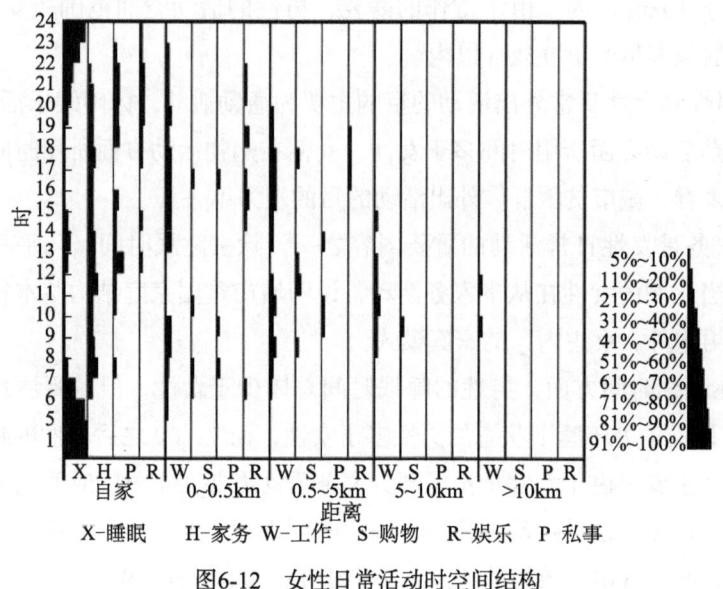

图6-12 女性日常活动时空间结构

6）男性和女性在娱乐活动方面所表现出的规律也具有相似性，家庭内的娱乐时间主要集中于午餐和21：00之后一段时间，以看电视和闲聊为主，而户外的娱乐时间以晚饭后的1h最为集中，晚饭后居民一般会去附近小区或活动场所健身、打牌或者闲聊，总体来看，西安市城市贫困居民的娱乐活动时间较少，而且基本集中于家庭内部，方式单一。

（二）典型区日常活动时空间结构特征异同

对比分析发现，本节选取4个典型街道之间相同的规律性特征大于各自的独特性，较明显的区别在于通勤活动的距离，解放门街道、六村堡街道和纺织城街道贫困群体均无大于10km的通勤活动，鱼化寨街道有近20%的人群分布在10km以外的区域上班，且上班时间为8：00～12：00，14：00～17：00。鱼化寨作为城中村集聚区域，有部分居民白天在高新区上班，晚上在鱼化寨居住，这些人大多是刚毕业的大学生或者是刚参加工作的青年人，习惯上称为"蚁族"。他们刚步入社会，参加工作，对生活抱有极大热情和信心，因此能够吃苦耐劳，但是他们的居住和生活条件却低于普通的城市居民。此外，解放门街道和鱼化寨街道贫困群体的上班时间几乎是全天候的，从早上起床直至晚上睡眠时间，通勤的距离集中于0.5km以内，主要是因为在上述三个街道，大多数贫困群体以个体经营户、摆摊户、服务业人员为主,他们的上班时间相对较长,且没有时间规律,通常为了生计,他们会保持长时间工作状态。而纺织城街道由于是衰落的老工业基地,当地的贫困群体仍然是以在岗职工为主,这些人群的上班时间是固定的,且主要集中在纺织城街道内部,0.5～5km 的距离。图 6-13～图 6-16 为 4 个典型街道的日常活动时空间结构。

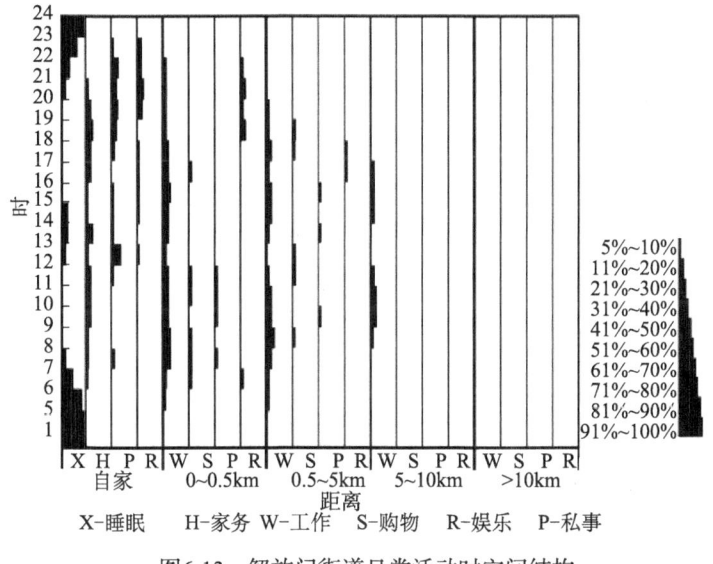

图6-13 解放门街道日常活动时空间结构

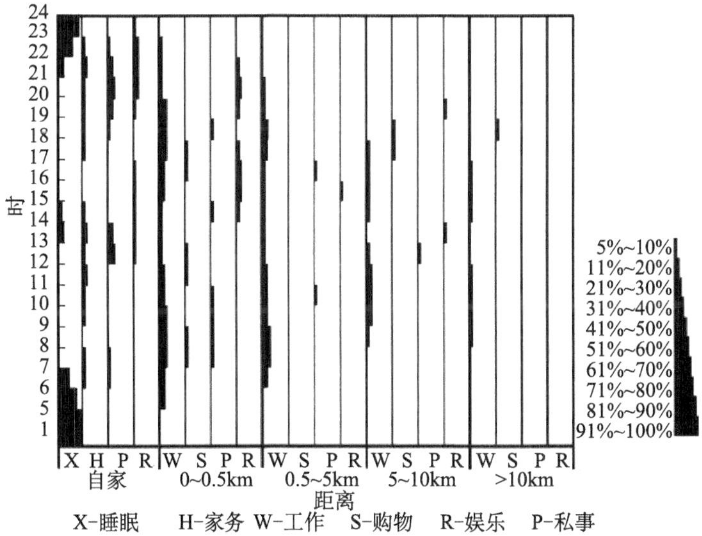

图6-14 鱼化寨街道日常活动时空间结构

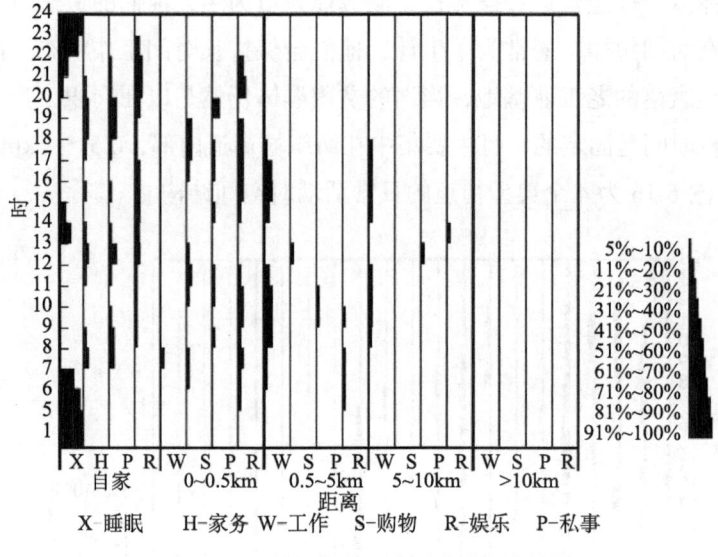

图6-15 六村堡街道日常活动时空间结构

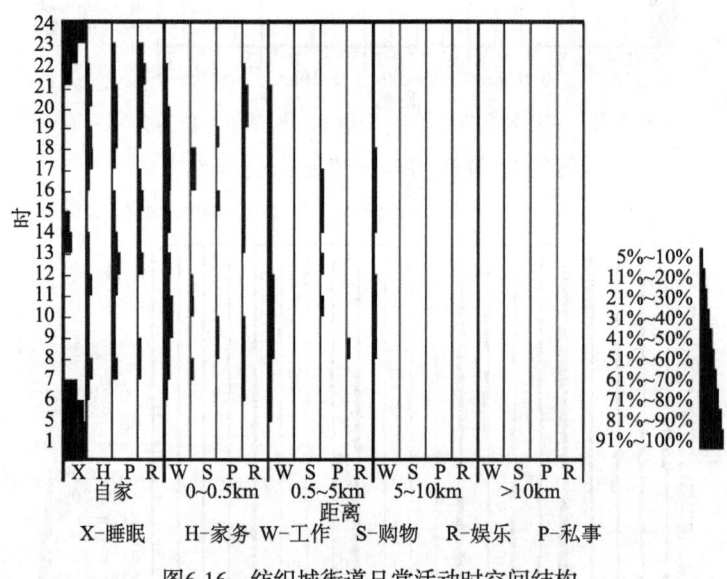

图6-16 纺织城街道日常活动时空间结构

总体发现 4 个典型街道之间的差异较小,总体特征为通勤活动时间较长,娱乐活动时间较少,且范围距家很近;购物活动集中于上下班时间,且距离都在 5km 以内;家务和私事时间集中于早餐、午餐和晚餐时间附近,形成三个高峰期，私事活动基本在自家内完成。

（三）不同时间利用类型的时空间结构特征

通过对城市贫困群体总体时空间结构和各典型区贫困群体时空间结构的对比分析得出，工作、家务和娱乐构成了城市贫困群体最主要的日常活动内容，这三项活动方式，也构成了城市贫困群体日常活动的最大差异。根据城市贫困群体是否存在通勤活动首先可将人群分为两大类，即有工作型和无工作型。有工作型日常活动根据工作时间、娱乐时间和家务时间的长短分为以下几种：①工作专一型，以男性为主，工作时间占50%左右，除了有极少的娱乐和家务时间外，几乎只有工作和个人私事；②工作家务型，女性居多，工作时间和家务时间各占35%左右；③工作娱乐型，除去正常上班之外，大量时间用在休闲娱乐方面，且活动的范围较广。另一种为无工作型，无工作型日常活动主要由休闲娱乐和家务组成，生活节奏比较轻松，生活压力较小，多为中老年人和女性。具体又分为以下两种：①娱乐专一型，以男性居多，休闲娱乐活动时间占60%左右，其余主要为私事活动；②娱乐家务型，除去做一些必要的家务外，主要时间为休闲娱乐活动。图6-17为不同类型日常活动时空结构。

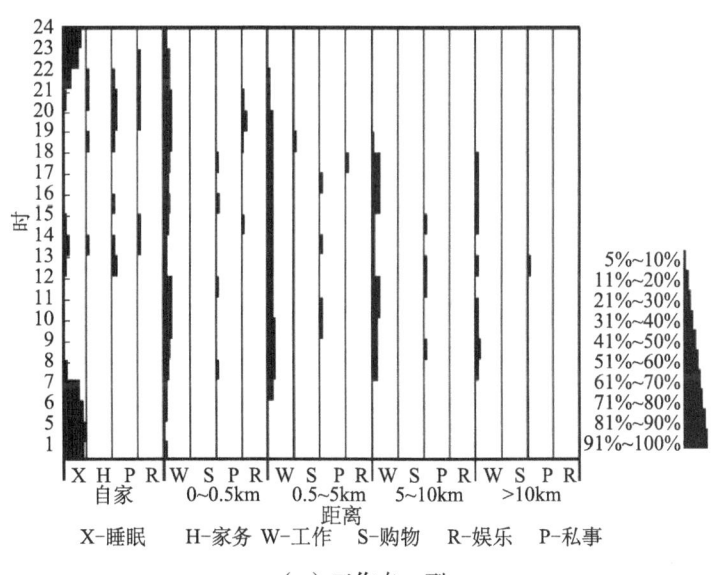

（a）工作专一型

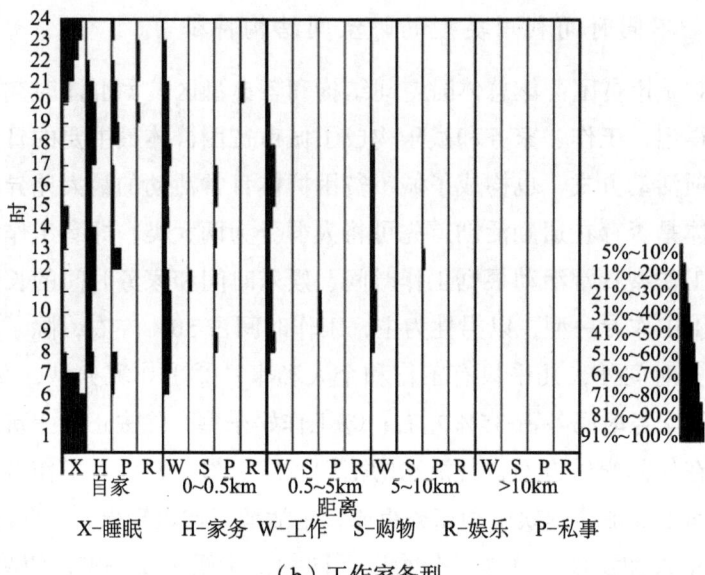

(b) 工作家务型

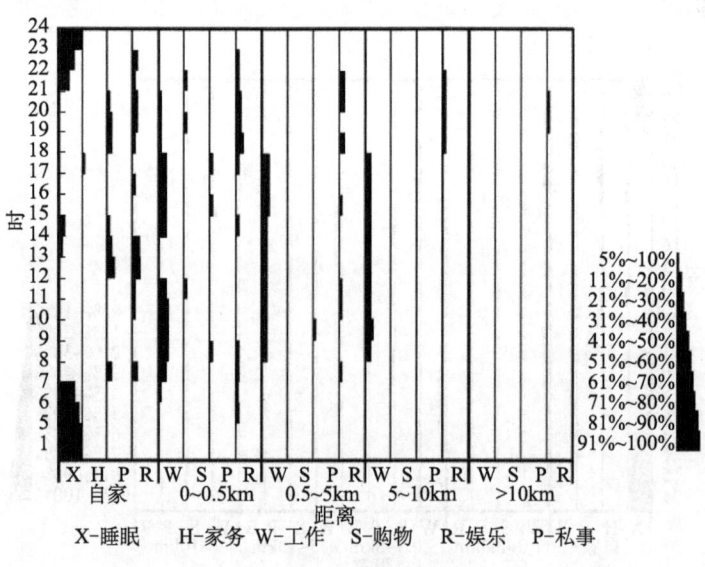

(c) 工作娱乐型

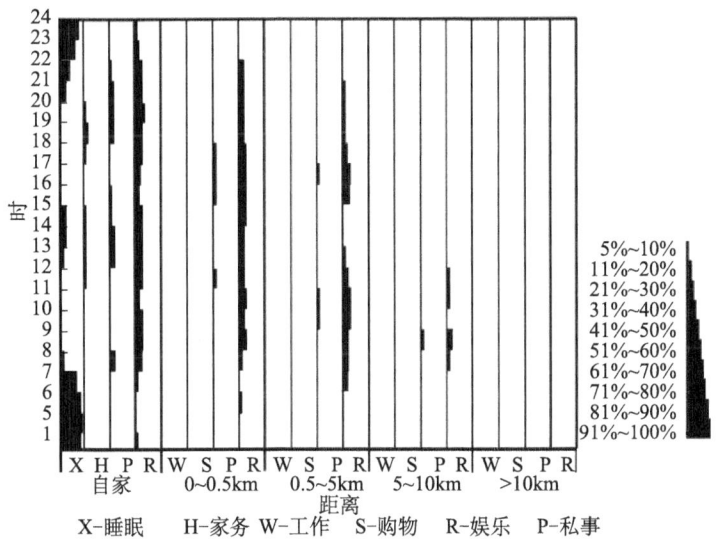

（d）娱乐专一型

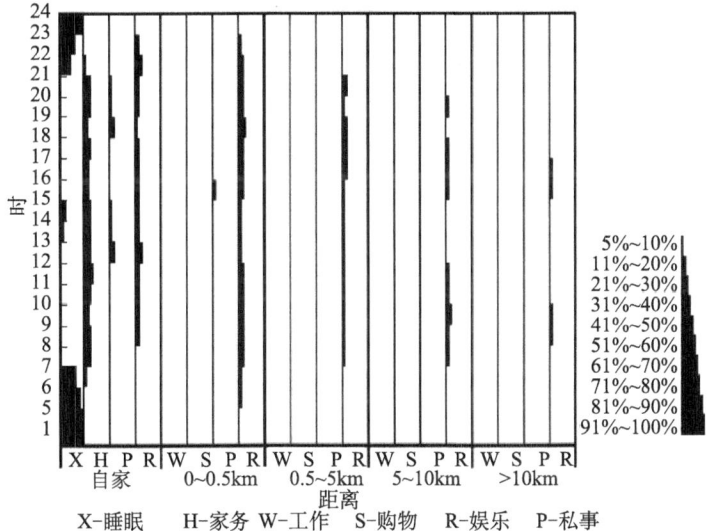

（e）娱乐家务型

图6-17 不同类型日常活动时空间结构

工作专一型贫困群体的活动范围最广，工作地点主要在10km以内，具体可以分为两类，一类上班时间固定，基本为8：00～13：00，14：00～17：00，这类贫困群体一般在公司、单位上班或者从事按时上下班的工作，时间具有稳定性和规律性；另一类人为个体经营小型商店或者餐饮店，或者在路边摆小摊，这类人群工作的时间比上班族的工作时间长，而且经常早出晚归，早上5：00就会开始干活，直至23：00才会收摊关门，基本没有休闲娱乐时间，睡眠时间也低于平均水平很多，生活非常艰辛，该类人群是城市贫困中具有典型意义的贫困群体。

工作家务型贫困群体除去完成工作的任务还需承担家务活动，与工作专一型贫困群体的共同点就是休闲娱乐活动时间极少，这类群体工作的范围主要在0.5km以内，工作任务相对较轻，家务活动集中在11：00～14：00和17：00～20：00，该类群体主要的休闲娱乐活动为看电视和闲聊，时间集中在21：00以后。

工作娱乐型贫困群体的工作时间非常固定，基本集中在8：00～12：00和14：00～18：00，工作地点在离家10km以内，除去上班时间之外，该类群体的时间安排主要是休闲娱乐活动，且距离较远，分布在各距离轴内，这部分人群虽然生活水平不高，但是主观幸福感强，对生活抱有积极的态度。

娱乐专一型贫困群体的日常生活除了私事以外就是休闲娱乐活动，从整个休闲娱乐活动时空链来看，近60%的娱乐活动在自家进行；户外的休闲娱乐活动基本在5km以内，活动范围较狭窄，时间也较为分散，自家内的休闲娱乐活动集中于19：00之后至入睡前一段时间，而户外休闲娱乐时间主要为9:00以后和16：00以后两个小高潮。据分析，该类群体主要为中老年离退休人员，不再从事通勤活动，为了使生活充满活力，开展各种休闲娱乐活动，但又由于年龄原因，只能在近距离范围内活动。

娱乐家务型贫困群体相比较于娱乐专一型贫困群体活动范围更广，在10km以外也有分布，但其占用时间较短，样本也较少，家务活动集中在12:00左右，休闲娱乐活动在午饭和晚饭后分别出现了高值，总体来说，下午及晚上从事休闲娱乐活动的人群更多，持续时间更长。

四、城市贫困典型区的案例样本分析

上述研究从整体上把握了城市贫困阶层日常活动的时间结构，反映了普遍群体和特定群体微观行为时空的一般特征，但同时也忽略了个体日常活动的个性化和差异性，本节用案例研究的方法，从单独个体出发，揭示某种时空利用类型的个体在一天中的行为路径，在个体日常活动路径时空图中横轴代表被简化的空间距离，纵轴代表时间，不同的线条代表了不同的移动方式，柱体代表了日常活动的各种类型，且随着时间轴延伸，占据了一天时间。在日常路径分析中考虑城市贫困居民平均移动时间较短，基本少于 30min，因此未将移动时间显示在图中，而将其分别赋值于相邻的日常活动中。通过对典型样本日常活动路径的分析，一方面可以在一定程度上反映出当前西安城市贫困阶层共性的路径特征，另一方面也能寻找出在一定制约条件下不同类型日常活动路径之间的差异。

（一）工作专一型贫困群体典型样本的日常活动路径分析

工作专一型典型样本 1 编号 A56 为男性居民，47 岁，家庭住址为解放门街道西六路社区，异地农业户口，户籍为河南省，于 2009 年迁入西安，学历为初中毕业，从事的工作为"摩的"载客。因文化程度较低，且不是本地人，所以一直没能找到合适的工作，只能通过从事简单的体力劳动勉强维持生计，工作非常辛苦，收入却很低。"社会上对我们这个行业大多都抱有很深的偏见，认为我们做'摩的'生意都是坑蒙拐骗，其实不是这样的，在我们这行中其实绝大多数也是普通的老百姓，只有极少数人昧着良心做一些坏事，一个月下来除去要上缴的费用，基本所剩无几"，A56 在访谈中与我们说道。

工作专一型典型样本 2 编号 C76，女性，34 岁，是鱼化寨街道鱼南村居民，陕西宝鸡人，2012 年到西安打工，至访谈时已有两年之久。"自己老家在农村，在那边没什么工作，因为宝鸡距离西安非常近，所以就想过来找个工作，来这边已经两年多了，一直都没有找到合适的工作，没有读过多少书，找工作也没有优势，之前在一家工厂打工，非常累，而且对身体也不好，去年年底到这边（鱼化寨街道）开始上班，虽然工资也非常低，但是工作相对来说比较简单，劳动强度也不大，自己可以接受这样的工作，对未来的生活也没有非常明确的期望和目标。"通过对样本的深入访谈，我们获取以上的内容，C76 目前在一家街边饭店做服务员，每月工资 960 元，但是可以管吃管住，她对于目前的生活还算比较满意。

从图 6-18 中可以看出工作专一型贫困居民的日常活动特征：男性和女性的工作时间分别占据了一天时间的 62.5% 和 41.7%，工作活动的持续性较强，从 7：00～8：00 直至 19:00～20:00，只有在午饭时间会进行短时间的私事活动，在休闲娱乐活动方面占据极少时间，但是仍然存在一定的性别差异，女性除正常工作外还需承担部分家务。在通勤距离方面，男性的通勤距离要远大于女性。A56 的工作性质需要一直处于移动的状态中，通勤距离在 0.5～10km，甚至更远，并且不断地循环着，而女性的通勤距离固定地保持在 0.5km 以内，这与典型样本之间通勤出行工具存在直接的关系，男性样本的通勤工具为电动车，而女性样本的通勤工具为自行车，出行方式在很大程度上成为出行距离主要的制约因素。总体来看，工作专一型贫困阶层日常活动路径单一，生活节奏紧张。

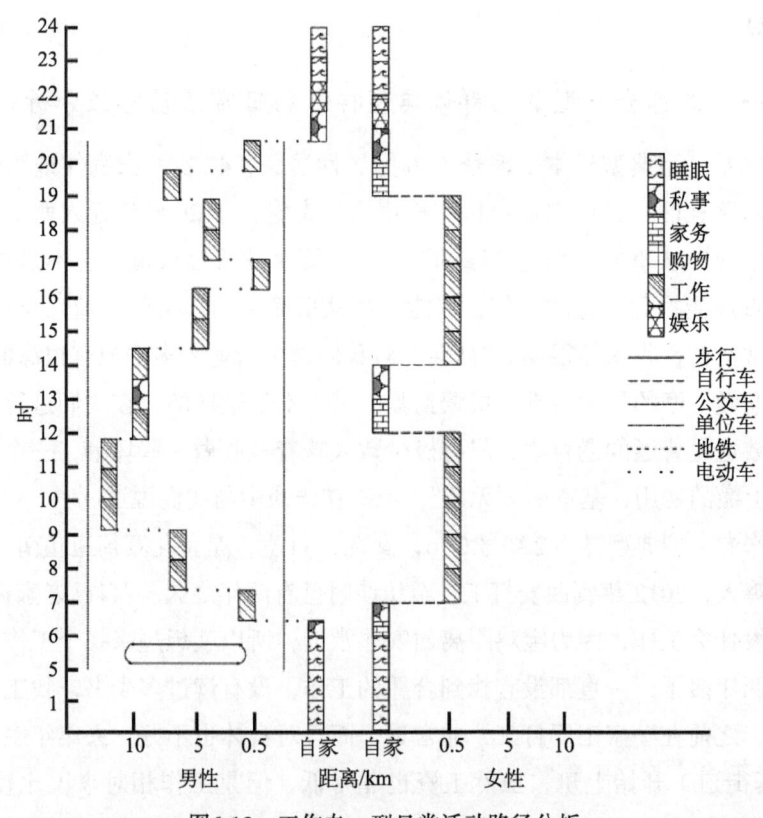

图6-18 工作专一型日常活动路径分析

（二）工作娱乐型贫困群体典型样本的日常活动路径分析

工作娱乐型典型样本选择家庭住址位于纺织城街道的 D15 号样本，该样本为男性，49 岁，原是西北第一印染厂职工，2008 年下岗，转业成为一名小区门卫。"印染厂还在的时候，生活上没有负担，单位效益虽然已经走下坡路，但是基本能够保证职工的基本生活，待遇也还可以，后来又过了几年实在没办法只能下岗了，下岗后马上面临的就是失业，因为在单位待了 20 多年，也不会其他工作技能，再就业成为当时最大的问题。在失业一年之内，自己去了很多公司单位重新找工作，但却没能成功。后来找到原单位工会的领导谈话，被安排到了原西北第一印染厂家属区做门卫。现在啥也都看开了，虽然生活艰苦点，但孩子们都长大了，心里面没有太大的负担，自己心态非常好，现在的生活已经满足了。"门卫大哥性格十分直爽，访谈进行的非常顺利。

图 6-19 中男性典型样本 D15 早晨 6：00 起床，简单私事活动之后去户外晨练，距离在 0.5km 之内，7：20 回到家中吃早饭，8：00～12：00 上班，午饭后看电视 0.5h，午休约 1h，14：30～18：00 上班，之后回到家中吃晚饭，19：00～21：00 在小区附近与邻居打牌闲聊，21：00 回到家中洗漱收拾，之后看电视、与家人聊天，23：00 进入睡眠。从样本 D15 一天日常活动路径来看，工作娱乐型居民工作时间固定，典型的 8h 工作制，且在通勤距离上具有稳定性，距家 5km，通勤交通工具为公交车，属于典型的上班族。该类型除去工作时间外自由活动时间较长，且制约条件较少，大量空闲时间都用于休闲娱乐活动，主要包括锻炼身体、打牌、闲聊、看报纸、看电视等，休闲娱乐活动类型多样，且时间集中于早上 1h 和下午下班后至睡觉前的 4h，值得注意的是，该类群体除上班之外丝毫不涉及家务和购物活动，其家庭模式属于中国传统家庭模式。

（三）工作家务型贫困群体典型样本的日常活动路径分析

典型样本编号 B86 为女性，31 岁，本地农业户口，家庭住址为六村堡街道相家巷村，日常活动类型属于工作家务型，从事的职业类型为个体经营户，因为没有能力交租金，只能在路边摆摊卖衣服。除此之外，该样本还承担了几乎所有的家务活动，一天之中没有休闲娱乐活动。"一天的生活非常简单，早上起床后要为上小学的儿子做饭，10：00 之后会到附近的菜市场买菜，处理一些个人私事，11：00 之后回家准备午饭，午饭后午休 1h 左右，14：00 开始一天的工作，一般是骑电动车到邻村主街道的路边去摆摊卖衣服，租一间 30m² 门面房一年租金需要 4 万元左右,对于我来说实在是承担不起,因此只能简单地路边搭几个简易架,每天的生意也不是太好,因为客源主要是附近的村民,价格抬不上去,一天只能卖十几件衣服,刨去成本所剩无几。一般到晚上 20:30 以后几乎没有顾客了,最迟晚上 21:00 就收拾东西回家,对于现在的生活自己觉得比较无聊,但是又感觉没有办法去改变这样的现实。"样本 B86 在访谈中说道。

从图 6-19 中女性的典型样本可以发现,虽然工作家务型居民的工作量与工作专一型居民相比较少,但是一天时间仍处于非常忙碌的状态中,几乎没有休闲娱乐时间,该个体的日常活动特征规律性不强,时间的自由支配度高,通勤距离在 0.5～5km,通勤时间较短,工作时间段主要集中在下午和晚上,那时人群的外出活动率较高。早上和上午的日常活动类型以家务和私事为主,睡眠时间在 8h 以上,出行基本依靠电动车,整体活动空间范围非常局限,70.8% 的日常活动在家中进行。

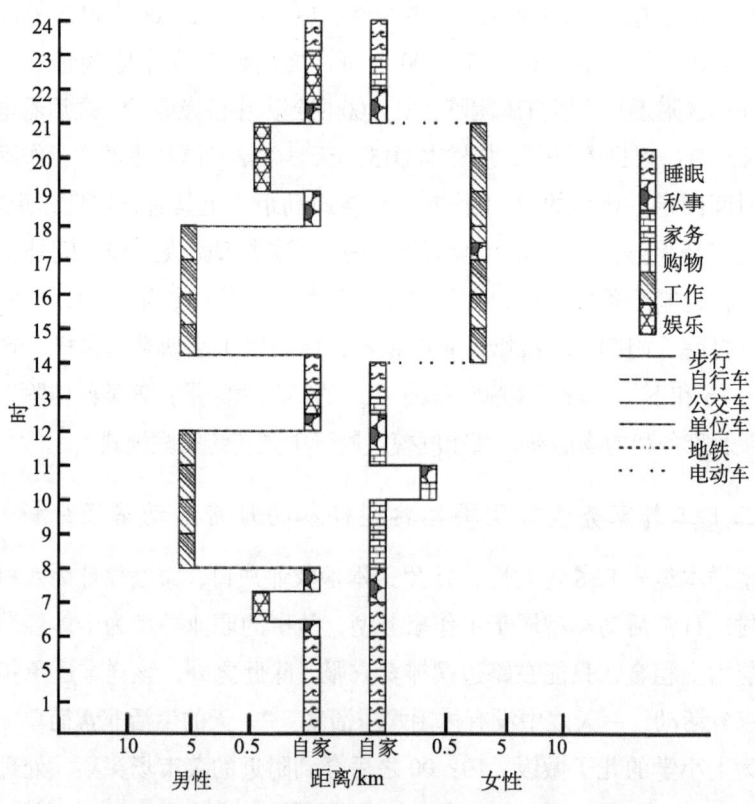

图6-19 工作娱乐型和工作家务型日常活动路径分析

（四）娱乐专一型贫困群体典型样本日常活动路径分析

娱乐专一型典型样本选取位于纺织城街道纺三路的离退休工人，编号D47，男，66岁，本地非农业户口，2008年在西北国营第三棉纺厂退休，退休之后仅有少量退休金维持正常生活，但生活比较清闲。在访谈中他与我们讲道，"自己是土生土长的西安人，从小就住在纺织城，在西北国营第三棉纺厂干了一辈子，见证了它的辉煌也目睹了它的衰落，现在已经退休5年多了，工作的事情也随着退休离开了自己的生活，刚退休的时候非常不适应，感觉像是失去了主心骨似的，整天都找不到事情做，半年后才逐渐适应了退休生活。"

从图6-20（男性）中可以看出娱乐专一型居民在一天日常活动中除了睡眠时间和个人私事之外，所有时间全部用于休闲娱乐活动，所占时间达到一天时间的60%左右。从休闲娱乐时间特征来看，主要分布于6:00～7:00、

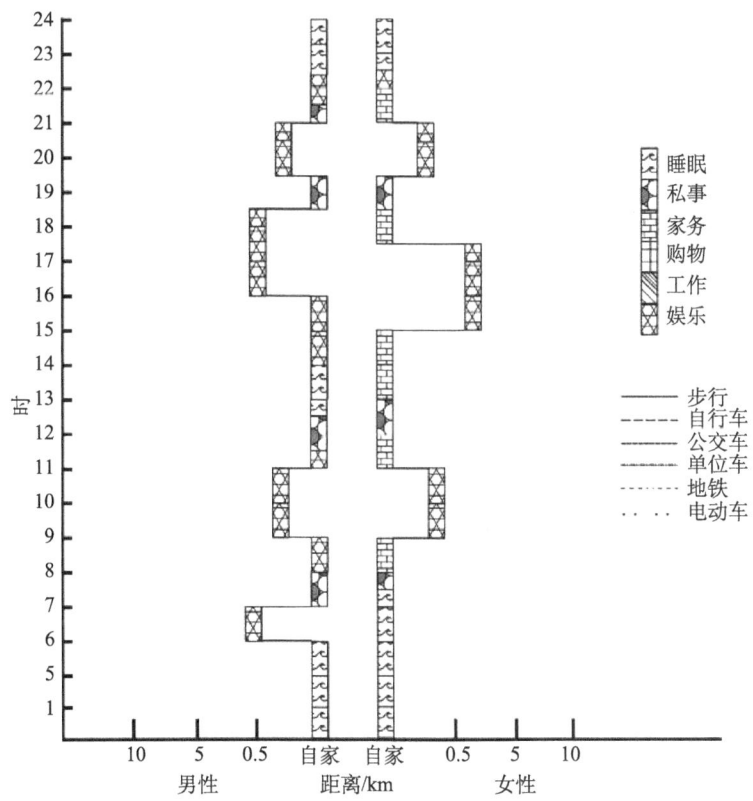

图6-20 娱乐专一型和娱乐家务型日常活动路径分析

8：00～11：00、14：00～18：00、19：30～21：00四个时间段，连续性较强，一次休闲娱乐活动能够持续在1h以上；从休闲娱乐活动空间特征来看，早晨锻炼身体和下午逛公园的出行距离较远，分布于小区外的0.5km附近；上午和晚上通常与邻居闲聊，主要在小区内；在自家的休闲娱乐活动主要是看电视和看报纸，时间比较随意，没有太强的规律性。

（五）娱乐家务型贫困群体日常活动路径分析

娱乐家务型样本编号为B105，女，43岁，家庭住址在六村堡街道六村堡村，本地农业人口，之前有部分耕地，在2006年被征收，自此之后便成为无业人员。由于当地处于汉城遗址区，保护政策在一定程度上限制了当地产业发展，劳动力市场滞后，很多农民在失地后未能找到合适的就业渠道，只能待业。这种现象在六村堡街道较为常见，样本B105就属于典型的"家庭主妇"。在访谈中了解到："目前没有工作，自己没有什么文化，也没有本钱做生意，在这里工作非常难找，后来索性不去想工作了，在家中把家庭照顾好，成为一名名副其实的家庭主妇。"

从图6-20（女性）中可以看出，娱乐家务型女性的休闲娱乐活动时间和家务活动时间均占一天的25%左右，时间利用相对均衡。从整体来看，该样本生活节奏较慢，22：30入眠，7：30起床，睡眠时间远长于其他类型居民，此外，25%的日常活动在户外，其余活动均在自己家中完成，这与其家庭主妇的身份非常匹配。从时间特征来看，家务活动时间集中于一日三餐前后，大概持续1h左右，休闲娱乐活动时间集中在上午、下午和晚饭后的一段时间，主要活动类型包括走亲访友、闲聊和看电视。从空间特征来看，户外的日常活动仅仅包括休闲娱乐活动，空间距离较短，集中在5km之内。对于娱乐家务型居民来说，其日常活动时空间在一定程度上都受到了很大制约，与外界的联系极少，个人发展受到了很大限制。

第四节　典型区居民主要行为活动的时空间结构

个体微观行为主要表现为日常活动，通勤、购物和休闲娱乐活动构成了居民日常活动三大要素。本节分别从通勤、购物和休闲娱乐活动时空结构特征、时空间格局和影响机制出发，探究城市贫困阶层微观行为时空结构特征。

一、通勤时空间结构

通勤行为在时间和空间上具有周期性和规律性，一般以一天为周期，对于有工作的个体来说，通勤活动是日常活动的基础，通勤时间和空间决定着个体其余日常活动时间和空间的安排，尤其对于城市贫困群体来说，通勤活动在其日常活动中至关重要。2015年1月26新华网公布全国50城市通勤时间和距离数据，国内上班族平均上班距离为9.18km，平均上班时间为28min。北京市民通勤距离达19.2km，居全国城市首位，北京、上海、天津和苏州市民通勤时间和空间位列前4，西安市民以平均通勤距离12.59km，通勤时间38min排在第17位。城市贫困阶层作为西安市特殊群体，其通勤时空间结构与普通市民存在一定差异，本节重点探讨西安市城市贫困阶层通勤时空间结构，图6-21为通勤活动时空棱柱体示意图。

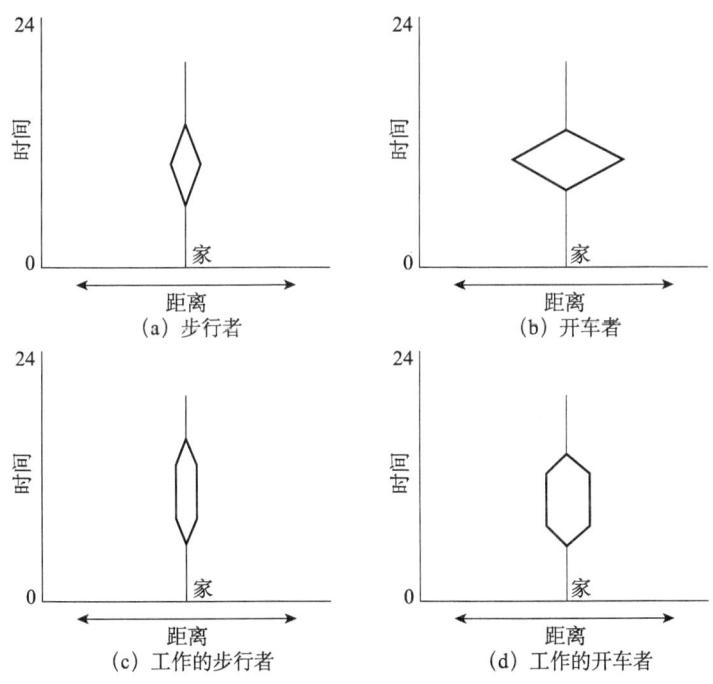

图6-21 通勤活动时空棱柱体示意图

（一）通勤空间特征

1. 总体特征

将自家作为空间的坐标原点，向外呈同心圆辐射，形成了以不同距离为指标的通勤圈（图6-22）。分析不同通勤圈内分布的通勤人数作为研究对象，得到以下结果：西安市城市贫困群体的通勤活动以短距离为主，0～1km 分布了近55%的通勤人群，其次为10km通勤圈，所占比例为35%左右，11～30km 的通勤距离仅仅有10%的通勤人群，通勤空间总体较狭窄。从通勤距离累计变化状况可以看出（图6-23），各距离段通勤人数累计百分比与通勤距离之间呈现二次曲线关系，拟合度较高，二次系数仅为 -0.0007，表明随着通勤距离的增加，通勤人数增长的幅度极小，从微观角度可以发现在 0.2km、0.5km、1km、2km 和 10km 处通勤人数激增，而其相近距离却未表现出明显特征，可以看出居民更倾向于以常用数字记录通勤距离。

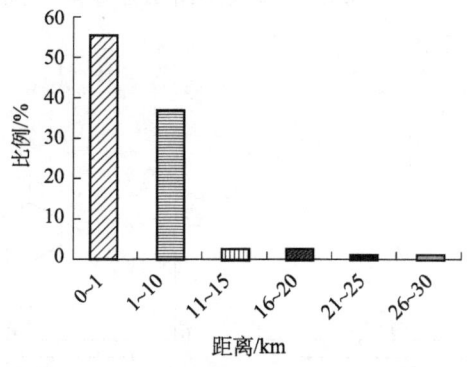

图6-22　通勤距离分布状况

由图 6-24 通勤活动出行方式可以看出，步行是城市贫困群体最主要的通勤方式，占总数一半以上，其次为公交车和自行车，分别占17%和13%，需要注意的是电动车在贫困群体通勤活动起到了重要作用，因其成本低、灵活性高、适宜短途出行而备受青睐，然而地铁作为普通市民最重要的出行工具之一，却很少被贫困群体所使用。

2. 基于不同属性的通勤空间特征

图 6-25 为基于不同属性的通勤距离分析状况。在近距离通勤活动中男性的比例大于女性，0～10km 范围内男性所占比例比女性高出10个百分点，在更远

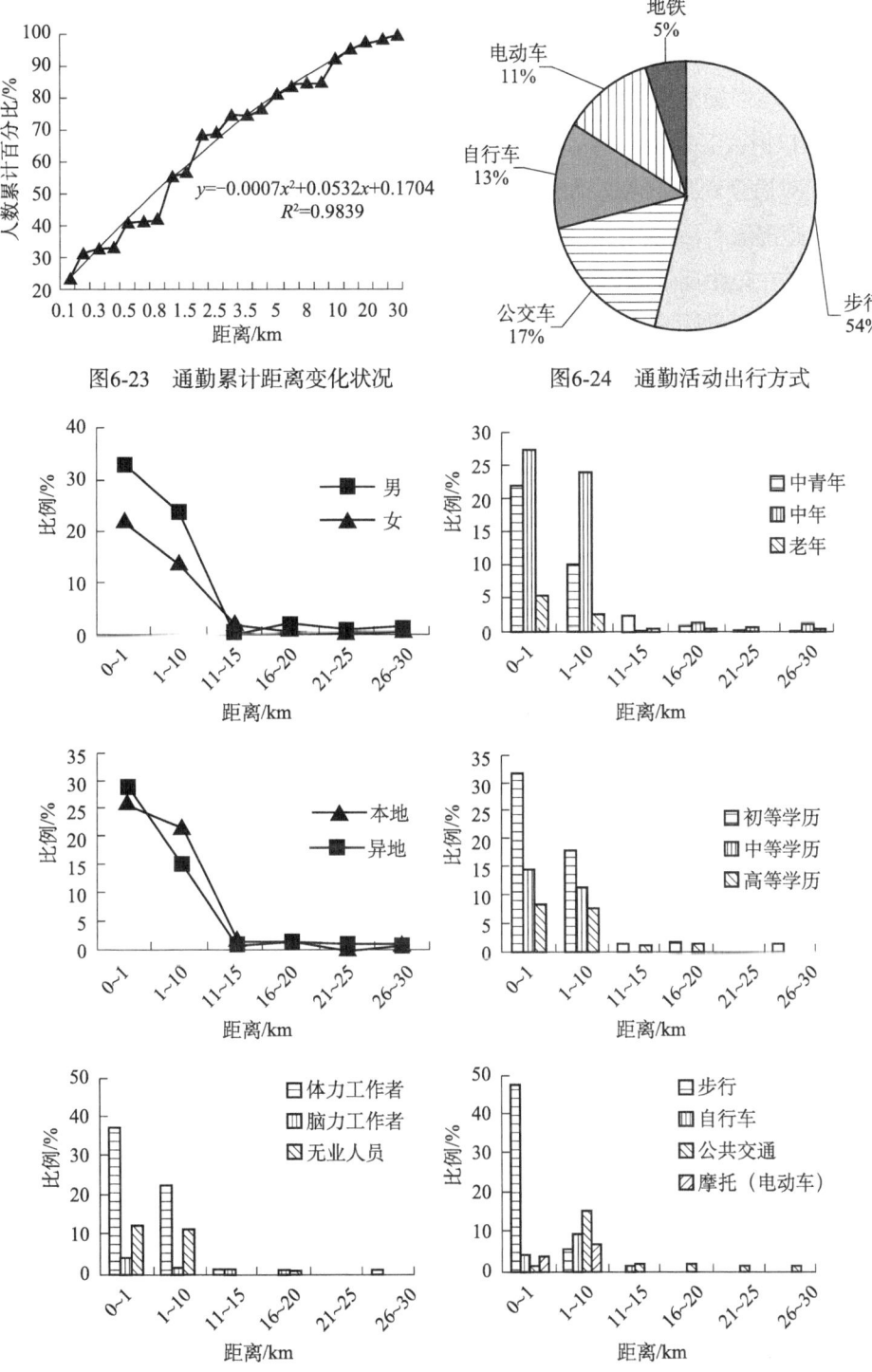

图6-23 通勤累计距离变化状况 图6-24 通勤活动出行方式

图6-25 基于不同属性的通勤距离分布状况

的通勤距离中男性与女性所占比例相当，说明性别差异在通勤空间方面表现并不明显；中年居民在除 11～15km 以外的各通勤距离段内所占比例均为最大，老年群体在通勤距离方面处于弱势地位，其出行距离和比例最小，中青年群体在 1km 以内占了较大比例；贫困阶层的户籍特征对通勤距离基本没有影响；学历因素对通勤距离有着较大影响，初等学历居民在近距离范围内所占比例较大，长距离通勤活动以中、高等学历居民为主；体力工作者和无业人员（自由职业者）在短距离通勤活动中占据主要地位，脑力工作者较多分布于中远通勤距离；1km 通勤距离以内步行占据了绝对主导地位，1～10km 通勤活动各种交通方式交叉呈现，远距离通勤活动主要以公共交通为主。

（二）通勤时间特征

1. 总体特征

通勤时间是通勤者从居住地出发至工作地点所用时间，反映的是通勤过程中的效率问题。通勤时间与通勤空间共同组成了通勤者就业时空间分布状况，折射出城市贫困阶层的工作节奏。从图 6-26 可以看出 50% 的贫困群体通勤时间在 10min 之内，30min 通勤圈占了通勤总人数的 85%，40min 以上通勤时间所占比例仅仅为 10%，10min、20min、30min 的通勤时间段为城市贫困阶层最重要的时间间隔点。总体来看，通勤时间曲线呈指数分布，随着通勤时间增长，通勤人数呈指数下降趋势。图 6-27 反映了通勤累计人数随时间变化的情况，15min 之前通勤累计人数随着通勤时间的增长而呈现大幅度上升，在 15min 之后为螺旋状上升态势，总体上升趋势与对数曲线上升趋势一致。

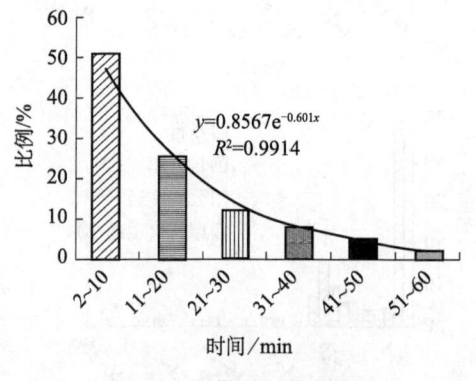

图6-26 通勤时间分布状况

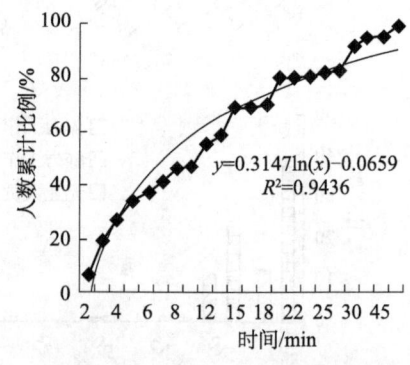

图6-27 通勤累计时间变化状况

2. 基于不同属性的通勤时间分布状况

图 6-28 为不同属性的通勤时间分布状况。由图可知男性在各时间段通勤时间所占比例均大于女性，但相差较小；年龄间的通勤时间差异主要体现在短时间内，总体表现出中年在短时间内占主要地位，长时间通勤活动以中青年为主；2～10min 内本地居民和异地居民的通勤比例相同，此后本地居民在各时间段通勤比例均大于异地居民；学历与通勤时间呈现一定正相关关系，高等学

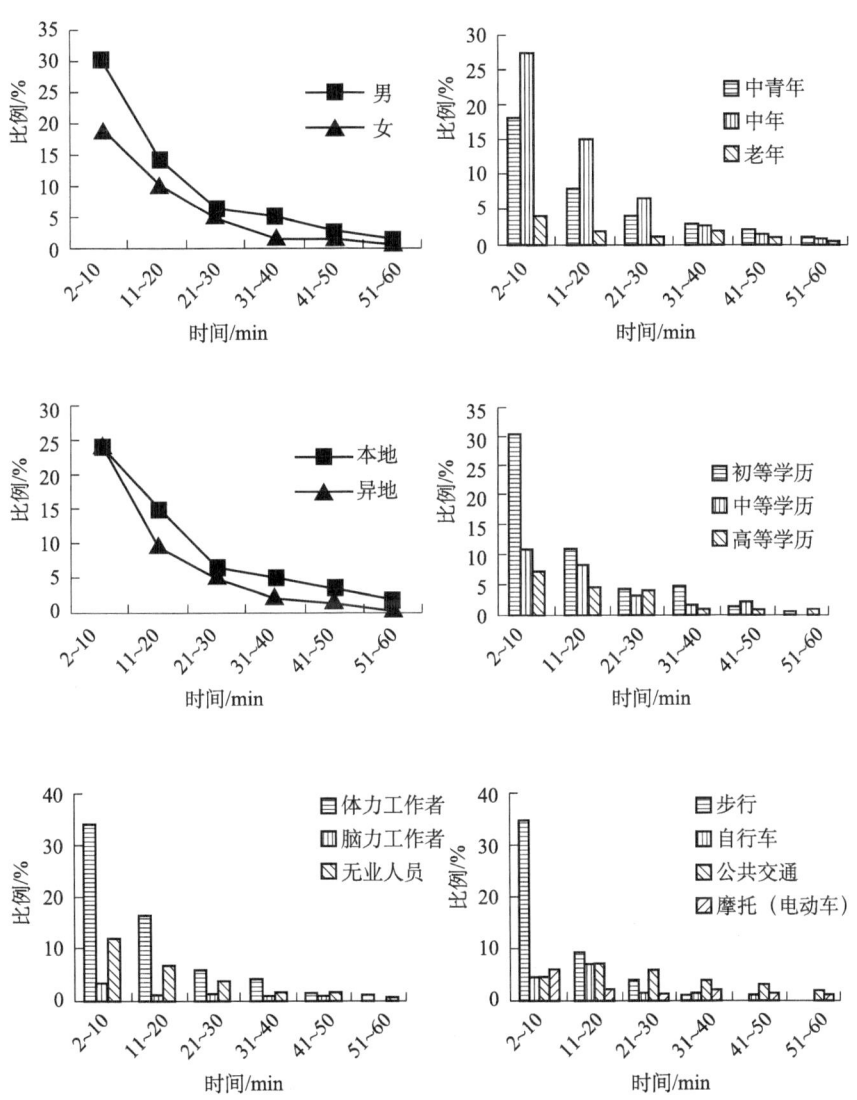

图6-28 基于不同属性的通勤时间分布状况

历贫困群体在较长时间的通勤活动占据主要地位；体力工作者主要集中于短时间通勤活动，脑力工作者在各时间段人数均很少；步行为短时间通勤活动的首要选择，摩托（电动）车作为城市贫困阶层普遍拥有的交通工具，在长时间通勤活动中起到了重要作用。

（三）通勤时空间格局趋势面分析

1. 趋势面分析原理

趋势面分析是一种数学离散方法，通过部分离散点数据，利用插值的方法，进行趋势预测。趋势面分析采用最小二乘法的算法对总体进行回归模拟，其核心为利用已知数据求取未知领域的数值，从严格意义上来讲，趋势面是一种平滑曲面。趋势面分析最终要达到的目的是所拟合的模型中剩余值最小，以及趋势值最大限度地接近真实值。将趋势面分析引入人文地理学研究范畴中，运用数学模型来拟合地理信息的空间格局及其区域变化趋势为地理学中趋势面定义，趋势面反映地理数据在总体空间中的变化趋势。目前地理学中运用趋势面分析的领域主要涉及资源分布、环境状况、人口数量和经济社会要素在空间上的分布规律（刘汝敏等，2001；魏艳宏等，2014）。

本节与分析现实世界中要素的空间分布不同，利用虚拟坐标变量，将时间和空间作为三维坐标体系中的平面坐标，时间为横坐标，空间为纵坐标，人数比例为 z 坐标，揭示城市贫困阶层日常活动在特定时空中的分布，模拟其日常活动时空间格局。

2. 趋势面分析一般步骤

（1）建立趋势面模型

设某地理要素的实际观测数据为 $z_i(x_i, y_i)$（$i=1, 2, 3, \cdots, n$），趋势面拟合值为 $\hat{z}_i(x_i, y_i)$，则有

$$z_i(x_i, y_i) = \hat{z}_i(x_i, y_i) + \varepsilon_i \tag{6-3}$$

式中，ε_i 表示剩余值（残差值）。

采用回归分析方法由已知数据推算趋势面，拟合最小二乘法趋势面，使得残差平方和趋于最小

$$Q = \sum_{i=1}^{n} \varepsilon^2 = \sum_{i=1}^{n} [z_i(x_i, y_i) - \hat{z}_i(x_i, y_i)]^2 \to \min \tag{6-4}$$

一般运用多项式函数和傅里叶级数计算趋势面，根据实际情况，本书中使用多项式函数，在具体计算过程中可调整多项式的次数以使趋势面残差平方和达到最小，拟合程度最高。

一次趋势面模型：

$$z = a_0 + a_1 x + a_2 y \quad (6\text{-}5)$$

二次趋势面模型：

$$z = a_0 + a_1 x + a_2 y + a_3 x^2 + a_4 xy + a_5 y^2 \quad (6\text{-}6)$$

三次趋势面模型：

$$z = a_0 + a_1 x + a_2 y + a_3 x^2 + a_4 xy + a_5 y^2 + a_6 x^3 + a_7 x^2 y + a_8 xy^2 + a_9 y^3 \quad (6\text{-}7)$$

（2）趋势面模型参数估计

将非线性模型转化为多元线性回归模型，

令 $x_1 = x$，$x_2 = y$，$x_3 = x^2$，$x_4 = xy$，$x_5 = y^2$，…

则 $z = a_0 + a_1 x_1 + a_2 x_2 + \cdots + a_p x_p$

其残差平方和可表示为

$$Q = \sum_{i=1}^{n} [z_i - \hat{z}_i]^2 = \sum_{i=1}^{n} \left[z_i - \left(a_0 + a_1 x_{1i} + a_2 x_{2i} + \ldots + a_p x_{pi} \right) \right]^2 \quad (6\text{-}8)$$

求 Q 对 a_0，a_1，a_2，…，a_p 的偏导数，并使其结果等于0，可得方程组：

$$\begin{cases} a_0 + a_1 \sum_{i=1}^{n} x_{1i} + \cdots + a_p \sum_{i=1}^{n} x_{pi} = \sum_{i=1}^{n} z_i \\ a_0 \sum_{i=1}^{n} x_{1i} + a_1 \sum_{i=1}^{n} x_{1i} x_{1i} + \cdots + a_p \sum_{i=1}^{n} x_{pi} x_{1i} = \sum_{i=1}^{n} x_{1i} z_i \\ \cdots\cdots\cdots\cdots \\ a_0 \sum_{i=1}^{n} x_{pi} + a_1 \sum_{i=1}^{n} x_{1i} x_{pi} + \cdots + a_p \sum_{i=1}^{n} x_{pi} x_{pi} = \sum_{i=1}^{n} x_{pi} z_i \end{cases}$$

$$X = \begin{bmatrix} 1 & x_{11} & x_{21} & \cdots & x_{p1} \\ 1 & x_{12} & x_{22} & \cdots & x_{p2} \\ 1 & x_{13} & x_{23} & \cdots & x_{p3} \\ \vdots & \vdots & \vdots & & \vdots \\ 1 & x_{1n} & x_{2n} & \cdots & x_{pn} \end{bmatrix} \quad Z = \begin{bmatrix} z_1 \\ z_2 \\ z_3 \\ \vdots \\ z_n \end{bmatrix} \quad A = \begin{bmatrix} a_0 \\ a_1 \\ a_2 \\ \vdots \\ a_p \end{bmatrix}$$

$X^\mathrm{T} X A = X^\mathrm{T} Z$

（3）趋势面模型 R^2 检验

回归模型中的 R^2 是检验拟合度最重要的指标之一，本节利用 R^2 对趋势面拟合度进行检验，具体算法如下：

$$SS_T = \sum_{i=1}^{n}(z_i - \hat{z}_i)^2 + \sum_{i=1}^{n}(\hat{z}_i - \bar{z})^2 = SS_D + SS_R \quad (6\text{-}9)$$

式中，SS_T 为总离差平方和；SS_D 为剩余平方和，表示随机因素对总方差的影响；SS_R 为回归平方和，表示自变量本身对模拟结果的影响。SS_R 越大，表明回归模型的拟合度越高。

R^2 值越大，趋势面模拟的拟合度越高，$0 \leq R^2 \leq 1$。

根据以上步骤，对比多项式的结果并检验其 R^2，最终选用二次多项式为本节的拟合方程，得出了通勤、购物和休闲娱乐活动趋势面拟合曲线及其 R^2，结果如下：

通勤活动拟合方程为

$y=10.097+0.523x-0.04y-0.3x^2+0.56xy-0.7y^2$（$R^2=0.803$）

购物活动拟合方程为

$y=7.095+0.68x+0.535y-0.25x^2+0.4xy-0.2y^2$（$R^2=0.794$）

休闲娱乐活动拟合方程为

$y=10.269+0.256x+0.25y-0.6x^2+0.42xy-0.3y^2$（$R^2=0.803$）

3. 结果分析

将原始数据和拟合曲线公式输入 MATLAB 中，通过编写程序语言，完成等趋势面出图。以通勤活动时空间格局趋势面模拟为例，介绍主要步骤如下：

在 MATLAB 输入

$x=[2, 2, 3, \cdots, 60, 60, 60]$　　　所有个体的通勤时间数据

$y=[0.1, 0.2, 0.1, \cdots, 20, 25, 30]$　　所有个体的通勤时间数据

$[x, y]$=mesh grid（0∶1∶60）　　　数据栅格化，产生三维绘图数据

$y=10.097+0.523x-0.04y-0.3x^2+0.56xy-0.7y^2$ 输入拟合曲线方程

surface（x，y，z）　　　　　　　　生成等值面命令

将通勤时间作为 x 坐标，离家距离作为 y 坐标，z 坐标表示在该时间该距离进行通勤活动的人数比例。观察城市贫困阶层通勤时空间趋势面模拟图（图 6-29）可知，通勤时空间格局可分为 4 个圈层，即核心层、外围层、过渡层和边缘层，从核心层—外围层—过渡层—边缘层表现出递减的趋势。核心层通勤时间为 20min，离家距离 20km 以内，呈深红色，通勤人数比例最高；

外围层为自核心层向外拓展至通勤时间 50min，离家距离 30km 亮红色区域，该时空间范围内通勤人数所占比例近 20%；过渡层为外围层向外延伸至通勤时间 60min，离家距离 40km 的黄色区域；边缘层为通勤时间 60min，离家距离 40km 以外的蓝色区域，该区域通勤人数极少，表明长时间、远距离的通勤活动在城市贫困阶层中极其少有。总体来看，西安市城市贫困阶层通勤时空间格局呈现出随着时间和距离的增大，以近似扇形状向外扩散，且在距离轴上变化频率较快。

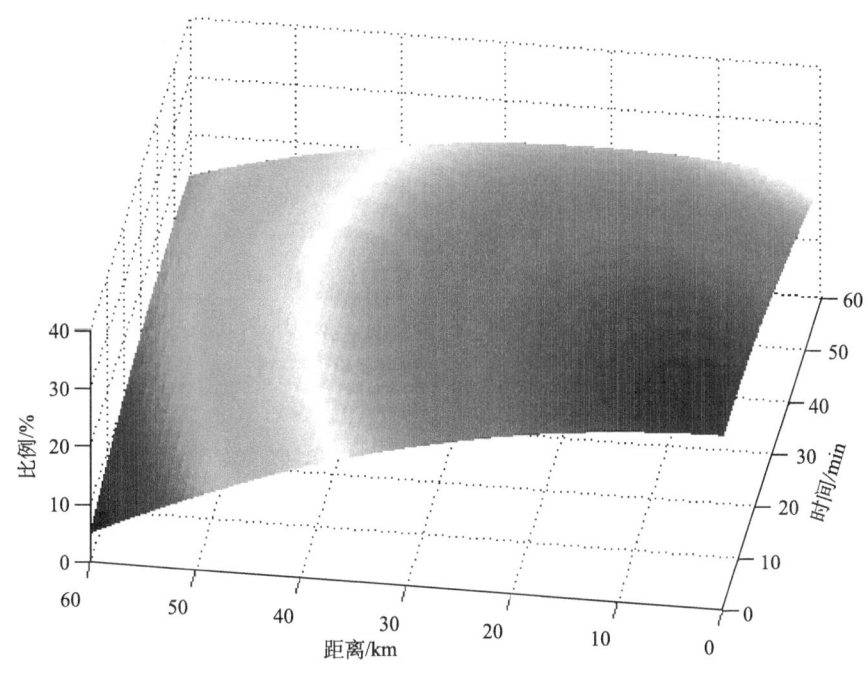

图6-29　通勤时空间趋势面模拟图（文后附彩图）

（四）影响机制

1. OLS 回归模型研究方法

回归分析主要用于研究变量之间的非确定关系，评价自变量对因变量的影响程度，主要包括一元线性回归、曲线估计、最小二乘回归、逻辑斯蒂回归、非线性经典回归、加权回归估计等方法（刘晓华和许启发，2012）。本节采用经典线性（OLS）回归模型对影响西安市城市贫困阶层日常活动时空的因素进行分析。国外学者 Golledge 和 Stimson（1997）认为个体基本属性（如性别、年龄、户籍）、社会属性（如学历水平、职业）、地理区位属性及个人情绪属性（如个人偏好）是影响个体日常出行的主要因素。在前人研究的成果上，本节选取个体基本属性、经济社会属性、购物场所（影响购物时空间）和出行方式等指标构建 OLS 回归模型（表 6-6），将全部指标设为虚拟变量，运用 SPSS 软件对回归模型进行具体运算，以期对影响城市贫困阶层日常活动时空间分布影响机制进行探讨。

表 6-6　OLS 回归分析中日常活动的解释指标属性

解释指标		指标类型	指标释义
基本属性	性别	虚拟变量	1：男，0：女
	中青年	虚拟变量	1：18～35 岁，0：其他
	中年	虚拟变量	1：36～60 岁，0：其他
	老年	虚拟变量	1：61 岁以上，0：其他
社会经济属性	户籍	虚拟变量	1：本地户口，0：其他
	初等学历	虚拟变量	1：小学及以下和初中，0：其他
	中等学历	虚拟变量	1：高中，0：其他
	高等学历	虚拟变量	1：大专及以上，0：其他
	体力工作者	虚拟变量	1：普通职工、服务业人员、个体经营户，0：其他
	脑力工作者	虚拟变量	1：教师或科研人员、专业技术人员，0：其他
	无业人员	虚拟变量	1：下岗职工、离退休人员、无业，0：其他
购物场所（只针对购物活动）	街边零售店	虚拟变量	1：街边零售店，0：其他
	农贸市场	虚拟变量	1：农贸市场，0：其他
	超市	虚拟变量	1：超市，0：其他
	百货商场	虚拟变量	1：百货商场，0：其他
	专卖店及高档商场购物中心	虚拟变量	1：专卖店及高档商场购物中心，0：其他
出行方式	步行	虚拟变量	1：是，0：否
	自行车	虚拟变量	1：是，0：否
	公共交通	虚拟变量	1：是，0：否
	摩托（电动车）	虚拟变量	1：是，0：否

2. 通勤活动 OLS 回归结果

通过分析表 6-7 回归模型结果，SPSS 软件在计算回归模型过程中将中年、初等学历、体力工作者、步行等 5 项指标进行了剔除，其余指标对通勤时空间格局的形成均产生计量学影响。回归系数 β 为某项指标对因变量所产生的影响程度，标准化回归系数为在不受指标属性影响的情况下，只针对数据本身对结果的影响，通常用来系数之间对比。

表 6-7 通勤活动的 OLS 回归模型结果

模型	通勤空间 OLS				通勤时间 OLS			
	回归系数(β)	标准回归系数	t	P	回归系数(β)	标准回归系数	t	P
（常量）	-0.341		-0.481	0.631	6.868		3.660	0.000
男	0.233	0.020	0.400	0.009	-0.133	-0.005	-0.086	0.002
中青年	0.662	0.055	1.023	0.007	-1.180	-0.040	-0.688	0.002
老年	2.119	0.107	2.129	0.004	3.212	0.066	1.218	0.004
本地户口	0.639	0.055	1.105	0.000	0.123	0.004	0.080	0.006
中等学历	-0.421	-0.032	-0.623	0.004	1.227	0.038	0.685	0.004
高等学历	0.270	0.019	0.332	0.000	1.999	0.055	0.925	0.006
脑力工作者	2.146	0.103	2.058	0.001	8.191	0.158	2.963	0.003
无业人员	-0.729	-0.055	-1.099	0.003	0.615	0.019	0.350	0.007
自行车	4.599	0.286	5.695	0.000	10.249	0.258	4.788	0.000
公共交通	8.931	0.638	12.641	0.000	19.191	0.554	10.249	0.000
摩托（电动车）	3.327	0.174	3.492	0.001	7.799	0.165	3.089	0.002
模型评价	R^2	F	P	df	R^2	F	P	df
	0.814	16.883	0.000	11	0.728	11.659	0.000	11

注：预测变量：(常量)，摩托（电动车），男，高等学历，无业人员，老年，自行车，本地户口，白领，公共交通，中等学历，中青年；因变量：通勤距离（km）、通勤时间（min）；排除变量：中年，初等学历，体力工作者，步行

通勤空间和通勤时间的影响因素具有一致性，主要包括年龄、职业和通勤出行方式，具体影响指标有：公共交通、摩托（电动车）、自行车、脑力工作者和老年。通勤空间的主要影响因素贡献值排名：公共交通＞自行车＞摩托

（电动车）＞脑力工作者＞老年；通勤时间的主要影响因素贡献值排名：公共交通＞自行车＞脑力工作者＞摩托（电动车）＞老年，二者唯一的区别在于脑力工作者和摩托（电动车）分别对因变量的影响程度。出行工具的选择是影响通勤时空间分布最重要的因素，对于贫困阶层而言，出行工具代表了其出行能力和出行活跃度，一般来说，拥有越先进的交通工具，通勤距离越远，通勤时间则保持在一定的阈值之内，以保证通勤效率。受经济状况的影响，贫困群体无法选择私家车作为通勤工具，对于较远距离的通勤活动，唯一可以选择的就是公共交通工具，既能保证通勤效率，又能节省成本。摩托（电动车）在中等距离通勤活动是贫困阶层的首选出行工具。职业也是影响通勤时空的重要因素之一，职业在一定程度上代表了个体的社会地位和经济权利，脑力劳动者作为当前社会被大多数人认可的职业类型，在选择通勤时间和距离方面具有一定的主导性。年龄对通勤活动的影响显而易见，老年人由于生理状况的影响，在出行能力方面受到很大程度的制约，不宜从事长时间远距离的通勤活动。

从通勤活动的 OLS 回归模型评价结果来看，R^2=0.814，F=16.883，均符合统计学中对回归分析模型的要求。表 6-8 为各回归系数之间的相关性，指标系数之间相关性越大，对模型结果的影响越大，可能导致回归结果出现偏差。根据实际情况，本节将回归系数相关性大于 0.3 的指标定为异常指标，高等学历和中青年两项指标与其他指标之间的相关性大于 0.3，表明以上两项指标对

表 6-8　通勤活动的 OLS 回归模型系数相关性

项目	摩托（电动车）	男	高等学历	无业人员	老年	自行车	本地户口	白领	公共交通	中等学历	中青年
摩托（电动车）	1.000	-0.034	0.015	0.099	0.107	0.198	-0.070	0.065	0.210	0.071	0.083
男	-0.034	1.000	0.024	-0.078	-0.072	0.092	0.138	-0.208	0.005	-0.001	0.031
高等学历	0.015	0.024	1.000	-0.019	0.064	0.042	-0.107	-0.134	-0.175	0.339	-0.379
无业人员	0.099	-0.078	-0.019	1.000	-0.118	0.057	-0.173	0.182	-0.020	-0.111	0.050
老年	0.107	-0.072	0.064	-0.118	1.000	0.070	-0.047	0.007	0.018	0.179	0.191
自行车	0.198	0.092	0.042	0.057	0.070	1.000	-0.100	-0.023	0.243	-0.031	0.011
本地户口	-0.070	0.138	-0.107	-0.173	-0.047	-0.100	1.000	-0.004	-0.001	-0.141	0.146
白领	0.065	-0.208	-0.134	0.182	0.007	-0.023	-0.004	1.000	0.026	-0.082	-0.045
公共交通	0.210	0.005	-0.175	-0.020	0.018	0.243	-0.001	0.026	1.000	-0.035	0.065
中等学历	0.071	-0.001	0.339	-0.111	0.179	-0.031	-0.141	-0.082	-0.035	1.000	-0.097
中青年	0.083	0.031	-0.379	0.050	0.191	0.011	0.146	-0.045	0.065	-0.097	1.000

模型结果有一定影响，可解释为教育在当前社会越来越被重视，与老一代人相比，中青年可能受到高等教育的机会更大，在贫困阶层也表现出上述特征。

二、购物时空间结构

购物活动是居民日常活动的基本内容之一，在购物活动中城市贫困群体扮演了消费者的角色，购物类型、购物场所、购物出行方式及购物时间和距离的选择是本节重点研究的内容，从时间地理学和行为地理学角度去解释城市贫困阶层的购物行为，对于城市贫困阶层日常活动规律的把握具有一定意义。

从图 6-30 可以看出，超市作为大众最普遍的消费场所在贫困阶层中也得到了普及，近 80% 的居民选择在离家附近的超市购物，主要是由于超市自身发展已经非常健全，各种生活用品应有尽有，价格合理，因此超市购物是目前城市居民的首要选择。除此之外，街边零售店和农贸市场因布局广泛和商品廉价成为贫困群体重要的购物场所。

从贫困群体购物出行方式（图 6-31）来看，74% 的居民选择步行购物。对于贫困群体而言，其自身购买力有限，受经济条件的影响。只能就近选择购物场所，通常都是在步行 0.5h 以内能够到达的购物场所。仅有 10% 的居民选择公共交通工具出行购物，这在一定程度上反映了该群体的购物能力和购买欲望不足。

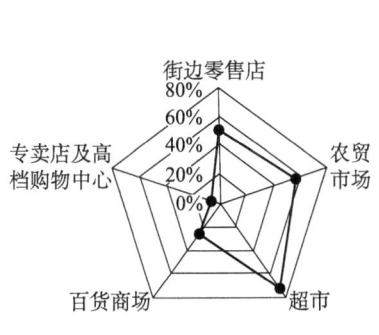

图6-30　购物地点分布图

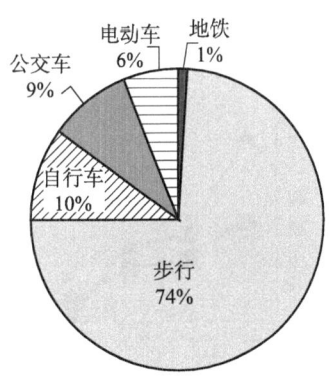

图6-31　购物活动出行方式

（一）购物空间特征

1. 总体特征

由图 6-32 可知，城市贫困阶层购物空间符合以自家为中心随着距离递减的基本规律，在 0.1～0.5km 范围分布着 45% 的购物人群，随着购物距离的增加，购物人数逐渐减少。5km 购物距离是分水岭，之后购物人数呈现骤降的态势。从购物累计人数比例与购物距离之间的关系（图 6-33）可以看出，其变化规律与开口向下的二次曲线基本吻合，说明递增趋势随着距离增加放缓，在 0.5km 和 1km 处出现跳跃式激增的趋势，此后累积人数比例增长缓慢。

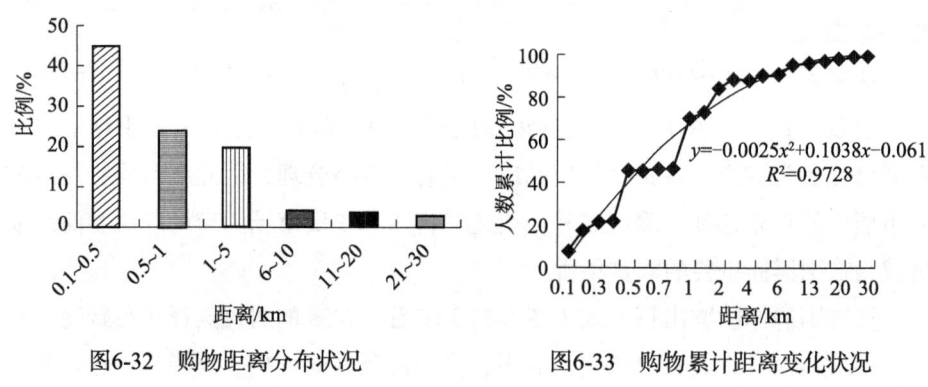

图6-32　购物距离分布状况　　　　图6-33　购物累计距离变化状况

2. 基于不同属性的购物距离分布状况

图 6-34 为不同属性的购物距离分布图。由图可知，性别差异随购物距离发生变化，短距离购物女性所占比例较大，长距离购物男性比例大于女性；短距离购物以中老年为主，长距离购物以中青年为主；初等学历居民的购物空间随

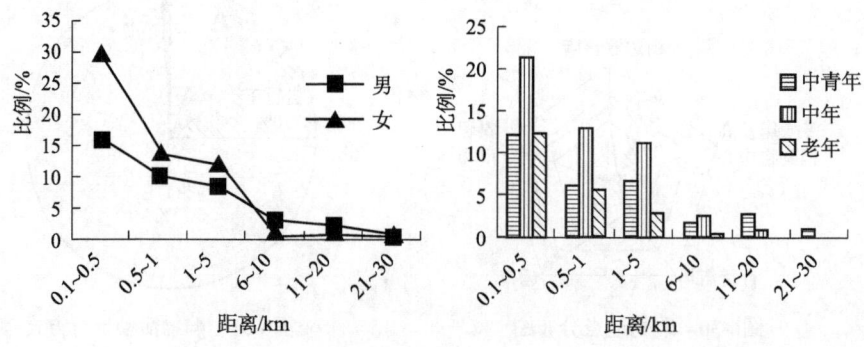

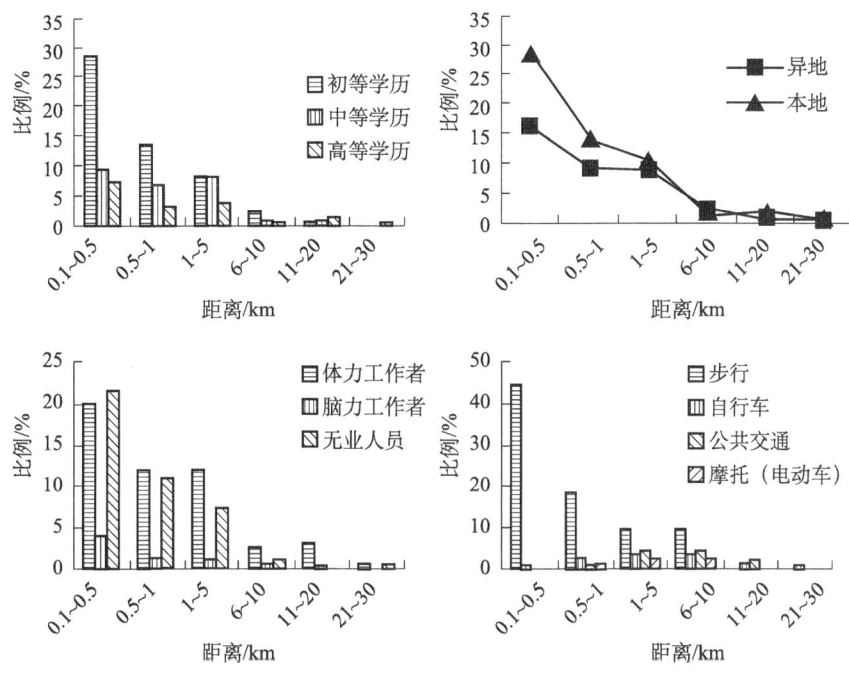

图6-34 基于不同属性的购物距离分布图

距离增加而减少，高等学历居民购物空间具有稳定性；短距离购物本地居民所占比例大于异地居民，长距离购物并无明显差别；无业人员和体力工作者成为购物活动的主体，脑力工作者购物活动较少；0.1~0.5km的购物距离内，几乎95%选择步行，1~5km的购物距离内多种购物出行方式并存，且差异最小，更远的距离购物活动以公共交通出行为主，但所占比例极低。

（二）购物时间利用特征

1. 总体特征

购物时间指居民从家出发至购物地点所用时间，按单程计时，包括通勤途中所产生的购物时间。从图 6-35 得出城市贫困群体购物时间严格遵循指数函数递减的规律，$R^2=0.9961$，拟合度极高。1~10min 为购物活动的高峰时间，此后随时间的延长购物人数逐渐减少，0.3min 以上的购物活动仅占总数的 10%。从图 6-36 中可以看出购物累计人数比例随着购物时间增长阶段性地波动上升，在 10min、15min、20min 和 30min 处上升幅度较大，总体来看，购物人数在 20min 以内的增长速度大于 20min 之后，说明贫困群体的购物活动主要集中在短时间范围内。

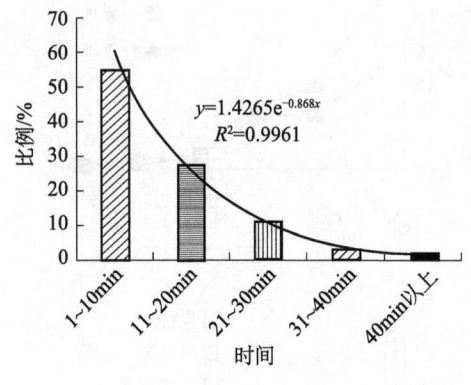

图6-35　购物时间分布状况

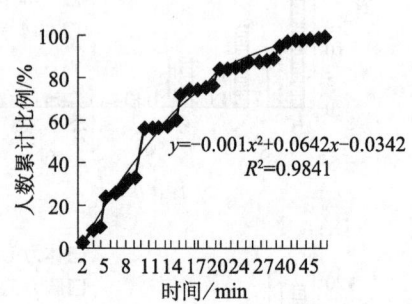

图6-36　购物累计时间变化状况

2. 基于不同属性的居民购物时间分布状况

图 6-37 为不同属性的购物时间分布图。由图可知，在贫困群体的购物时间中，短时间购物活动男性多于女性，随着购物时间的增加，女性所占比例超过男性；从年龄分布来看，中年人在各时间段的购物活动中都占据主要地位，成为购物活动的主力军；初等学历居民在短时间购物中所占比例极大，而在 30min 以上购物活动中高等学历居民所占比例较大；本地居民的购物时间始终大于异地居民，但是随着购物时间的增长，差距越来越小；购物活动中体力工作者和无业人员所占比例大于脑力工作者；20min 以内购物活动以步行为主，公共交通购物所占比例较小，也表明长时间购物活动在贫困群体中份额较低。

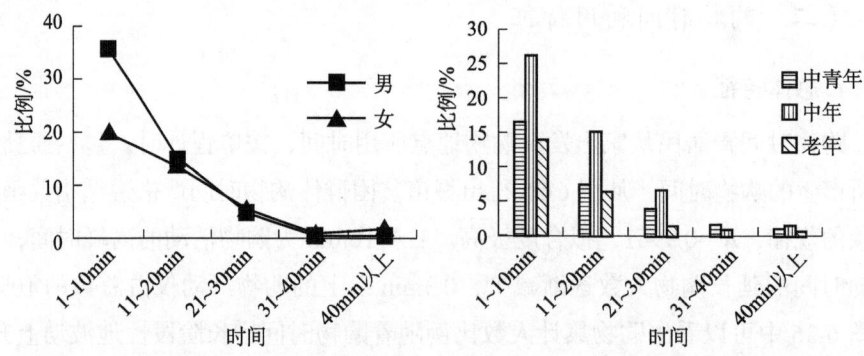

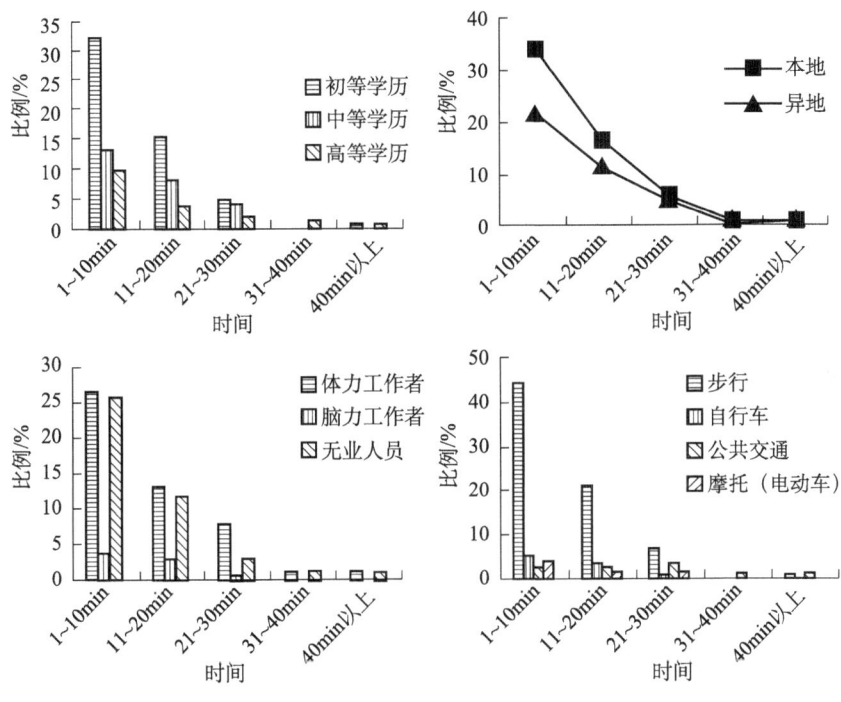

图6-37 基于不同属性的购物时间分布图

(三) 购物时空间格局趋势面分析

从购物时空间格局趋势面模拟图 (图6-38) 中可以看出,购物时空间分布以 (0min, 0km) ~ (60min, 60km) 条带为对称轴,均匀地向两侧递减,短距离短时间购物为最高值,向长时间远距离倾斜,总体呈现马背状格局。购物人数比例最低在短时间长距离处分布,说明贫困群体出行的交通工具较为落后,购物活动效率较低。以对称轴为核心,向两侧可分为5个条带区,第一层为深红色购物核心区,第二条为亮红色购物集聚区,第三条为黄绿色购物外围区,第四条为天蓝色购物过渡区,第五条为深蓝色购物边缘区,各条带之间界限明显,表明购物活动时空间分布呈现严格的随时空间扩散递减的规律。

(四) 影响机制

通过对购物活动进行OLS回归模型 (表6-9) 分析可知,中年、初等学历、体力工作者、步行4项指标在模型构建中被剔除。年龄、学历、职业、购物活

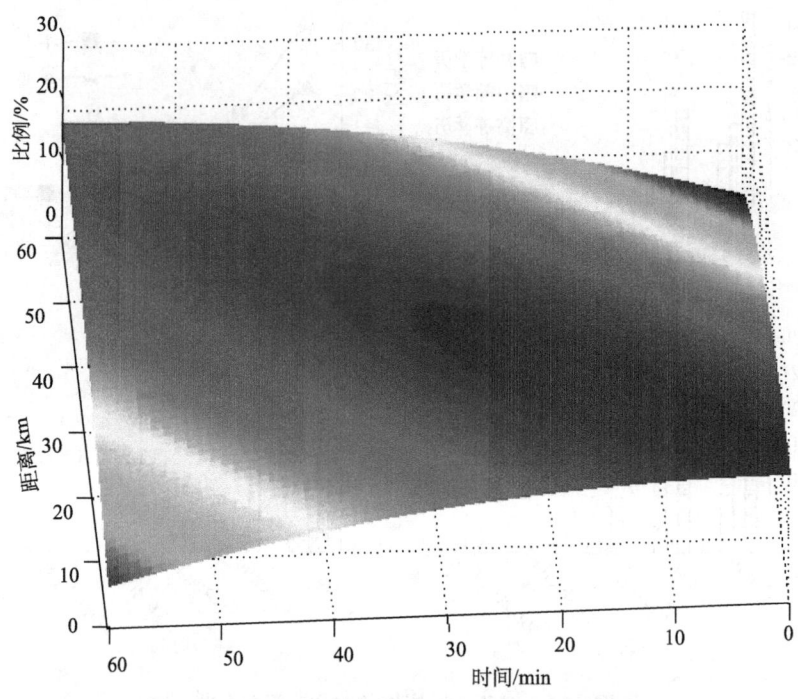

图6-38　购物时空间趋势面模拟图（文后附彩图）

动场所和购物出行方式均对购物活动产生较大影响，对购物时空间影响较大的共同指标为：公共交通、自行车、百货商场和高等学历。影响购物空间形成的主要影响指标排名：公共交通＞自行车＞摩托（电动车）＞百货商场＞高等学历，对于出行距离的选择，更大程度上依赖出行工具，而贫困群体对出行工具的选择权限较小，对于远距离的购物活动首选公共交通工具，自行车和摩托（电动车）在中等距离的购物活动中使用率较高。百货商场和高等学历具有一定相关性，百货商场是区别贫困阶层和普通市民购物的主要界限，百货商场一般位于区域的中心处或者人口集聚地，能够选择百货商场购物的居民通常是经济基础相对较好的群体，以高等学历者居多。对购物时间产生主要影响的指标排名：公共交通＞高等学历＞百货商场＞脑力工作者＞自行车，与购物距离的因素有所不同，高等学历群体不会占用大量时间从事购物活动，通常会选择更加有效率的购物方式，如网络购物。

从 OLS 回归模型系数相关性（表6-10）来看，中等学历和高等学历呈现较强的负相关性，中青年和高等学历、无业人员和老年呈现较强的正相关性。初等学历在回归分析被剔除，由于年龄对购物时空间影响较大，所以中等学历和高等学历之间存在很大的排斥关系；无业人员主要由自由职业者和离退休人员组成，在城市贫困群体中离退休人员占据较大比例，因此与老年之间的关系密切。

表 6-9 购物活动的 OLS 回归模型结果

模型	购物空间 OLS				购物时间 OLS			
	回归系数 (β)	标准回归系数	t	P	回归系数 (β)	标准回归系数	t	P
（常量）	0.375		0.568	0.000	12.788		7.252	0.000
男	-0.334	-0.036	-0.842	0.001	-0.842	-0.040	-0.793	0.009
中青年	1.027	0.104	2.125	0.004	-1.268	-0.057	-0.980	0.008
老年	0.023	0.002	0.043	0.006	-1.654	-0.066	-1.167	0.004
本地	0.309	0.033	0.743	0.008	-0.523	-0.025	-0.470	0.009
中等学历	0.060	0.006	0.130	0.006	1.438	0.062	1.165	0.005
高等学历	1.272	0.108	2.278	0.003	2.945	0.111	1.973	0.009
脑力劳动者	-0.270	-0.015	-0.355	0.003	-2.480	-0.063	-1.220	0.003
无业人员	-0.372	-0.040	-0.861	0.008	-0.545	-0.026	-0.471	0.008
街边零售店	0.303	0.033	0.791	0.009	-0.453	-0.022	-0.443	0.008
农贸市场	-0.047	-0.005	-0.120	0.004	1.479	0.071	1.417	0.007
超市	-0.610	-0.060	-1.414	0.008	-1.184	-0.052	-1.026	0.006
百货商场	1.770	0.170	3.728	0.000	2.827	0.120	2.226	0.007
专卖店及高档商场购物中心	0.244	0.013	0.287	0.774	0.715	0.016	0.314	0.004
自行车	5.489	0.366	8.792	0.000	2.279	0.067	1.365	0.003
公共交通	6.221	0.414	9.245	0.000	11.136	0.328	6.187	0.000
摩托（电动车）	2.711	0.138	3.284	0.001	1.178	0.026	0.534	0.004
模型评价	R^2	F	P	df	R^2	F	P	df
	0.413	15.619	0.000	16.000	0.179	4.823	0.000	16.000

注：预测变量：（常量），摩托（电动车），中等学历，街边零售店，中青年，男，自行车，专卖店及高档商场购物中心，超市，农贸市场，脑力工作者，本地，公共交通，无业人员，百货商场，高等学历，老年；因变量：购物距离（km）、购物时间（min）；排除变量：中年，初等学历，体力工作者，步行

表 6-10 购物活动的 OLS 回归模型系数相关性

	A	B	C	D	E	F	G	H	M	N	O	P	Q	R	S	T
A	1.00	0.01	0.01	0.04	-0.04	0.11	-0.08	-0.05	-0.04	0.00	0.08	0.12	0.05	-0.09	0.04	0.06
B	0.01	1.00	0.01	-0.09	-0.06	-0.01	0.07	0.05	-0.04	-0.11	-0.20	-0.03	-0.09	-0.09	0.33	0.21
C	0.01	0.01	1.00	0.03	0.07	0.02	-0.03	0.10	-0.14	-0.04	0.06	-0.06	-0.06	0.16	0.02	0.04
D	0.04	-0.09	0.03	1.00	0.01	0.01	-0.13	-0.04	0.07	-0.03	0.19	-0.10	0.08	-0.03	0.34	0.21
E	-0.04	-0.06	0.07	0.01	1.00	0.05	-0.01	0.12	-0.03	-0.16	0.11	0.00	0.00	0.13	0.00	0.05
F	0.11	-0.01	0.02	0.01	0.05	1.00	-0.01	0.02	-0.03	0.06	0.07	0.13	0.03	-0.03	0.02	0.05
G	-0.08	0.07	-0.03	-0.13	-0.01	-0.01	1.00	0.01	0.06	0.07	-0.08	-0.12	-0.05	-0.29	0.01	-0.05
H	-0.05	0.05	0.10	-0.04	0.12	0.02	0.01	1.0	0.06	-0.08	-0.10	-0.01	-0.05	-0.02	0.05	0.03
M	-0.04	-0.04	-0.14	0.07	-0.03	-0.03	0.02	0.06	1.00	0.04	-0.04	0.00	-0.04	-0.12	0.02	0.01
N	-0.01	-0.11	-0.04	-0.03	-0.16	0.06	0.07	-0.08	-0.01	1.00	-0.01	0.00	0.23	0.05	0.12	0.01
O	0.08	-0.20	0.06	0.19	0.11	0.07	-0.08	-0.10	-0.04	-0.01	1.00	0.01	-0.15	0.01	0.13	0.10
P	0.12	-0.03	-0.06	-0.10	0.00	0.13	-0.12	-0.01	0.00	0.00	0.01	1.00	0.07	-0.18	0.09	0.01
Q	0.05	-0.09	-0.06	0.08	0.00	0.03	-0.05	-0.05	-0.06	0.23	-0.15	0.07	1.00	0.02	0.02	0.31
R	-0.09	-0.09	0.16	-0.03	0.13	-0.03	-0.29	-0.02	-0.12	0.05	0.01	-0.18	0.02	1.00	0.00	0.06
S	0.04	0.33	0.02	-0.34	-0.02	0.02	0.00	0.10	-0.05	0.02	-0.13	-0.09	-0.02	0.00	1.00	0.06
T	0.06	0.21	0.04	0.21	-0.12	0.05	-0.05	0.03	0.01	0.01	0.10	0.01	-0.31	0.02	0.06	1.00

注：A 表示摩托（电动车），B 表示中等学历，C 表示街边零售店，D 表示中青年，E 表示男，F 表示自行车，G 表示专卖店及高档商场购物中心，H 表示超市，M 表示农贸市场，N 表示体力工作者，O 表示本地，P 表示公共交通，Q 表示无业人员，R 表示百货商场，S 表示高等学历，T 表示老年

三、休闲娱乐时空间结构

休闲娱乐作为评价居民生活质量的重要指标之一，在一定程度上可以度量居民生活质量水平和幸福指数，城市贫困群体作为城市中特殊人群，其休闲娱乐活动受到自身条件和社会环境的影响，呈现出独有的特征。

休闲娱乐活动类型多样，不同阶层的社会群体从事的休闲娱乐活动类型也不尽相同，从图 6-39 中可以看出，西安市城市贫困群体的休闲娱乐活动类型以看电视和闲聊为主，分别占总人数的 85% 和 70%；其次为日常社交活动和体育活动，分别占据总人数的 50% 和 40%；逛公园和阅读报刊等陶冶情操的休闲娱乐活动所占比例较低；此外，对消费水平要求较高的旅游活动和看电影类型在贫困群体中所占比例更低。由此表明，城市贫困阶层日常休闲娱乐活动

类型极其单一，主要从事传统的休闲娱乐项目，较远距离和消费水平较高的休闲娱乐项目很少涉及，与以往的相关研究得出城市居民目前的休闲娱乐活动已由传统看电视、闲聊项目转变为逛公园、旅游、文化消费等高层次活动类型的结果不同，由此反映出由于阶层的分化所导致的休闲娱乐活动项目的差异性。

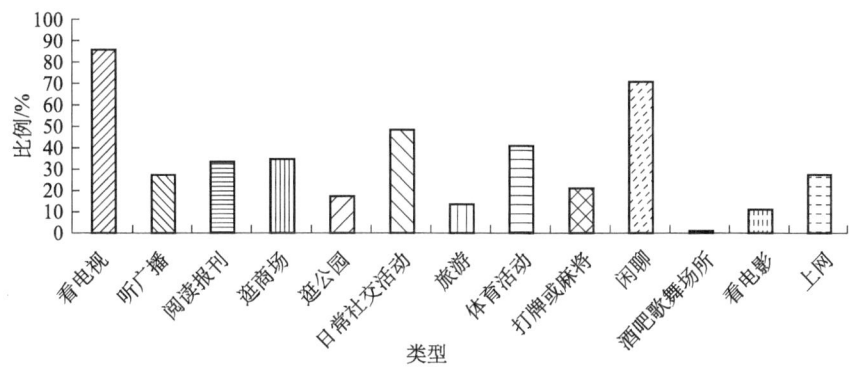

图6-39 休闲娱乐活动类型

从城市贫困阶层休闲娱乐活动出行方式（图6-40）可以看出，贫困群体休闲娱乐主要的出行方式仍为步行，空间可达性较差，这就决定其活动范围的狭小性。

（一）休闲娱乐活动空间结构

1. 总体特征

从空间距离分布角度可以看出（图6-41），城市贫困阶层的休闲娱乐活动距离集中在5km以内，5km作为休闲娱乐空间的分界线，5km以内休闲娱乐人数平均比例为30%，5km之外人数骤降至5%左右，差距非常明显，基本上在步行和自行车可达范围之内。21～30km的休闲娱乐人数大于6～20km，主要原因为部分上班族在周末空闲时间去周边区域出游，放松身心。休闲娱乐活动累计人数比例随距离增大遵循对数曲线

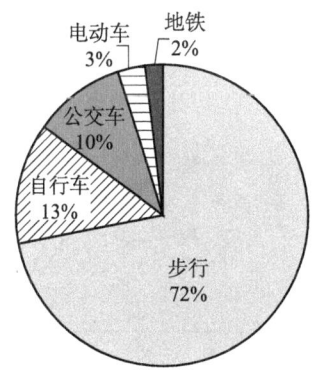

图6-40 休闲娱乐活动出行方式

上升趋势，拟合度为0.97。1.5km之内上升速度快于1.5km之后，表明总体上休闲娱乐出行距离仍然以近距离为主（图6-42）。

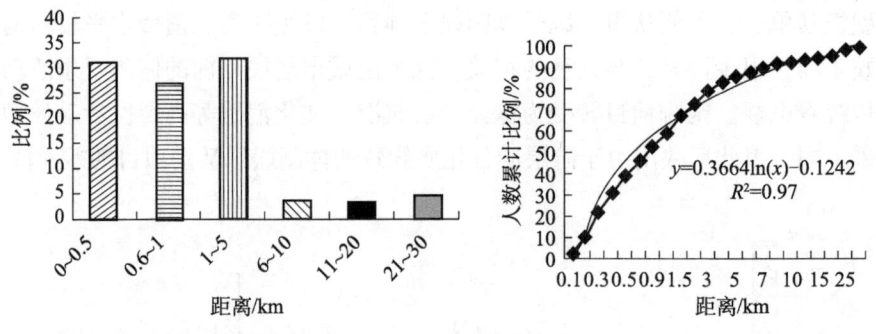

图6-41 休闲娱乐距离分布状况　　图6-42 休闲娱乐累计距离变化状况

2. 基于不同属性的休闲娱乐距离分布状况

图6-43为不同属性的休闲娱乐距离分布。由图可知，男性在短距离休闲娱乐活动中比例高于女性，在中远距离中性别差异较小，主要表现为传统的中国家庭中男性在家空闲时间以休闲娱乐活动为主，而女性则以家务代替；中年群体在0～5km范围内所占比例最大，在长距离休闲娱乐活动中青年的出行欲望更强，老年人几乎没有远距离的出行活动；初等学历人群在各距离段的休闲娱乐活动都较为积极，中高等学历出行比例较低且具有稳定性；户籍对休闲娱乐活动的影响与性别的影响程度非常相似，但总体差异更小，表明户籍与休闲娱乐活动基本不具有相关性；脑力工作者的休闲娱乐活动比例低于体力工作者，休闲娱乐活动中无业人员占据较大的比例，表明不同职业者对于当前生活状态的心态不同；0～1km的休闲娱乐活动基本以步行为主，大于6km的休闲娱乐活动以自行车和公共交通为主。

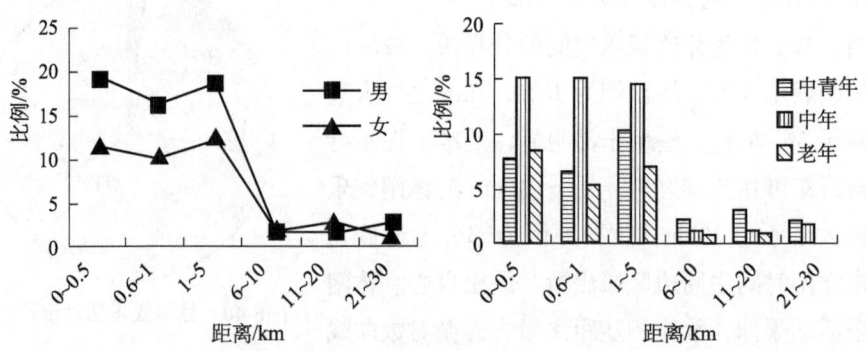

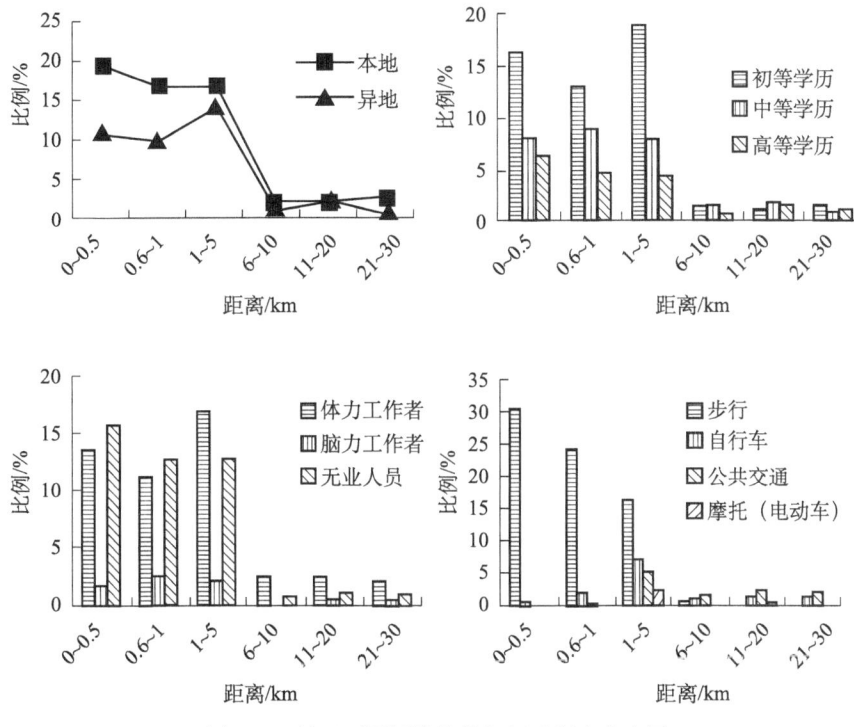

图6-43 基于不同属性的休闲娱乐距离分布图

（二）休闲娱乐时间利用特征

1. 总体特征

总体来看，休闲娱乐人数呈现距离递减规律，递减趋势与指数曲线一致，但主要集中于 30min 休闲娱乐圈，30min 以外的休闲娱乐活动总计比例不超过 15%（图 6-44）。人数累积比例随时间增长呈现跳跃波动式上升趋势，10min、15min、20min 和 30min 为跳跃点，说明贫困群体的休闲娱乐时间总体体现出阶段性特点（图 6-45）。

2. 基于不同属性的休闲娱乐时间分布状况

图 6-46 为不同属性的休闲娱乐时间分布。由图可知，总体上男性的休闲活动时间长于女性，尤其在短时间内的休闲娱乐活动差异更大，这与我国传统家庭模式相一致；从年龄结构来看，休闲娱乐活动时间的年龄排名为中年＞中青年＞老年，中年人工作压力小于年轻人，而精力旺盛程度大于老年

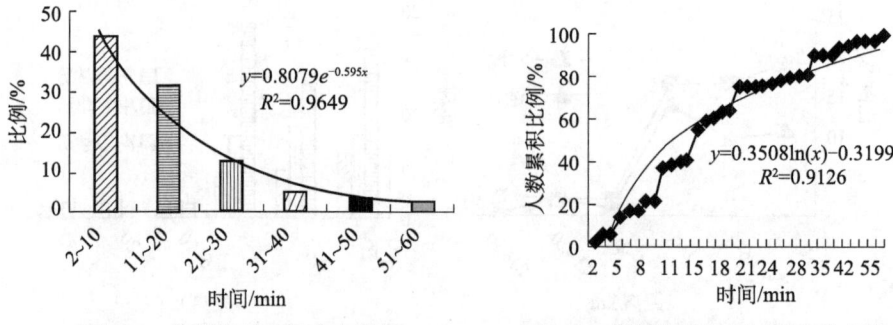

图6-44 休闲娱乐时间分布状况　　图6-45 休闲娱乐累积时间变化状况

人，因此有更多时间和精力花在休闲娱乐活动方面；随着居民文化水平的提升，花费在休闲娱乐活动中的时间逐渐减少，较高文化水平的居民在空闲时间可能会从事一些有意义的活动，如学习知识，提高技能；30min 以内的休闲娱乐活动本地户籍居民比例大于异地户籍，在此之后二者所占比例相同；体力工作者和无业人员更倾向于将空闲时间用在休闲娱乐活动中，而且休闲娱乐活动的主要内容打牌和闲聊；贫困群体能够接受 30min 以内的休闲娱乐时间以步行的方式完成，此后将采用公共交通的出行方式去从事休闲娱乐活动。

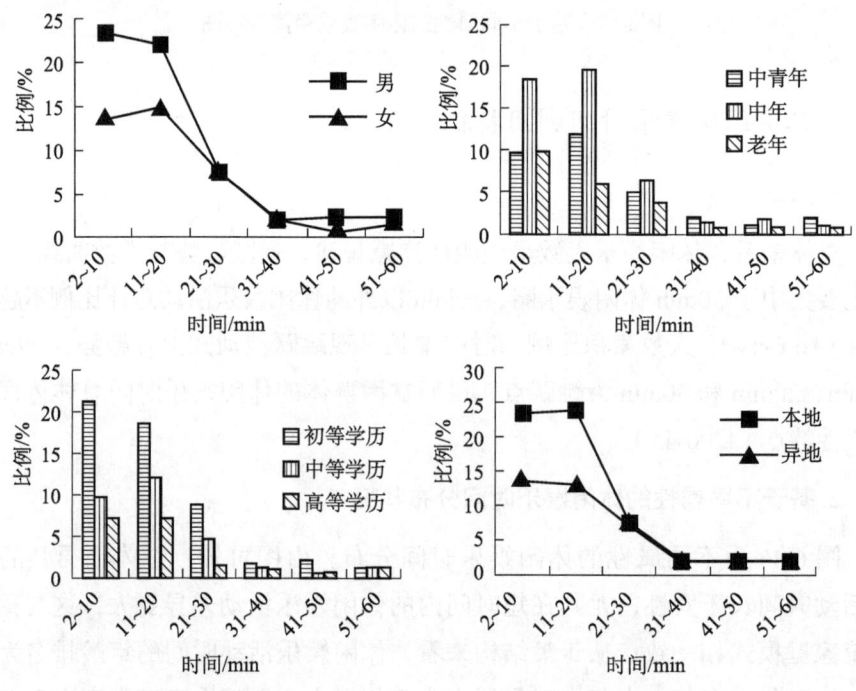

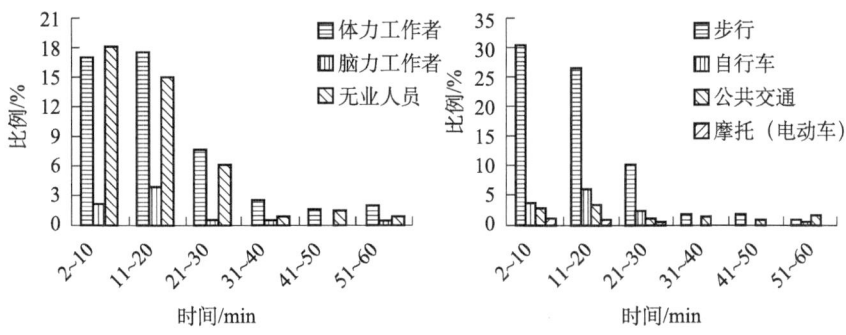

图6-46 基于不同属性的休闲娱乐时间分布图

（三）休闲娱乐活动时空间格局趋势面分析

通过对城市贫困群体休闲娱乐活动时空间分布的趋势面（图6-47）分析得知：短时间近距离为休闲娱乐活动的高值区，总体呈同心圆状向长时间远距离递减，距离因素对休闲娱乐活动的影响较大，50km之后的休闲娱乐活动急速下降，贫困群体更倾向于花较长的时间从事短距离的休闲娱乐活动。休闲娱乐

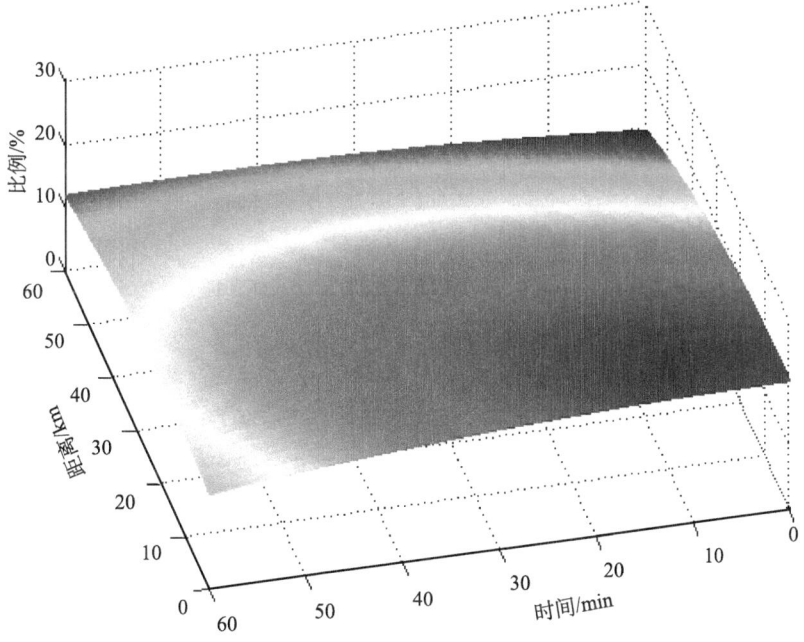

图6-47 休闲娱乐时空间趋势面模拟图（文后附彩图）

活动效率较低，主要表现为短时间长距离的休闲娱乐活动分布较少。从圈层结构来看，20min、30km 的深红色区域为核心圈层；从核心圈层延伸至 40min、40km 的亮红色区域为外围圈层；从外围圈层至 50min、60km 的黄绿色区域为过渡圈层；过渡圈层以外的蓝色区域为边缘圈层，圈层之间界限较模糊。

（四）影响机制

通过对休闲娱乐活动 OLS 模型构建（表 6-11）得出以下结论：中青年、体力工作者和步行三项指标被剔除，影响休闲娱乐活动时空的主要共同因素有：出行方式和学历，具体指标反映在：公共交通、自行车、摩托（电动车）和初等学历。对休闲娱乐空间影响较大的前五项指标排名：公共交通＞自行车＞摩托（电动车）＞老年＞初等学历，交通工具对距离的影响比较显

表 6-11　休闲娱乐活动的 OLS 回归模型结果

模型	休闲娱乐空间 OLS 回归				休闲娱乐时间 OLS 回归			
	回归系数（β）	标准回归系数	t	P	回归系数（β）	标准回归系数	t	P
（常量）	1.586		0.292	0.770	20.913		1.617	0.007
男	0.754	0.055	1.239	0.006	0.027	0.001	0.019	0.005
中年	-0.888	-0.066	-1.178	0.000	-1.611	-0.061	-0.896	0.001
老年	-1.934	-0.118	-1.962	0.001	0.414	0.013	0.176	0.000
本地户口	0.302	0.022	0.468	0.000	-2.302	-0.085	-1.495	0.006
初等学历	-1.085	-0.081	-0.201	0.001	-3.066	-0.115	-0.238	0.002
中等学历	-0.395	-0.027	-0.073	0.002	-1.133	-0.039	-0.088	0.000
高等学历	0.045	0.003	0.008	0.003	-2.214	-0.065	-0.171	0.005
脑力工作者	0.389	0.015	0.336	0.007	-2.276	-0.045	-0.823	0.001
无业人员	0.804	0.060	1.179	0.009	-0.235	-0.009	-0.144	0.005
自行车	6.670	0.342	7.675	0.000	3.020	0.078	1.457	0.006
公共交通	11.277	0.545	11.906	0.000	12.833	0.312	5.680	0.000
摩托（电动车）	3.369	0.084	1.906	0.007	2.599	0.033	0.616	0.008
模型评价	R^2	F	P	df	R^2	F	P	df
	0.384	17.346	0.000	12.000	0.114	3.569	0.000	12.000

注：预测变量：（常量），男，中年，老年，本地户口，初等学历，中等学历，高等学历，脑力工作者，无业人员，自行车，公共交通，摩托（电动车）；因变量：休闲娱乐距离（km）、休闲娱乐时间（min）；排除变量：中青年，体力工作者，步行

著，有效的出行方式可以使长距离的出行得到满足，老年人由于身体因素的限制，只能从事较近距离的休闲娱乐活动。对休闲娱乐时间影响较大的前五项指标排名：公共交通＞初等学历＞自行车＞摩托（电动车）＞本地户口，除去交通工具对休闲娱乐时间的影响之外，初等学历居民在空闲时间只能通过娱乐活动消遣时间，因此影响程度较大。

通过相关性模型检验（表6-12）得知，中等学历、高等学历和初等学历三者之间、中年和老年之间指标系数之间的相关性均大于0.3，呈现出较高的相关性，反映在影响休闲娱乐活动的因素中上述几项指标之间互相影响的程度较高，具有很大的同质性，对结果的影响较大，所以在模型结果中只产生了其中一项作为主要解释指标。

表6-12 休闲娱乐活动的OLS回归模型系数相关性

模型	摩托(电动车)	中等学历	白领	公共交通	自行车	中年	本地人口	男	高等学历	无业人员	老年	初等学历
摩托(电动车)	1.000	-0.005	0.013	0.105	0.095	0.132	0.080	-0.060	0.004	0.034	0.128	-0.005
中等学历	-0.005	1.000	-0.025	-0.035	-0.043	0.035	0.037	-0.064	0.986	-0.076	0.023	0.992
白领	0.013	-0.025	1.000	-0.041	0.045	0.012	-0.035	-0.154	-0.033	0.226	-0.003	-0.011
公共交通	0.105	-0.035	-0.041	1.000	0.180	0.189	-0.046	0.144	-0.026	0.128	0.148	-0.040
自行车	0.095	-0.043	0.045	0.180	1.000	0.055	-0.081	0.002	-0.030	0.129	0.093	-0.037
中年	0.132	0.035	0.012	0.189	0.055	1.000	-0.174	-0.019	0.086	-0.053	0.580	0.025
本地人口	0.080	0.037	-0.035	-0.046	-0.081	-0.174	1.000	0.094	0.043	-0.206	-0.215	0.060
男	-0.060	-0.064	-0.154	0.144	0.002	-0.019	0.094	1.000	-0.058	0.026	-0.120	-0.060
高等学历	0.004	0.986	-0.033	-0.026	-0.030	0.086	0.043	-0.058	1.000	-0.066	0.045	0.987
无业人员	0.034	0.076	0.226	0.128	0.129	-0.053	-0.206	0.026	-0.066	1.000	-0.295	-0.065
老年	0.128	0.023	-0.003	0.148	0.093	0.580	-0.215	-0.120	0.045	-0.295	1.000	-0.007
初等学历	-0.005	0.992	-0.011	-0.040	-0.037	0.025	0.060	-0.060	0.987	-0.065	-0.007	1.000

第七章
城市贫困群体生活质量感知

第一节　城市贫困群体生活质量感知研究综述

一、城市居民生活质量研究

国外关于生活质量的研究起步相对较早，取得较丰硕的成果。我国在社会转型和变迁时凸显的城市社会问题，引发了社会学、经济学、心理学、人口学、统计学、医学等多学科对城市居民生活质量问题的关注。

（一）生活质量概念研究

国内外学者对生活质量的研究起步于20世纪五六十年代，生活质量的概念最早见于加尔布雷斯的《富裕社会》一书。总体来说，生活质量的概念内涵主要涉及以下四个方面：客观条件、主观感受、主客观相结合、人们生活总体上的好坏。

从客观条件理解上来看，国内外学者认为，生活质量是生活条件的综合反映，包括环境美化、净化等自然方面，以及教育、交通、服务、治安等社会方面的内容（厉以宁，1986）。从主观感受理解上来看，学者以西方发达国家研究者为主，他们认为生活质量是指人们在生活舒适、精神、便利程度上得到的享受和乐趣，内容包括情感、心理健康、认知层次、生活满意度等。从主客观两方面结合来看，生活质量是生存和发展各方面需要的综合反映，表示在一定的物质条件基础上，人们对自身、对社会、对环境的认同感（冯立天，1992）。

（二）生活质量评价指标体系

国外学者对生活质量指标体系的研究已有50多年的历史，国内也有30多年研究，起初人们衡量生活质量的主要指标为以GDP为核心的经济指标。生活质量是动态的概念，其指标体系也随着社会的发展而变化，经历了从简单到复杂、从客观到主观、再主客观相结合的过程（林南和卢汉龙，1989）。

居民生活质量评价包括客观评价指标体系和主观评价指标体系。客观评价指标体系如收入、教育、居住、健康、文化娱乐、生活设施、环境、社会保障等；主观评价指标体系主要是指人们对客观条件的评价，如人们对收入、教育状况、居住条件、健康状况、娱乐休闲、生态环境、社会治安、社会保障等方面的评价。在实际运用中，将主观和客观相结合，通过构建评价指标体系来综合评价居民生活质量（Myers，1988；付华鹏等，2004）。

与国际生活质量指标体系相比较，我国生活质量指标体系还存在一定的缺陷，一是侧重经济，轻视教育、健康、活动等方面评价；二是侧重客观评价，轻视主观评价，缺少将主客观评价结合起来的研究。

（三）生活质量影响因素研究

国内外学者认为生活质量影响因素主要包括客观因素和主观因素。根据马斯洛的人类需求层次理论，客观生活质量影响因素归纳为经济、人口、社会和环境四大方面。经济因素包括收入、支出和宏观经济运行及居民在这些方面的满足程度，具体来说，包括人均收入、人均储蓄、恩格尔系数、人均国民生产总值等；人口因素涵盖身体素质及文化素质的指标，如受教育程度、预期寿命、日摄取营养素达标率等；社会因素包括反映社会稳定和社会安全的指标，如居民消费价格指数、失业率、社会保障覆盖面、犯罪率等；环境因素包括自然环境和居住环境等内容，如大气质量、人均居住面积等（Myers，1988）。主观生活质量主要受客观生活条件及认知能力两类因素影响，而形成人们认知能力的因素又很多，如年龄、社会地位、社会经历、受教育程度、生活环境等，这些都会影响个体的主观生活质量（Bellani and D'Ambrosio，2011）。

（四）生活空间质量研究

国外对生活空间质量研究源于后工业化社会。目前国内外学者对城市生活空间质量研究主要观点有：各阶层的生活空间质量与生活场所和阶层所处位置——对应；西方发达国家对城市生活空间质量的评价研究，实现了从区域经济转向空间生态，从唯条件转向人本需求。国内学者在借鉴国外城市生活空间质量评价模式的同时，将实证主义、人本主义及行为主义方法相结合，通过多方法结合来构建生活空间质量评价体系。目前国内外对城市生活空间质量的认知，已包含新人本主义的社会空间公正质量、价值质量、可进入性质量等方面，但目前尚未形成对这些方面生活场所的微区位体系及其对空间结构规划方面的系统研究（王兴中，2004；黄晶等，2015）。

（五）改善生活质量对策研究

针对生活质量的影响因素，学界也主要从客观和主观两大方面提出改善生活质量的对策。具体来说客观方面主要包括构建养老金制度、提高居民收入水平、改善居民消费质量、增强公共医疗保障能力、优化教育资源配置、提高居民居住水平、改善设施建设与管理、保护城市大气环境等。改善主观生活质量途径主要有：增加居民收入，尤其是低收入居民；改善居住质量，提高住房成套率；提高居民受教育水平；加大就业技能培训；提供更多就业机会等措施（Blinder，1973；刘艳华，2011）。

从以上的综述可以看出来，目前学界关于城市贫困群体生活状况的系统研究还非常少。本章综合主客观角度，从城市居民生活质量导向来研究城市贫困群体，试图为缓解城市贫困问题奠定研究基础。

二、城市居民感知研究

（一）空间意象感知

空间意象是由林奇（2001）提出的一种评价空间形态的标准，通过人们对空间感知的心理印象来反映空间的客观形象。环境对人们产生影响，人们对环境也产生直接或间接的经验认识，从而形成头脑中的"主观环境"。空间意象理论以人类行为、心理与经验及空间环境的关系为研究内容，是人们对环境产生知觉从而形成心理意象，侧重于结构性意象的研究。

城市空间感知比较经典的理论主要为林奇的城市意象，他认为城市意象是由个性、结构和意蕴三部分共同组成，居民借助地标、节点、道路、边界和区域这五种要素来认知城市的环境意象、公众意象及综合意象。环境意象是观察者通过直接感觉与过去经验对外部环境归纳出的图像；公众意象是许多个别的意象重叠而成的共同印象，是群体认知的结果；综合意象是由城市环境意象的各种要素共同构成的图形。除此之外还有高里奇的居民对周围环境认识的点-面理论，亚当斯的扇形认知领域，同本等的距离认知；克拉克的偏好地图等。部分学者还用语义辨别理论来研究空间意象感知（夏建中，1998；Golledge and Stimson，1997）。

（二）主观幸福感

主观幸福感是指个体依据自定的标准来对生活满意感等方面所做的评估，包含情感成分和认知成分，评价结果有主观幸福感及主观不适感。西方对主观幸福感理论的研究较为深入，包含幸福感稳定论、认知比较论、应对方式论、文化差异论等理论（Lucas，2007）。幸福感稳定论认为，稳定的人格特质和生物学因素决定主观幸福感，个体的幸福感水平有动态平衡特点，成年后基本不会变化，生活事件会暂时影响幸福感，事后重新生成新的幸福感或不幸感。认知比较论认为，痛苦与幸福来源于目标达成程度与设定目标间的比较，幸与不幸感来自于理想标准与现实状况间的比较。应对方式论认为，人的记忆网络、认知模式等因素不同对个体诱发不同的情绪，不同人格特质的人产生幸福或不幸福感不同。文化差异论认为，个体遵从文化常模会产生幸福感，背离文化常模则相反；幸福取决于现状与目标的接近程度，当个体朝目标努力或逐步靠近时会感到幸福；人格与文化交互作用共同影响生活满意感。此外还有活动幸福论、幸与不幸相连论、幸与不幸对立论、幸福感自我决定论等主观幸福感理论（Davis，1998；Charle and White，1994）。

第二节　西安城市贫困现状及典型区贫困人口属性

西安是举世闻名的历史文化名城，是西北地区经济最发达的城市。改革开放之前，西安的工业经济在我国具有举足轻重的地位。但改革开放之后，中国进入社会经济快速转型期，地处内陆的西安发展速度相对有所降低。伴随着计划经济向社会主义市场经济的转变、土地使用制度和住房制度的改革、户籍管理制度的松动，西安市的城市空间结构正在发生着显著变化，表现出转型期的独特特征。在此期间，形成了大量下岗失业人员，再加上外来农民工及城乡流动人口的大量迁入，城市贫困规模扩大、贫困程度加深，使西安市的贫困问题越来越突出。

一、西安市收入贫困概况

基于西安市主城区居民收支状况，采用恩格尔系数法和中位数收入法相结合的方法确定西安市贫困线，2013年西安市贫困线为每人每月1320元，由于该贫困线只是以收入为准来界定贫困，本章将其称为收入贫困，将收入低于贫困线的人口称为收入贫困人口。

（一）居民收入空间格局

1. 收入等级

根据前期"西安市居民收支状况"问卷调查结果，计算各街道平均收入，将其按照矢量数据符号法划为4个等级。在空间上，形成的整体特征为"南高北低，西高东低""中心城区，高低交错"，即平均收入值较高的街道在空间上主要集聚在城市的西南方向，并形成四大集中片区，分别为钟楼东西方向延伸片区、高新区、曲江新区、城北经开区的部分地区，其中曲江新区和高新区尤其突出；在中心主城区内，收入较高地区与相对较低的街道呈现出交错分布的特征（图7-1）。

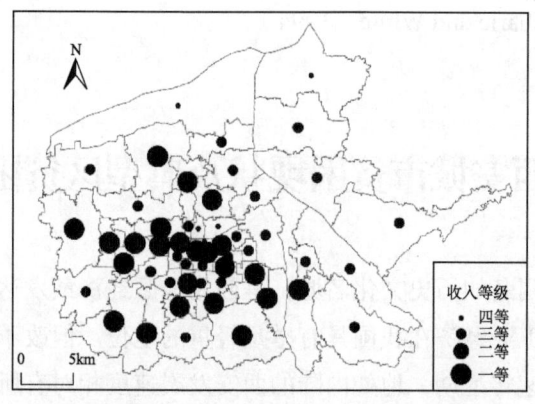

图7-1　西安市各街道平均收入等级图（2013年）

西安的城市发展和经济布局一直侧重于城市南部的发展，东北方向还存在大量的农田，再加上人们消费和居住观念的改变，因此形成了"南高北低，西高东低"的空间格局。平均收入值较高的四大集中片区都位于已建成的大型商圈内（钟楼商圈、高新商圈、长乐商圈、曲江商圈、小寨商圈和北部商圈），契合了居民的理想居住空间；而社会转型体制改革导致大量下岗失业人口、享受不到优惠政策的外来流动人口及在职低收入者，这些人群主要集聚在边缘区及未拆迁的城中村，与高档居住区交错分布，因此形成了"中心城区，高低交错"的空间特征。

2. 收入差距

运用 POVCAL 软件计算出各街道基尼系数值，并将其分为 5 级，分别代表收入绝对平均、比较平均、相对合理、差距较大及差距悬殊（见图7-2）。收入相对合理区主要集中在城西北部汉长安城遗址保护区、城市南部文教和曲江新区；差距较大及悬殊区主要位于城市中部的老工业区及城乡交错的近郊边缘区；收入相对平均区穿插在城市中部和南部。

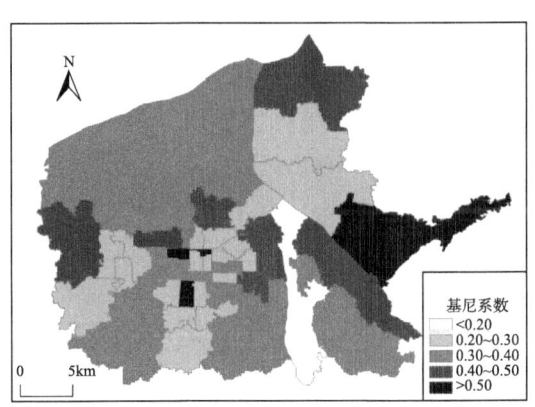

图7-2　西安市各街道收入差距（2013年）

（二）收入贫困空间格局

1. 贫困发生率及贫困人口规模

贫困发生率是用来衡量一个地区贫困广度常用指标，表示贫困人口数在调查人口数中所占的比例。根据 2013 年西安市贫困线及主城区各街道回收有效问卷数，可计算出各街道贫困发生率，再结合各街道当年人口总数即可测算出该街道贫困人口总数，计算结果表明，2013 年西安市主城区贫困人口数为 597 806，所占比例达 13.33%。表 7-1 为 2013 年西安市各街道贫困人口情况。

表 7-1　2013 年西安市各街道贫困人口情况

街道	总人口/人	贫困发生率	贫困人口/人	街道	总人口/人	贫困发生率	贫困人口/人
小寨	162 675	0.089 7	14 592	红旗	52 139	0.107 1	5 584
草滩	86 571	0.296 3	25 651	纺织城	92 435	0.169 8	15 695
长延堡	214 712	0.109 8	23 575	太华路	71 510	0.105 3	7 530
大雁塔	99 782	0.096 8	9 659	北关	66 430	0.105 3	6 995
自强路	42 347	0.115 4	4 887	六村堡	62 333	0.189 7	11 825
长乐坊	78 299	0.096 2	7 532	大明宫	70 673	0.113 2	8 000
席王	72 599	0.280 0	20 328	辛家庙	50 173	0.137 9	6 919
狄寨	59 737	0.135 6	8 100	桃园路	106 450	0.108 4	11 539
三桥	135 773	0.204 5	27 766	土门	79 860	0.050 8	4 057
红庙坡	105 145	0.172 4	18 127	西关	85 231	0.087 7	7 475
青年路	57 848	0.222 2	12 854	鱼化寨	127 204	0.071 4	9 082
枣园	68 107	0.094 3	6 422	丈八沟	191 873	0.166 7	31 985
未央宫	76 364	0.140 0	10 691	电子城	221 767	0.156 6	34 729
汉城	76 740	0.074 1	5 686	解放门	31 684	0.357 1	11 314
张家堡	139 047	0.122 0	16 964	西一路	51 889	0.069 0	3 580
徐家湾	46 447	0.227 3	10 557	中山门	49 300	0.034 5	1 701
环城西路	49 571	0.107 1	5 309	北院门	79 871	0.136 4	10 894
十里铺	100 867	0.214 3	21 616	张家村	128 140	0.094 1	12 058
韩森寨	104 762	0.074 1	7 763	文艺路	81 817	0.073 2	5 989
新合	42 896	0.310 3	13 311	柏树林	49 949	0.250 0	12 487
新筑	54 191	0.066 7	3 615	太乙路	121 465	0.214 3	26 030
长安路	57 416	0.101 7	5 839	南院门	22 976	0.130 4	2 996
曲江	71 496	0.111 1	7 943	长乐中路	96 189	0.105 3	10 129
等驾坡	89 020	0.103 4	9 205	长乐西路	54 367	0.050 8	2 762
灞桥	52 557	0.137 9	7 248	胡家庙	87 691	0.017 9	1 570
谭家	62 690	0.196 4	12 312	东关南街	74 648	0.025 3	1 889
洪庆	67 703	0.228 1	15 443				

资料来源：贫困发生率来自前期研究结果；总人口数来自西安人口普查相关资料

贫困发生率空间特征（图7-3）：除北部及西部的个别街道以外，总体呈现出"内低外高"的空间特征。①贫困发生率＜10%的低值地区，主要分布在城西高新区附近部分地区、南二环线经过及其附近的地区、北部汉城街道、新筑街道，如小寨街道、大雁塔街道、西一路街道、长乐坊街道等地区；②贫困发生率在10%～20%的地区，主要分布在北二环线经过的地区、二环线到三环线以内地区及其附近的个别地区（除西部外），以内城延伸为轴线，呈现出南北对称的格局；③贫困发生率＞20%的地区，主要分在三环线以外，北部主要为草滩街道、新合街道和徐家湾街道，西部三桥街道，东部洪庆街道、席王街道及十里铺街道，内城解放门街道、柏树林街道。

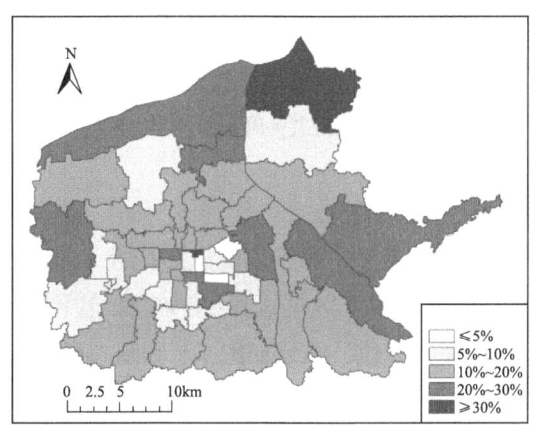

图7-3　西安市各街道贫困发生率（2013年）

贫困人口规模分布特征（图7-4）：总体而言，贫困发生率的高低与贫困人口规模的大小呈正相关关系。①贫困发生率在10%以下的地区，其贫困人口规模相对较小，均在10 000人以下；②贫困发生率在20%以上相对较高的地区，其贫困人口规模相对较大，其规模均在20 000人以上；③贫困人口规模≤5 000人的地区，主要分布在内城及以外的个别地区，如西一路、中山门、南院门、自强路、东关南、土门、新筑等；④贫困人口规模在5 000～15 000人的地区，主要分布在二环线附近地区；⑤贫困人口规模＞20 000人的地区，其贫困发生率均在20%以上。

此外由于各街道贫困人口数的多少与该街道总人口数密切相关，个别地区呈现出特殊性，贫困发生率较小但贫困人口数却较大，如城西南的丈八沟街道、电子城街道、长延堡街道及北二环附近的红庙坡街道、张家堡街道，其总人口均在 100 000 人以上，这些地区的贫困人口规模主要是由于本街道总人口基数较大。

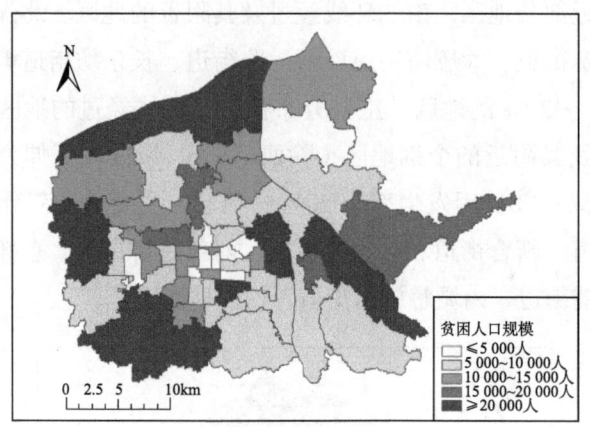

图7-4　西安市各街道贫困人口规模（2013年）

2. 贫困深度与贫困强度

贫困深度和贫困强度是衡量贫困程度的重要指标，表示贫困人口收入远离贫困线的程度。将各街道的收入数据运用 POVCAL 软件划分为不同的级别，并分别计算出贫困深度和强度值，结果如图 7-5 和图 7-6 所示。

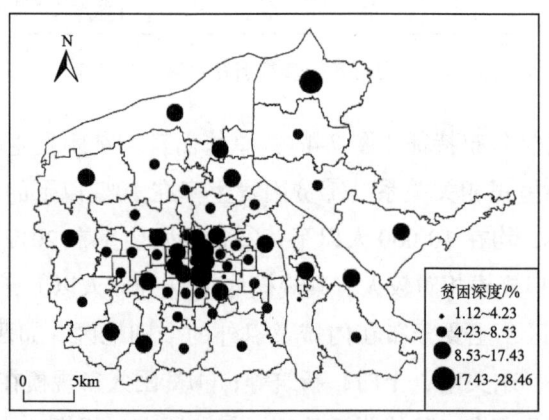

图7-5　西安市各街道贫困深度（2013年）

贫困深度空间特征：高值区主要集中在一环内城西部地区、城市东部地区和北部地区，这些主要是城市的老工业区与北部城乡交错的近郊边缘区。这些地区的贫困人口相对于其他地区而言要更加贫困，以外来流动人口为主的解放门街道尤为突出。

贫困强度空间特征：强度是指越贫困的人口远离贫困线的程度，相对于深度而言，其值加权平均时赋予贫困人口更大的权数，敏感性更强。贫困强度较大值主要集中内城衰退荒废区、城东老工业基地，这些地区的贫困人口要更加贫困，也更容易陷入贫困，东部老工业基地纺织城尤为突出。

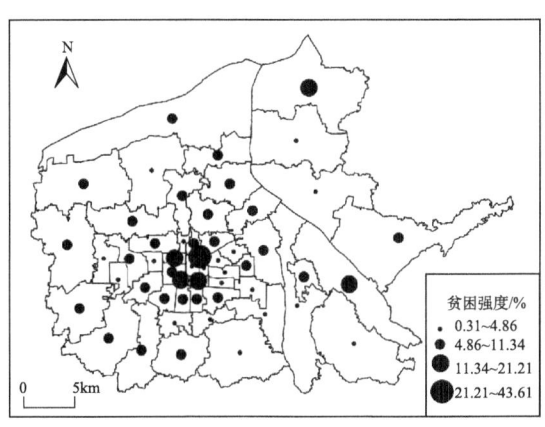

图7-6　西安市各街道贫困强度（2013年）

二、典型区贫困人口属性

本节的典型区选取、样本选取、访谈方式、数据选取过程等与第六章相同，不再赘述。表7-2为典型社区贫困人群生活状况访谈调查地点。

表 7-2　西安市典型社区贫困人群生活状况访谈调查地点

调查地区	调查社区/路/街
纺织城街道	向阳坊、六棉、五棉、四棉、三棉、一印、向民坊、纺星社区
解放门街道	东六路、东七路、东八路、环北路、东大院、尚德路、卫民、尚平、西六路、解放路
鱼化寨街道	鱼东村、鱼西村、鱼南村、八家巷、福谦堡、新丰村、二府庄
六村堡街道	六村堡、西席村、南皂河、阎家村、北皂河、关庙村、相家巷、民娄村、袁家堡、北徐寨

（一）性别和户籍特征

就性别而言，本次被访谈样本中四个街道男性比例都略高于女性，总体上男性占59%，女性占41%，而实际上由于女性就业竞争力弱于男性，女性比男性更容易陷入贫困，女性的贫困发生率远远高于男性。

就户籍而言，主要以本地户籍为主，比例高达61%，其中非农业户籍占35%，农业户籍占26%；而在异地39%的户籍中，农业户籍占到29%，非农业户籍仅占10%左右，这说明贫困人口主要以本地城镇户籍和异地农业户籍为主。其中异地户籍贫困人口主要来源于省内陕南山区及周边较近的地区，以咸阳、商洛为主；省外河南占绝大多数。他们主要是农业户口，由于技能低、文化程度较低，主要从事低端服务业或无正式职业。

（二）年龄结构特征

总体而言，样本选择合理，各年龄阶段贫困人口都有所涉及。除中老年比例略高达31%以外，其他各年龄阶段比例均在18%左右。各区而言，纺织城街道主要以中老年及老年人口为主，所占比例高达79%，这主要是由于纺织城街道是老工业区，以下岗和退休工人为主；解放门街道主要以中年以上人口为主，中老年最为突出，主要是由于该区离火车站最近，每天人流量最多，在此从事低端服务业的人口较多，而中年及中老年人口是主要的劳动力；鱼化寨街道主要以青年人口为主，该区域是西安市最大的城中村，在外打工的外来流动青年人口最多；六村堡街道各年龄阶段分布较均匀。

（三）文化属性特征

就受教育程度而言，贫困人群主要是以初等文化程度为主，小学文化程度占41%，初中文化程度占29%，而高中及以上文化程度共占24%。鱼化寨街道主要以初中以上学历为主，高学历人口占13%，其他三区都以小学和初中学历为主，小学学历最为突出，而对六村堡街道贫困人口来说，大专及以上学历几乎没有。没有受过任何正规教育的贫困人口所占比例均在5%～8%。

（四）职业属性特征

贫困人群的职业类型主要以工人、低端服务业、个体经营及离退休人员为主，其比例占贫困总人口的比例为65%，其中无业和自由职业比例高达20%，而其中服务业以低端服务业和批发零售业最多。还有部分企/事业单位人口，比例为9.64%，其中，企业多为外来青年人口，技能低下，而事业多为中年人口，环卫工人比较突出，2013年西安市环卫工人月工资为1070元，低于贫困标准。

三、典型区贫困人口主要属性特征

（一）纺织城街道

纺织城街道以本地城镇、下岗失业、离退休中老年工人为主。贫困人口中本地非农业人口占据绝对多数，贫困人口多为中老年人（45岁以上），占到了总人口的近八成。贫困人口最多的是小学学历和初中学历。离退休人员的贫困状况最为突出，近一半的贫困人口为离退休人员，其次为下岗职工，再加上无业人员，纺织城街道超过65%的贫困人口非在职。

（二）解放门街道

解放门街道以本地非农业、低学历、无技能低端服务业和退休人口为主，无业人口比例突出。由于位于城墙内，解放门街道的贫困人口中本地非农业人口占到半数，基本没有本地农业人口，外地农业户口占有相当大的比例。贫困人口也多集中于中老年人口，但没有纺织城街道明显。贫困人口主要为只受过小学教育的人口，其占比超过半数，其次是受过初中教育的人口。解放门街道的贫困人口中也是离退休人员最多，但不像纺织城街道明显，以私企民营企业为主；其次为个体经营和低端服务业，主要是由于火车站在境内日流动人口较多；无业贫困人口比例也达11.32%。

（三）鱼化寨街道

鱼化寨街道以异地户籍、服务业和工人为主，高学历中青年比例突出。鱼化寨街道的贫困人口以外来人口为主，尤以异地农业人口最多。贫困人口在各年龄段的分布比较平均，但相比较而言，外来中青年人口较多，所占比例达46.8%。外来人口不论在哪个年龄段都有相当数量的贫困人口存在。贫困人口受教育程度明显较高，受过高中及以上教育超过半数，大量的外来人口中包括了相当数量的受过较高等教育的人群。贫困人口的职业类型主要为服务业、工人和企/事业。

（四）六村堡街道

六村堡街道以本地农业、低学历工人为主，无业中青年比例突出。贫困人口主要为当地的村民，也有相当数量的外来农业人口，非农业户籍的较少。稍显意外的是六村堡街道的贫困人口集中于中青年，因为选取的样本为收入贫困人口，很多中青年多处于无业或半无业状态，所以其收入较低。六村堡街道的情况同解放门街道类似，初中及以下受教育程度的人口占据了绝大多数，大专以上学历几乎没有。六村堡街道贫困人口的职业类型以工人最多，其次为个体经营，服务业、自由职业超过了10%，无业的占比达15.15%。

第三节　典型区贫困群体客观生活质量测度

本节在前期研究和问卷访谈资料的基础上，对收入贫困人群的生活水平（包括住房状况、家庭耐用消费品、水环境卫生、燃料等）进行剥夺情况分析，并从多维贫困概念角度出发，采用 Alkire 和 Foster（2008）多维贫困测度法从人力资产（教育、职业）和实物资产（住房、电器资产、给排水等）角度定量刻画贫困人群的客观生活状态。

一、贫困群体的剥夺特征

（一）贫困人群的住房特征

1. 住房来源

贫困人群主要以租赁住房为主，比例达44.18%；其次为继承或自建房，比例为26.98%；单位住房所占比例较小，主要是社会转型期形成的下岗失业及离退休贫困人群；自购房所占比例仅为7.94%。

通过对典型贫困区对比（图7-7）分析发现：①纺织城街道是老国有企业工业集聚区，国有企业改革之前，国有企业职工能够享受优惠的住房政策，以单位住房为主，其所占比例（48.24%）远高出所有贫困人群（15.87%），其次为自购房；②解放门街道贫困人口以自购老房及租赁房为主，前者比例高出总比例5%，但建筑破旧，该区是内城被"边缘化"区，转型前该区各方面发展较好，随着城市发展方向和重心的转移，老区逐渐衰退，贫困人口支付不起搬迁的成本;③鱼化寨街道贫困人口主要为城乡流动人口,以租赁房为主,其比例高出总体25%;④六村堡街道由于为汉城遗址保护区,以农业生产为主,主要是继承或自建房,贫困人群虽生活困难但大多拥有宽敞的房子。

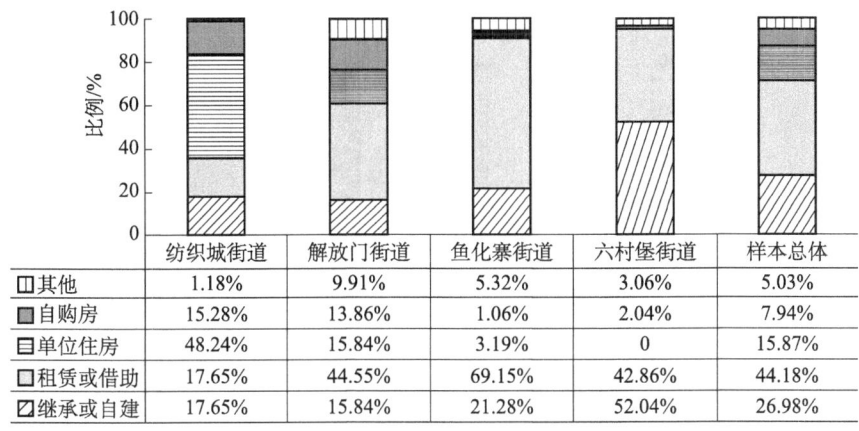

图7-7 西安市典型社区贫困人群住房来源(2013年)

由表7-3可知,以租赁房为主的贫困人口中,贫困人群能支付的租金也不高,月租金在500元以下的贫困人口占到样本总量的五成,租金在200～500元的贫困人口比例最大,为36.71%,此外还有一成多的贫困人口住房租金不到200元,少量人口租金超过2000元,但都是多人口家庭,就业人员较多。

表7-3 西安市典型社区租赁住房租金(2013年)

租金	≤200元	200～500元	500～1000元	1000～2000元	≥2000元
比例/%	12.84	36.71	17.14	28.08	5.23

2. 住房类型

由典型区贫困人群住房类型来看(图7-8),贫困人群主要以筒子楼、棚户楼、简易房和改建房为主,所占比例高达41.13%,其次为独门独院的楼房或平房,所占比例为28.23%,普通单元楼比例为21.77%,小高层比例相当少,通常都是建筑、环境、通风采光等条件都较差的老楼。

纺织城街道以普通单元楼为主,所占比例达72.94%,大多数都是在社会转型之前的"单位人"或其后代,建筑破旧;解放门街道以筒子楼、棚户楼、简易房和改建房为主,其次是普通单元楼;和其他三区相比较,鱼化寨街道中青年贫困人口较多,对居住要求相对较高,所以高层或小高层住房比例相对较多,但主要以筒子楼、棚户楼、简易房和改建房为主;六村堡街道贫困人口以农业户籍为主,虽然经济贫困,但享有宽敞的住房,主要是以独门独院的住房类型为主,其所占的比例高达71.43%。

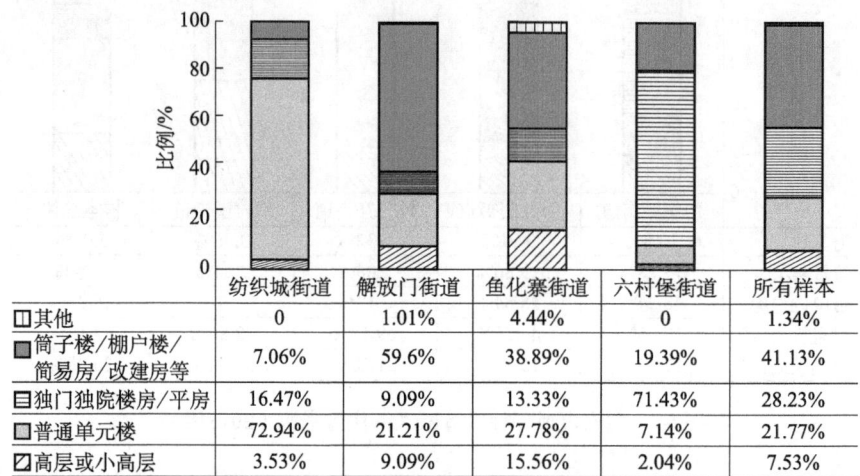

	纺织城街道	解放门街道	鱼化寨街道	六村堡街道	所有样本
其他	0	1.01%	4.44%	0	1.34%
筒子楼/棚户楼/简易房/改建房等	7.06%	59.6%	38.89%	19.39%	41.13%
独门独院楼房/平房	16.47%	9.09%	13.33%	71.43%	28.23%
普通单元楼	72.94%	21.21%	27.78%	7.14%	21.77%
高层或小高层	3.53%	9.09%	15.56%	2.04%	7.53%

图7-8 西安市典型社区贫困人群住房类型(2013年)

3. 人均住房建筑面积

由典型区贫困人群住房建筑面积(图7-9)可知,半数贫困人口的人均住房建筑面积都不到20m²,22.16%的贫困人口居住面积小于10m²,最小的达3m²。

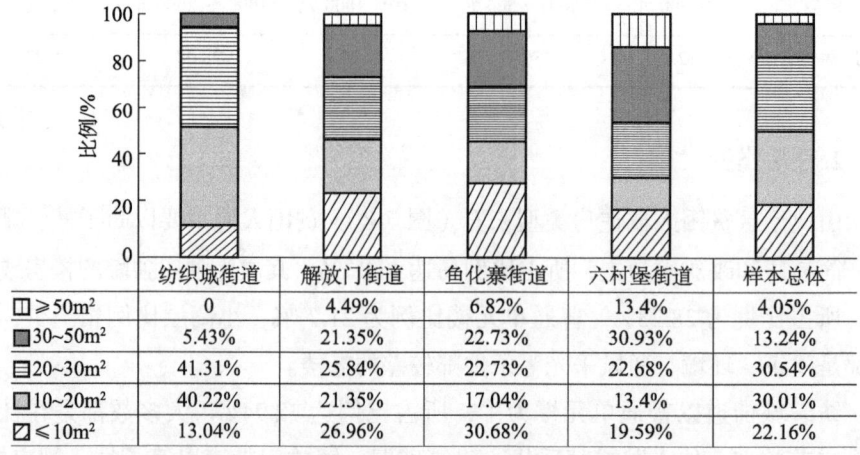

	纺织城街道	解放门街道	鱼化寨街道	六村堡街道	样本总体
≥50m²	0	4.49%	6.82%	13.4%	4.05%
30~50m²	5.43%	21.35%	22.73%	30.93%	13.24%
20~30m²	41.31%	25.84%	22.73%	22.68%	30.54%
10~20m²	40.22%	21.35%	17.04%	13.4%	30.01%
≤10m²	13.04%	26.96%	30.68%	19.59%	22.16%

图7-9 西安市典型社区贫困人群住房建筑面积(2013年)

据陕西经济信息网公布，2014年西安市城镇居民人均住房建筑面积为33.4m²，人均住房建筑面积超过30m²的贫困人口所占比例不到20%。

纺织城80%以上的贫困人口人均住房建筑面积达不到平均标准；解放门街道和鱼化寨街道人均住房建筑面积不到10m²的贫困人口稍多，其比例要高于样本总体；六村堡街道贫困人口在住房面积上整体比其他三区要宽松，人均住房建筑面积超过平均水平的比例最高，主要是自建独门独院的低层建筑。

（二）生活设施剥夺概况

1. 家庭耐用消费品

根据问卷调查结果，选取有代表性的家庭耐用消费品来分析贫困人群剥夺状况，总体而言，彩电、冰箱、洗衣机、电风扇、电话剥夺比例稍低，而电脑、空调、热水器及交通工具剥夺比例稍高。

由图7-10可知，鱼化寨街道贫困人口家电耐用品的剥夺比例最高，主要是由于该区贫困人口以租赁住房为主；解放门街道的贫困人口电脑和热水器剥夺比例较高，达60%；四个地区中，除了六村堡街道交通工具剥夺比例稍低外，其他地区都较高，主要是依赖于交通条件，六村堡街道贫困人口交通工具选择以摩托车、自行车为主，而其他地区可以选择公交或地铁。

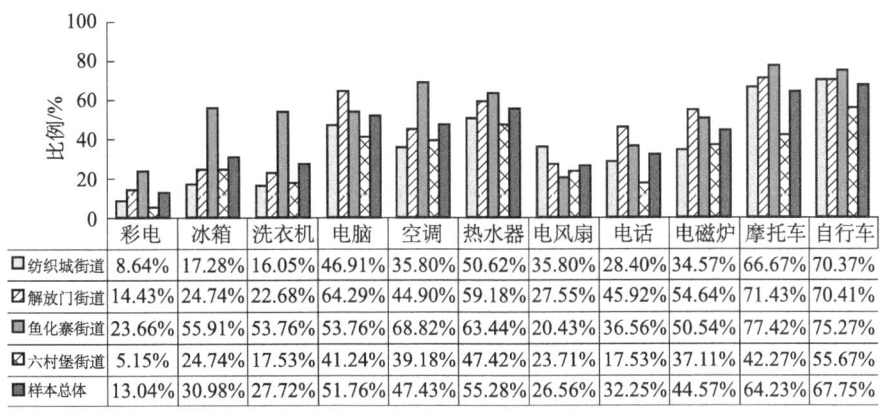

图7-10 西安市典型社区贫困人群家庭耐用消费品剥夺比例（2013年）

2. 水、卫、暖气及燃料设备

由典型社区贫困人群室内基础设备剥夺比例（图7-11）发现，约30%的贫困人口没有独立的卫生间和厨房，20.65%的贫困人口没有上水系统，37.77%

的贫困人口没有下水系统，通天然气的比例只有20%左右，供暖设备只有30%左右。

通过地区对比分析发现，鱼化寨街道没有独立厨房的比例相当突出，高达55.32%；在燃料设施中，大部分贫困人口使用煤气做饭，六村堡街道最为突出，在访谈过程中发现，该区有相当比例的贫困人口还用柴火作为燃料；纺织城街道由于是国有企业单位制老区，设施相对较齐全。

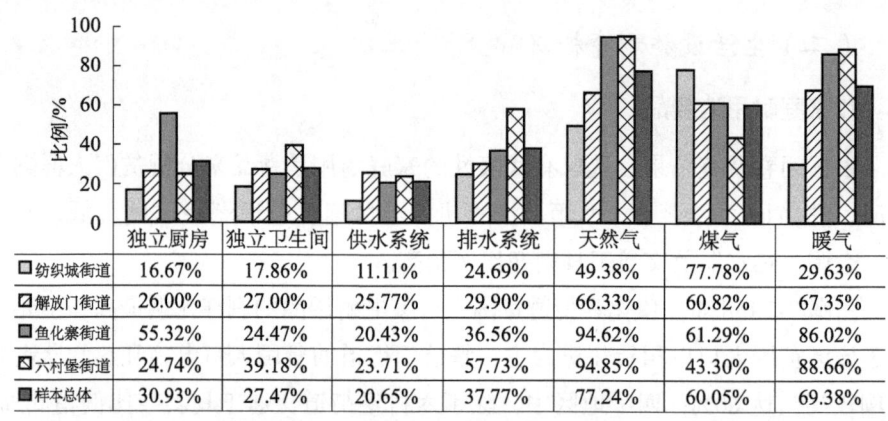

图7-11　西安市典型社区贫困人群室内基础设备剥夺比例（2013年）

3. 居住区公共配套设施

贫困人群居住区内，公共基础设施不完善。图7-12为典型区贫困人群公共配套设施剥夺比例，调查样本总体中，约60%贫困人口住区内没有保安、

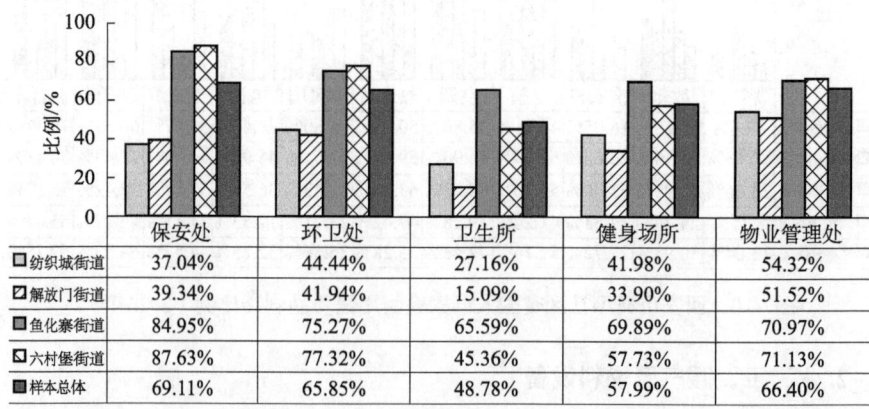

图7-12　西安市典型社区贫困人群公共配套设施剥夺比例（2013年）

环卫、健身场所及物业管理处,约一半没有卫生所。纺织城街道和解放门街道各项设施拥有比例稍高,均在 50% 以上,其他两区设施较差。

二、贫困群体客观生活状况的多维贫困测度

2007 年 Alkire 和 Foster 创立了一种新的多维贫困测量的方法(简称 AF 方法),也是在多维贫困测量中比较成熟和广泛运用的方法,很快被联合国开发计划署所采纳。AF 方法需要得到每个维度上的具体值,然后给每个指标界定一个贫困标准,来识别每个指标上的具体值是否代表着贫困,具体包括维度取值、单维度及多维度的贫困鉴别。本节选用 AF 多维贫困指数法从教育、职业、住房、电器资产、给排水、暖气和卫生设施七个维度对西安市四个典型贫困区贫困群体的客观生活状况进行测度和分析。

(一)AF 多维贫困计量过程

1. 多维贫困测度

设 n 为样本总数,f_i 为个体 i 考虑所有指标 k 后贫困的比例。

个体 i 的被剥夺指标 $m_p(i)$ 为 $m_p(i) = \ln(1/f_i) \Big/ \sum_{i=1}^{n} \ln(1/f_i)$

个体 i 的函数 $u_p(i)$ 为 $u_p(i) = \left[m_p(i) - \min\{m_p(i)\} \right] \Big/ \left[\max\{m_p(i)\} - \min\{m_p(i)\} \right]$

贫困函数 P 的平均值为 $p = (1/n) \sum_{i=1}^{n} u_p(i)$

在多维贫困研究中,对于群体 N,有 n 个个体,其福利特征为 m 个维度。对于贫困的各个维度,其相应的阈值向量为 $Z=(Z_1,Z_2,Z_3,\cdots,Z_m)$,即 Z 为群体 N 在 m 个维度上的多维贫困线。

对于群体 N,个体 i 在维度 j 上的福利为 x_{ij},则群体 N 的福利为:$X=(x_{ij})_{m\times n}$

对于个体 x,若 $x_{ij} \leqslant z_j$,则第 i 个人的指标 j 是贫困的;若 $x_{ij} > z_j$,则第 i 个人关于福利指标 j 是非贫困的。

2. 维度贫困发生率

假设每一个维度的贫困指标临界值为 z_j,

测度函数为 $f_{ij} = \begin{cases} 1, & x_{ij} < z_j \\ 0, & x_{ij} \geqslant z_j \end{cases}$,$x_{ij}$ 大于 z_j 时,个体 x 为非贫困人口,其赋值

为 0，否则赋值为 1。贫困的剥夺矩阵 F 为

$$F = \begin{bmatrix} f_{11} & f_{12} & \cdots & f_{1m} \\ f_{21} & f_{22} & \cdots & f_{2m} \\ \vdots & \vdots & & \vdots \\ f_{n1} & f_{n2} & \cdots & f_{nm} \end{bmatrix}$$

3. 多维贫困计量

由于每个维度对 F 的贡献度不一样，对其进行赋权，算式为 $f'_{ij}=w_j f_{ij}$，维度 $k=1, 2, \cdots, m$。当 $\sum_{j=1}^{n} f_{ij} \geqslant k$ 时，个体 i 在 k 个维度上是贫困的。

多维贫困对个体算式：

$$q_{ij}(k) = \begin{cases} \sum_{j=1}^{n} f_{ij}, & \sum_{j=1}^{m} f'_{ij} \geqslant k \\ 0, & \sum_{j=1}^{m} f'_{ij} < k \end{cases}$$

多维贫困剥夺矩阵：

$$Q = \begin{bmatrix} q_{11} & q_{12} & \cdots & q_{1m} \\ q_{21} & q_{22} & \cdots & q_{2m} \\ \vdots & \vdots & & \vdots \\ q_{n1} & q_{n2} & \cdots & q_{nm} \end{bmatrix}$$

多维贫困算式为

$$p_{ij}(k) = \begin{cases} 1, & q_{ij}(k) > 0 \\ 0, & q_{ij}(k) \leqslant 0 \end{cases}$$

贫困发生率为

$$H(k) = \sum_{i=1}^{n} p_{ij}(k)/n$$

贫困剥夺份额为

$$A(k) = \sum_{i=1}^{n} q_{ij}(k) \bigg/ \left[\sum_{i=1}^{n} p_{ij}(k) \cdot m \right]$$

多维贫困指数为

$$P(k) = H(k) \times A(k)$$

4. 多维贫困指数分解

多维贫困指数可以按照时间、地区、维度等方式进行分解。设有 R 个地区，每个地区的样本量为 n_1，$n=n_1+n_2+\cdots+n_R$。多维贫困可进行如下分解：

$$P(k) = H(k) \times A(k) = \frac{\sum_{i=1}^{n} p_{ij}(k)}{n} \cdot \frac{\sum_{i=1}^{n} p_{ij}(k)}{\sum_{i=1}^{n} p_{ij}(k) \cdot m} = \frac{\sum_{i=1}^{n} p_{ij}(k)}{n \cdot m}$$

$$= \frac{n_1}{n} P_1(k) + \frac{n_2}{n} P_2(k) + \cdots + \frac{n_R}{n} P_R(k)$$

式中，$P_i(k)$ 表示第 i 个地区的多维贫困指数，总体多维贫困指数可以分解为各地区多维贫困指数的加权平均，权重为各地区样本量在总体中所占的份额。

对于多维贫困指数，在维度上进行分解，算式如下：

$$P(k) = \frac{\sum_{i=1}^{n} q_{ij}(k)}{nm} = \frac{\sum_{i=1}^{n}\sum_{j=1}^{m} f'_{ij}}{nm} = \sum_{j=1}^{m} \frac{\sum_{i=1}^{n} f'_{ij}}{nm}$$

式中，$\sum_{i=1}^{n} f'_{ij} / nm$ 为维度 j 的贫困指数，则维度 j 对整体多维贫困指数 $P(k)$ 的贡献率 g 的函数为

$$g_j(k) = \frac{\sum_{i=1}^{n} f'_{ij} / (n \cdot m)}{\sum_{i=1}^{n}\sum_{j=1}^{m} f'_{ij} / (n \cdot m)} = \frac{\sum_{i=1}^{n} f'_{ij}}{\sum_{i=1}^{n}\sum_{j=1}^{m} f'_{ij}}$$

（二）指标选取和门槛设计

1. 维度指标

访谈调查数据共涉及了贫困人口的受教育程度、职业类型、住房类型等20个指标，为确保选取指标能够反映贫困人口真实状态，结合联合国千年发展目标进行指标选取，由于指标数据较多，不能忽视选取指标的相关性，如无独立厨房、卫生间和人均住宅建筑面积的关联度很高，为了防止重复计算，本节对选取指标进行主成分分析，筛选特征根大于1的七个主成分，将其整合命名为教育、职业、住房、电器资产、给排水、暖气和卫生设施七个维度，各维度的权重分别为：w_1=2.437，w_2=1.110，w_3=1.085，w_4=0.803，w_5=0.590，w_6=0.497，w_7=0.477。通过这七方面来测量贫困人口的客观生活状况。

2. 剥夺门槛

由于多维贫困的很多维度无法进行精确的计量，本节借鉴袁媛、吴缚龙和许学强及国外相关研究，采用模糊集理论的方法对每个维度的临界值进行确定，个体剥夺指标采用二分变量（dichotomous indicators），计量标准为调查人口具有或不具有，对其分别赋值为 0 和 1。对于受教育程度，以初中为界限，将初等文化（没上过、小学和初中）设为 1，中等文化（高中专及大专）和高等文化（大学及以上）设为 0；对于职业，将在职的设为 0，不在职（下岗、无业、失业、退休）都设为 1；对住房拥有状况，将继承、自建和自购的有产权的房子设为 0，将租借或其他设为 1；住房拥挤度，结合西安实际情况及相关研究，将贫困人口的人均住宅建筑面积界限定为 $20m^2$，将低于这个线的设为 1，高于该线设为 0；有无独立卫生间和厨房，有为 0，没有为 1；家用电器有为 0，没有为 1。

3. 判断门槛

对于受教育程度和职业，值为 1，则为剥夺；对于住房条件，住房拥有状况和拥挤度，任何一个为 1，为剥夺；对于家用电器，六项中不足五项则为剥夺；对给排水，任何一个为 1，则为剥夺；对卫生设施，独立卫生间和厨房任何一个没有则为剥夺（表 7-4）。

表 7-4　多维贫困每个维度剥夺门槛设定

维度	测度指标临界值的确定
1. 教育	任何一个人没有完成 9 年教育，赋值为 1
2. 职业	非在职如下岗、退休、无业等赋值为 1
3. 住房	没有产权的住房或人均住宅建筑面积不足 $20\ m^2$，赋值为 1
4. 电器资产	家中没有彩电、冰箱、洗衣机、电脑、空调、热水器中的任何两种资产，赋值为 1
5. 给排水	家中没有供水系统或排水系统，赋值为 1
6. 暖气	家中没有任何供暖设施，赋值为 1
7. 卫生设施	家中没有独立的卫生间或厨房，赋值为 1

（三）各维度贫困发生率及区位熵

1. 各维度贫困发生率

对样本数据进行处理，计算出每个维度贫困发生率，具体估计数值见表 7-5。

表 7-5　各维度贫困发生率　　　　　　　　（单位：%）

维度	总体	纺织城街道	解放门街道	鱼化寨街道	六村堡街道
教育	52.77	41.18	63.11	44.09	60.20
职业	40.11	69.41	47.57	26.88	19.39
住房	72.30	69.41	82.52	80.65	59.18
电器资产	56.46	44.71	62.14	72.04	45.92
给排水	39.84	28.24	33.98	37.63	58.16
暖气	70.18	32.94	68.93	86.02	88.78
卫生设施	39.05	23.53	32.04	56.99	42.86

就所有样本数据而言，住房维度贫困发生率最高，其值高达 72.30%，说明贫困人口中绝大多数是没有自己的住房或住房很拥挤；其次是暖气维度，70.18%的贫困人口没有取暖设备；电器资产、教育及职业维度的贫困发生率也分别高达 56.46%、52.77%和 40.11%；在贫困人口中，高达 39.84%的人没给排水设施，如解放门街道尚德路贫困人口日常生活用水都来自街道边公共供水点；没有独立厨房及卫生间的贫困发生率达 39.05%，这些人做饭、睡觉等全都在拥挤的一间小屋里，厕所为街边公共厕所。总体而言，研究区贫困状况按发生率大小排列结果为：住房＞暖气＞电器资产＞教育＞职业＞给排水＞卫生设施。

各典型区的对比分析发现，教育维度贫困发生率在四个地区都较高，解放门街道和六村堡街道分别高达 63.11%和 60.20%，均高于总体贫困发生率，纺织城街道和鱼化寨街道虽然低于总体，也达到 41.18%和 44.09%；职业维度，纺织城街道贫困发生率高达 69.41%，主要是因为该区下岗和退休工人较多；解放门街道贫困发生率为 47.57%，鱼化寨街道和六村堡街道虽然贫困发生率相对较低，但贫困人口也主要从事低端服务业及体力劳动，工作时间长、劳累辛苦且工资低；住房维度，贫困发生率均较高，最大的解放门街道为 82.52%，最低的六村堡街道也达 59.18%；电器资产维度，贫困发生率从高到低依次为鱼化寨街道、解放门街道、六村堡街道、纺织城街道，其值分别为 72.04%、62.14%、45.92%及 44.71%；给排水维度，除六村堡街道达 58.16%外，其他三个典型区都低于总体值；暖气维度，除纺织城街道外，解放门街道、鱼化寨街道和六村堡街道贫困发生率都较高；卫生设施维度，纺织城街道和解放门街道贫困发生率低于总体，最高的鱼化寨街道贫困发生率为 56.99%。

各典型区内部而言，纺织城职业维度的贫困发生率比较突出，其值为69.41%，高于总体值约达30个百分点；解放门街道教育、职业、住房、电器资产维度贫困发生率比较突出，最高比总体值高约10%；鱼化寨街道住房、电器资产和暖气维度贫困发生率比较突出，均高于总体值达16%；六村堡街道教育、给排水、暖气和卫生设施维度较突出，暖气维度贫困发生率高达88.78%，高于总体值约18个百分点。

2. 各维度贫困区位熵

运用区位熵的计算方法来表示多维贫困各维度在地区的集中程度，表达式为

$$\mathrm{LQ} = \left(Q_i \Big/ \sum_{i=1}^{m} Q_i\right) \Big/ \left(P_i \Big/ \sum_{i=1}^{m} P_i\right)$$

式中，LQ 表示各维度贫困人口区位熵；Q_i 表示各街道维度贫困人口数；P_i 表示各街道调查总人口数；m 表示街道数（$m=4$）。得到结果见表 7-6。

表 7-6 各维度贫困区位熵

区位熵	纺织城街道	解放门街道	鱼化寨街道	六村堡街道
教育	0.78	1.20	0.84	1.14
职业	1.73	1.19	0.67	0.48
住房	0.88	1.13	1.11	0.86
电器资产	0.78	1.09	1.30	0.81
给排水	0.71	0.85	0.94	1.46
暖气	0.47	0.98	1.23	1.26
卫生设施	0.78	0.93	1.12	0.89

从结果可以看出，各维度贫困集中地区（LQ＞1）为：教育维度的贫困集中区为解放门街道和六村堡街道；职业维度为纺织城街道和解放门街道；住房维度为解放门街道和鱼化寨街道；电器资产为解放门街道和鱼化寨街道；给排水为六村堡街道；暖气为鱼化寨街道和六村堡街道；卫生设施为鱼化寨街道。

（四）多维贫困指数及其分解特征

对整理的二分变量数据进行多维贫困指数计量，具体计算结果见表 7-7。结果表明，随着维度的增加，贫困发生率 H 和多维贫困指数 P 逐渐减小，而

贫困剥夺份额 A 逐渐增大。当维度为 1 时，多维贫困发生率高达 0.9472，贫困剥夺份额为 0.5627，多维贫困指数为 0.5330；而当维度为 7 时，贫困发生率降为 0.0290，贫困剥夺份额为 1，多维贫困指数为 0.0290。

表 7-7 多维贫困指数测度结果

维度 M	贫困发生率 H	贫困剥夺份额 A	多维贫困指数 P
1	0.9472	0.5627	0.5330
2	0.8259	0.6167	0.5093
3	0.5989	0.7085	0.4243
4	0.4485	0.7775	0.3488
5	0.3034	0.8395	0.2547
6	0.0686	0.9524	0.0653
7	0.0290	1.0000	0.0290

为分析不同典型区多维贫困状况及不同指标对贫困指数的贡献度，对多维贫困指数按典型区和维度进行分解运算，进而分析不同典型区的贫困特征和主要致贫原因。

1. 典型区分解特征

贫困指数按地区分解结果表明，四个典型贫困区的多维贫困最高值和最低值的维度差异性较大（表 7-8、图 7-13）。解放门任何维度的贫困指数都位于前列，所有维度其贫困指数均高于总贫困指数，当维度为 4 时，其值为 0.4481，而总值为 0.3488，高出约 0.1，是研究区中多维贫困最严重的地区；鱼化寨在 1 维、2 维和 5 维中处于第二位，其值分别为 0.5347、0.5165 和 0.2396；3 维和 4 维处于第二位的是六村堡，6 维和 7 维位居第二位的是纺织城；就多维贫困指数最低值来说，1 维、2 维、3 维、5 维最低值都出现在纺织城，4 维最低值为鱼化寨，6 维和 7 维最低值为六村堡。

各地区贫困指数考虑权重（即人口比例）后分析发现：维度不同，每个地区对总贫困指数的贡献不同；贡献最大值，在任何维度都为解放门；贡献最小值，当维度从 1 到 5 时为纺织城，维度为 6 时出现在六村堡，维度为 7 时，最低值为鱼化寨和六村堡。

表 7-8　多维贫困指数按地区分解

维度	总 P	纺织城		解放门		鱼化寨		六村堡	
		$(n_1/n)P_1$	P_1	$(n_2/n)P_2$	P_2	$(n_3/n)P_3$	P_3	$(n_4/n)P_4$	P_4
1	0.5330	0.1054	0.4701	0.1611	0.5927	0.1312	0.5347	0.1353	0.5232
2	0.5093	0.0978	0.4359	0.1566	0.5763	0.1267	0.5165	0.1282	0.4958
3	0.4243	0.0792	0.3534	0.1380	0.5078	0.0976	0.3976	0.1095	0.4235
4	0.3488	0.0678	0.3024	0.1218	0.4481	0.0706	0.2877	0.0886	0.3426
5	0.2547	0.0493	0.2196	0.0870	0.3201	0.0588	0.2396	0.0597	0.2309
6	0.0653	0.0151	0.0672	0.0252	0.0926	0.0150	0.0612	0.0101	0.0389
7	0.0290	0.0079	0.0353	0.0106	0.0388	0.0053	0.0215	0.0053	0.0204

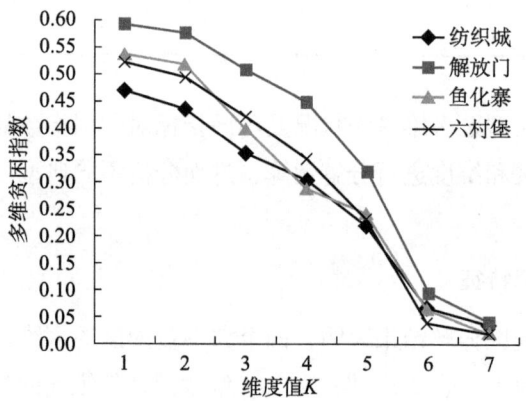

图 7-13　不同 K 值多维贫困指数按地区分解

2. 指标分解特征

对多维贫困指数按维度分解，分析研究区不同指标对各维度总贫困指数的贡献度，剖析各维度主要的致贫原因。其结果见表 7-9 和图 7-14。

表 7-9　多维贫困指数维度分解值及贡献率

维度	总 P	分解	教育	职业	住房	电器资产	给排水	暖气	卫生设施
1	0.5330	P_1	0.1837	0.0636	0.1120	0.0645	0.0336	0.0489	0.0266
		贡献率/%	34.48	11.93	21.02	12.10	6.30	9.17	5.00
2	0.5093	P_2	0.1837	0.0590	0.1018	0.0624	0.0314	0.0448	0.0263
		贡献率/%	36.08	11.58	19.98	12.25	6.16	8.79	5.16

续表

维度	总 P	分解	教育	职业	住房	电器资产	给排水	暖气	卫生设施
3	0.4243	P_3	0.1727	0.0448	0.0736	0.0506	0.0263	0.0348	0.0216
		贡献率 /%	40.70	10.55	17.34	11.92	6.19	8.21	5.09
4	0.3488	P_4	0.1516	0.0343	0.0601	0.0397	0.0196	0.0270	0.0166
		贡献率 /%	43.46	9.84	17.23	11.37	5.61	7.74	4.75
5	0.2547	P_5	0.1057	0.0230	0.0437	0.0318	0.0165	0.0199	0.0142
		贡献率 /%	41.47	9.03	17.19	12.48	6.46	7.79	5.58
6	0.0653	P_6	0.0239	0.0109	0.0106	0.0076	0.0045	0.0047	0.0032
		贡献率 /%	36.56	16.65	16.27	11.59	6.81	7.17	4.95
7	0.0290	P_7	0.0101	0.0046	0.0045	0.0033	0.0024	0.0021	0.0020
		贡献率 /%	34.82	15.86	15.49	11.48	8.43	7.10	6.82

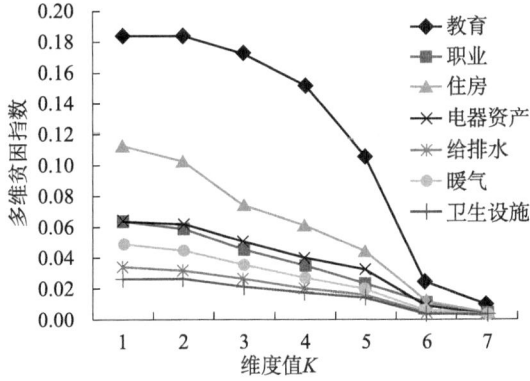

图7-14 不同K值多维贫困指数指标分解

总体而言，研究区各维度贫困指数中，教育指数对贫困的贡献度最大，是贫困人口的主要致贫因素，任何维度其贡献度值均达到35%左右；而卫生设施对任何维度的贫困贡献度最小，其值均小于0.03，贡献度都在5%左右，对贫困的影响并不大。

主要致贫因素中，各维度按指标对贫困的贡献度大小排列分别为：从1维到5维，教育＞住房＞电器资产＞职业＞暖气＞给排水＞卫生设施；对6维来说，教育＞职业＞住房＞电器资产＞暖气＞给排水＞卫生设施；而对7维而言，教育＞职业＞住房＞电器资产＞给排水＞暖气＞卫生设施（图7-15）。

通过以上分析可以看出，单单依靠收入指标往往并不能准确识别贫困个体及贫困特征，维度选取越多，越能反映人们的真实生活状况，因此本节考虑了

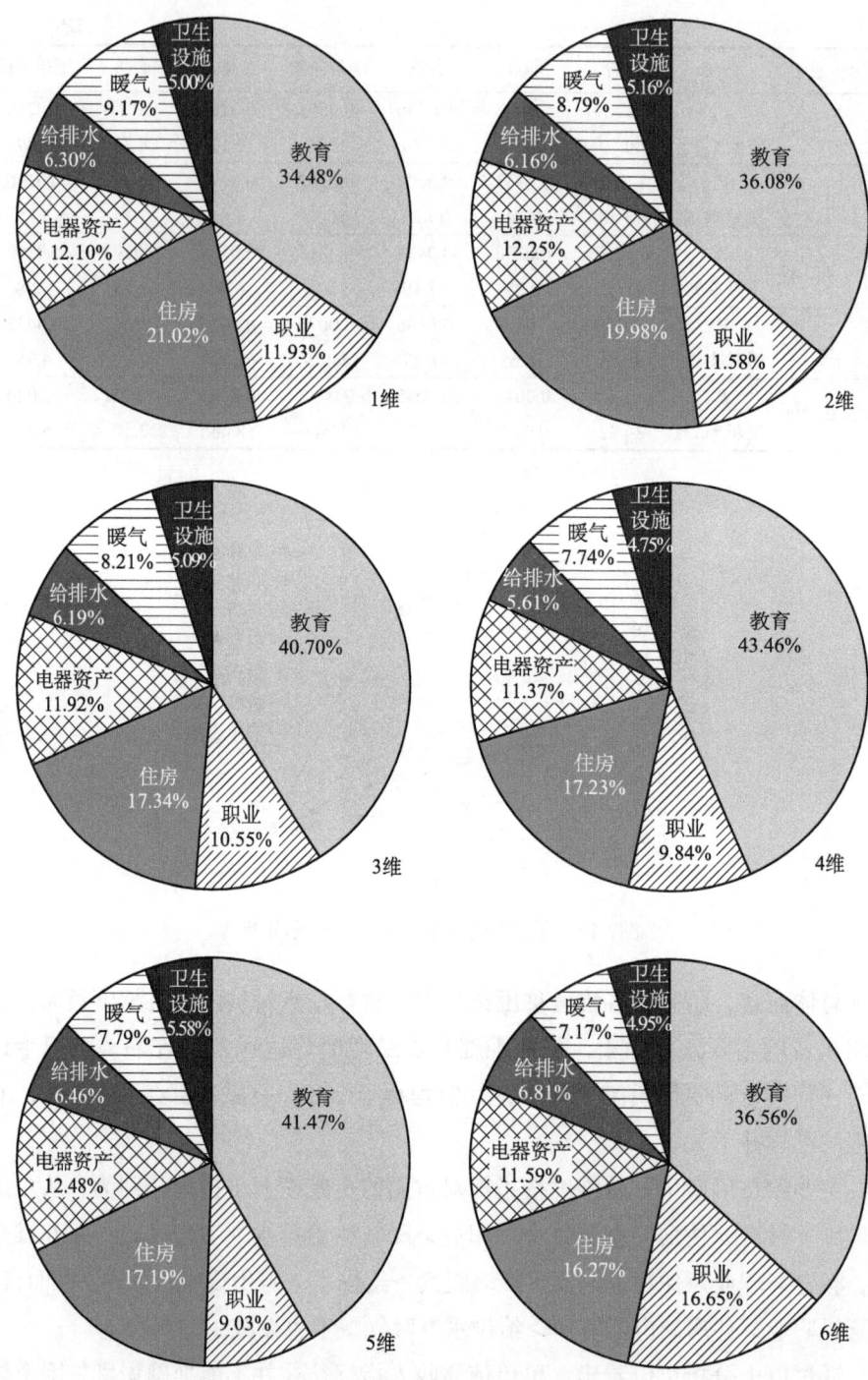

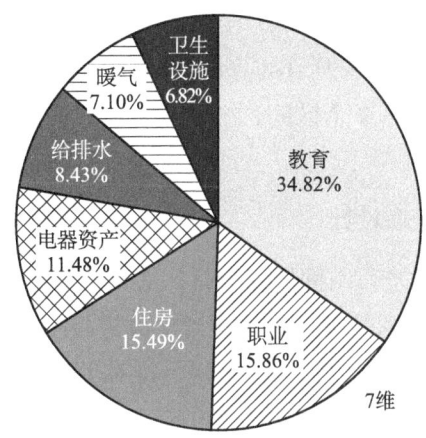

图7-15 不同指标对不同K值多维贫困的贡献度

教育、职业、住房、生活状况等方面的需求，从多维角度把握贫困的实质，对西安市典型贫困区贫困群体的生活状况进行分析；通过对多维贫困指数分解分析可以得出，地区不同其多维贫困特征不同，指标不同对多维贫困指数的贡献度也不同。按地区分解，可以对比各地区贫困程度，确定扶贫对象；按指标分解，可以找出致贫原因，为政府扶贫政策的制定提供依据。

第四节 典型区贫困群体主观生活质量感知

本节从贫困人群自我认知的角度出发，采用语义差别法研究生活环境的意象感知，关联词汇网络法分析生活感受特征，熵权TOPSIS法测算生活状况的主观满意度，以期更全面地了解贫困人口的主观生活质量。

一、贫困群体生活环境意象感知

（一）研究方法与量表设计

1. 研究方法——语义差别法

语义差别法（semantic differential，SD）是由美国心理学家查尔斯·埃杰顿·奥斯古德（1916～1991年）提出的通过眼与尺度进行心理测定的方法，通过收集与研究对象相关的形容词对构造语义差异量表，包含一系列形容词及其反义词，并设计5～7个区间，被调查者通过对区间的选择来表达对观念、事物的感觉。

2. 意象感知的量表设计

采用语义差别法进行空间感知分析，通常选取具有广泛共通感情意义的形容词对，赋以不同程度等级，让受访者对其进行主观评价。本章共选用15对形容词，分别从室外和室内来分析贫困人口对生活环境的感知情况，包括：设施欠缺－齐全、周边喧闹－宁静、建筑破旧－崭新、布局杂乱－有序、治安较差－良好、面积拥挤－宽松、采光阴暗－明亮、室内冬暖夏凉－冬冷夏热、卫生肮脏－干净、距市中心远－近、道路狭窄－宽阔、邻里冷落－和睦、出行繁琐－便捷、环境恶劣－优美、绿化少－多，并将形容词对按照从左到右的意象感知划分为5个等级，表示从极不满意到非常满意，并分别赋值为-2、-1、0、1、2。正值代表贫困人口对生活环境的评价偏好于积极词汇，负值代表其评价偏好于消极词汇，通过评价曲线图可以非常直观地反映出来。

（二）生活环境意象感知结果

通过对样本数据的统计，可得到样本总体和各典型区各自的SD得分表（表7-10）和评价曲线图（图7-16）。

通过对贫困人口感知形容词对评价总体得分值的分析可以发现：①总体上，贫困人口认为其生活环境的各项都偏向于中等，其评价值在0左右波动，波动范围均在1以内，而实际上与其生活的实际情况很不符合；②贫困人口认为治安、居住面积、家里采光条件、室内冬暖夏凉、邻里关系、出行交通方面较好，其值为正，环境、社区道路、距市中心距离、卫生、绿化、周边设施、建筑布局等方面较差，其值为负；③贫困人口对其生活环境的感知中，正向值最大的为邻里关系，其值为0.71，说明贫困人口邻里之间很和睦；负向值最大的为绿化，其值为-0.64，说明贫困人口生活空间的绿化环境较差；④在有些方面贫困人口对其生活空间的感知产生偏差，如大多数贫困人口的居住面积很小，而由于他们已经习惯于这种生活并且感到满足，从而不觉得拥挤，导致主观感知与客观事实不相符合。

表 7-10　总体及各区 SD 得分值

形容词对	总体得分	纺织城街道	解放门街道	鱼化寨街道	六村堡街道
设施：欠缺 - 齐全	-0.04	0.27	-0.18	-0.20	0.00
周边：喧闹 - 安静	-0.26	0.05	-0.30	-0.46	-0.30
建筑：破旧 - 崭新	-0.21	-0.10	-0.35	-0.47	0.09
布局：杂乱 - 有序	-0.09	0.25	-0.08	-0.40	-0.09
治安：较差 - 良好	0.37	0.92	0.32	-0.08	0.41
面积：拥挤 - 宽松	0.05	-0.04	-0.11	-0.33	0.55
采光：阴暗 - 明亮	0.30	0.36	0.29	-0.03	0.60
室内：冬冷夏热 - 冬暖夏凉	0.02	0.34	-0.33	-0.45	0.52
绿化：少 - 多	-0.64	0.06	-0.66	-1.23	-0.65
卫生：肮脏 - 干净	-0.10	0.42	-0.31	-0.50	0.04
距市中心：远 - 近	-0.39	-0.32	0.51	-0.14	-1.15
道路：狭窄 - 宽阔	-0.13	0.09	0.07	-0.45	-0.18
邻里：冷落 - 和睦	0.71	0.72	0.49	0.35	1.13
交通：繁琐 - 便捷	0.64	1.01	0.64	0.30	0.65
环境：恶劣 - 优美	-0.13	0.37	-0.10	-0.48	-0.21

对四个典型贫困区比较分析，发现：第一，各典型区评价曲线波动较大，表明每个典型区贫困人口对自己生活空间的感知各有特点；第二，各典型区虽然有一定的差异，但总体上其最大值和最小值差异不大，其波动范围均在 1.5 以内。

1）对衰退的国有企业单位制住区纺织城街道来说，贫困人口认为其生活空间各方面都较好，感知评价值绝大多数都为正值，建筑新旧程度、居住面积、离市中心距离虽为负值，其绝对值都较小，分别为 -0.10、-0.04 和 -0.32。对下岗离退休的单位制贫困人口而言，虽然收入贫困，但由于其绝大多数能享受原有国有企业分配制住房，配套设施等各方面较好，即使建筑破旧面积拥挤，地段偏离市中心，贫困人口对这些方面的感知也会被淡化。

2）对被边缘化的内城解放门街道来说，贫困人口生活设施欠缺、建筑破旧、周边喧闹、卫生环境较差等，其感知评价值为负，他们认为治安及居住采光条件为正，其值分别为 0.32 和 0.29。由于该区为内城被边缘化地区，政策限制该区发展，导致该区建筑破旧、环境较差，配套设施等条件较差。

3）对外来人口城中村住区鱼化寨街道来说，贫困人口认为其生活空间条件较差，除邻里和交通评价值为正，分别为 0.35 和 0.30 外，其余值都为负。由于该区是西安市外来人口集聚最大的城中村，贫困人口主要以外来中青年为主，对自己的生活质量要求相对要高，再加上该区人口过多过于拥挤，绿化环境卫生等条件很差，所以贫困人口认为除交通较便捷及邻里之间较和睦外，其余条件都不足。

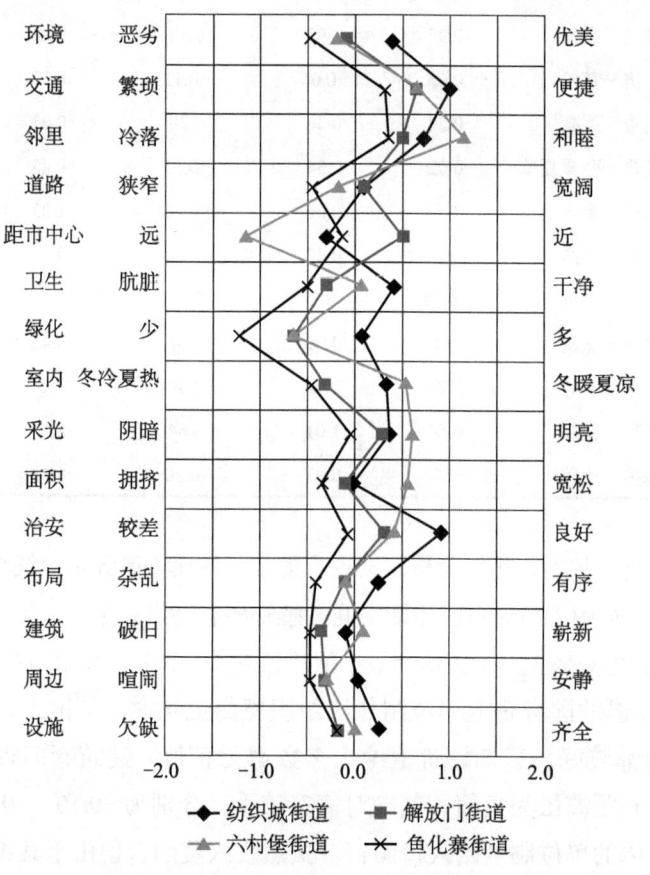

图7-16 生活环境感知形容词对评价得分差异值

4）对发展受到政策限制的汉城遗址保护区六村堡街道来说，贫困人口认为距离市中心较远，其值为 −1.15，建筑布局、绿化等个别值为负值，其余值均为正，该区贫困人口大多数为本地农业户籍，邻里关系很和睦，其平均值达 1.13。该区的发展虽受到政策限制，但由于是农业户籍，居住类型大多数都是自建房，房屋面积较大，自由职业较多，虽收入较少，但工作自由，满意度高。

（三）各典型区生活环境感知的特征

标准差是反映一组数据离散程度最常用的量化形式，为研究不典型区贫困人口的生活空间感知特征，先计算出全部受访贫困人口对每对形容词评价得分的标准差，再计算出各区每对形容词偏离标准差的倍数值（表 7-11）。

表 7-11　各区 SD 得分偏离标准差倍数值

形容词对	标准差	纺织城街道	解放门街道	鱼化寨街道	六村堡街道
设施欠缺-齐全	1.14	0.24	-0.15	-0.17	0.00
周边喧闹-安静	1.32	0.04	-0.23	-0.35	-0.23
建筑破旧-崭新	1.11	-0.09	-0.31	-0.42	0.08
布局杂乱-有序	1.07	0.23	-0.07	-0.38	-0.08
治安较差-良好	1.14	0.81	0.28	-0.07	0.36
面积拥挤-宽松	1.31	-0.03	-0.08	-0.25	0.42
采光阴暗-明亮	1.17	0.31	0.25	-0.03	0.51
冬冷夏热-冬暖夏凉	1.24	0.28	-0.27	-0.36	0.42
绿化少-多	1.25	0.05	-0.53	-0.98	-0.42
卫生肮脏-干净	1.19	0.36	-0.26	-0.62	0.04
距市中心远-近	1.21	-0.26	0.52	-0.11	-0.95
道路狭窄-宽阔	1.07	0.09	0.06	-0.42	-0.17
邻里冷落-和睦	1.20	0.60	0.41	0.29	0.94
交通繁琐-便捷	1.08	0.94	0.59	0.28	0.48
环境恶劣-优美	1.06	0.35	-0.10	-0.52	-0.19

就每对形容词来说，其标准差值较大，贫困人口对生活空间感知的评价差异较大，而对所有形容词对来说，评价得分的标准差之间相差不大，其最大值为 1.32，最小值为 1.06。贫困人口对生活空间各方面的感知与标准差比在各典型区的情况分别为：①纺织城街道的设施、治安、交通最大，其值分别为标准差的 0.24 倍、0.81 倍和 0.94 倍；周边和绿化最小，数值分别为标准差的 0.04 倍和 0.05 倍；②布局、道路、环境的最小倍数值出现在解放门街道，该区贫困人口对形容词的评价得分没有出现标准差倍数的最大值；③周边、建筑、布局、绿化、卫生、道路、环境的最大倍数值都为鱼化寨街道，该区最小值为治安、采光，分别为标准差的 0.07 倍和 0.03 倍；④六村堡街道的贫困人口对

设施、建筑、卫生方面的平均评价值离标准差差距最小，其值分别为标准差的 0 倍、0.08 倍和 0.04 倍，最大的为面积、采光、室内冬夏感觉、距市中心距离以及邻里关系。

进一步梳理、筛选出不同典型区贫困人口对生活空间感知方面的特征形容词，以全部贫困人口对每对形容词评价得分的 0.5 倍标准差为衡量标准，得出各典型区生活空间感知特征形容词表（表 7-12）。

表 7-12　不同典型区贫困人口生活环境感知的特征形容词

地区	纺织城街道	解放门街道	鱼化寨街道	六村堡街道
感知特征形容词	治安较好（0.81）	绿化较少（-0.53）	绿化很少（-0.98）	采光较好（0.51）
	邻里较和睦（0.60）	距市中心较近（0.52）	卫生较差（-0.62）	距市中心很远（-0.95）
	交通便捷（0.94）	交通较便捷（0.59）	环境较恶劣（-0.52）	邻里很和睦（0.94）

注：括号中数字为各典型区贫困人口形容词评价偏离标准差的倍数值

四个典型区贫困人群的生活空间感知特征分别为：①纺织城街道的贫困人群对生活空间的感知相对较优（治安、邻里、交通的感知特征），其都为正向值，一定程度上是与单位制住区物业管理条件较好有关；②解放门街道、六村堡街道的贫困人口正、负面感知评价均有分布，其中解放门街道环境虽较差，但贫困人口对其区位条件相对满足（绿化较少、距市中心较近、交通较便捷）；而六村堡街道贫困人口认为其区位相对较差，但居住条件及邻里关系相对较好（采光较好、邻里很和睦、距市中心很远）；③而对鱼化寨街道的贫困人口来说，其生活空间感知相对较差，数值均为负值，他们认为绿化很少、卫生较差、环境较恶劣。

通过对贫困人口生活环境的意象感知进行研究，可以看出除部分中青年贫困人口以外，大多数人感知结果偏向于正，总体来说，贫困人口对自己生活环境的认知能力较差。在深度访谈的过程中发现，很多贫困人口即使居住环境、设施条件等各方面很差，他们的总体评分值也偏向于中间或正值，主要是因为他们对生活质量要求不高，也无力改善，所以形成了主观感知与客观事实不相符的状况。

二、贫困人群生活感受词汇网络

为了进一步了解贫困人群的生活状况，提出开放性问题，收集贫困人群当前生活状况的主观感受词汇。

（一）研究方法与研究设计

1. 研究方法

社会网络分析（social network analysis，SNA）是一种社会学研究方法，通过对网络中关系的分析探讨结构及属性特征。关联网络（association network)是指受试者在受到一个刺激时马上做出联想，说出或写出其他与之相关联的事物或词汇，并由这些事物或词汇形成的具有相互关联的网络，通过研究网络关系，反映某种社会现象。关联网络中的连接是指具有显著关联的形象词汇间的联系程度。显著关联是指两个共同出现的词汇之间在被调查者的头脑中确实存在联系，联系的程度用 Z 值表示。Z 值计算公式如下：

$$Z = \frac{f_{ij} - E}{\sqrt{\mathrm{Var}}} \quad (7\text{-}1)$$

式中，f_{ij} 表示形象词汇 i 和形象词汇 j 在被调查者对同一问题的答案中共同出现的次数；E 表示形象词汇 i 和形象词汇 j 在被调查者对同一问题的答案中期望共同出现的次数，Var 表示形象词汇 i 和形象词汇 j 共同出现次数的方差，其中，E 和 Var 的计算公式分别为

$$E = N \times p_i \times p_j \quad (7\text{-}2)$$
$$\mathrm{Var} = N \times p_i \times p_j \times (1 - p_i \times p_j) \quad (7\text{-}3)$$

式中，$N=600$，表示调查样本总量；p_i 表示同一形象词汇 i 重复出现的次数占样本总量的比例；p_j 表示同一形象词汇 j 重复出现的次数占样本总量的比例。

根据式（7-1）中 Z 值的计算结果，参照标准正态分布表判断感受词汇 i 和感受词汇 j 间是否存在显著关联。本节以 0.05 的显著水平为判定标准，0.05 显著水平下 $Z=1.96$，$|Z|$ 值越大，表明他们之间的关联越紧密。Z 值为正数表明两个形象词汇间存在正关联，Z 值为负数且 $|Z|>1.96$ 时，表明两个形象词汇间关联显著，但是负关联，即他们在实际调查中共同出现的次数远小于期望他们共同出现的次数，在受访者的头脑中更不愿意将两者联系在一起。

2. 研究设计

本节数据来源于问卷调查的开放性问题（请用几个词形容一下您目前的生活状况？）整理获得，整理时统一含意相同的词汇。然后经过以下处理：首先，统计描述词汇及其数量，同时记录被调查对象的答案中提到的任意两个词汇共同出现的次数。例如，在调查中"差得很"共出现204次，"很累很辛苦"共出现107次，而这两个词汇在同一被调查者的答案中同时出现的次数为51，即将51记为"差得很"和"很累很辛苦"共同出现的次数。然后，根据上述统计中两个感受词汇共同出现的次数绘制词汇关联网络。关联网络中的节点是指感受词汇。由于感受词汇频数分布不均，最大的为204，最小的仅为1，频数较小的词汇数量较多，为了使研究具有代表性，选取频数≥20的词汇作为关联网络的节点。

（二）词汇网络结构特征

选择 $|Z|>1.96$ 有显著关联的词汇网络进行分析，贫困群体对其生活的感受词汇网络如图7-17所示。图中线上的数值为Z值，椭圆中的数值表示该词汇出现的总次数。实线表示两个感受词汇在调查中共同出现的次数高于期望共同出现的次数（Z值为正值），其中线的粗细表示关联程度的大小，线越粗表示关联程度越大，线越细表示关联程度越小；虚线表示两个形象词汇在实际调查中共同出现的次数低于期望共同出现的次数（Z值为负值），线的粗细表示关联程度的大小。

1. 关联计算结果

显著关联的感受词汇之间的联系度值在2.02到6.07，本章将其划分为三大类。第一类$2.02\leqslant|Z|<3$，弱关联，约占61.2%，第二类$3\leqslant|Z|<4$，中度关联，约占12.2%，第三类$4\leqslant|Z|\leqslant6.07$，强关联，约占26.6%。$Z$中正值的比例仅占40.8%，负值的比例达到59.2%，即一半以上的感受词汇在实际调查中出现的次数远小于期望他们共同出现的次数。其中"很累很辛苦"与"起早贪黑"这对词汇的联系度高达6.07。

2. 词汇网络结构

所有网络节点中，"差得很"所占频数最大，为204次，占调查样本数的34%，其次为"挺好的""很累很辛苦""居住拥挤""和谐融洽"，分别为135次、107次、97次和84次。通过UCNET软件中的Network → Core/Periphery → Categorical 分析模块的验证，词汇网络是核心—边缘网络。核心节点4个（图中用蓝色椭圆表示），分别是"差得很""挺好的""很累很辛苦""和谐融洽"，整个关联网络以四个核心词汇为中心向外呈"放射状"构成；边缘节点21个［图7-17中用白色椭圆表示］，包括"穷得很""居住拥挤""脏乱"等；孤立节点1个，为"治安差"。

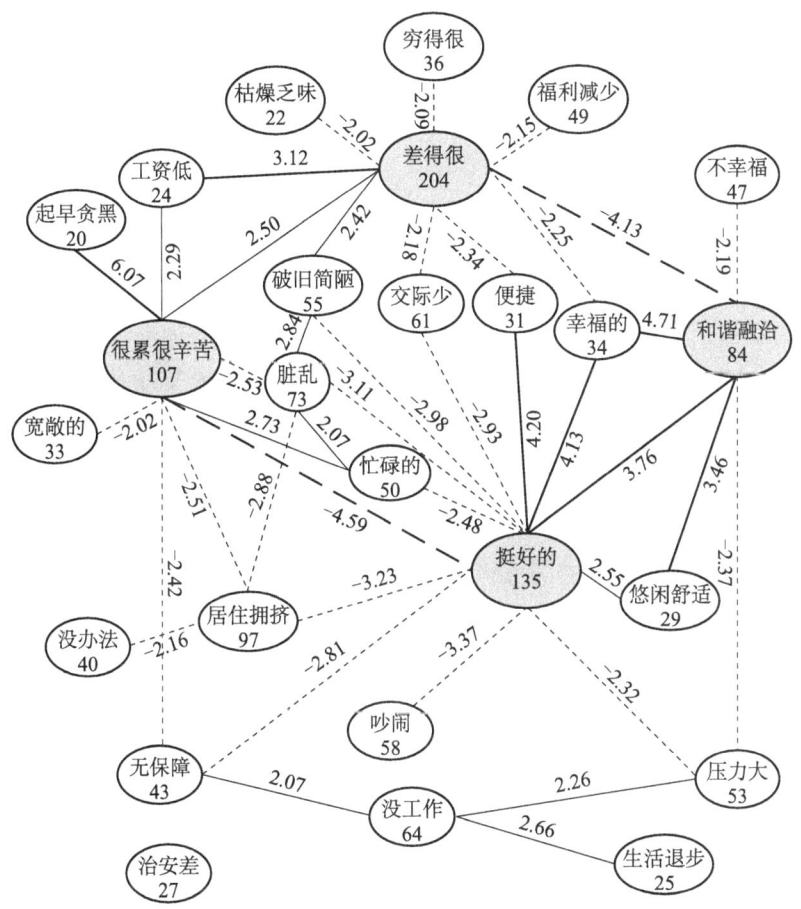

图7-17 贫困群体生活感受词汇关联网络

在核心词汇中，"差得很"和"挺好的"这对反义词分别同时和六个相同的词汇关联，"挺好的"与"便捷""幸福的""和谐融洽"等积极的感受词汇联系度更紧密，一般联系度均大于3.76；"差得很"与这些词汇联系度相对较低，相反与"工资低""很累很辛苦""破旧简陋"等消极词汇联系相当紧密，其联系度值也大于3。"很累很辛苦"与"起早贪黑"呈强度正关联;"和谐融洽"与"幸福的"呈现强度正关联,其关联度达到4.17。

在边缘词汇中,"居住拥挤"与"没办法""很累很辛苦""脏乱""挺好的"显著负关联;"没工作"与"无保障""压力大""生活退步"显著正关联;此外,图中有两条正向关联循环链,一是"差得很—工资低—很累很辛苦—忙碌的—脏乱—破旧简陋—差得很"循环链,二是"和谐融洽—悠闲舒适—挺好的—幸福的—和谐融洽"循环链。贫困人群生活状态反映在收入、居住环境及工作上,没有保障、没有工作与生活退步、压力大之间的有直接关系,而且它们之间相互联系、相互影响。

(三)生活感受特征

对词汇网络结构图深入剖析,总结贫困人群生活感受特征如下:

1)贫困群体对其生活状况的感受整体上是消极的和负面的,在以上26个有显著关联的节点中,除个别积极意义词汇外,绝大部分词汇都是消极的。

2)贫困群体对生活的不满主要与工作状况、薪资水平密切相关,成为影响他们生活的重要因素。从图中可以看出,"很累很辛苦"与"差得很""工资低""起早贪黑""忙碌的"显著正关系,与"起早贪黑"呈现强关联,关联度值高达6.07。贫困群体为生活奔波忙碌,而收入微薄。

3)贫困群体对生活的满意感主要与邻里关系及交通条件等有关。"挺好的"与"便捷""幸福的"呈现强度正关联,与"和谐融洽"呈现中度正关联,与"休闲舒适"密切联系;"幸福的"与"和谐融洽"的关联度值高达4.71。

4)贫困群体对居住面积的关注已不是重点或已无力关注。图中显示从"居住拥挤"辐射出去的各节点间的联系度全是负值,"居住拥挤"既没有和"脏乱""没办法"等消极词汇成正关联,也没有与"挺好的"等积极词汇成正关联,而"差得很—破旧简陋—脏乱"之间却显著正关联。说明受访者明白自己居住条件很差,但居住是否拥挤他们很少在乎或者已经习惯。

5)贫困群体对自己处于贫困状态意识薄弱,安于现状。"差得很"与"穷得很"为负显著相关,这说明贫困群体虽然生活状况较差,但在他们心里很少会直接联想到自己处于贫困状态,或者说他们认知能力有限,不能完全认识到自己的贫困状态。

6)贫困群体认为人际交往对他们来说并不重要。"交际少"与"差得很"

和"挺好的"均为负关联,说明贫困人群认为交际多少与生活状况没有直接关系。

7)工作是贫困群体生活的基本保障,没有工作,贫困程度越来越深,压力也大。"没工作"与"无保障""生活退步""压力大"紧密正关联。

8)治安问题并没有影响贫困人群的生活状态。"治安差"这一词汇出现的频数为27次,却没有和其他任何词汇相关联,这在一定程度上说明,贫困聚居区治安较差,但却并没有影响他们的生活状态。

此外,贫困人口还认为生活不幸福,枯燥乏味,社会经济转型以来福利减少,生活退步。

三、贫困人群生活状况主观满意度

(一)熵权TOPSIS法基本原理及步骤

逼近理想解排序、理想点(technique for order preference by similarity to ideal solution,TOPSIS)法,是由C. L. Hwang和K.Yoon提出的逼近理想解排序法,利用各评价对象的综合指标构造各指标的最优解和最劣解,并计算样本与最优解的接近程度及最劣解的远离程度。TOPSIS方法进行多目标决策评价时,对各指标赋予不同的权重,步骤如下。

1)评价矩阵的构建及标准化:假设 m 个评价对象的 n 个指标,进行综合评价时,建立 $m \times n$ 的评价矩阵 $X = \{x_{ij}\}_{m \times n}$,其中 x_{ij} 表示第 i 个贫困人口的第 j 个指标值。为排除量纲及数量级差异,对评价矩阵进行标准化,矩阵为 $X' = \{x'_{ij}\}_{m \times n}$。其中,$x'_{ij}$ 计算式为 $x_{ij} = \dfrac{x_{ij} - \min\limits_{1 \leqslant j \leqslant n} x_{ij}}{\max\limits_{1 \leqslant j \leqslant n} x_{ij} - \min\limits_{1 \leqslant j \leqslant n} x_{ij}}$,式中,$\max\limits_{1 \leqslant j \leqslant n} x_{ij}$ 和 $\min\limits_{1 \leqslant j \leqslant n} x_{ij}$ 分别为指标 j 中的最大和最小值,X' 中的各元素取值为 $0 \leqslant x'_{ij} \leqslant 1$。

2)用IEW确定指标权重:矩阵 $X' = \{x'_{ij}\}_{m \times n}$ 的信息熵为 $H_j = -\left(\sum\limits_{i=1}^{n} f_{ij} \ln f_{ij}\right)$ ($i=1,2,\cdots,m; j=1,2,\cdots,n$),为避免 $\ln f_{ij}$ 无意义,规定 $f_{ij} = \dfrac{1 + x'_{ij}}{\sum\limits_{i=1}^{m}(1 + x'_{ij})}$,根据数值的变异程度指标 j 的差异系数 G_j:

$$G_j = 1 - H_j (j=1,2,\cdots,n)$$

定义指标 j 的信息熵权值 w_j 为 $w_j = \dfrac{G_j}{\sum_{j=1}^{n} G_j} = \dfrac{1-H_j}{n - \sum_{j=1}^{n} H_j}$

3）IEW & TOPSIS 法对评价对象的排序：标准化矩阵 $X' = \{x'_{ij}\}_{m \times n}$ 中各指标的最大值表示理想解 $X^+ = (x_j^+)_{1 \times n}$，最小值表示负理想解 $X^- = (x_j^-)_{1 \times n}$，

$$X^+ = \left(\max_{1 \leqslant i \leqslant m} x_{i1}, \max_{1 \leqslant i \leqslant m} x_{i2}, \cdots, \max_{1 \leqslant i \leqslant m} x_{in} \right) \quad X^- = \left(\min_{1 \leqslant i \leqslant m} x_{i1}, \min_{1 \leqslant i \leqslant m} x_{i2}, \cdots, \min_{1 \leqslant i \leqslant m} x_{in} \right)$$

用加权欧氏距离计算各评价对象与理想解和负理想解的距离 d_i^+、d_i^-：

$$d_i^+ = \sqrt{\sum_{j=1}^{n} w_j (x_{ij} - x_j^+)^2} \quad i=1,2,\cdots,m; 0 \leqslant d_i^+ \leqslant 1$$

$$d_i^- = \sqrt{\sum_{j=1}^{n} w_j (x_{ij} - x_j^-)^2} \quad i=1,2,\cdots,m; 0 \leqslant d_i^- \leqslant 1$$

其中，指标权重 $W = (w_1, w_2, \cdots, w_n)^T$ 由信息熵法确定。

d_i^+ 与 d_i^- 从不同角度表示了评价对象的状况，d_i^+ 越小，表示与理想解越接近；d_i^- 越大，表示越远离负理想解，状况越好。为综合 d_i^+ 与 d_i^- 两个距离指标所反映的评价对象状态，采用贴近度 C_i 来描述：

$$C_i = \dfrac{d_i^-}{d_i^- + d_i^+}; i=1,2,\cdots,m; 0 \leqslant C_i \leqslant 1$$

C_i 越大评价对象状态越优，最优状态 $C_i=1$，最劣状态 $C_i=0$。对贴近度 C_i 降序排列得单排序，根据排序位次，可进行单层次比较、评价。

4）评价对象的综合排序：继续用熵 TOPSIS 法对评价对象进行多层次的综合与排序。此时，各评价对象下一层次的贴近度组成上一层次的评价矩阵数据；仍用以上公式定权、排序，最后得到全部评价对象的综合排序，并据此进行综合比较和评价。

（二）数据指标选取及权重确定

根据指标评价体系客观性、科学性、完整性和有效性的原则，参照已有相关研究及数据的可获得性，通过问卷调查和访谈相结合的方法，对选取的四个典型贫困区进行资料收集，本章共选取周边设施、治安状况、建设管理、工作状况、环境卫生、交通便捷程度、邻里关系、住房条件、地理位置等 15 个指

标,调查用量表的形式,当被调查者对某一生活领域非常满意(方便)、比较满意(比较方便)、一般、不满意(不方便)、非常不满意(非常不方便)时,分别将5个评价等级赋值为5、4、3、2、1。

整合指标数据集并对初始值进行归一化处理,采用熵值法确定各评价指标的权重值。从结果来看,工作状况和住房条件(人均住房面积、住房采光、家电设施)对贫困人群来说,影响因素较大,工作状况的权重为0.0676,住房条件为0.0673;在贫困人群看来,环卫绿化的重要程度最低,其权重值最小,为0.0150。

(三)主观满意度评价结果

贫困人口的主观满意度较低,贴近度 C 值差异较大,最大值为0.8331,最小值为0。过半贫困人口的主观满意度处于 $0.4 \sim 0.6$ 的中间水平,五分之一多贫困人口的满意度低于0.4,仅有6.10%贫困人口的满意度超过0.7(图7-18)。

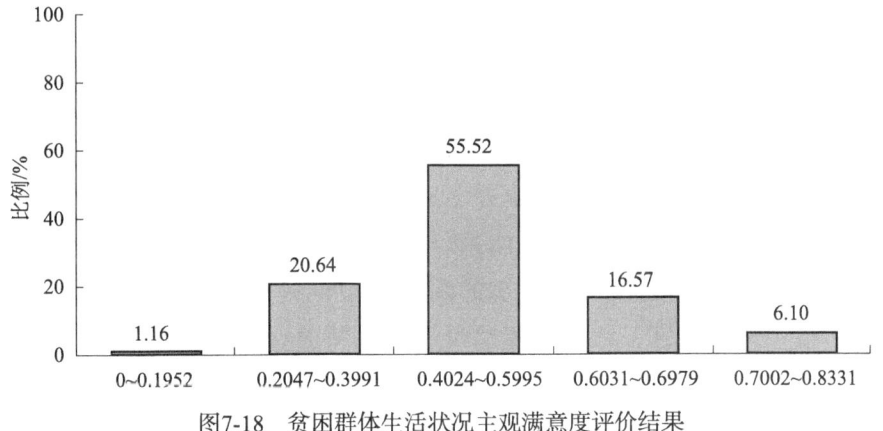

图7-18 贫困群体生活状况主观满意度评价结果

根据加权标准化矩阵确定理想解和负理想解,分别计算出四个贫困区与理想解和负理想解之间的欧式距离 d_i^+、d_i^-,进而测算各地与最优状态的相对接近程度 C_i,评价结果见表7-13。

从四个典型社区与最优向量的接近度可以看出,典型贫困区之间主观满意度相差不大。生活状况主观满意度最高的是纺织城街道,贴近度 C_i 值为0.5632,其次为六村堡街道,贴近度 C_i 值为0.5203,主观满意度最低的为鱼化寨街道,其值为0.4331。总体而言,这四个典型区的 C_i 值相差不大,表明贫困人群对生活状况的主观满意度处于同一水平,但所有值都不到0.6,离各指标的最优状态还相差较远，说明总体上贫困人群对自己的生活状况满意程度不高。

表 7-13　各典型社区生活状况主观满意度综合评价

典型社区	d^+	d^-	C_i
纺织城街道	1.9794	2.5238	0.5632
解放门街道	2.2404	2.2248	0.4990
鱼化寨街道	2.5480	1.9508	0.4331
六村堡街道	2.2421	2.4143	0.5203

（四）各区特征及形成原因

1）纺织城街道整体的主观满意度最高，各维度的主观满意度也多高于其他街道，尤其是在交通、邻里和治安维度满意度较高，这与其便捷的地上地下交通、成熟稳定的社区环境密切相关。此外，虽然在绿化、布局、基础设施维度的满意度低于整体的满意度得分，但在这些维度，纺织城街道相对于其他街道的优势更加明显，因为纺织城街道贫困人口居住的社区多为统一规划建设，且建设时间较长，社区内绿化较好而又改造较少，植被得以留存；虽然其基础设施也并不完备，但相较其他三个街道的贫困人口，由于其有比较完整的社区体系，其基础设施也相较其他三个街道完备。纺织城街道贫困人口对建筑的满意度很低是由于其多为退休下岗职工，居住于老旧社区，很多房屋建设于新中国成立初期，使用年限已超过50年。

2）鱼化寨街道贫困人口的整体满意度最低，其在所有维度上的得分都低于总体样本在该维度的平均水平，这说明鱼化寨街道的贫困居民对生活持有更多的消极态度，这也反映出其真实生活状态的恶劣程度。鱼化寨街道只在邻里和交通两个维度得分较高，但值得指出的是，即使在这两个维度其得分也是四个街道中最低的，其对绿化的满意度极低，打分只有纺织城街道的一半稍强，鱼化寨街道的贫困人口多居住于城中村，建筑密度极其密集，除主干道外，其他地域基本没有绿化覆被。

3）六村堡街道对各维度的满意度差异显著，其在住房面积、采光和建筑新旧维度的满意度远高于其他街道，这与六村堡街道的地理位置密切相关，由于其位于某城市边缘的农村及遗址保护限制开发区，这里的城市化率较低，村落内部多保持农村风貌，使得这一区域的地价较低，且宅基地多为农户自有，再加上较低的人口密度，该街道的贫困居民大多拥有较充裕的居住空间，而且建筑质量也较好。同样，由于其距市中心较远，而且交通不便，其对距离的感知相对较差，其对距市中心距离的感知相较于距离相当的纺织城街道和同样为城市边缘的鱼化寨街道要远得多。

4）解放门街道在各维度上的满意度相较其他街道更趋向平均，得分较高的维度为对交通道路的满意程度，以及距市中心的距离，这与其身处内城，靠近市中心有关，而其不满意的维度多为对居住条件的不满意，如居住面积和建筑质量等，这与城墙内高昂的地价及对开发的限制有关。

在维度上，所有街道在邻里和交通维度上满意度都高于总体水平。这说明贫困居民对城市交通改善的感知是很明显的，邻里关系的高得分说明贫困人口虽然收入较低，但这并未影响其社会关系，但需要指出，虽然贫困人口的社会关系融洽，但其交际范围较窄，更多的交际对象同样为贫困人口。

四个街道在绿化、周边维度上的满意度都低于总体水平。由于贫困人口收入有限，其在居住场所选择上的余地较少，其更多考虑的是价格因素，选择周边环境较嘈杂，绿化较少的社区成为无奈之举，又因为其收入较少，所以其对改变周边居住环境的投入不足，使得居住环境得不到改善。此外在设施、建设管理、卫生环境维度上的满意度得分也大多较低。

第五节 贫困群体生活质量感知的形成机制

一、贫困群体生活状况形成机制

贫困群体生活状况差而得不到改善，是多方面因素造成的。既有宏观社会经济政策变动方面的原因，也有贫困个人内部方面的原因；既有现实方面的原因，也有历史方面的原因，其形成机制是多因素长期相互影响、联合作用的结果。

（一）外部因素：体制变迁，制度缺陷

1. 产业结构的升级

由于市场经济体制的建立，受计划经济影响的企业，效益较低，无法适应市场经济的竞争，面临破产或经营困难；国有企业也因为严重冗员而难以发挥市场竞争能力，势必减员增效、关停并转。大量下岗失业职工因此而产生，但由于就业制度的缺陷及自身技能的缺乏，很难找到新的工作；许多企业由于承担不起最低工资保障，存留下的职工工作时间长劳动强度大，但收入却很低，生活得不到保障。因此这些人被迫沦为贫困人口，且生活困境越陷越深。例如，纺织城街道和解放门街道的下岗职工和在职低收入者，成为社会转型过程中利益受损较为严重的群体。

2. 就业体制的变迁

计划经济时期，实行国家指令性的就业体制；实行市场经济以来，转向劳动力市场机制。但受到许多人为的影响，劳动力价格及需求并未完全由市场决定，旧的体制瓦解而新的体制并未完全建立，导致劳动市场供求失衡，就业环境低迷，失业人数增多，再就业难度增大，使城市中部分人生活陷入困境。调查显示，贫困人口中，多半长期处于下岗、待岗、失业、待业等状态。

3. 劳动力市场的排斥

由于下岗失业人员多数年龄偏大、技能低下，外来剩余劳动力综合素质较低等多方面原因，他们在市场经济激烈的竞争中处于劣势，被劳动力市场排斥出去。由于被迫陷入贫困无助的窘境，这部分人不得不自谋职业或非正规就业，而市场制度缺陷，自发导致劳动力市场分割，相近生产能力的劳动力却使他们在收入和福利上和正规就业存在巨大差距。同时，贫困人口自谋职业方式以街边小摊贩、小店主等为主，这些又与城市管理政策法规相矛盾，陷入与政府规划相冲突的尴尬境地。在这样的情况下，城市贫困群体无法摆脱贫困。

4. 住房市场的分割

转型以前实行的福利分配制度形成以"单位"为基础的公房居住区，如纺织城。转型后大量职工下岗失业，但单位归属感强烈仍生活在原住房内，形成大片的贫困集聚区。再加上住宅市场化使得城市居民的收入层次与城市地价有

了直接的联系，高收入阶层往往选择交通购物便捷、基础设施完善、生活环境优越、医疗和教育便利等典型区。但由于自身经济条件的限制及制度的缺陷，贫困群体没有择居的权利；此外不少刚毕业的大学生和外来人口由于没有城市户籍，无法享受廉租房或经济适用房。因此，他们被排斥在旧城区或城市边缘区，形成贫困集聚区。

5. 保障体制的缺陷

伴随市场经济，原有单位保障瓦解，而社会保障并未完全建立，还处于过渡时期，各种缺陷层出不穷。保障能力有限；保障水平低；养老、失业保险、下岗职工基本生活费、最低工资等保障不到位；政策不完善，法规、调控手段滞后。再加上物价上涨，社会分层明显，收入分配差距扩大，使弱势群体贫困显性化。各种因素导致大量城市贫困人口陷入辍学、失业、疾病与贫困相互作用的恶性循环之中。

（二）自身条件：素质低下，负担沉重

1. 文化素质低下

本章第三节多维贫困指数按维度分解已经证实，教育指数对贫困的贡献度最大，是贫困人口的主要致贫因素。然而贫困人群主要是以初等以下文化程度为主，未受过任何教育占7%，小学文化程度占41%，初中文化程度占29%。因受教育程度限制，在激烈的市场竞争中处于不利地位。

2. 劳动技能低下

大多数贫困人口文化程度较低，也未参加任何技能培训，而导致在市场竞争中难以立足；外来农村剩余劳动人口，也由于技能低下或无技能，在城市劳动力市场中处于不利地位。这些贫困人口在择业时，只能承担技能较低工作或做临时工，而这些岗位通常劳动时间长而收入低微，不足以维持基本生活需求；或因无技能而找不到工作，长期处于失业或待业状态。

3. 家庭负担沉重

在调查访谈中，不少贫困家庭负担沉重，陷入贫困恶性循环之中。例如，学龄子女家庭，经济收入本来不高，再加上多个子女上大学而陷入贫困；长期患病家庭，由于医疗费用高昂，虽省吃俭用也不足以支付医疗费用；年老体弱

家庭，由于丧失劳动或生活能力，常年靠他人照顾，无生活来源，完全依靠政府的低保金生活；此外，还有单亲家庭，不良家庭等，这些家庭都陷入贫困恶性循环之中。

4. 人际交往局限性

受经济条件的限制，贫困人口不善于交际，多与同社区邻居或家人亲戚交往，且这些人通常也是贫困人口。在访谈中发现，贫困人口的人际交往仅限于家人和邻居，其他社会人员几乎不往来，并且认为没有必要往来。此外，经济的拮据，导致贫困人口产生自卑心理，自发远离其他群体。

5. 救济网络缺失

计划经济时期，因为体制原因，很多家庭成员甚至几代人在一个单位工作；社会转型后，企业效益下降，由于自身素质技能低下，很多家庭甚至家族同时面临失业困境，贫困呈现代际传递的特征，共同的困境致使贫困家庭丧失互帮互助的可能。同时，由于贫困家族社会交际面窄，且具有同质化特征；此外，最低生活保障制度覆盖不全，救济政策体系并未出台，社会保障网络并未构筑等，各种因素导致贫困人口及贫困家庭处于困境。

（三）贫困文化：观念落后，安于现状

A. 刘易斯认为，贫困文化是指穷人共有的规范和价值观，是特定概念模型的标签，是一个拥有自己的结构与理性的社会亚文化现象，是穷人的一种自我保护机制，是穷人对自己低下的社会地位的反应。对长期处于贫困的人们来说，面对父辈们无法摆脱贫困的事实，会产生一种"难逃贫困"的预期，并以此构建他们的思维和价值体系。著名反贫困理论专家，诺贝尔经济奖获得者——缪尔达尔认为："不发达国家民众巨大的贫困至少部分是由于他们的宿命论、他们的麻木和他们对于改变观念和现状等努力的冷漠。"这是一种比经济贫困更深重、更难以摆脱的贫困。尽管这种"贫困文化"表现方式、程序存在差异性，但总体看，其鲜明特征就是价值观念落后，他们安贫乐道、听天由命、得过且过，并且这种文化在贫困典型区主要表现为教育、科学技术水平低下。

正是由于这种贫困文化的日积月累，禁锢着贫困人口的思想，羁绊着贫困人口的手脚，使其陷入长期思想封闭、生活麻木的精神状态之下。部分贫困人

口,缺乏开拓进取之心,不敢也不愿意去尝试谋求新的生存出路,由此而驻足贫穷却难以跨越。

在访谈调研时发现,很多贫困人口对目前贫困的生活状态表现出了一种较为"满足"的心理,不愿意去尝试新的生存出路,从他们口中听到"穷,没办法"和"哎,还要求啥,有吃有喝就行了"等得过且过的话语。部分贫困人口认知能力不足,不愿承认自己真实的生活状态。当深入谈及生活感受时,很多人意识到生活的艰辛,满腹抱怨;而当让他们给生活各方面做出评价时,不少贫困人口的打分又偏向于正值,呈现出"想与做相矛盾"的特点。

此外,不少贫困人口观念陈旧,不能适应就业需要,安于现状;部分失业、下岗人员放不下城里人面子,求职观念出现误区,成为再就业的无形障碍,导致长期处于贫困、脱贫无力状态。他们认为国家是靠山,终身享受低保理所当然,不愿改变这种"优惠",宁肯过着吃不饱饿不着的清贫日子,也不愿到劳动市场寻找就业岗位。

贫困群体的生活状况是在外部因素、自身条件及贫困文化三大方面长期相互作用、相互影响的机制下形成的(图7-19)。外部体制的变迁、制度的缺陷推动很多城市人口靠近贫困边缘或陷入贫困;自身综合能力的低下,使这些人

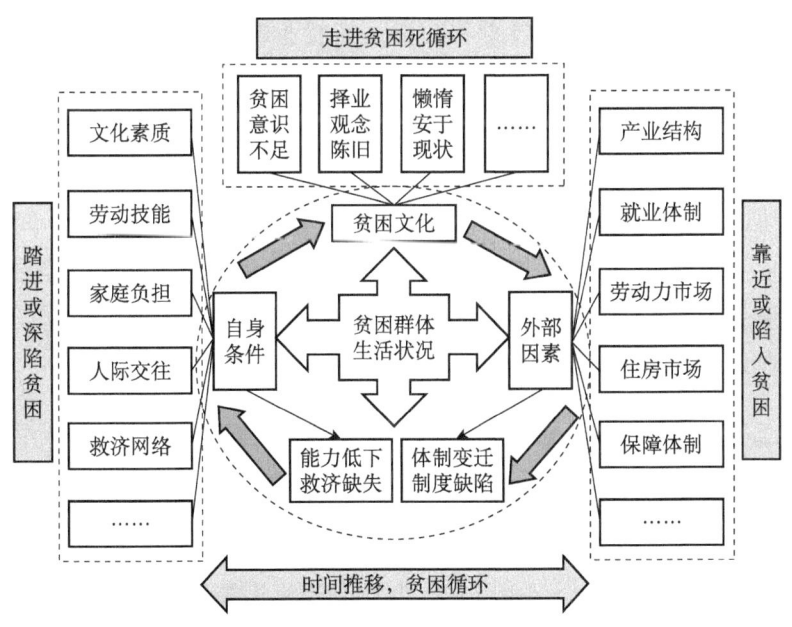

图7-19 贫困群体生活状况形成机制

口适应能力较差，难以重新在市场经济激烈的竞争中立足，随着时间的推移，导致他们踏进贫困或深陷贫困；而贫困文化使贫困人口认知出现误区、观念陈旧消极，促使他们不愿与贫困作斗争，安于现状，而由于社会对弱势群体的排斥，他们难以走出贫困，在这样的情形下，贫困人口走进贫困死循环。

二、贫困群体生活状况改善对策

（一）提升自身竞争能力

加强职业培训。政府应加大资金投入，免费对贫困人口进行职业培训，提高其素质和市场竞争能力。针对贫困人口，组建公共职业技能培训机构和职业技术学校，承担失业的就业培训、下岗人员的再就业培训和农村剩余劳动力转移培训。同时，培训中心应以市场为导向，及时掌握用人单位的需求，以此开设、调整培训内容。

增强就业意识。针对存在"靠低保"思想和"眼高手低"就业观念的贫困人口及"拉不下面子"的贫困人口，开设就业意识、创业意识及竞争意识培训课程，帮助他们掌握创业知识、了解优惠政策、增强决策能力。并采取"退保"措施和开设心理辅导课程，增强其就业观念，如有劳动能力的低保贫困人口不愿参加职业技能培训或在规定时间内不能实现就业，应暂停其低保金。

提供就业岗位。政府出面与招商企业协商，招工上优先考虑下岗失业群体，并协调税务、工商等部门，以安排就业人数为准适当减免税收。同时，对招用残疾人的企业，按有关规定给予优惠政策。此外，鼓励就业内容和就业形式的创新，大力发展小企业和各种"非正规就业"，对于餐饮服务业、民营企业等就业人员多的行业和企业，应出台优惠政策（图 7-20）。

（二）完善生活保障制度

增设受保前提条件。在法律规定劳动年龄内有劳动能力的贫困人口，尤其是下岗、失业及无业人员，将其就业意愿作为享受最低生活保障的前提条件。通过考察其到劳动和社会保障部门、职业介绍机构等地方联系就业岗位的记录，来评定受保资格。若拒绝接受就业岗位，将取消其低保申请。

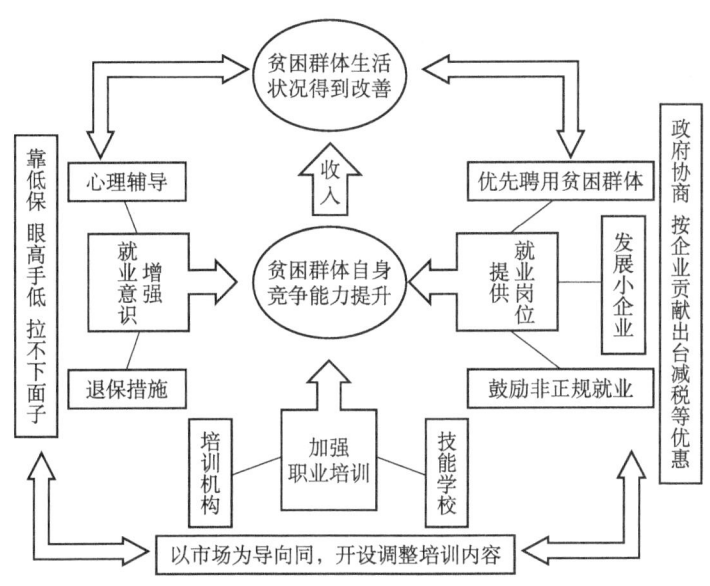

图7-20 生活质量导向的贫困群体自身能力提升

实行救济渐退制度。受保对象找到工作后，可根据其收入酌情逐渐减少其享受金额，使更多贫困人口享受到最低生活保障金。以免扼杀贫困人口的就业积极性。

树立权利与义务对等观念。定期举办街道和社区公益活动，要求有劳动能力的低保对象必须参加，对表现积极者给予奖励，对表现较差者给予惩罚，对不参加者取消其受保资格。

完善参保对象进出制度。做到"应保尽保""应出尽出""特殊群体特殊对待"。对部分找到工作，收入较高的受保对象给予奖励，同时将资格给予其他需要受保的贫困人口。对家中有病重患者、高校就读子女、无收入高龄老人等，支出远超出家庭经济承受能力，且夫妻双方下岗或失业，根据贫困程度提高补助金额，缓解生活无助问题。

（三）健全社会救助体系

教育救助。采用民办公助的方式为贫困家庭子女设立学校，提供教育服务。在义务教育期间，减免学杂费和书本费，同时适当补贴文具费。并利用政府提供的优惠政策，设立少数成绩优异的贫困特殊班，享受多项优惠政策。

医疗救助。完善社区卫生服务，对特困人群实行门诊费全免，减免一定药费和治疗费用政策；设立专门为城市贫困人群提供医疗服务的慈善医院，不以赢利为目的，减轻贫困家庭的医疗负担；建立贫困群体大病医疗救助基金，给予一定的报销补助。

住房救助。加快推进棚户区、城中村等贫困社区改造，廉租房、经济适用房、保障性住房建设，合理配置社会资源。在房地产产能严重过剩的典型区，政府可收购商品房作为贫困人口保障性住房，一方面维护房地产市场正常运行，另一方面也保障部分贫困人口的住房问题。

临时救助。针对多因素无法纳入低保范围，但确实生活困难的贫困人口，以及因突发重大事故造成生活困难的人口，政府应划拨一定资金，实行临时救助，以免这些人群陷入贫困深渊。

（四）优化社区服务功能

1）完善社区功能。完善的社区除了承担居住功能外，还应有商贸、休闲、生态、交往、娱乐等功能。针对仅承担条件较差居住功能的贫困社区，应提升创新功能，改善居住条件，如可植入商贸服务功能、文化休闲功能、组织公共活动、创造邻里交往机会，完善教育、医疗、卫生等公共服务设施功能，以提高居民文化、设施、邻里满意度。

2）开拓社区岗位。把社区功能发展与贫困群体就业有机结合起来，积极探索，大胆实践。招聘文化素质相对较好的下岗失业人员，承担社区管理工作；建立点面结合的社区服务设施网络，开发便民、后勤保障服务岗位，聘用下岗失业人员；开发物业管理、社区绿化、治安联防等服务岗位，促进贫困群体就业；根据社区自身条件和居民要求创办投资少、见效快的商贸生产基地，吸纳下岗失业人员，促进再就业（图7-21）。

近年来，针对城市贫困现象，各地实行了一系列扶贫措施，包括就业和再就业工程、失业保险、养老保险、医疗保险、最低工资保障、最低生活保障等，但扶贫救助效果不佳。如何解决城市贫困人口生活困难问题，是城市发展的一项重要任务。贫困群体应当以提升自身竞争能力为根本，以完善最低生活保障制度和健全社会救助体系为补充，以社区优化发展相配套，来改善贫困群体的生活现状（图7-22）。

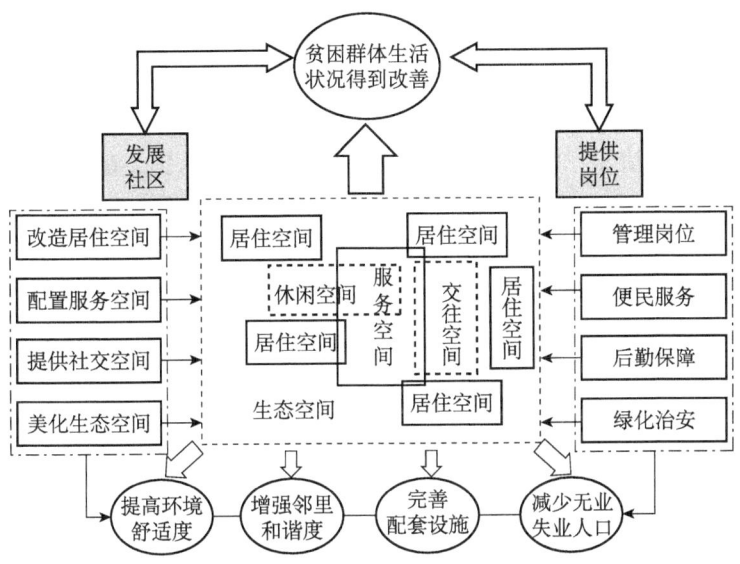

图7-21 生活质量导向的贫困社区优化

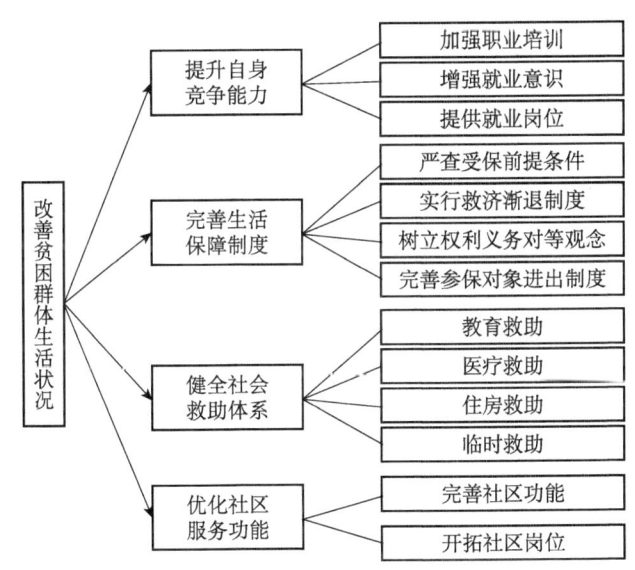

图7-22 贫困群体生活状况改善框架

（五）各典型区对策侧重点

对各典型贫困区的贫困人口而言，在改善其生活现状、制定脱贫减贫政策时，除了要从提升自身竞争能力、完善生活保障制度、健全社会救助体系和优化社区服务功能四方面着手外，各典型区应根据自身形成的独特性，有侧重地制定改善对策。

退化的国有企业工业区纺织城街道，贫困人口以下岗失业、离退休中老年工人为主，其对治安、邻里及交通的感知较好，而对绿化、布局及基础设施的感知相对较差，政策的制定应侧重就业能力的提升及贫困社区的更新改造，包括住房、设施等。

内城被边缘化的衰退区解放门街道，贫困人口以低学历、无技能和退休工为主，无业比例突出，其感知的典型特征为绿化较少，政策的制定应侧重教育、就业的培训及环境卫生的改善。

城中村外来人口聚集区鱼化寨街道，贫困人口以低端服务业、工人为主，其中高学历中青年比例突出，其感知特征为绿化少、卫生差、环境恶劣，政策的制定应侧重就业岗位的提供及环境卫生的改善。

遗址保护区六村堡街道，贫困人口以低学历工人为主，其中无业中青年比例突出，其感知特征为交通不便，政策的制定应侧重教育培训及设施的建设。

参考文献

阿马蒂亚·森. 2002. 以自由看待发展. 北京：中国人民大学出版社.

暴向平, 薛东前, 马蓓蓓, 等. 2015. 1990~2013年西安市新城市贫困人口格局演变. 陕西师范大学学报（自然科学版）, 43（1）：98-102.

布劳 P. 1991. 不平等和异质性. 王春光, 谢圣赞译. 北京：中国社会科学出版社.

蔡昉, 都阳. 2000. 中国地区经济增长的趋同与差异——对西部开发战略的启示. 经济研究,（10）：30-37.

曹丽晓, 柴彦威. 2006. 上海城市老年人日常购物活动空间研究. 人文地理, 21（02）：50-54.

柴彦威, 赵莹. 2009. 时间地理学研究最新进展. 地理科学, 29（4）：593-600.

柴彦威, 塔娜. 2013. 中国时空间行为研究进展. 地理科学进展, 32（9）：1362-1373.

柴彦威, 刘志林, 李峥嵘, 等. 2002. 中国城市的时空结构. 北京：北京大学出版社, 23-45.

柴彦威, 颜亚宁, 冈本耕平. 2008a. 西方行为地理学的研究历程及最新进展. 人文地理, 23（6）：1-5.

柴彦威, 沈洁, 翁桂兰. 2008b. 上海居民购物行为的时空特征及其影响因素. 经济地理, 28（2）：221-227.

柴彦威, 申悦, 马修军, 等. 2013a. 北京居民活动与出行行为时空数据采集与管理. 地理研究, 32（03）：441-451.

柴彦威, 刘天宝, 塔娜. 2013b. 基于个体行为的多尺度城市空间重构及规划应用研究框架. 地域研究与开发, 32（04）：1-14.

陈传康. 1982. 北京的感应和行为地理研究. 经济地理,（04）：292-299.

陈果, 顾朝林, 吴缚龙. 2004. 南京城市贫困空间调查与分析. 地理科学, 05：542-549.

陈立中. 2007. 中国转型时期城镇贫困测度研究. 武汉：华中科技大学博士学位论文.

陈柳钦. 2010. 我国城市化进程中的"城中村"现象及其改造. 管理学刊, 23 (6): 48-53.

陈涌. 2000. 城市贫困区位化趋势及其影响. 城市问题, (6): 15-17.

陈玉宇, 王志刚, 魏众. 2004. 中国城镇居民20世纪90年代收入不平等及其变化——地区因素、人力资本在其中的作用. 经济科学, (06): 16-25.

陈宗胜. 1994. 经济发展中的收入分配. 上海: 上海人民出版社.

谌丽, 张文忠, 党云晓, 等. 2012. 北京市低收入人群的居住空间分布、演变与聚居类型. 地理研究, 31 (4): 720-732.

代利凤. 2006. 社会排斥理论综述. 当代经理人, (4): 226.

丁晓杰. 2009. 西安市纺织城社区整合规划初探. 西安: 西安建筑科技大学硕士学位论文.

段芳. 2012. 西安城市工业时空演进规律与工业布局优化研究. 西安: 西北大学硕士学位论文.

恩格斯. 1956. 英国工人阶级状况. 北京: 人民出版社.

范晨辉, 薛东前, 罗正文. 2014. 转型期城市贫困演化空间模式研究. 经济地理, (08): 8-14.

范晨辉, 薛东前, 马蓓蓓. 2015. Rasch模型在多维贫困测度中的应用. 统计与决策, (06): 81-83.

方创琳, 刘海燕. 2007. 快速城市化进程中的区域剥夺行为与调控路径. 地理学报, (08): 849-860.

方晓玲. 2004. 论城市流动人口的贫困文化. 青年研究, (6): 1-7.

冯健. 2005. 西方城市内部空间结构研究及其启示. 城市规划, (8): 41-50.

冯健, 周一星. 2008. 转型期北京社会空间分异重构. 地理学报, 63 (8): 829-844.

冯健, 项怡之. 2013. 开发区社区居民日常活动空间研究——以北京经济技术开发区为例. 人文地理, 28 (03): 42-50.

冯立天. 1992. 中国人口生活质量研究. 北京: 北京经济学院出版社.

冯晓杭, 于冬. 2008. 城市贫困儿童: 问题现状与解决对策. 东北师范大学学报(哲学社会科学版), (06): 38-43.

付华鹏, 刘扬, 郭静波, 等. 2004. 城市贫困人群生命质量及其主要影响因素. 中国公共卫生, (03): 87-88.

高春燕. 2007. 城市流动人口聚居社区的公共政策与社区服务分析. 南方人口, 22 (1): 30-36.

高艳云. 2012. 中国城乡多维贫困的测度及比较. 统计研究, 29 (11): 61-66.

高云虹. 2010. 中国转型时期城市贫困区位化现象探析. 当代财经, (8): 81-87.

格伦斯基 D. 2005. 社会分层(第二版). 王俊, 等译. 北京: 华夏出版社.

龚华，柴彦威，刘志林. 2000. 深圳市民工作日生活活动时空结构特征研究. 人文地理，15（6）：60-66.

顾朝林，刘佳燕，等. 2013. 城市社会学（第2版）. 北京：清华大学出版社.

顾朝林，克斯特洛德C. 1997. 北京社会极化与空间分异研究. 地理学报，52（5）：385-393.

郭星华. 2001. 城市居民相对剥夺感的实证研究. 中国人民大学学报，03：71-78.

郭永昌，丁金宏，孟庆艳. 2006. 大城市流动人口居住形态与居住空间变动机理——以上海闵行区为例. 南方人口，21（3）：40-45.

韩会然. 2012. 芜湖市居民购物行为时空特征及决策过程研究. 合肥：安徽师范大学硕士学位论文.

何静，李京生. 2009. 美国城市贫困人口聚居研究初探. 国际城市规划，24（6）：82-88.

何深静，刘玉亭，吴缚龙. 2010a. 南京市不同社会群体的贫困集聚度、贫困特征及其决定因素. 地理研究，29（4）：703-715.

何深静，刘玉亭，吴缚龙，等. 2010b，中国大城市低收入邻里及其居民的贫困集聚度和贫困决定因素. 地理学报，65（12）：1464-1475.

和玉兰，甄峰，朱寿佳，等. 2014. 网络信息时代女性居民日常活动时空特征研究——以南京市为例. 人文地理，29（02）：29-34.

胡华颖. 1993. 城市、空间、发展——广州市城市内部空间分析. 广州：中山大学出版社.

胡俊，1995. 中国城市：模式与演进. 北京：中国建筑工业出版社.

胡晓红. 2010. 转型期西安市城市贫困空间分异研究. 西安：陕西师范大学硕士学位论文.

黄晶，薛东前，马蓓蓓. 2015. 西安市微区域收入及贫困空间格局研究. 人文地理，（2）：31-36.

黄怡. 2006. 城市社会分层与居住隔离. 上海：同济大学出版社.

靳美娟，张志斌. 2006. 国内外城市空间结构研究综述. 热带地理，26（2）：134-136.

景晓芬. 2014. 西安市外来人口的居住空间隔离研究. 西北人口，35（1）：120-124.

凯恩斯. 1983. 就业、利息和货币通论. 徐毓丹译. 北京：商务印书馆.

兰宗敏，冯健. 2010. 城中村流动人口的时间利用以及生活活动时空间结构——对北京5个城中村的调查. 地理研究，29（6）：1093-1104.

李斌. 2002. 社会排斥理论与中国城市住房改革制度. 社会科学研究，（3）：106-110.

李传斌. 2002. 西安市城市空间结构演替研究. 西安：西北大学硕士学位论文.

李建新. 2002. 西部大开发中的人口与环境问题. 人口与经济，（1）：11-17.

李琳，刘一良. 2003. 西部贫困地区可持续发展的障碍与对策研究. 西安财经学院学报，16（2）：23-27.

李倩, 张文忠, 余建辉, 等. 2012. 北京不同收入家庭的居住隔离状态研究. 地理科学进展, 31（6）：693-700.

李实, 魏众, 丁赛. 2005. 中国居民财产分布不均等及其原因的经验分析. 经济研究, （06）：4-15.

李潇. 2004. 中美两国城市贫困区位化比较研究. 人口学刊, （1）：53-57.

李峥嵘, 柴彦威. 1999. 大连城市居民周末休闲时间的利用特征. 经济地理, 19（05）：80-84.

里尔登. 1996. 发展中国家乡村贫困与环境的相互关系. 国外社会科学, （4）：84-85.

厉以宁. 1986. 社会主义政治经济学. 北京：商务印书馆.

梁汉媚, 方创琳. 2011. 中国城市贫困人口动态变化与空间分异特征探讨. 经济地理, 31（10）：1610-1617.

林伯强. 2003. 中国的经济增长、贫困减少与政策选择. 经济研究, （12）：15-25.

林广发, 黄永胜. 2002. GIS在时间地理学中的应用初探. 人文地理, 17（5）：69-72.

林南, 卢汉龙. 1989. 社会指标与生活质量结构模型探讨. 中国社会科学, （4）：75-97.

林奇 K. 2001. 城市意象. 方益萍, 何晓军译. 北京：华夏出版社.

刘军民, 黄惠. 2005. 西安市城中村问题及改造探讨. 西北大学学报（自然科学版）, 35（2）：224-226.

刘萍, 刘国军. 1996. 贫困地区人口与生态环境矛盾的深层原因浅析. 兰州教育学院学报, （2）：60-64.

刘汝敏, 曾少军, 刘胜利, 等. 2001. MATLAB在低维趋势面分析中的应用初探. 工程地质计算机应用, （03）：2-5.

刘卫东. 2010. 西部开发路向何方. 中国报道, （1）：76-78.

刘霄泉. 2010. 瑞典人文地理学发展回顾. 人文地理, 25（01）：7-11.

刘艳华. 2011. 公共政策视野下的城市贫困群体主观生活质量研究. 济南：山东大学硕士学位论文.

刘晓华, 许启发. 2012. 方差分析与虚拟变量回归模型的比较研究. 统计与决策, （07）：34-38.

刘玉亭. 2005. 转型期中国城市贫困的社会空间. 北京：科学出版社.

刘玉亭, 何深静, 顾朝林. 2003. 国内城市贫困问题研究. 城市问题, 109（5）：45-49.

刘玉亭, 吴缚龙, 何深静, 等. 2006. 转型期城市低收入邻里的类型、特征和产生机制：以南京市为例. 地理研究, （06）：1073-1082.

刘志林, 柴彦威. 2001. 深圳市民周末休闲活动的空间结构. 经济地理, 21（4）：504-508.

卢明华, 李国平, 孙铁山. 2011. 北京都市区城市功能格局及其变化研究——基于经济普查数据的分析. 地理研究, 30（11）：1971-1973.

罗仁朝, 王德. 2008. 上海市流动人口不同聚居形态及其社会融合差异研究. 城市规划学刊, （6）：92-99.

马静, 柴彦威, 张文佳. 2009. 北京市居民购物出行影响因素的空间分异. 经济地理, 29（12）：2006-2011.

马清裕, 陈田, 牛亚菲, 等. 1999. 北京城市贫困人口的特征、成因及其解困对策. 地理研究, 18（4）：400-406.

牛飞亮. 2002. 近20年我国城镇居民收入差距的总体状况. 经济理论与经济管理, （07）：11-15.

帕克. 1987. 城市社会学——芝加哥学派城市研究文集. 北京：华夏出版社.

潘新潮. 2010. 基于行为地理学的城市交通规划初探——以南宁市为例. 西安：长安大学硕士学位论文.

秦萧, 甄峰, 熊丽芳, 等. 2013. 大数据时代城市时空间行为研究方法. 地理科学进展, 32（9）：1352-1361.

饶小军, 邵晓光. 2001. 边缘社区：城市族群社会空间透视. 城市规划, （09）：47-51.

单菁菁. 2011. 居住空间分异及贫困阶层聚居的影响与对策. 现代城市研究, （10）：19-23.

申悦, 柴彦威. 2013. 基于GPS数据的北京市郊区巨型社区居民日常活动空间. 地理学报, 68（04）：506-516.

舒桐. 2013. 西安城市居民日常购物行为特征及决策机制研究. 西安：西北大学硕士学位论文.

宋伟轩, 陈培阳, 徐旳. 2013. 内城区户籍贫困空间剥夺式重构研究——基于南京10843份拆迁安置数据. 地理研究, （08）：1467-1476.

苏勤, 林炳耀, 刘玉亭. 2003. 面临新城市贫困我国城市发展与规划的对策研究. 人文地理, 18（05）：17-21.

孙斌栋, 刘学良. 2009. 欧美城市贫困集中研究述评及对我国的启示. 城市问题, （6）：84-91.

孙景舒, 齐一璇. 2005. 我国当前城市贫困问题探析. 南开经济研究, （2）：20-23.

孙樱, 陈田, 韩英. 2001. 北京市区老年人口休闲行为的时空特征初探. 地理研究, 20（05）：537-546.

塔娜, 柴彦威. 2010. 时间地理学及其对人本导向社区规划的启示. 国际城市规划, 25（6）：36-39.

汤姆森. 1997. 英国的贫困：关于家庭经济来源和生活标准的调查. 伦敦：阿伦莱恩和培根图书公司.

陶伟, 郑春霞. 2009. 女性日常休闲行为的时空间结构特征——以广州高校女性教职工为例. 地域研究与开发, 28（03）：80-83.

童舒静. 2009产业发展视角的城市贫困解剖：以西安纺织城为例. 重庆社会科学, （12）：27-32.

万定山. 2005. 中国城市居民收入分布的变化：1988～1999年. 经济学（季刊）, S1：45-66.

万广华. 2004. 解释中国农村区域间的收入不平等：一种基于回归方程的分解方法. 经济研究, （8）：117-127.

王朝明, 姚毅. 2010. 中国城乡贫困动态演化的实证研究：1990～2005年. 数量经济技术经济研究, （3）：3-15.

王道勇, 郧彦辉. 2014. 西方居住隔离理论：发展历程与现实启示. 城市观察, （1）：5-13.

王海港. 2005. 中国居民家庭的收入变动及其对长期平等的影响. 经济研究, （01）：56-66.

王海英. 2012. 资源环境约束条件下西北民族地区贫困问题及其反贫困机制研究. 兰州：甘肃农业大学硕士学位论文.

王明华. 2005. 影响居民收入差距扩大的制度性因素. 经济问题, （10）：4-7.

王侠, 孔令达. 2004. 对南京低收入住区空间发展的几点思考. 现代城市研究, （5）：53-58.

王小鲁, 樊纲. 2005. 中国收入差距的走势和影响因素分析. 经济研究, （10）：24-36.

王兴中. 2004. 中国城市生活空间结构研究. 北京：科学出版社.

王志标. 2009. 古典经济学家的贫困思想及其现代启示. 河南社会科学, 17（1）：56-59.

王祖祥. 2001. 收入不平等程度的度量方法研究. 经济评论, （05）：71-74.

魏艳宏, 袁志发, 郭满才. 2014. 黄土高原沟壑区旱地施肥水平对小麦产量影响的趋势面分析. 水土保持通报, 34（1）：203-206.

吴晓. 2002. 我国城市化背景下的流动人口聚居形态研究. 南京：东南大学博士学位论文.

吴晓. 2003. "边缘社区"探察——我国流动人口聚居区的现状特征透析. 城市规划, （07）：40-45.

武进. 1990. 中国城市形态：结构、特征及其演变. 南京：江苏科学技术出版社.

夏建中. 1998. 新城市社会学的主要理论. 社会学研究, （4）：49-55.

项飚. 1996. 传统与新社会空间的生成——一个中国流动人口聚居区的历史. 战略与管理, （06）：99-111.

解垩. 2012. 中国城市居民自雇者的收入不平等与贫困：1989～2009. 中国人口·资源与环境, （12）：165-168.

许学强, 周一星, 宁越敏. 1997. 城市地理学. 北京：高等教育出版社.

闫小培. 1999. 改革开放以来广州城市社会结构变化研究. 中山大学学报社会科学版, （2）：

71-79.

闫小培, 魏立华, 周锐波. 2004. 快速城市化地区城乡关系协调研究——以广州市"城中村"改造为例. 规划研究, 28（3）: 30-38.

于涛方, 陈修颖, 吴泓. 2008. 2000年以来北京城市功能格局与去工业化进程. 城市规划学刊, （3）: 48-49.

余建辉, 张文忠. 2010. 基于社会属性的北京市居民群体空间自相关分析. 地理研究, 29（5）: 820-829.

俞路, 赵永全. 2007. 人口分布、隔离指数及其地理视角——以上海市外来人口分布为例. 市场与人口分析, 13（3）: 1-8.

袁媛. 2011a. 中国城市贫困阶层聚居区的变迁、分类和特征——以广州为例. 现代城市研究, （10）: 14-18.

袁媛. 2011b. 社会空间重构背景下贫困空间固化研究. 现代城市研究, （3）: 14-18.

袁媛, 许学强. 2008. 广州市城市贫困空间分布、演变和规划启示. 城市规划学刊, （04）: 87-91.

袁媛, 吴缚龙. 2010. 基于剥夺理论的城市社会空间评价与应用. 城市规划学刊, （01）: 71-77.

袁媛, 许学强, 薛德升. 2008. 转型时期广州城市户籍人口新贫困的地域类型和分异机制. 地理研究, 27（3）: 67-682.

袁媛, 吴缚龙, 许学强. 2009. 转型期中国城市贫困和剥夺的空间模式. 地理学报, （06）: 753-763.

袁媛, 伍彬, 古叶恒. 2015. 重庆市城市贫困空间特征和影响因素研究——兼论东西部城市的异同. 人文地理, （01）: 70-77.

袁媛, 古叶恒, 陈志灏. 2016. 中国城市贫困的空间差异特征. 地理科学进展, 35（2）: 195-203.

曾敏. 2006. 我国城市贫困的文化成因和表现特征探析. 玉林师范学院学报, 27（6）: 100-103.

张常桦. 2012. 西安贫困阶层的城市空间分析研究. 西安: 西北大学硕士学位论文.

张纯, 柴彦威, 李昌霞. 2007. 北京城市老年人的日常活动路径及其时空特征. 地域研究与开发, 26（4）: 116-120.

张高攀. 2006. 城市"贫困聚居"现象分析及其对策探讨——以北京市为例. 城市规划, 30（1）: 40-46.

张妮娅. 2011. 武汉城市低收入人群的基本特征研究. 武汉: 华中科技大学硕士学位论文.

张文忠. 2001. 城市居民住宅区位选择的因子分析. 地理科学进展, 20（3）: 268-275.

张艳, 柴彦威. 2011. 北京城市中低收入者日常活动时空特征分析. 地理科学, 31（09）: 1056-1064.

张义丰, 王又丰, 程志刚, 等. 2000. 西部开发的生态背景与农村脱贫的关系. 地理科学进展, 19（4）: 327-334.

张志良, 张涛, 张潜. 1997. 中国西北地区人口、资源、环境问题及可持续发展. 干旱区资源与环境, （2）: 1-8.

赵航. 2011. 产业集聚效应与城市功能空间演化. 城市问题, （3）: 16-18.

赵荣. 1998. 试论西安城市地域结构演变的主要特征. 人文地理, （3）: 44-46.

郑凯. 2010. 乌鲁木齐市维吾尔族日常生活活动时空结构研究. 乌鲁木齐: 新疆师范大学硕士学位论文.

中华人民共和国国土资源部. 2007. 城市土地集约利用潜力评价规程（试行）. 中华人民共和国国土资源部, 32-38.

中华人民共和国建设部. 2011. 城市用地分类与规划建设用地标准. 中华人民共和国建设部, 15-18.

周春山. 1996. 改革开放以来大都市人口分布与迁居研究——以广州市为例. 广州: 广州高等教育出版社.

周海旺. 2001. 城市贫困人口的现状和解困政策研究——以上海为例. 人口研究, 25（2）: 10-16.

周会粉. 2011. 中国居民时间利用特征及其影响因素分析. 西安: 陕西师范大学硕士学位论文.

周洁, 柴彦威. 2013. 中国老年人空间行为研究进展. 地理科学进展, 32（05）: 722-732.

周庆华, 雷会霞, 陈晓键. 2009. 探索城市旧工业区改造的和谐之路——西安纺织城改造规划研究. 城市规划, 33（3）: 67-70.

周锐波, 闫小培. 2004. "城中村"文化透视. 规划师, 20（5）: 22-24.

周素红, 程璐萍, 吴志东. 2010. 广州市保障性住房社区居民的居住——就业选择与空间匹配性. 地理研究, 29（10）: 1735-1745.

周怡. 2002. 贫困研究：结构解释与文化解释的对垒. 社会学研究, （3）: 49-63.

周毅. 1998. 人口压力、环境容量与贫困阴影——解决三大问题的必由之路：可持续发展. 淮阴师范学院学报（哲学社会科学版）, （3）: 1-7.

朱海玲. 2003. 城镇居民贫困线的测定. 湖南商学院学报, 10（1）: 61-93.

朱钰, 邵东霞. 2012. 西安市流动人口现状与服务及管理模式研究. 全国商情（理论研究）, （23）: 14-16.

Aaberge R, Li X Z. 2005. The Tread in urban income inequality in two Chinese provinces, 1986-90. Review of Income and Wealth, (43): 1-21.

Abramson A J, Tobin M S, Vanderboot M R. 1995. The changing geography of metropolitan opportunity: The segregation of the poor in U. S. metropolitan areas, 1970-1990. Housing Policy Debate, 6(1): 45-72.

Aghion P, Caroli E, Garcia Penalosa C, et al. 1999. Inequality and economic growth: The perspective of the new growth theories. Journal of Economic Literature, 37(4): 1615-1660.

Aitken S C. 1988. Transactional and transformational theories in behavioral geography. Professional Geographer, 40(1): 54-64.

Alberto A, Roberto P. 1996. Income distribution, political instability, and investment. European Economic Review, (40): 1028-1203.

Alcock P. 2006. Understanding Poverty. New York: Palgrave Macmillan.

Alkire S, Foster J. 2008. Counting and multidimensional poverty measurement. OPHI Working Paper Series.

Anders E. 2014. Poverty and Environment: Evidence of Links and Integration into the Country Assistance Strategy, Process. Discussion Paper, No 4. Environment Group, African Region.

Arentze T A, Timmermans H J P. 2005. Representing mental maps and cognitive learning in micro-simulation models of activity-travel choice dynamics. Transportation, 32(4): 321-340.

Atkinson A B. 1970. On the measurement of inequality. Journal of Economic Theory, (2): 244-263.

Atkinson R A, Kintrea K. 2001. Disentangling area effects evidence from deprived and non-deprived neighbourhoods. Urban Studies, (12): 2277-2298.

Baldwin R E, Forslid R. 2000. The core-periphery model and endogenous growth: Stabilizing and de-stabilizing integration. Economica, (67): 307-402.

Batty M. 1995. New ways of looking at cities. Nature, 377(6550): 574.

Bellani L, D'Ambrosio C. 2011. Deprivation, social exclusion and subjective well-being. Social Indicators Research, 104(1): 67-86.

Berlin C. 2002. Sprawl comes to the American heart land. Focus on Geography, (46): 2-9.

Betti G, Agostino A, Neri L. 2003. Panel regression models for measuring multidimensional poverty dynamics. Statistical Methods & Application, (11): 4-8.

Blinder A. 1973. Wage discrimination: Reduced form and structural estimates. The Journal of

Human Resources, 8（4）: 436-455.

Bonaiuto M, Fornara F, Bonnes M. 2003. Indexes of perceived residential environment quality and neighborhood attachment in urban environments: A confirmation study on the city of Rome. Landscape and Urban Planning, 65（1）: 41-52.

Burchardt T, Le G J, Piachaud D. 1999. Social exclusion in Britain 1991-1995. Social Policy and Administration, 33（3）: 227-245.

Carter W H, Schill M H, Wachter S M. 1998. Polarisation public housing and racial minorities in US cities. Urban Studies, （35）: 1889-1911.

Chakravarty S R, Deutsch J, Silber J. 2008. On the watts multidimensional poverty index and its decomposition. World Development, 36（6）: 2-12.

Charle S, White T L. 1994. Behavioral inhibition, behavioral activation and affective response to impeding reward and punishment: The BIS/BAS scales. Journal of Personality and Social Psychology, 67（2）: 319-333.

Chen G. 2011. Privatization, marketization, and deprivation: Interpreting the home ownership paradox in postreform urban China. Environment and Planning A, 43（5）: 1135-1153.

Chen S, Wang Y. 2001. China's growth and poverty reduction: Recent trends between 1990 and 1999. World Bank Policy Research Working Paper.

Curley A. 2005. Theories of urban poverty and implications for public housing policy. Journal of Sociology & Social Welfare, 32（2）: 97-119.

Danziger S, Gottschalk P. 1987. Earnings inequality, the spatial concentration of poverty, and the underclass. American Economic Review, （2）: 211-215.

Dasgupta S, Deichmann U, MeisnerC, et al. 2005. Where is the poverty—environment nexus?Evidence from Cambodia, LaoPDR, and Vietnam. World Development, 33（4）: 617-638.

Datt G, Ravallion M. 1992. Growth and redistribution components of changes in poverty measures: A decomposition with applications to Brazil and India in the 1980s. Journal of Development Economics, 38（2）: 275-295.

Davis. 1998. Assessing spirituality through personalgoals: Implications for research on religion and subjective well-being. Social Indicators Research, （45）: 391-422.

Dinardo J, Fortin N M, Lemicux T. 1996. Labour market institutions and the distribution of wages, 1973-1992: A semiparametric approach. Econometrica, （64）: 1001-1044.

Duncan O D, Duncan B. 1995. A methodological analysis of segregation indexes. American

Sociological Review, (20): 210-217.

Démurger S, Fournier M, Li S. 2006. Urban income inequality in China revisited (1988–2002). Economics Letters, (93): 354-359.

Fang C, Zhang X, Fan S. 2002. Emergence of urban poverty and inequality in China: Evidence from household survey. China Economic Review, 13 (4): 430-443.

Farag S, Krizek K J, Dijst M. 2006. E-Shopping and its relationship with in-store shopping: Empirical evidence from the Netherlands and the USA. Transport Reviews, 26 (1): 43-61.

Fellmann J D, Getis A, Getis J. 1992. Human Geography: Landscapes of Human Activities. Dubuque: W. C. Brown Publishers.

Frey W H, Fielding E L. 1995. Changing urban populations: Regional restructuring, racial polarization, and porerty concentration. Policy Development and Research, 1 (2): 1-66.

Gans H J. 1972. The positive functions of poverty. American Journal of Sociology, 78 (2): 275-289.

Gibson J J. 1986. The Ecological Approach to Visual Perception. Hillsdale: Lawrence Erlbaum.

Goh C C, LuoX B, Zhu N. 2008 2014. Income growth, inequality and poverty reduction: A case study of eight provinces in China. China Economic Review, (20): 485-496.

Golledge R G, Stimson R J. 1997. Spatial Behavior: A Geographic Perspective. New York: Guilford Press.

Harris C D, Ulman E. 1945. The natures of cities annals of the American academy of political. Science, (242): 7-17.

Harvey D. 2006. Spaces of Global Capitalism. London: Verso.

Hope K R. 1999. Development prospects and policy for Africa: Structural adjustment and beyond. The Review of Black Political Economy, 26 (4): 75-92.

Howarth C, Kenway P. 1998. A multi-dimensional approach to social exclusion indicators// Oppenheim C. An inclusive society: Strategies for tackling poverty. London: Institute for Public Policy Research.

Hoyt H. 1939. The Structure and Growth of Residential Neighborhoods in American Cities. Washington D C: Federal Housing Administration.

Jargowsky P A. Concentration of poverty in the new millennium: Change in the prevalence, composition, and location of high-poverty neighborhoods. New Brunswick: The Century Foundationand Rutgers Center for Urban Research and Education.

Kasarda J D. 1993. Inner-city concentrated poverty and neighborhood distress: 1970-1990.

Housing Policy Debate, (4): 253-302.

Knight J, Song L, Gunatilaka R. 2009. Subjective well-being and its determinants in rural China. China Economic Review, 20 (4): 635-649.

Kuhn W. 2001. Ontologies in support of activities in geographical space. International Journal of Geographical Information Science, 15 (7): 613-631.

Lee J. 2013. A provincial perspective on income inequality in urban China and the role of property and business income. China Economic Review, (26): 140-150.

Lefebvre H. 1991. The Production of Space. Oxford: Basil Blackwell.

Li Y C, Wang X P, Zhu Q S, et al. 2014. Assessing the spatial and temporal differences in the impacts of factor allocation and urbanization on urban–rural income disparity in China, 2004–2010. Habitat International, (42): 76-82.

Lincoln Q. 2012. Segregation and poverty concentration: The role of three segregation. American Sociological Review, 77 (3): 354-379.

Lucas R E. 2007. Adaptation and the set- point model of subjective well- being: Does happiness change after major life events. Current Directions in Psychological Science, 16 (2): 75-79.

Mann P. 1965. An Approach to Urban Sociology. London: Routledge.

Martin R. 1993. Poverty Comparisons. Harwood Academic Publications.

Massey D S. 1990. American apartheid: Segregation and the making of the underclass. The American Journal of Sociology, (2): 329-357.

Massey D S, Gross A B, Shibuya K. 1994. Migration, segregation, and the geographic concentration of poverty. American Sociological Review, 59 (3): 425-445.

Massey D, White M J, Phua V. 1996. The dimension of segregation revisited. Sociological Method and Research, (25): 172-206.

Mooya M M, Cloete C E. 2007. Informal urban property markets and poverty alleviation: A conceptual framework. Urban Studies, 44 (1): 147-165.

Myers D. 1988. Building knowledge about quality of life for urban planning. Journal of the American Planning Association, (54): 347-358.

Myles J, Picot G. 2000. Poverty indices and policy analysis. Review of Income and Wealth, 46 (2): 161-179.

Ning G J. 2010. Can educational expansion improve income inequality?Evidences from the CHNS 1997 and 2006 data. Economic Systems, (34): 397-412.

Nunan F, Grant U, Bahiigwa G, et al. 2002. Poverty and the Environment: Measuring the

Links. London: Department for International Development.

Oaxaca R. 1973. Male-Female wage differentials in urban labor markets. International Economic Rivew, 14（3）: 693-709.

Osberg L, Xu K K. 1997. International comparisons of poverty intensity: Index decomposition and bootstrap inference. Common wealth of Pennsylvania: Department of Economics, Working Paper.

Osberg L, Xu K. 2000. International comparisons of poverty intensity: Index decomposition and bootstrap inference. Journal of Human Resource, 35（1）: 51-81.

Panayotou T. 1997. Demystifying the environmental Kuznets curve: Turning a black box into a policy tool. Environment and Development Economics, 2（4）: 465-484.

Park R, Burgess E. 1925. The City Chicago. Chicago: Chicago University Press.

Portugali J. 2000. Self-Organization and the City. Berlin: Springer.

Puga D. 1999. The rise and fall of regional inequalities. European Economic Review, 43（2）: 303-304.

Richardson L, Grand J L. 2002. Outsider and insider expertise: The response of residents of deprived neighborhoods to an academic definition of social exclusion. Social Policy and Administration, 36（5）: 496-516.

Rowntree S B. 1901. Poverty, a Study of Town Life. London: Macmillan.

Sen A. 1976. Poverty: An ordinal approach to measurement. Econometrica, 44（2）: 219-231.

Shen Y, Yao Y. 2008. Does grassroots democracy reduce income inequality in China?Journal of Public Economics, 92（10-11）: 2182-2198.

Shomocks A F, 1982. Inequality decomposition by factor components. Econometrica, 50（1）: 193-211.

Shorrocks A F. 1995. Revisiting the sen poverty index. Econometrica, 63（5）: 1225-1230.

Silver H. 1995. Three Paradigms of Social Exclusion. Geneva: International Institute for Labour Studies.

Stark O, Taylor J E. 1991. Migration incentives, migrationtypes: The tole of relative deprivation. The Economic Journal, （101）: 1163-1178.

Stopher P, Lee-Gosselin M. 1997. Understanding Travel Behavior in an Era of Change. Britain: Biddles Ltd.

Strait J B. 2006. Poverty concentration in the prismatic metropolis: The impact of compositional and redistributive forces within Los Angeles, California, 1990-2000. Urban Affairs,

28（1）：71-94.

Swinton S M, Escobar G, Reardon T. 2003. Poverty and environment in Latin America: Concepts, evidence and policy implications. World Development, 31（11）：1865-1872.

Wang W, Cheng H, Li Z. 2012. Poverty assessment using DMSP/OLS night-time light satellite imagery at a provincial scale in China. Advances in Space Research,（49）：1253-1254.

Wang Y P, Murie A. 2000. Social and spatial implications of housing reform in China. International Journal of Urban and Regional Research, 24（2）：397-417.

Wang Z X, Smyth R, Yew-Kwang N G. 2009. A new ordered family of Lorenz curves with an application to measuring income inequality and poverty in rural China. China Economic Review, 20（2）：218-235.

Wederman A H. 2003. From Mao to Market: Rent Seeking, Local Protectionism, and Marketization in China. New York: Cambridge University Press.

Wilson W J. 1987. The Truly Disadvantaged: The Inner City, the Underclass, and Public Policy. Chicago: University of Chicago Press.

Wong C K. 1995. Measuring 3rd-world poverty by the international poverty line—the case of reform China. Social Policy&Administration, 29（3）：189-203.

Wong C K. 1997. How many poor people in Shanghai today?The question of poverty and poverty measure. Issues&Studies, 33（12）：32-49.

World Bank. 2000. World Development Report: Attacking Poverty. New York: Oxford University Press.

Wu F L. 2004. Urban poverty and marginalization under market transition: The case of Chinese cities. International Journal of Urban and Regional Research, 28（2）：401-423.

Yeates M H, Garner B J. 1980. The North American City. New York: Harper&Row.

Young A. 2000. The razor's edge: Distortions and incremental reform in the People's Republic of China. Quarterly Journal of Economics. CXV: 1091-1136.

Zhang Y, Eriksson T. 2010. Inequality of opportunity and income inequality in nine Chinese provinces, 1989–2006. China Economic Review, 21（4）：607-616.

彩 图

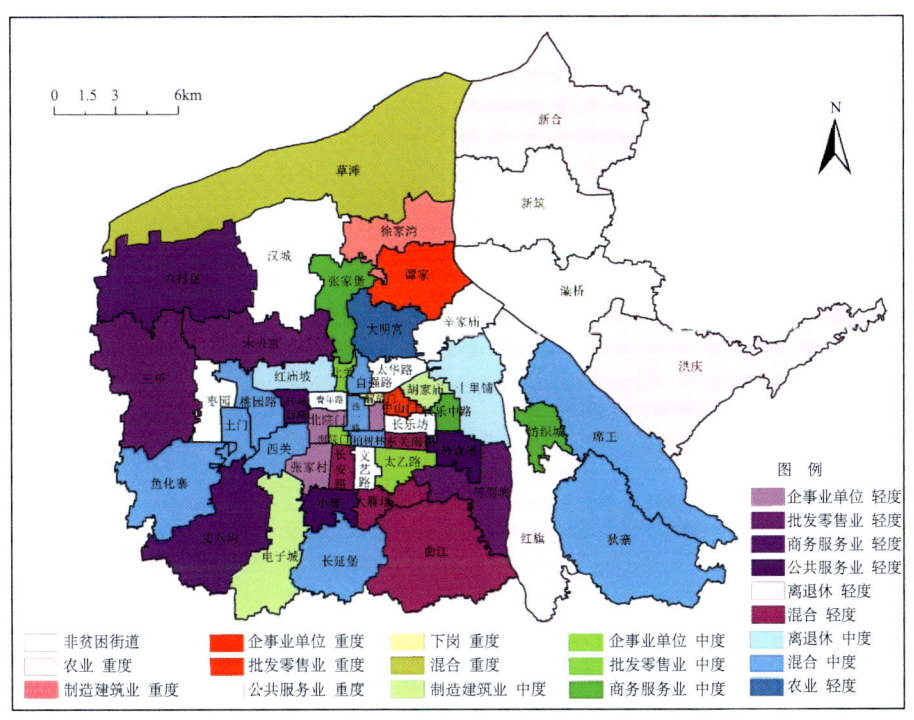

图4-1 西安市城市"贫困程度-职业类型"复合类型区分布（1990年）

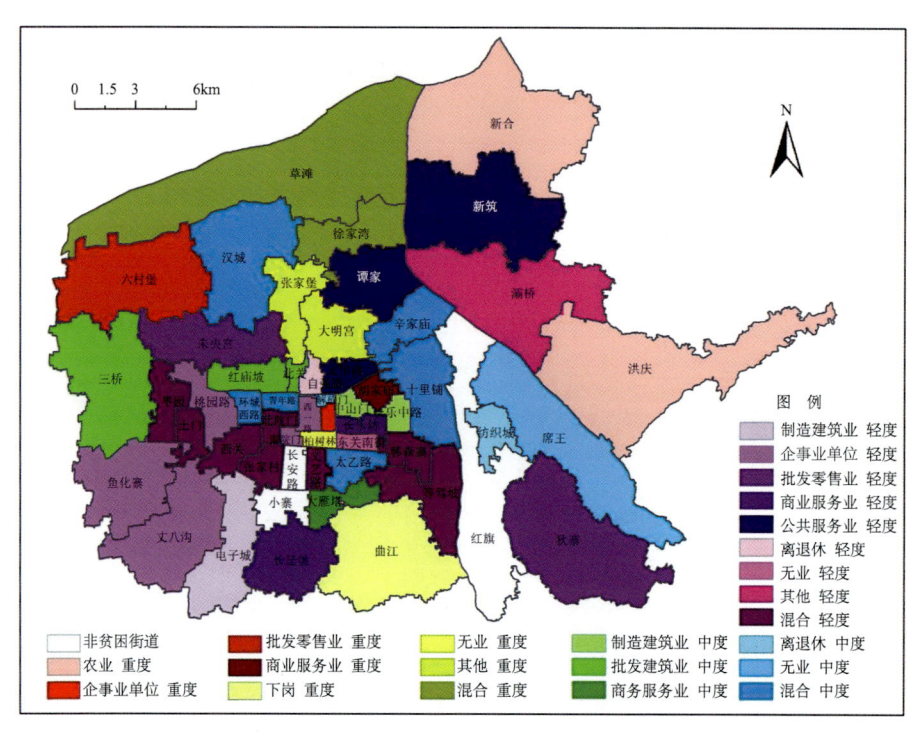

图4-2 西安市城市"贫困程度-职业类型"复合类型区分布(2000年)

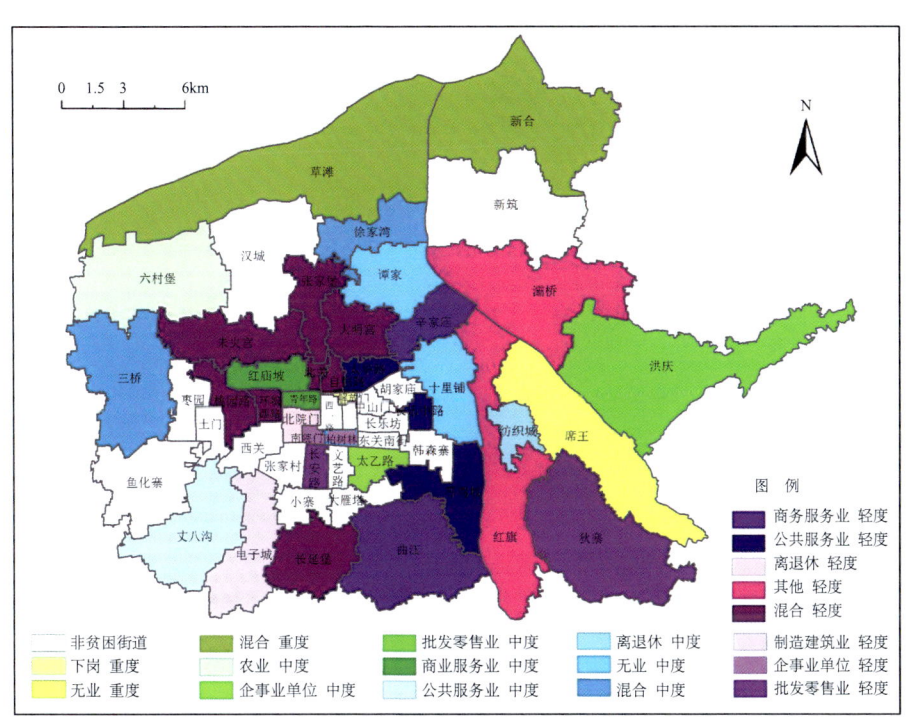

图4-3 西安市城市"贫困程度-职业类型"复合类型区分布(2013年)

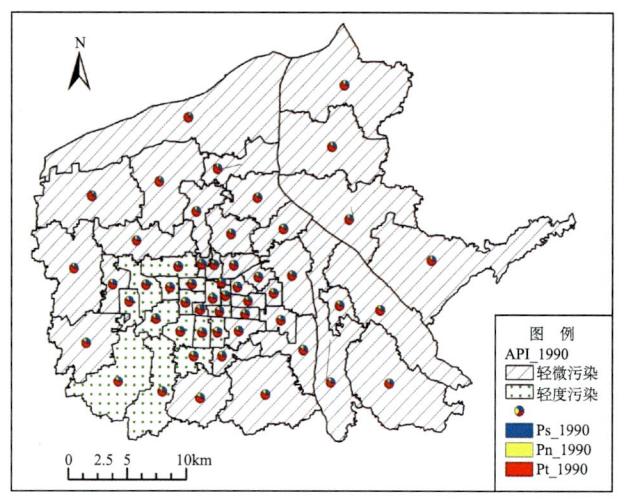

图5-2 1990年西安市空气环境质量

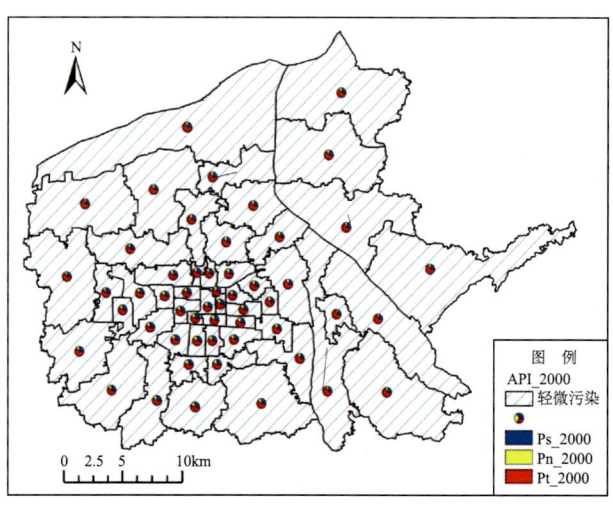

图5-3 2000年西安市空气环境质量

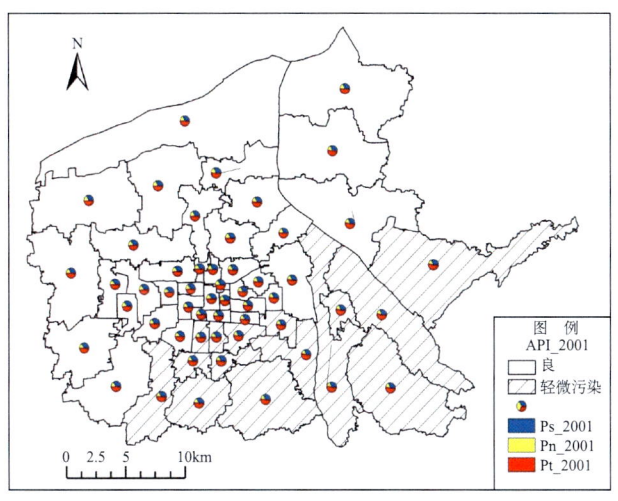

图5-4 2001年西安市空气环境质量

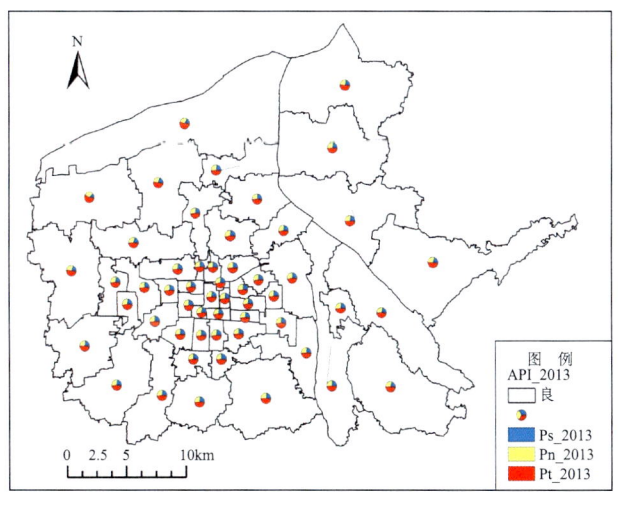

图5-5 2013年西安市空气环境质量

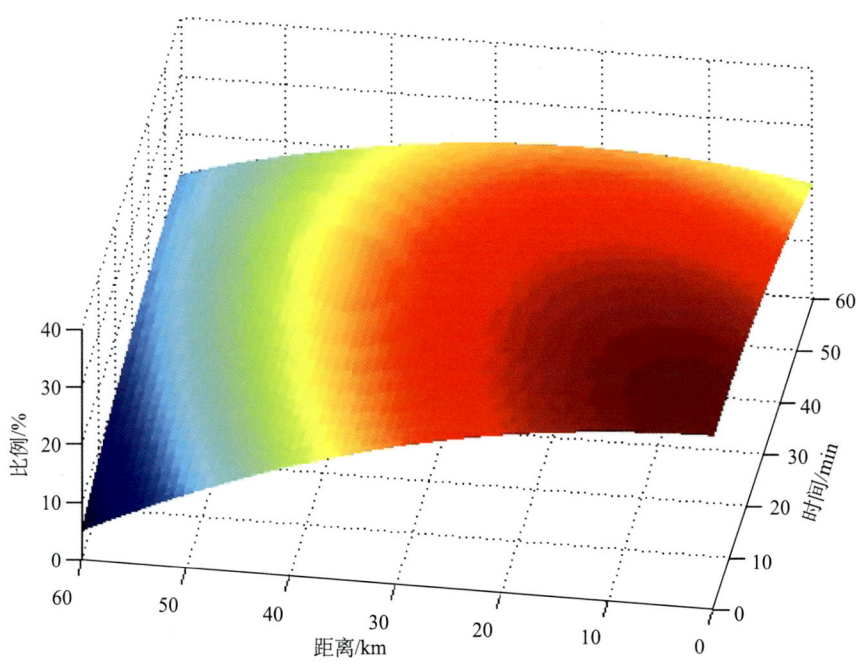

图6-29 通勤时空间趋势面模拟图

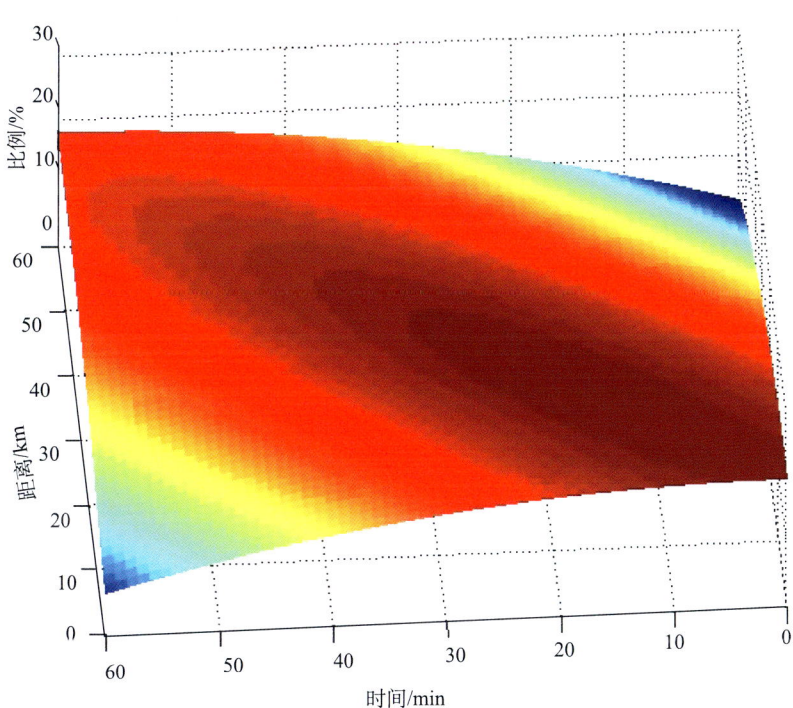

图6-38 购物时空间趋势面模拟图

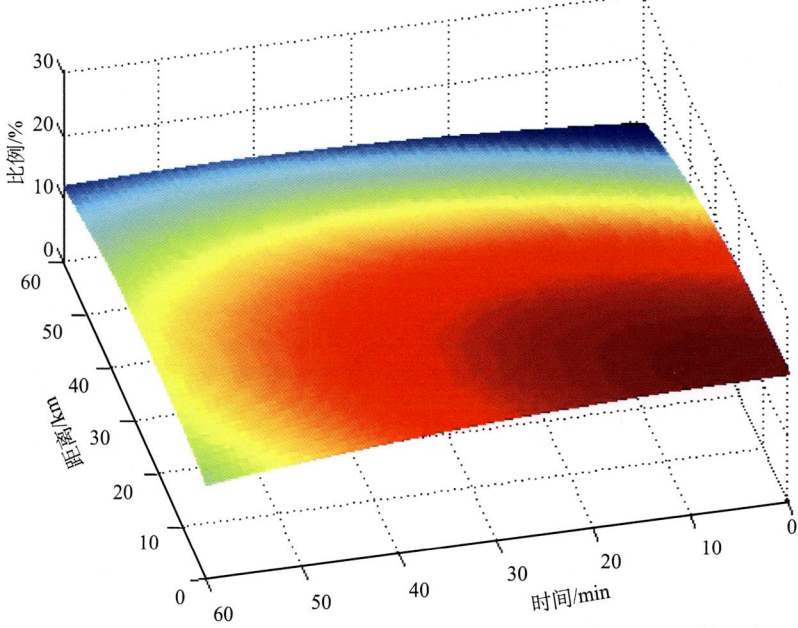

图6-47 休闲娱乐时空间趋势面模拟图